I0542978

www.ingramcontent.com/pod-product-compliance
Lightning Source LLC
Chambersburg PA
CBHW021655120626
46545CB00004B/1254

* 9 7 8 1 9 5 7 7 5 6 8 2 0 *

کلّیاتِ غزل میر تقی میر

ردیف ۔۔الف تا ں

میر تقی میر

مُرَتِّب

یاور ماجد

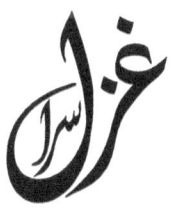

Copyrights

TITLE:	Kulliyat e Ghazal Mir Taqi Mir Ba Radeef
SUBTITLE:	Radeef Alif Ta Noon GHunna
AUTHOR:	Mir Taqi Mir
FORMAT:	Paperback
COMPILED BY:	Yawar Maajed
COVER ART:	Dr. Farzana Asim
PUBLISHED BY:	GhazalSara Dot Org, LLC
PUBLISHED:	September 2023
ISBN:	978-1-957756-82-0
CONTACT:	ghazalsara.org@outlook.com

Scan this QR Code with your phone now!

Printed and bound in the U.S.A.

مُرتّب اور ناشر کی دو باتیں

اردو ادب کے طالبِ علموں کے لیے اردو غزل کی معتبر ترین کتاب ''کلیاتِ میر تقی میر'' حاضر ہے۔ گو کہ میر تقی میر کی غزلوں کا خزانہ چھ الگ الگ دواوین پر مشتمل ہے، لیکن میں نے تمام دواوین کو ردیف کے لحاظ سے ترتیب دے کر مجتمع کر دیا ہے۔ چونکہ کتاب بے حد ضخیم ہوگئی تھی اس لیے اس کو دو حصوں میں تقسیم کرنا پڑا، پہلے حصے میں الف سے لے کر نون غنہ کی ردیف کی غزلیں موجود ہیں اور دوسرے میں نون سے لے کر ے تک۔ ہر غزل کے ساتھ اس کے دیوان کا حوالہ بھی موجود ہے۔

دو برس قبل دو ہزار اکیس میں جب میں نے اپنے اشاعتی ادارے غزل سرا ڈاٹ آرگ کی بنیاد رکھی تو یہی مشن تھا کہ جدید اور کلاسیک اردو ادب کو دنیا کے ہر ملک میں، کتابوں کی ہر آن لائن دکان پر پہنچانا ہے۔ تجربے کے طور پر آغاز سعادت حسن منٹو کی ایک کتاب سے کیا جو کسی حد تک کامیاب ہوا۔ پھر اپنی شاعری کی کتاب ''آنکھ بھر آسمان''، بچوں کے لیے لکھی ہوئی نظم ''آفت کی ضیافت''، علامہ محمد اقبال کی اردو شاعری کا کلیات، نو جلدوں پر مشتمل سعادت حسن منٹو کے افسانوں کا کلیات، بلونت سنگھ کے افسانوں کی دو کتب اور مجید امجد کی پہلی مطبوعہ کتاب ''شبِ رفتہ'' (بمطابق ۱۹۵۸ ایڈیشن) پیپر بیک اور ہارڈ کور کی شکل میں چھاپیں۔ ای بک فارمیٹ میں ایپل بکس اور گوگل پلے بکس پر اوپر مذکور تمام کتب کے علاوہ کلیاتِ مرزا غالب، کلیاتِ میر تقی میر، ن م راشد کی ماورا، لا=انسان، ایران میں اجنبی، اور علامہ اقبال کی چاروں کتب الگ الگ شائع کیں لیکن ای بکس کا تجربہ ناکام ہوا، حالانکہ اس کی کامیابی کا سو فیصد سے بھی زیادہ یقین تھا۔ اس طرح اب تک اٹھائیس مختلف ٹائٹل چھپن مختلف فارمیٹس میں چھپ چکے ہیں اور دنیا بھر کے بک سٹورز کی زینت ہیں۔ گو کہ ابھی تک ان پراجیکٹس سے کوئی مالی فائدہ تو نہیں ہو سکا، لیکن میرے لیے دل کا اطمینان ہی میرا اصل انعام ہے۔

اگر یہ کتاب آپ کے ہاتھ میں ہے تو یقیناً آپ بھی اردو شاعری کے شیدا ہیں، اور اردو کے اس خزانے کو پہلی بار بین الاقوامی مارکیٹوں میں دیکھ کر خوش ہوں گے۔ اگر آپ بھی اس مشن میں اپنا حصہ ڈالنا چاہتے ہیں تو اپنے سوشل میڈیا اکاؤنٹس پر ان کتب کا تذکرہ کریں اور جس سٹور سے بھی آپ نے

یہ کتاب خریدی وہاں ایک ریویو لکھیں، چند لمحوں کی بظاہر معمولی سی یہ کوشش آج کل کی آن لائن دنیا میں اردو زبان اور اردو ادب کی ترویج کے لیے بہت بڑا کام ہو گا۔

یاور ماجد

۴ اگست ۲۰۲۳

ghazalsara.org@outlook.com

https://www.ghazalsara.org

فہرست

ردیف ۔ ا

ردیف ۔ ب

ردیف ۔ ت

ردیف ۔ ح

ردیف ـ خ

ردیف ـ د

ردیف ـ ز

ردیف ۔ س

ردیف۔ش

ردیف ۔ ص

ردیف ۔ ض

ردیف ۔ ط

ردیف ـ ظ

ردیف ـ ع

ردیف ـ غ

ردیف ـ ف

ردیف ۔ گ

ردیف ۔ ل

ردیف ۔ م

ہم جو عاشق ہیں سو ٹھہرے ہیں گنہگاروں میں------------------------------۳۷؎

پھر جو یاد آتا ہے وہ چکا سارہ جاتا ہوں میں------------------------------۳۷؎

ردیف ۔ا

-۱-

(دیوان اول)

آہ کے تیں دل حیران و خفا کو سونپا
مَیں نے یہ غنچۂ تصویر صبا کو سونپا
تیرے کوچے میں مری خاک بھی پامال ہوئی
تھا وہ بے درد مجھے جن نے وفا کو سونپا
اب تو جاتا ہی ہے کعبے کو تو بت خانے سے
جلد پھر پہنچیو اے میرؔ خدا کو سونپا

-۲-

(دیوان سوم)

اگر وہ ماہ نکل گھر سے ٹک ادھر آتا
تو رک کے منہ تئیں کاہے کو شب جگر آتا
مریدِ پیرِ مغاں صدق سے نہ ہم ہوتے
جو حق شناس کوئی اور بھی نظر آتا
نہ پتھروں سے جو سر کو دو پارہ میں کرتا
زمانہ غم کا مرے کس طرح بسر آتا
کسو ہنر سے تو ملتے تھے باہم اگلے لوگ
ہمیں بھی کاشکے ایسا کوئی ہنر آتا
شراب خانے میں شب مست ہو رہا شاید
جو میرؔ ہوش میں ہوتا تو اپنے گھر آتا

-۳-

(دیوان اول)

اشک آنکھوں میں کب نہیں آتا
لہو آتا ہے جب نہیں آتا

ہوش جاتا نہیں رہا لیکن
جب وہ آتا ہے تب نہیں آتا

صبر تھا ایک مونسِ ہجراں
سو وہ مدت سے اب نہیں آتا

دل سے رخصت ہوئی کوئی خواہش
گریہ کچھ بے سبب نہیں آتا

عشق کو حوصلہ ہے شرط ارنہ
بات کا کس کو ڈھب نہیں آتا

جی میں کیا کیا ہے اپنے اے ہمدم
پر سخن تا بلب نہیں آتا

دُور بیٹھا غبار میرؔ اس سے
عشق بِن یہ ادب نہیں آتا

۔۴۔

(دیوان دوم)

آنسو مری آنکھوں میں ہر دم جو نہ آ جاتا
تو کام مرا اچھا پردے میں چلا جاتا

اصلح ہے حجاب اس کا ہم شوق کے ماروں سے
بے پردہ جو وہ ہوتا تو کس سے رہا جاتا

طفلی کی ادا تیری جاتی نہیں یہ جی سے
ہم دیکھتے تجھ کو تو، تُو منہ کو چھپا جاتا

صد شکر کہ داغِ دل افسردہ ہوا ورنہ
یہ شعلہ بھڑکتا تو گھر بار جلا جاتا

کہتے تو ہو یوں کہتے یوں کہتے جو وہ آتا
یہ کہنے کی باتیں ہیں کچھ بھی نہ کہا جاتا

ان آنکھوں سے ہم چشمی برجاہے جو میں جل کر
بادام کو کل یارو مجلس ہی میں کھا جاتا
صحبت سگ و آہُو کی یک عمر رہی باہم
وہ بھاگتا مجھ سے تو میں اس سے لگا جاتا
گر عشق نہیں ہے تو یہ کیا ہے بھلا مجھ کو
جی خودبخود اے ہمدم کاہے کو کھپا جاتا
جوں ابر نہ تھم سکتا آنکھوں کا مری جھمکا
جوں برق اگر وہ بھی جھمکی سی دکھا جاتا
تکلیف نہ کی ہم نے اس وحشی کو مرنے کی
تھا میرؔ تو ایسا بھی دل جی سے اٹھا جاتا

۔۵۔

(دیوان چہارم)

اے کاش مرے سر پر اک بار وہ آ جاتا
ٹھہراؤ سا ہو جاتا یوں جی نہ چلا جاتا
تب تک ہی تحمل ہے جب تک نہیں آتا وہ
اس رستے نکلتا تو ہم سے نہ رہا جاتا
اک آگ لگا دی ہے چھاتی میں جدائی نے
وہ مہ گلے لگتا تو یوں دل نہ جلا جاتا
یا لاگ کی وے باتیں یا ایسی ہے بیزاری
وہ جو نہ لگا لیتا تو میں نہ لگا جاتا
کیا نور کا بکّا ہے چہرہ کہ شبِ مہ میں
منہ کھولے جو سو رہتا تو ماہ چھپا جاتا
اس شوق نے دل کے بھی کیا بات بڑھائی تھی
رقعہ اسے لکھتے تو طومار لکھا جاتا

یہ ہمدمی کا دعویٰ اس کے لبِ خنداں سے
بس کچھ نہ چلا ورنہ پستے کو چبا جاتا
اب تو نہ رہا وہ بھی طاقت گئی سب دل کی
جو حال کبھو اپنا میں تم کو سنا جاتا
وسواس نہ کرتا تھا مر جانے سے ہجراں میں
تھا میرؔ تو ایسا بھی دل جی سے اٹھا جاتا

۔۶۔

(دیوان چہارم)

مستانہ اگرچہ میں طاعت کو لگا جاتا
پر بعدِ نماز اٹھ کر مے خانہ چلا جاتا
بازار میں ہو جانا اس مہ کا تماشا تھا
یوسفؑ بھی جو واں ہوتا تو اس پہ بکا جاتا
دیکھا نہ ادھر ورنہ آتا نہ نظر پھر میں
جی مفت مرا جاتا اس شوخ کا کیا جاتا
شب آہ شرر افشاں ہونٹوں سے پھری میرے
سر کھینچتا یہ شعلہ تو مجھ کو جلا جاتا
کیا شوق کی باتوں کی تحریر ہوئی مشکل
تھے جمع قلم کاغذ پر کچھ نہ لکھا جاتا
آنکھیں مری کھلتیں تو اس چہرے ہی پر پڑتیں
کیا ہوتا یکایک وہ سر پر مرے آ جاتا
سبزے کا ہوا روکش خطِ رخِ جاناں کے
جو ہاتھ مرے چڑھتا تو پان کو کھا جاتا
ہے شوق سیہ رو سے بدنامی و رسوائی
کیوں کام بگڑ جاتا جو صبر کیا جاتا

تھا میرؔ بھی دیوانہ پر ساتھ ظرافت کے
ہم سلسلہ داروں کی زنجیر ہلا جاتا

۔ ۷ ۔

(دیوان اول)

مر رہتے جو گل بن تو سارا یہ خلل جاتا
نکلا ہی نہ جی ورنہ کانٹا سا نکل جاتا

پیدا ہے کہ پنہاں تھی آتش نفسی میری
میں ضبط نہ کرتا تو سب شہر یہ جل جاتا

میں گریۂ خونیں کو روکے ہی رہا ورنہ
اک دم میں زمانے کا یاں رنگ بدل جاتا

بن پوچھے کرم سے وہ جو بخش نہ دیتا تو
پرسش میں ہماری ہی دن حشر کا ڈھل جاتا

استادہ جہاں میں تھا میدانِ محبت میں
واں رستم اگر آتا تو دیکھ کے ٹل جاتا

وہ سیر کا وادی کے مائل نہ ہوا ورنہ
آنکھوں کو غزالوں کی پاؤں تلے مل جاتا

بے تاب و تواں یوں میں کاہے کو تلَف ہوتا
یاقوتی ترے لب کی ملتی تو سنبھل جاتا

اس سیم بدن کو تھی کب تابِ تعَب اتنی
وہ چاندنی میں شب کی ہوتا تو پگھل جاتا

مارا گیا تب گزرا بوسے سے ترے لب کے
کیا میرؔ بھی لڑکا تھا باتوں میں بہل جاتا

۔۸۔

(دیوان پنجم)

ایک نہ خواہش بر آئی تا جی کا غبار نکل جاتا
کاشکے آہو چشم اپنا آنکھوں کو پاؤں سے مل جاتا
آتشِ دل کی لپٹوں کا ہے یارو کچھ عالم ہی جدا
لائحہ کوئی کھنچتا سر تو سارا عالم جل جاتا
نعرہ کرنا عاشق کا ہے ساتھ اک ہیبت کے یعنی
سن آواز اس شیرِ نر کی سیلِ بلا سے دہل جاتا
اہلِ زمیں تو کیا ہیں ان کا سہل تھا راہ سے لے جانا
چرخ پہ ہوتا وہ جو چھلاوا خیل ملک کو چھل جاتا
کشتی زبردستوں کی اس سے پاک ہوئی تو کیا ہے عجب
رستم سامنے ہو جاتا تو راہ بچا کر ٹل جاتا
غم سے ہو کر زرد سراسر صورت ساری خزاں کی سی
آن نکلتے سوئے چمن تو رنگ ہوا کا بدل جاتا
ڈھلتے ڈھلتے ضعف سے آئے میرؔ سو ان نے منہ پھیرا
یاقوتی سے بوسۂ لب کی جی شاید کہ سنبھل جاتا

۔۹۔

(دیوان دوم)

کیا کہیں کچھ کہا نہیں جاتا
اب تو چپ بھی رہا نہیں جاتا
غم میں جاتی ہے عمر دہ روزہ
اپنے ہاں سے دہا نہیں جاتا
طاقتِ دل تلک تعب کھینچے
اب ستم ٹک سہا نہیں جاتا

اس درِ تر کا حیرتی ہے بحر
تب تو اس سے بہا نہیں جاتا
کب تری رہ میں میؔر گرد آلود
لوہو میں آ نہا نہیں جاتا

۔۱۰۔

(دیوان اول)

دکھ اب فراق کا ہم سے سہا نہیں جاتا
پھر اس پہ ظلم یہ ہے کچھ کہا نہیں جاتا
ہوئی ہے اتنی ترے عکسِ زلف کی حیراں
کہ موجِ بحر سے مطلق بہا نہیں جاتا
نہیں گزرتی گھڑی کوئی مجھ خراب پر آہ
کہ جس میں غم سے ترے جی ڈھہا نہیں جاتا
ستم کچھ آج گلی میں تری نہیں مجھ پر
کب آ کے خون میں مَیں یاں نہا نہیں جاتا
خراب مجھ کو کیا اضطرابِ دل نے میؔر
کہ ٹک بھی اس کنے اس بن رہا نہیں جاتا

۔۱۱۔

(دیوان دوم)

کوئی فقیر یہ اے کاشکے دعا کرتا
کہ مجھ کو اس کی گلی کا خدا گدا کرتا
کبھو جو آن کے ہم سے بھی تو ملا کرتا
تو تیرے جی میں مخالف نہ اتنی جا کرتا
چمن میں پھول گل اب کے ہزار رنگ کھلے
دماغ کاش کہ اپنا بھی ٹک وفا کرتا

فقیر بستی میں تھا تو ترا زیاں کیا تھا
کبھو جو آن نکلتا کوئی صدا کرتا

علاج عشق نے ایسا کیا نہ تھا اس کا
جو کوئی اور بھی مجنوں کی کچھ دوا کرتا

قدم کے چھونے سے استادگی مجھی سے ہوئی
کبھو وہ یوں تو مرے ہاتھ بھی لگا کرتا

بدی نتیجہ ہے نیکی کا اس زمانے میں
بھلا کسو سے جو کرتا تو تُو برا کرتا

تلاطم آنکھ کے صد رنگ رہتے تھے تجھ بن
کبھو کبھو جو یہ دریائے خوں چڑھا کرتا

کہاں سے نکلی یہ آتش نہ مانتا تھا مَیں
شروع ربط میں اس کے جو دل جلا کرتا

گلی سے یار کی ہم لے گئے سر پُر شور
وگرنہ شام سے ہنگامہ ہی رہا کرتا

خراب مجھ کو کیا دل کی لاگ نے ورنہ
فقیر تکیے سے کاہے کو یوں اٹھا کرتا

گئے پہ تیرے نہ تھا ہم نفس کوئی اے گل
کبھو نسیم سے مَیں دردِ دل کہا کرتا

کہیں کی خاک کوئی منہ پہ کب تلک ملتا
خراب و خوار کہاں تک بھلا پھرا کرتا

موئی ہی رہتی تھی عزت مری محبت میں
ہلاک آپ کو کرتا نہ میں تو کیا کرتا

ترے مزاج میں تاب تعب تھی میرؔ کہاں
کسو سے عشق نہ کرتا تو تُو بھلا کرتا

۔۱۲۔

(دیوان دوم)

رہا میں تو عزت کا اعزاز کرتا
چلا عشق خواری کو ممتاز کرتا
نہ ہوتا میں حسرت میں محتاجِ گریہ
جو کچھ آنسوؤں کو پس انداز کرتا
نہ ٹھہرا مرے پاس دل ورنہ اب تک
اسے ایسا ہی میں تو جانباز کرتا
جو جانوں کہ درپے ہے ایسا وہ دشمن
تو کاہے کو الفت سے مَیں ساز کرتا
تو تمکین سے کچھ نہ بولا وگرنہ
مسیحا صنم ترکِ اعجاز کرتا
گلوگیر ہی ہو گئی یاوہ گوئی
رہا میں خموشی کو آواز کرتا
زیارت گہ کبک تو ہو بلا سے
ٹک آ میؔر کی خاک پر ناز کرتا

۔۱۳۔

(دیوان دوم)

عشق کو بیچ میں یارب تو نہ لایا ہوتا
یا تنِ آدمی میں دل نہ بنایا ہوتا
دل نہ تھا ایسی جگہ جس کی نہ سدھ لیجے کبھو
اجڑی اس بستی کو پھر تُو نے بسایا ہوتا
عزت اسلام کی کچھ رکھ لی خدا نے ورنہ
زلف نے تیری تو زنّار بندھایا ہوتا

گھر کے آگے سے ترے نعش گئی عاشق کی
اپنے دروازے تلک تو بھی تو آیا ہوتا

جو ہے سو بے خودِ رفتار ہے تیرا اے شوخ
اس روش سے نہ قدم تُو نے اٹھایا ہوتا

اب تو صد چند ستم کرنے لگے تم اے کاش
عشق اپنا نہ تمھیں مَیں نے جتایا ہوتا

دل سے خوش طرح مکاں پھر بھی کہیں بنتے ہیں
اس عمارت کو ٹک اک دیکھ کے ڈھایا ہوتا

دل پہ رکھتا ہوں کبھو سر سے کبھو ماروں ہوں
ہاتھ پاؤں کو نہ میں تیرے لگایا ہوتا

کم کم اٹھتا وہ نقاب آہ کہ طاقت رہتی
کاش یک بار ہمیں منہ نہ دکھایا ہوتا

میؔر اظہارِ محبت میں گیا جی نہ ترا
ہائے نادان بہت تُو نے چھپایا ہوتا

۔۱۴۔

(دیوان دوم)

گیا میں جان سے وہ بھی جو ٹک آتا تو کیا ہوتا
قدم دو ساتھ میری نعش کے جاتا تو کیا ہوتا

پھرا تھا دور اس سے مدتوں میں کوہ و صحرا میں
بلا کر پاس اپنے مجھ کو بٹھلاتا تو کیا ہوتا

ہوئے آخر کو سارے کام ضائع ناشکیبی سے
کوئی دن اور تاب ہجر دل لاتا تو کیا ہوتا

دمِ بسمل ہمارے زیرِ لب کچھ کچھ کہا سب نے
جو وہ بے رحم بھی کچھ منہ سے فرماتا تو کیا ہوتا

کہے سے غیر کے وہ توڑ بیٹھا ووہیں یاروں سے
کیے جاتا اگر ٹک چاہ کا ناتا تو کیا ہوتا

کبھو سرگرم بازی ہمدموں سے یاں بھی آ جاتا
ہمیں یک چند اگر وہ اور بہلاتا تو کیا ہوتا

گئے لے میرؔ کو کل قتل کرنے اس کے در پر سے
جو وہ بھی گھر سے باہر اپنے ٹک آتا تو کیا ہوتا

۔۱۵۔

(دیوان دوم)

ربطِ دل زلف سے اس کی جو نہ چسپاں ہوتا
اس قدر حال ہمارا نہ پریشاں ہوتا

ہاتھ دامن میں ترے مارتے جھنجھلا کے نہ ہم
اپنے جامے میں اگر آج گریباں ہوتا

میری زنجیر کی جھنکار نہ کوئی سنتا
شورِ مجنوں نہ اگر سلسلہ جنباں ہوتا

ہر سحر آئینہ رہتا ہے ترا منہ تکتا
دل کی تقلید نہ کرتا تو نہ حیراں ہوتا

وصل کے دن سے بدل کیونکہ شبِ ہجراں ہو
شاید اس طور میں ایام کا نقصاں ہوتا

طور اپنے پہ جو ہم روتے تو پھر عالم میں
دیکھتے تم کہ وہی نوح کا طوفاں ہوتا

دل میں کیا کیا تھا ہمارے جو نہ ہو جاتی یاس
یہ نگر کاہے کو اس طرح سے ویراں ہوتا

خاکِ پا ہو کے ترے قد کا چمن میں رہتا
سرو اتنا نہ اکڑتا اگر انساں ہوتا

میؔر بھی دَیر کے لوگوں ہی کی سی کہنے لگا
کچھ خدا لگتی بھی کہتا جو مسلماں ہوتا

۔۱۶۔

(دیوان دوم)

وہ ترک مست کسو کی خبر نہیں رکھتا
کہ مَیں شکار زبوں ہوں جگر نہیں رکھتا
بلا سے آنکھ جو پڑتی ہے اس کی دس جاگہ
ہمارا حال تو مدِّ نظر نہیں رکھتا
رہے نہ کیونکہ یہ دل باختہ سدا تنہا
کہ کوئی آوے کہاں میں تو گھر نہیں رکھتا
جنہوں کے دم میں ہے تاثیر اور وے ہیں لوگ
ہمارا نالۂ جانکاہ اثر نہیں رکھتا
کہیں ہیں اب کے بہت رنگ اڑ چلا گل کا
ہزار حیف کہ مَیں بال و پر نہیں رکھتا
تو کوئی زور ہی نسخہ ہے اے مُفَرّح دل
کہ طبع عشق میں ہرگز ضرر نہیں رکھتا
خدا کی اور سے ہے سب یہ اعتبار ارنہ
جو خوب دیکھو تو میں کچھ ہنر نہیں رکھتا
غلط ہے دعوئِ عشق اس فضول کا بے ریب
جو کوئی خشک لب اور چشمِ تر نہیں رکھتا
جدا جدا پھرے ہے میؔر سب سے کس خاطر
خیال ملنے کا اس کے اگر نہیں رکھتا

-۱۷-

(دیوان اول)

ایسی گلی اک شہر اسلام نہیں رکھتا
جس کوچے میں وہ بت صد بدنام نہیں رکھتا

آزار نہ دے اپنے کانوں کے تئیں اے گل
آغاز مرے غم کا انجام نہیں رکھتا

ناکامیِ صد حسرت خوش لگتی نہیں ورنہ
اب جی سے گزر جانا کچھ کام نہیں رکھتا

ہو خشک تو بہتر ہے وہ ہاتھ بہاراں میں
مانندِ نَےِ نرگس جو جام نہیں رکھتا

بن اس کی ہم آغوشی بیتاب نہیں اب ہے
مدت سے بغل میں دل آرام نہیں رکھتا

میں داڑھی تری واعظ مسجد ہی میں منڈواتا
پر کیا کروں ساتھ اپنے حجّام نہیں رکھتا

وہ مُفلِس ان آنکھوں سے کیوں کر کے بسر آوے
جو اپنی گرہ میں اک بادام نہیں رکھتا

کیا بات کروں اس سے مل جائے جو وہ میں تو
اس ناکسی سے رُوئے دشنام نہیں رکھتا

یوں تو رہ و رسم اس کو اس شہر میں سب سے ہے
اک میؔر ہی سے خطّ و پیغام نہیں رکھتا

-۱۸-

(دیوان اول)

سرِ دورِ فلک بھی دیکھوں اپنے روبرو ٹوٹا
کہ سنگِ محتسب سے پائے خم دستِ سبو ٹوٹا

کہاں آتے میسر تجھ سے مجھ کو خودنما اتنے
ہوا یوں اتفاق آئینہ میرے روبرو ٹوٹا
کفِ چالاک میں تیری جو تھا سر رشتہ جانوں کا
گریباں سے مرے ہر اک ترا ٹانکا رفو ٹوٹا
طراوت تھی چمن میں سرو گویا اشکِ قمری سے
ادھر آنکھیں مندیں اس کی کہ ایدھر آب جو ٹوٹا
خطر کر تو نہ لگ چل اے صبا اس زلف سے اتنا
بلا آوے گی تیرے سر جو اس کا ایک مُو ٹوٹا
وہ بے کس کیا کرے کہہ تو رہی دل ہی کی دل ہی میں
نپٹ بے جا ترا دل میرؔ سے اے آرزو ٹوٹا

۔۱۹۔

(دیوان اول)

میں بھی دنیا میں ہوں اک نالہ پریشاں یک جا
دل کے سو ٹکڑے مرے پر سبھی نالاں یک جا
پند گویوں نے بہت سینے کی تدبیریں لیں
آہ ثابت بھی نہ نکلا یہ گریباں یک جا
تیرا کوچہ ہے ستمگار وہ کافر جاگہ
کہ جہاں مارے گئے کتنے مسلماں یک جا
سر سے باندھا ہے کفن عشق میں تیرے یعنی
جمع ہم نے بھی کیا ہے سر و ساماں یک جا
کیونکہ پڑتے ہیں ترے پاؤں نسیمِ سحری
اس کے کوچے میں ہے صد گنجِ شہیداں یک جا
تو بھی رونے کو ملا دل ہے ہمارا بھی بھرا
ہوجے اے ابر بیاباں میں گریاں یک جا

بیٹھ کر میرؔ جہاں خوب نہ رویا ہووے
ایسی کوچے میں نہیں ہے ترے جاناں یک جا

۔۲۰۔

(دیوان اول)

پیغامِ غم جگر کا گلزار تک نہ پہنچا
نالہ مرا چمن کی دیوار تک نہ پہنچا
اس آئینے کے مانند زنگار جس کو کھاوے
کام اپنا اس کے غم میں دیدار تک نہ پہنچا
جوں نقشِ پا ہے غربت حیران کار اس کی
آوارہ ہو وطن سے جو یار تک نہ پہنچا
لبریز شکوہ تھے ہم لیکن حضور تیرے
کارِ شکایت اپنا گفتار تک نہ پہنچا
لے چشمِ نم رسیدہ پانی چوانے کوئی
وقتِ اخیر اس کے بیمار تک نہ پہنچا
یہ بختِ سبز دیکھو باغِ زمانہ میں سے
پژمردہ گل بھی اپنی دستار تک نہ پہنچا
مستوری خوبروئی دونوں نہ جمع ہوویں
خوبی کا کام کس کی اظہار تک نہ پہنچا
یوسف سے لے کے تا گل پھر گل سے لے کے تا شمع
یہ حسن کس کو لے کر بازار تک نہ پہنچا
افسوس میرؔ وے جو ہونے شہید آئے
پھر کام ان کا اس کی تلوار تک نہ پہنچا

۔۲۱۔

(دیوان اول)

نقاش دیکھ تو میں کیا نقشِ یار کھینچا
اس شوخِ کم نما کا نت انتظار کھینچا
رسمِ قلمروِ عشق مت پوچھ کچھ کہ ناحق
ایکوں کی کھال کھینچی ایکوں کو دار کھینچا
تھا بدشراب ساقی کتنا کہ رات مے سے
مَیں نے جو ہاتھ کھینچا ان نے کٹار کھینچا
مستی میں شکل ساری نقاش سے کھنچی پر
آنکھوں کو دیکھ اس کی آخر خمار کھینچا
جی کھنچ رہے ہیں اودھر عالم کا ہو گا بلوہ
گر شانے تُو نے اس کی زلفوں کا تار کھینچا
تھا شب کسے کسائے تیغِ کشیدہ کف میں
پر مَیں نے بھی بغل میں بے اختیار کھینچا
پھرتا ہے میؔر تو جو پھاڑے ہوئے گریباں
کس کس ستم زدے نے دامان یار کھینچا

۔۲۲۔

(دیوان دوم)

اے نکیلے یہ تھی کہاں کی ادا
کھب گئی جی میں تیری بانکی ادا
جادو کرتے ہیں اک نگاہ کے بیچ
ہائے رے چشمِ دلبراں کی ادا
بات کہنے میں گالیاں دے ہے
سنتے ہو میرے بدزباں کی ادا

دل چلے جائے ہیں خرام کے ساتھ
دیکھی چلنے میں ان بتاں کی ادا
خاک میں مل کے میرؔ ہم سمجھے
بے ادائی تھی آسماں کی ادا

۔۲۳۔

(دیوان پنجم)

اب یاں سے ہم اٹھ جائیں گے خلقِ خدا ملکِ خدا
ہرگز نہ ایدھر آئیں گے خلقِ خدا ملکِ خدا
مطلب اگر یاں گم ہوا اندیشے کی جاگہ نہیں
جا کر کہیں کچھ پائیں گے خلقِ خدا ملکِ خدا
دل میں نہ جانے یہ کوئی ہم کھانے کو دیں ہیں انھیں
جو ہے مقدر کھائیں گے خلقِ خدا ملکِ خدا
گو لکھنؤ ویراں ہوا ہم اور آبادی میں جا
مقسوم اپنا لائیں گے خلقِ خدا ملکِ خدا
اب دی پری گزری گئی ہم آج کل بے خانماں
کیا غیر ازیں ٹھہرائیں گے خلقِ خدا ملکِ خدا
اس بستی سے اٹھ جائیں گے درویشوں کی کیا مشوَرت
وے بھی یہی فرمائیں گے خلقِ خدا ملکِ خدا
تو میرؔ ہووے گا جہاں امرِ قضا کے تابعاں
روزی تجھے پہنچائیں گے خلقِ خدا ملکِ خدا

۔۲۴۔

(دیوان پنجم)

عشق بلا پرشور و شر نے جب میدان میں خم مارا
پاک ہوئی کشتی عالم کی آگے کن نے دم مارا

بود نبود کی اپنی حقیقت لکھنے کے شائستہ نہ تھی
باطل صفحۂ ہستی پر میں خط کھینچا قلم مارا
غیر کے میرے مر جانے میں تفاوت ارض و سما کا ہے
مارا ان نے دونوں کو لیکن مجھ کو کر کے ستم مارا
ان بالوں سے طلسم جہاں کا در بستہ تھا گویا سب
زلفوں کو درہم ان نے کیا سو عالم کو برہم مارا
دور اس قبلہ رو سے مجھ کو جلد رقیب نے مار رکھا
قہر کیا اس کتے نے کیا دوڑ کے صید حرم مارا
کاٹ کے سر عاجز کا ان نے اور بھی پگڑی پھیر رکھی
فخر کی کون سی جاگہ تھی یاں ایسا کیا رستم مارا
جس مضمار میں رستم کی بھی راہ نہ نکلی میرؔ کبھو
اس میداں کی خاک پہ ہم نے جرأت کر کے قدم مارا

۔۲۵۔

(دیوان چہارم)

اگرچہ جہاں مَیں نے سب چھان مارا
ولے اس کی نایابی نے جان مارا
قیامت کو جرمانۂ شاعری پر
مرے سر سے میرا ہی دیوان مارا
رہائی ہے اس صید افگن سے مشکل
گیا سانجھ تو صبح پھر آن مارا
لگا آتشیں نالہ شب اپنے دل کو
اس انداز سے جیسے اک بان مارا
قیامت کا عرصہ ہے اے میرؔ درہم
مرے شور و زاری نے میدان مارا

-۲۶-

(دیوان دوم)

اس کام جان و دل نے عالم کا جان مارا
زلفوں کی درہمی سے برہم جہان مارا
بلبل کا آتشیں دم دل کو لگا ہمارے
ایسا کنھوں نے جیسے چھاتی میں بان مارا
خوں کچھ نہ تھا ہمارا مرکوز خاطر اس کو
للہ اک ہمیں بھی یوں درمیان مارا
سرچشمہ حسن کا وہ آیا نظر نہ مجھ کو
اس راہزن نے غافل کیا کاروان مارا
صبر و حواس و دانش سب عشق کے زبوں ہیں
میں کاوشِ مژہ سے عالم کو چھان مارا
کیا خون کا مزہ ہے اے عشق تجھ کو ظالم
ایک ایک دم میں تُو نے سَو سَو جوان مارا
ہم عاجزوں پر آ کر یوں کوہِ غم گرا ہے
جیسے زمیں کے اوپر اک آسمان مارا
کب جی بچے ہے یارو خوش رُو و مُو بتاں سے
گر صبح بچ گیا تو پھر شام آن مارا
کہتے نہ تھے کہ صاحب اتنا کڑھا نہ کریے
اس غم نے میرؔ تم کو جی سے ندان مارا

-۲۷-

(دیوان چہارم)

سینے کا سوز بہت بھڑکا جلا تن مارا
جامہ زیبوں نے غضب آگ پہ دامن مارا

صورت اس کی مری کھینچی تھی گلے لگتے ہوئے
سو جفاکار نے نقاش کو گردن مارا
دل ہی میں خون ہوئی وصل کی خواہش اے میرؔ
ہم نے آزادگی ہجر سے کیا من مارا

۔۲۸۔

(دیوان سوم)

کیا روئیے ہمیں کو یوں آن کر کے مارا
مہر بتِ دگر سے طوفان کر کے مارا
تربت کا میری لوحہ آئینے سے کرے ہے
یعنی کہ ان نے مجھ کو حیران کر کے مارا
بیگانہ جان ان نے کیا چوٹ رات کو کی
منہ دیکھ دیکھ میرا پہچان کر کے مارا
پہلے گلے لگایا پھر دستِ جور اٹھایا
مارا تو ان نے لیکن احسان کر کے مارا
اس سست عہد نے کیا کی تھی قسم مجھی سے
بہتوں کو ان نے عہد و پیمان کر کے مارا
حاضر یراق ہونا کاہے کو چاہیے تھا
مجھ بے نوا کو کیا کیا سامان کر کے مارا
کہنے لگا کہ شب کو میرے تئیں نشہ تھا
مستانہ میرؔ کو مَیں کیا جان کر کے مارا

۔۲۹۔

(دیوان چہارم)

وفاداری نے جی مارا ہمارا
اسی میں ہو گا کچھ وارا ہمارا

چڑھی تیوری کبھو اس کی نہ اتری
غضب ہے قہر ہے پیارا ہمارا
رہا افسوس آنکھیں تر ہوئیں تو
کہ آنسو تھا جگر پارہ ہمارا
گلہ لب تک نہ آیا میرؔ ہرگز
کھپا جی ہی میں غم سارا ہمارا

۔۳۰۔

(دیوان اول)

دیر و حرم سے گزرے اب دل ہے گھر ہمارا
ہے ختم اس آبلے پر سیر و سفر ہمارا
پلکوں سے تیری ہم کو کیا چشم داشت یہ تھی
ان برچھیوں نے بانٹا باہم جگر ہمارا
دنیا و دیں کی جانب میلان ہو تو کہیے
کیا جانیے کہ اس بن دل ہے کدھر ہمارا
ہیں تیرے آئینے کی تمثال ہم نہ پوچھو
اس دشت میں نہیں ہے پیدا اثر ہمارا
جوں صبح اب کہاں ہے طولِ سخن کی فرصت
قصہ ہی کوئی دم کو ہے مختصر ہمارا
کوچے میں اس کے جا کر بنتا نہیں پھر آنا
خون ایک دن گرے گا اس خاک پر ہمارا
ہے تیرہ روز اپنا لڑکوں کی دوستی سے
اس دن ہی کو کہے تھا اکثر پدر ہمارا
سیلاب ہر طرف سے آئیں گے بادیے میں
جوں ابر روتے ہو گا جس دم گزر ہمارا

نشوونما ہے اپنی جوں گردباد انوکھی
بالیدہ خاکِ رہ سے ہے یہ شجر ہمارا

یوں دور سے کھڑے ہو کیا معتبر ہے رونا
دامن سے باندھ دامن اے ابرِ تر ہمارا

جب پاس رات رہنا آتا ہے یاد اس کا
تھمتا نہیں ہے رونا دو دو پہر ہمارا

اس کارواں سرا میں کیا میؔر بار کھولیں
یاں کوچ لگ رہا ہے شام و سحر ہمارا

۔۳۱۔

(دیوان پنجم)

سخن مشتاق ہے عالم ہمارا
غنیمت ہے جہاں میں دم ہمارا

رہے ہم عالمِ مستی میں اکثر
رہا کچھ اور ہی عالم ہمارا

بہت ہی دور ہم سے بھاگتے ہو
کرو ہو پاس کچھ تو کم ہمارا

بکھر جاتے ہیں کچھ گیسو تمھارے
ہوا ہے کام دل برہم ہمارا

رکھے رہتے ہیں دل پر ہاتھ اے میؔر
یہیں شاید کہ ہے سب غم ہمارا

۔۳۲۔

(دیوان ششم)

سخن مشتاق ہے عالم ہمارا
بہت عالم کرے گا غم ہمارا

پڑھیں گے شعر رو رو لوگ بیٹھے
رہے گا دیر تک ماتم ہمارا
نہیں ہے مَرجعِ آدم اگر خاک
کدھر جاتا ہے قدِّ خم ہمارا
زمین و آسماں زیر و زبر ہے
نہیں کم حشر سے اودھم ہمارا
کسو کے بال درہم دیکھتے میرؔ
ہوا ہے کام دل برہم ہمارا

۔۳۳۔

(دیوان پنجم)

پہلو سے اٹھ گیا ہے وہ نازنیں ہمارا
جز درد اب نہیں ہے پہلو نشیں ہمارا
ہوں کیوں نہ سبز اپنے حرفِ غزل کہ ہے یہ
وے زرع سیر حاصل قطعہ زمیں ہمارا
کیسا کیا جگر خوں آزار کیسے کھینچے
آساں نہیں ہوا دل اندوہ گیں ہمارا
حرف و سخن تھے اپنے یا داستاں جہاں میں
مذکور بھی نہیں ہے یا اب کہیں ہمارا
کیا رائیگاں بتوں کو دے کر ہوئے ہیں کافر
ارثِ پدر جو اب تھا یہ کہنہ دیں ہمارا
لختِ جگر بھی اپنا یاقوت ناب سا ہے
قطرہ سرشک کا ہے دُرِّ ثمیں ہمارا
کیا خاک میں ملایا ہم کو سپہر دوں نے
ڈھونڈا نشانِ تربت پاتے نہیں ہمارا

حالت ہے نزع کی یاں آؤ کہ جاتے ہیں ہم
آنکھوں میں منتظر ہے دم واپسیں ہمارا
اک عمر مہر ورزی جن کے سبب سے کی تھی
پاتے ہیں میرؔ ان کو سرگرم کیں ہمارا

۔۳۴۔

(دیوان اول)

ادھر آ کر شکار افگن ہمارا
مُشبّک کر گیا ہے تن ہمارا
گریباں سے رہا کوتہ تو پھر ہے
ہمارے ہاتھ میں دامن ہمارا
گئے جوں شمع اس مجلس میں جتنے
سبھوں پر حال ہے روشن ہمارا
بلا جس چشم کو کہتے ہیں مردم
وہ ہے عینِ بلا مسکن ہمارا
ہُوا رونے سے رازِ دوستی فاش
ہمارا گریہ تھا دشمن ہمارا
بہت چاہا تھا ابرِ تر نے لیکن
نہ منّت کش ہوا گلشن ہمارا
چمن میں ہم بھی زنجیری رہے ہیں
سنا ہو گا کبھو شیون ہمارا
کیا تھا ریختہ پردہ سخن کا
سو ٹھہرا ہے یہی اب فن ہمارا
نہ بہکے مے کدے میں میرؔ کیوں کر
گرو سو جا ہے پیراہن ہمارا

۔۳۵۔

(دیوان پنجم)

رسوائے شہر ہے یاں حرف و سخن ہمارا
کیا خاک میں ملا ہے افسوس فن ہمارا

دل خون ہو گیا تھا غم لکھتے سو رہے ہے
شنگرف کے قلم سا پُر خوں دہن ہمارا

ظلِ ریاض میں شب، مہتاب کے نہیں گل
انگاروں سے بھرا ہے اُس بِن چمن ہمارا

میدانِ عشق میں تو قیمہ بدن ہوا ہے
تہ کر کے خاک ہی میں رکھ دیں کفن ہمارا

میؔر اس کی آنکھیں دیکھیں ہم نے سفر کو جاتے
عینِ بلا ہوا ہے سو اب وطن ہمارا

۔۳۶۔

(دیوان اول)

گلیوں میں اب تلک تو مذکور ہے ہمارا
افسانۂ محبت مشہور ہے ہمارا

مقصود کو تو دیکھیں کب تک پہنچتے ہیں ہم
بالفعل اب ارادہ تا گور ہے ہمارا

کیا آرزو تھی جس سے سب چشم ہو گئے ہیں
ہر زخم سو جگہ سے ناسور ہے ہمارا

تیں آہ عشق بازی چوپڑ عجب بچھائی
کچی پڑیں ہیں نردیں گھر دُور ہے ہمارا

تاچند پشت پا پر شرم و حیا سے آنکھیں
احوال کچھ بھی تم کو منظور ہے ہمارا

بے طاقتی کریں تو تم بھی معاف رکھیو
کیا کیجیے کہ دل بھی مجبور ہے ہمارا
ہیں مشتِ خاک لیکن جو کچھ ہیں میرؔ ہم ہیں
مقدور سے زیادہ مقدور ہے ہمارا

۔۳۷۔

(دیوان اول)

تیرا رخِ مخطّط قرآن ہے ہمارا
بوسہ بھی لیں تو کیا ہے ایمان ہے ہمارا
گر ہے یہ بے قراری تو رہ چکا بغل میں
دو روز دل ہمارا مہمان ہے ہمارا
ہیں اس خراب دل سے مشہور شہر خوباں
اس ساری بستی میں گھر ویران ہے ہمارا
مشکل بہت ہے ہم سا پھر کوئی ہاتھ آنا
یوں مارنا تو پیارے آسان ہے ہمارا
ادریس و خضر و عیسیٰ قاتل سے ہم چھڑائے
ان خوں گرفتگاں پر احسان ہے ہمارا
ہم وے ہیں سن رکھو تم مرجائیں رک کے یک جا
کیا کوچہ کوچہ پھرنا عنوان ہے ہمارا
ہیں صید گہ کے میری صیاد کیا نہ دھڑکے
کہتے ہیں صید جو ہے بے جان ہے ہمارا
کرتے ہیں باتیں کس کس ہنگامے کی یہ زاہد
دیوانِ حشر گویا دیوان ہے ہمارا
خورشید رُو کا پرتو آنکھوں میں روز ہے گا
یعنی کہ شرق رویہ دالان ہے ہمارا

ماہیتِ دو عالم کھاتی پھرے ہے غوطے
یک قطرہ خون یہ دل طوفان ہے ہمارا

نالے میں اپنے ہر شب آتے ہیں ہم بھی پنہاں
غافل تری گلی میں مندان ہے ہمارا

کیا خانداں کا اپنے تجھ سے کہیں تقدس
روح القدس اک ادنیٰ دربان ہے ہمارا

کرتا ہے کام وہ دل جو عقل میں نہ آوے
گھر کا مشیر کتنا نادان ہے ہمارا

جی جا نہ آہ ظالم تیرا ہی تو ہے سب کچھ
کس منہ سے پھر کہیں جی قربان ہے ہمارا

بنجر زمین دل کی ہے میرؔ ملک اپنی
پر داغِ سینہ مہر فرمان ہے ہمارا

۔۳۸۔

(دیوان سوم)

کل رات رو کے صبح تلک میں رہا گرا
خونبار میری آنکھوں سے کیا جانوں کیا گرا

اب شہر خوش عمارتِ دل کا ہے کیا خیال
ناگاہ آ کے عشق نے مارا جلا گرا

کیا طے ہو راہ عشق کی عاشق غریب ہے
مشکل گزر طریق ہے یاں رہ گرا گرا

لازم پڑی ہے کسل دلی کو فتادگی
بیمارِ عشق رہتا ہے اکثر پڑا گرا

ٹھہرے نہ اس کے عشق کا سرگشتہ و ضعیف
ٹھوکر کہیں لگی کہ رہا سرپھرا گرا

دے مارنے کو تکیہ سے سر ٹک اٹھا تو کیا
بستر سے کب اٹھے ہے غمِ عشق کا گرا

پھرتا تھا میرؔ غم زدہ یک عمر سے خراب
اب شکر ہے کہ بارے کسی در پہ جا گرا

۔۳۹۔

(دیوان دوم)

کل میں کہا وہ طُور کا شعلہ کہاں گرا
دل نے جگر کی اور اشارت کی یاں گرا

منظر خراب ہونے کو ہے چشمِ تر کا حیف
پھر دید کی جگہ نہیں جو یہ مکاں گرا

روحُ القدس کو سہل کیا یار نے شکار
اک تیر میں وہ مرغِ بلند آشیاں گرا

پہنچایا مجھ کو عجز نے مقصود دل کے تیں
یعنی کہ اس کے در ہی پہ مَیں ناتواں گرا

شور اک مری نہاد سے تجھ بن اٹھا تھا رات
جس سے کیا خیال کہ یہ آسماں گرا

کیا کم تھا شعلہ شوق کا شعلے سے طور کے
پتھر بھی واں کے جل گئے جا کر جہاں گرا

ڈوبا خیال چاہ زنخداں میں اس کے میرؔ
دانستہ کیوں کنوئیں میں بھلا یہ جواں گرا

۔۴۰۔

(دیوان دوم)

یاں اپنی آنکھیں پھر گئیں پر وہ نہ آ پھرا
دیکھا نہ بدگمان ہمارا بھلا پھرا

آیا نہ پھر وہ آئینہ رُو ٹک نظر مجھے
میں منہ پر اپنے خاک ملے جا بہ جا پھرا

کیا اور جی رندھے کسو کا تیرے ہجر میں
سو بار اپنے منہ سے جگر تو گیا پھرا

اللہ رے دلکشی کہیں دیکھا جو گرم ناز
جوں سایہ اس کے ساتھ ملک پھر لگا پھرا

سن لیجو ایک بار مسافر ہی ہو گیا
بیمارِ عشق گور سے گو بارہا پھرا

کہہ وہ شکستہ پا ہمہ حسرت نہ کیونکہ جائے
جو ایک دن نہ تیری گلی میں چلا پھرا

طالع پھرے سپہر پھرا قلب پھر گئے
چندے وہ رشکِ ماہ جو ہم سے جدا پھرا

پر بے نمک ہے ملنے کی اس وقت میں تلاش
بارے وہ ربط و دوستی سب کا مزہ پھرا

آنسو گرا نہ رازِ محبت کا پاس کر
میں جیسے ابر برسوں تئیں دل بھرا پھرا

بے صرفہ رونے لگ گئے ہم بھی اگر کبھو
تو دیکھیو کہ بادیہ سارا بہا پھرا

بندہ ہے پھر کہاں کا جو صاحب ہو بے دماغ
اس سے خدائی پھرتی ہے جس سے خدا پھرا

خانہ خراب میؔر بھی کتنا غیور تھا
مرتے موا پر اس کے کبھو گھر نہ جا پھرا

۔۴۱۔

(دیوان اول)

صحرا میں سیلِ اشک مرا جا بجا پھرا
مجنوں بھی اس کی موج میں مدت بہا پھرا

طالع جو خوب تھے نہ ہوا جاہ کچھ نصیب
سر پر مرے کروڑ برس تک ہما پھرا

آنکھیں برنگِ نقشِ قدم ہو گئیں سفید
نامے کے انتظار میں قاصد بھلا پھرا

ٹک بھی نہ مڑ کے میری طرف تُو نے کی نگاہ
اک عمر تیرے پیچھے میں ظالم لگا پھرا

دیر و حرم میں کیونکہ قدم رکھ سکے گا میؔر
ایدھر تو اس سے بت پھرے اودھر خدا پھرا

۔۴۲۔

(دیوان دوم)

تمام روز جو کل میں پیے شراب پھرا
بسان جام لیے دیدۂ پُر آب پھرا

اثر بن آہ کے وہ منہ ادھر نہ ہوتا تھا
ہوا پھری ہے مگر کچھ کہ آفتاب پھرا

نہ لکھے خط کی نمط ہو گئیں سفید آنکھیں
تجھے بھی عشق ہے قاصد بھلا شتاب پھرا

وہ رشکِ گنج ہی نایاب تھا بہت ورنہ
خرابہ کون سا جس میں نہ میں خراب پھرا

کسو سے حرفِ محبت کا فائدہ نہ ہوا
بغل میں مَیں تو لیے یاں بہت کتاب پھرا

لکھا تو دیکھ کہ قاصد پھرا جو مدت میں
جواب خط کا مرے صاف بے جواب پھرا
کہیں ٹھہرنے کی جا یاں نہ دیکھی مَیں نے میرؔ
چمن میں عالمِ امکاں کے جیسے آب پھرا

۔۴۳۔

(دیوان چہارم)

پھرے ہے وحشی سا گم گشتہ عشق کا تیرا
سبھوں سے پاتے ہیں بیگانہ آشنا تیرا
دریغ و درد تجھے کیوں ہے یاں تو جی ہی گئے
ہوا ہے ایک نگہ میں زیان کیا تیرا
جہاں بھرا ہے ترے شورِ حسن و خوبی سے
لبوں پہ لوگوں کے ہے ذکر جا بجا تیرا
نگاہ ایک اِدھر ایک تیغِ تیز کی اوُر
ہمارا خون ہی کرنا ہے مدعا تیرا
نظر کنھوں نے نہ کی حالِ میرؔ پر افسوس
غریبِ شہر وفا تھا وہ خاکِ پا تیرا

۔۴۴۔

(دیوان دوم)

اللہ رے غرور و ناز تیرا
مطلق نہیں ہم سے ساز تیرا
ہم سے کہ تجھی کو جانتے ہیں
جاتا نہیں احتراز تیرا
مل جن سے شراب تو پیے ہے
کہہ دیتے ہیں وہ ہی راز تیرا

کچھ عشق و ہوس میں فرق بھی کر
کیدھر ہے وہ امتیاز تیرا
کہتے نہ تھے میرؔ مت کڑھا کر
دل ہو نہ گیا گداز تیرا

۔۴۵۔

(دیوان دوم)

کیا تو نمود کس کی کیسا کمال تیرا
اے نقش وہم آیا کیدھر خیال تیرا
کیا ہے جو ہو زنخ زن مہ پاس کا ستارہ
ہے داغ جانِ عالم ٹھوڑی کا خال تیرا
اے گل مغل بچہ وہ مرزا ہے اس کے آگے
کچھ بھی بھلا لگے ہے منہ لال لال تیرا
تجھ رُوئے خوے فشاں سے انجم ہی کیا خجل ہیں
ہے آفتاب کو بھی اے ماہ سال تیرا
اب صبح پاس گل کے ہو کر نہیں نکلتی
دیکھا نسیم نے بھی شاید جمال تیرا
پہلا قدم ہے انساں پامالِ مرگ ہونا
کیا جانے رفتہ رفتہ کیا ہو مآل تیرا
ہو گی جو چل سر مُو پنہاں نہیں رہے گی
اک دن زبان ہو گا ایک ایک بال تیرا
تفصیلِ حال میری تھی باعثِ کدورت
سو جی کو خوش نہ آیا ہرگز ملال تیرا
کچھ زرد زرد چہرہ کچھ لاغری بدن میں
کیا عشق میں ہوا ہے اے میرؔ حال تیرا

۔۴۶۔

(دیوان اول)

ہے لب نمکیں علاج میرا
پر بے مزہ ہے مزاج میرا

۔۴۷۔

(دیوان اول)

خواب میں تو نظر جمال پڑا
پر مرے جی ہی کے خیال پڑا
وہ نہانے لگا تو سایۂ زلف
بحر میں تو کہے کہ جال پڑا
مَیں نے تو سر دیا پر اے جلاد
کس کی گردن پہ یہ وبال پڑا
شیخ قلاش ہے جوے میں نہ لاؤ
یاں ہمارا رہے ہے مال پڑا
خوبرو اب نہیں ہیں گندم گوں
میؔر ہندوستاں میں کال پڑا

۔۴۸۔

(دیوان دوم)

مذکور میری سوختگی کا جو چل پڑا
مجلس میں سن سپند یکایک اچھل پڑا
پہنچے ہے کوئی اس تنِ نازک کے لطف کو
گل گو چمن میں جامے سے اپنے نکل پڑا
میں جو کہا اک آگ سی سلگے ہے دل کے بیچ
کہنے لگا کہ یوں ہی کوئی دن تو جل پڑا

بل کیوں نہ کھایئے کہ لگا رہنے اب تو واں
بالوں میں اور پیچ میں پگڑی کے بل پڑا

تھے اختلال اگرچہ مزاجوں میں کب سے لیک
ملنے میں اس پلک کے نہایت خلل پڑا

رہتا نہیں ہے آنکھ سے آنسو ترے لیے
دیکھی جو اچھی شے تو یہ لڑکا مچل پڑا

سر اس کے پاؤں سے نہیں اٹھتے ستم ہے میؔر
گر خوش غلاف نیمچہ اس کا اگل پڑا

۔۴۹۔

(دیوان اول)

گرچہ سردار مزوں کا ہے امیری کا مزا
چھوڑ لذت کے تئیں لے تو فقیری کا مزا

اے کہ آزاد ہے ٹک چکھ نمکِ مرغ کباب
تا تو جانے کہ یہ ہوتا ہے اسیری کا مزا

لوہو پیتے ہی مرا اشک نہ منہ کو لاگا
بوسہ جب لے ہے ترے ہونٹوں کی بیری کا مزا

ہم تو گمراہ جوانی کے مزوں پر ہیں میؔر
حضرتِ خضرؑ کو ارزانی ہو پیری کا مزا

۔۵۰۔

(دیوان اول)

گل شرم سے بہ جائے گا گلشن میں ہو کر آب سا
برقع سے گر نکلا کہیں چہرہ ترا مہتاب سا

گل برگ کا یہ رنگ ہے مرجاں کا ایسا ڈھنگ ہے
دیکھو نہ جھمکے ہے پڑا وہ ہونٹ لعلِ ناب سا

وہ مایۂ جاں تو کہیں پیدا نہیں جوں کیمیا
میں شوق کی افراط سے بیتاب ہوں سیماب سا
دل تاب ہی لایا نہ ٹک تا یاد رہتا ہم نشیں
اب عیشِ روزِ وصل کا ہے جی میں بھولا خواب سا
سناہٹے میں جان کے ہوش و حواس و دم نہ تھا
اسباب سارا لے گیا آیا تھا اک سیلاب سا
ہم سرکشی سے مدتوں مسجد سے بچ بچ کر چلے
اب سجدے ہی میں گزرے ہے قد جو ہوا محراب سا
تھی عشق کی وہ ابتدا جو موج سی اٹھی کبھو
اب دیدۂ تر کو جو تم دیکھو تو ہے گرداب سا
بہکے جو ہم مست آ گئے سو بار مسجد سے اٹھا
واعظ کو مارے خوف کے کل لگ گیا جلّاب سا
رکھ ہاتھ دل پر میؔر کے دریافت کر کیا حال ہے
رہتا ہے اکثر یہ جواں کچھ ان دنوں بیتاب سا

۔۵۱۔

(دیوان دوم)

اس موج خیز دہر میں تو ہے حباب سا
آنکھیں کھلیں تری تو یہ عالم ہے خواب سا
برقع اٹھا کے دیکھے ہے منہ سے کبھو ادھر
بارے ہوا ہے ان دنوں رفع حجاب سا
وہ دل کہ تیرے ہوتے رہے تھا بھرا بھرا
اب اس کو دیکھیے تو ہے اک گھر خراب سا
دس روز آگے دیکھا تھا جیسا سو اب نہیں
دل رہ گیا ہے سینے میں جل کر کباب سا

اس عمر میں یہ ہوش کہ کہنے کو نرم گرم
بگڑا رہے ہے ساختہ مستِ شراب سا

ہے یہ فریبِ شوق کہ جاتے ہیں خط چلے
واں سے وگرنہ کب کا ہوا ہے جواب سا

کیا سطر موجِ اشک روانی کے ساتھ ہے
مشتاقِ گریہ ابر ہے چشم پر آب سا

دوزخ ہوا ہے ہجر میں اس کے جہاں ہمیں
سوزِ دروں سے جان پہ ہے اک عذاب سا

مدت ہوئی کہ دل سے قرار و سکوں گئے
رہتا ہے اب تو آٹھ پہر اضطراب سا

مواج آب سا ہے ولیکن اڑے ہے خاک
ہے میؔر بحر بے تہِ ہستی سراب سا

۔۵۲۔

(دیوان سوم)

گل بھی ہے معشوق لیکن کب ہے اس محبوب سا
آگے اس قد کے ہے سروِ باغ بے اسلوب سا

اس کے وعدے کی وفا تک وہ کوئی ہووے گا جو
ہو معمر نوحؑ سا صابر ہو پھر ایّوبؑ سا

عشق سے کن نے مرے آگہ کیا اس شوخ کو
اب مرے آنے سے ہو جاتا ہے وہ محجوب سا

بعد مردن یہ غزل مطرب سے جن نے گوش کی
گور کے میری گلے جا لگ کے رویا خوب سا

عاقلانہ حرف زن ہو میؔر تو کریے بیاں
زیرِ لب کیا جانیے کہتا ہے کیا مجذوب سا

۔۵۳۔

(دیوان اول)

کس شام سے اٹھا تھا مرے دل میں درد سا
سو ہو چلا ہوں پیشتر از صبحِ سرد سا
بیٹھا ہوں جوں غبارِ ضعیف اب وگرنہ میں
پھرتا رہا ہوں گلیوں میں آوارہ گرد سا
قصدِ طریقِ عشق کیا سب نے بعدِ قیس
لیکن ہوا نہ ایک بھی اس رہ نورد سا
حاضر یراق بے مزگی کس گھڑی نہیں
معشوق کچھ ہمارا ہے عاشق نبرد سا
کیا میرؔ ہے یہی جو ترے در پہ تھا کھڑا
نمناک چشم و خشک لب و رنگ زرد سا

۔۵۴۔

(دیوان دوم)

بندھا رات آنسو کا کچھ تار سا
ہوا ابرِ رحمت گنہگار سا
کوئی سادہ ہی اس کو سادہ کہے
لگے ہے ہمیں تو وہ عیّار سا
محبت ہے یا کوئی جی کا ہے روگ
سدا میں تو رہتا ہوں بیمار سا
گل و سرو اچھے سبھی ہیں ولے
نہ نکلا چمن میں کوئی یار سا
جو ایسا ہی تم ہم کو سمجھو ہو سہل
ہمیں بھی یہ جینا ہے دشوار سا

فلک نے بہت کھینچے آزار لیک
نہ پہنچا بہم اس دل آزار سا
مگر آنکھ تیری بھی چپکی کہیں
ٹپکتا ہے چتون سے کچھ پیار سا
چمن ہووے جو انجمن تجھ سے واں
لگے آنکھ میں سب کی گل خار سا
کھڑے منتظر ضعف جو آ گیا
گرا اس کے در پر میں دیوار سا
دکھاؤں متاعِ وفا کب اسے
لگا واں تو رہتا ہے بازار سا
عجب کیا جو اس زلف کا سایہ دار
پھرے راتوں کو بھی پری دار سا
نہیں میرؔ مستانہ صحبت کا باب
مصاحب کرو کوئی ہشیار سا

۔۵۵۔

(دیوان دوم)

یار ہے میرؔ کا مگر گل سا
کہ سحر نالہ کش ہے بلبل سا
یاں کوئی اپنی جان دو دشوار
واں وہی ہے سو ہے تساہل سا
دُودِ دل کو ہمارے ٹک دیکھو
یہ بھی پُر پیچ اب ہے کاکل سا
شوق واں اس کے لمبے بالوں کا
یاں چلا جائے ہے تسلسل سا

کب تھی جرأت رقیب کی اتنی
تم نے بھی کچھ کیا تغافل سا
اک نگہ ایک چشمک ایک سخن
اس میں بھی تم کو ہے تامّل سا
بارے مستوں نے ہوشیاری کی
دے کے کچھ محتسب کا منہ جھلسا
شرم آتی ہے پہنچتے اودھر
خط ہوا شوق سے ترسّل سا
ٹوٹی زنجیر پائے میرؔ مگر
رات سنتے رہے ہیں ہم غل سا

-۵۶-

(دیوان سوم)

جب گل کہے ہے اپنے تئیں یار کے رُو سا
تب آنکھوں تلے میری اترتا ہے لہو سا
تحقیق کروں کس سے حقیقت کے نشے کو
خضر آب اسے کہتا ہے آتش کہے موسیٰ
کیا دور ہے شربت پہ اگر قند کے تھوکے
ٹک جن نے ترے شربتی ان ہونٹوں کو چوسا
دم لا بہ کریں شیخ رکھیں شملے تو کیا ہے
ہونا مگر آسان ہے اس کے سگِ کُو سا
تعبیر جسے کرتے ہیں ہنگامۂ محشر
وہ یار کے کوچے کا ہے کچھ شور غلو سا
آرائشِ درویشی بھی اپنی نہیں بے لطف
ہے بوریے کا نقش مرے تن پہ اتو سا

کب کی ہے حدیث اس سے سخن کرنے کی مَیں نے
کیا میرؔ سے بولے کوئی ہے بیہُدہ گو سا

۔۵۷۔

(دیوان دوم)

دامن وسیع تھا تو کاہے کو چشمِ تر سا
رحمت خدا کی تجھ کو اے ابر زور برسا
شاید کباب کر کر کھایا کبوتر ان نے
نامہ اڑا پھرے ہے اس کی گلی میں پر سا
وحشی مزاج ازبس مانوس بادیہ ہیں
ان کے جنوں میں جنگل اپنا ہوا ہے گھر سا
جس ہاتھ میں رہا کی اس کی کمر ہمیشہ
اس ہاتھ مارنے کا سر پر بندھا ہے کر سا
سب پیچ کی یہ باتیں ہیں شاعروں کی ورنہ
باریک اور نازک مُو کب ہے اس کمر سا
طرزِ نگاہ اس کی دل لے گئی سبھوں کے
کیا مومن و برہمن کیا گبر اور ترسا
تم واقفِ طریقِ بے طاقتی نہیں ہو
یاں راہ دو قدم ہے اب دور کا سفر سا
کچھ بھی معاش ہے یہ کی ان نے ایک چشمک
جب مدتوں ہمارا جی دیکھنے کو ترسا
ٹک ترک عشق کریے لاغر بہت ہوئے ہم
آدھا نہیں رہا ہے اب جسم رنج فرسا
واعظ کو یہ جلن ہے شاید کہ فربہی سے
رہتا ہے حوض ہی میں اکثر پڑا مگر سا

انداز سے ہے پیدا سب کچھ خبر ہے اس کو
گو میرؔ بے سر و پا ظاہر ہے بے خبر سا

۔۵۸۔

(دیوان اول)

ہوتا ہے یاں جہاں میں ہر روز و شب تماشا
دیکھا جو خوب تو ہے دنیا عجب تماشا
ہر چند شورِ محشر اب بھی ہے در پہ لیکن
نکلے گا یار گھر سے ہووے گا جب تماشا
بھڑکے ہے آتشِ غم منظور ہے جو تجھ کو
جلنے کا عاشقوں کے آ دیکھ اب تماشا
طالع جو میرؔ خواری محبوب کو خوش آئی
پر غم یہ ہے مخالف دیکھیں گے سب تماشا

۔۵۹۔

(دیوان دوم)

کرتے ہی نہیں ترک بتاں طور جفا کا
شاید ہمیں دکھلاویں گے دیدار خدا کا
ہے ابر کی چادر شفقی جوش سے گل کے
مے خانے کے ہاں دیکھیے یہ رنگ ہوا کا
بہتیری گرو جنس کلالوں کے پڑی ہے
کیا ذکر ہے واعظ کے مصلیٰ و ردا کا
مر جائے گا باتوں میں کوئی غمزدہ یوں ہی
ہر لحظہ نہ ہو ممتحن ارباب وفا کا
تدبیر تھی تسکیں کے لیے لوگوں کی ورنہ
معلوم تھا مدت سے ہمیں نفع دوا کا

ہاتھ آئینہ رُویوں سے اٹھا بیٹھیں نہ کیوں کر
بالعکس اثر پاتے تھے ہم اپنی دعا کا

آنکھ اس کی نہیں آئینے کے سامنے ہوتی
حیرت زدہ ہوں یار کی میں شرم و حیا کا

برسوں سے تو یوں ہے کہ گھٹا جب امنڈ آئی
تب دیدۂ تر سے بھی ہوا ایک جھڑاکا

آنکھ اس سے نہیں اٹھنے کی صاحب نظروں کی
جس خاک پہ ہو گا اثر اس کی کف پا کا

تلوار کے سائے ہی میں کاٹے ہے تو اے میؔر
کس دل زدہ کو ہووے ہے یہ ذوق فنا کا

۔٦٠۔

(دیوان چہارم)

کرتا ہوں اللہ اللہ درویش ہوں سدا کا
سرمایۂ توکل یاں نام ہے خدا کا

مَیں نے نکل جنوں سے مشقِ قلندری کی
زنجیرِ سر ہوا ہے تھا سلسلہ جو پا کا

یارب ہماری جانب یہ سنگ کیوں ہے عائد
جی ہی سے مارتے ہیں جو نام لے وفا کا

کیا فقر میں گزر ہو چشمِ طمع سیئے بن
ہے راہ تنگ ایسی جیسے سوئی کا ناکا

ابر اور جوشِ گل ہے چل خانقہ سے صوفی
ہے لطف مے کدے میں دہ چند اس ہوا کا

ہم وحشیوں سے مدت مانوس جو رہے ہیں
مجنوں کو شوخ لڑکے کہنے لگے ہیں کاکا

آلودہ خوں سے ناخن ہیں شیر کے سے ہر سو
جنگل میں چل بنے تو پھولا ہے زور ڈھاکا

یہ دو ہی صورتیں ہیں یا منعکس ہے عالم
یا عالم آئینہ ہے اس یارِ خود نما کا

کیا میں ہی جاں بہ لب ہوں بیماریِ دلی سے
مارا ہوا ہے عالم اس درد بے دوا کا

زلفِ سیاہ اس کی رہتی ہے چت چڑھی ہی
میں مبتلا ہوا ہوں اے وائے کس بلا کا

غیرت سے تنگ آئے غیروں سے لڑ مریں گے
آگے بھی میؔر سیّد کرتے گئے ہیں ساکا

۔۶۱۔

(دیوان دوم)

نظر میں طور رکھ اس کم نما کا
بھروسا کیا ہے عمرِ بے وفا کا

گلوں کے پیرہن ہیں چاک سارے
کھلا تھا کیا کہیں بند اس قبا کا

پرستش اب اسی بت کی ہے ہر سو
رہا ہو گا کوئی بندہ خدا کا

بلا ہیں قادر انداز اس کی آنکھیں
کیا یکّہ جنازہ جس کو تاکا

بجا ہے عمر سے اب ایک حسرت
گیا وہ شور سر کا زور پا کا

مُداوا خاطروں سے تھا وگرنہ
بدایت مرتبہ تھا انتہا کا

لگا تھا روگ جب سے یہ تبھی سے
اثر معلوم تھا ہم کو دوا کا
مروّت چشم رکھنا سادگی ہے
نہیں شیوہ یہ اپنے آشنا کا
کہیں اس زلف سے کیا لگ چلی ہے
پڑے ہے پاؤں بے ڈھب کچھ صبا کا
نہ جا تو دور صوفی خانقہ سے
ہمیں تو پاس ہے ابر و ہوا کا
کرو دن ہی سے رخصت ورنہ شب کو
نہ سونے دے گا شور اس بے نوا کا
نہ جانوں میرؔ کیوں ایسا ہے چپکا
نمونہ ہے یہ آشوب و بلا کا

۔۶۲۔

(دیوان دوم)

بالقوہ ٹک دکھایئے چشم پُر آب کا
دامن پکڑ کے رویئے یک دم سحاب کا
جو کچھ نظر پڑے ہے حقیقت میں کچھ نہیں
عالم میں خوب دیکھو تو عالم ہے خواب کا
دریا دلی جنہیں ہے نہیں ہوتے کاسہ لیس
دیکھا ہے واژگوں ہی پیالہ حباب کا
شاید کہ قلب یار بھی ٹک اس طرف پھرے
میں منتظر زمانے کے ہوں انقلاب کا
بارے نقاب دن کو جو رکھتا ہے منہ پہ تو
پردہ سا رہ گیا ہے کچھ اک آفتاب کا

تلوار بن نکلتے نہیں گھر سے ایک دم
خوں کر رہو گے تم کسو خانہ خراب کا
یہ ہوش دیکھ آگے مرے ساتھ غیر کے
رکھتا ہے پاؤں مست ہو جیسے شراب کا
مجنوں میں اور مجھ میں کرے کیوں نہ فرق عشق
چھپتا نہیں مزہ تو جلے سے کباب کا
رو فرصتِ جوانی پہ جوں ابرِ بے خبر
انداز برق کا سا ہے عہدِ شباب کا
واں سے تو نامہ بر کو ہے کب کا جواب صاف
میں سادگی سے لاگو ہوں خط کے جواب کا
ٹپکا کرے ہے زہر ہی صرف اس نگاہ سے
وہ چشم گھر ہے غصہ و ناز و عتاب کا
لائق تھا ریجھنے ہی کے مصراع قدِ یار
میں معتقد ہوں میرؔ ترے انتخاب کا

۔۶۳۔

(دیوان اول)

ایک عالم ہے کشتہ اس لب کا
الغرض اس پہ دانت ہے سب کا

۔۶۴۔

(دیوان چہارم)

رفتۂ عشق کیا ہوں میں اب کا
جا چکا ہوں جہان سے کب کا
لوگ جب ذکرِ یار کرتے ہیں
دیکھ رہتا ہوں دیر منہ سب کا

مست رہتا ہوں جب سے ہوش آیا
میں بھی عاشق ہوں اپنے مشرب کا

ہم تو ناکام ہی چلے یاں سے
تم کو ہو گا وصول مطلب کا

درس کہیے جنوں کا تو مجنوں
اپنے آگے ہے طفل مکتب کا

لعل کی بات کون سنتا ہے
شور ہے زور یار کے لب کا

زلف سا پیچ دار ہے ہر شعر
ہے سخن میرؔ کا عجب ڈھب کا

۔۶۵۔

(دیوان دوم)

حیراں ہے لحظہ لحظہ طرز عجب عجب کا
جو رفتۂ محبت واقف ہے اس کے ڈھب کا

کہتے ہیں کوئی صورت بن معنی یاں نہیں ہے
یہ وجہ ہے کہ عارف منہ دیکھتا ہے سب کا

نسبت درست جس کی اس رو و مُو سے پائی
ہے درہم اور برہم حال اس کے روز و شب کا

افسوس ہے نہیں تو انصاف دوست ورنہ
شایان لطف دشمن شائستہ میں غضب کا

سودائی ایک عالم اس کا بنا پھرے ہے
ہر چند عزلتی ہے وہ خال کنجِ لب کا

منہ اس کے منہ کے اوپر شام و سحر رکھوں ہوں
اب ہاتھ سے دیا ہے سر رشتہ میں ادب کا

کیا آج کل سے اس کی یہ بے توجہی ہے
منہ ان نے اس طرف سے پھیرا ہے میؔر کب کا

-٦٦-

(دیوان چہارم)

قصہ کہیں تو کیا کہیں ملنے کی رات کا
پہروں چواؤ ان نے رکھا بات بات کا

جرأت سے گرچہ زرد ہوں پر مانتا ہے کون
منہ لال جب تلک نہ کروں پانچ سات کا

کیوں کر بسر کرے غم و غصہ میں ہجر کے
خوگر جو ہو کسو کے کوئی التفات کا

جاگہ سے لے گیا ہمیں اس کا خرامِ ناز
ٹھہراؤ ہوسکا نہ قرار و ثبات کا

ڈرتا ہوں مالکان جزا چھاتی دیکھ کر
کہنے لگیں نہ واہ رے زخم اس کے ہاتھ کا

واعظ کہے سو سچ ہے ولے مے فروش سے
ہم ذکر بھی سنا نہیں صوم و صلوٰت کا

بھونکا کریں رقیب پڑے کوئے یار میں
کس کے تئیں دماغ عفف ہے سگات کا

ان ہونٹوں کا حریف ہو ظلمات میں گیا
پردے میں رو سیاہ ہے آبِ حیات کا

عالم کسو حکیم کا باندھا طلسم ہے
کچھ ہو تو اعتبار بھی ہو کائنات کا

گر یار میؔر اہل ہے تو کام سہل ہے
اندیشہ تجھ کو یوں ہی ہے اپنی نجات کا

۔۶۷۔

(دیوان دوم)

ہر ذی حیات کا ہے سبب جو حیات کا
نکلے ہے جی ہی اس کے لیے کائنات کا

بکھری ہے زلف اس رخِ عالم فروز پر
ورنہ بناؤ ہووے نہ دن اور رات کا

در پردہ وہ ہی معنی مُقَوّم نہ ہوں اگر
صورت نہ پکڑے کام فلک کے ثبات کا

ہیں مستحیل خاک سے اجزائے نوخطاں
کیا سہل ہے زمیں سے نکلنا نبات کا

مستہلک اس کے عشق کے جانیں ہیں قدرِ مرگ
عیسیٰ و خضر کو ہے مزہ کب وفات کا

اشجار ہوویں خامہ و آبِ سیہ بحار
لکھنا نہ تو بھی ہو سکے اس کی صفات کا

اس کے فروغِ حسن سے جھمکے ہے سب میں نور
شمعِ حرم ہو یا کہ دیا سومنات کا

بالذات ہے جہاں میں وہ موجود ہر جگہ
ہے دید چشمِ دل کے کھلے عین ذات کا

ہر صفحے میں ہے محو کلام اپنا دس جگہ
مصحف کو کھول دیکھ ٹک انداز بات کا

ہم مذنبوں میں صرف کرم سے ہے گفتگو
مذکور ذکر یاں نہیں صوم و صلوٰت کا

کیا میرؔ تجھ کو نامہ سیاہی کا فکر ہے
ختمِ رسل سا شخص ہے ضامن نجات کا

-۶۸-

(دیوان اول)

ہر دم طرف ہے ویسے مزاجِ کرخت کا
ٹکڑا مرا جگر ہے کہو سنگِ سخت کا
سبزانِ تازہ رو کی جہاں جلوہ گاہ تھی
اب دیکھیے تو واں نہیں سایہ درخت کا
جوں برگ ہائے لالہ پریشان ہو گیا
مذکور کیا ہے اب جگرِ لخت لخت کا
دلی میں آج بھیک بھی ملتی نہیں انہیں
تھا کل تلک دماغ جنہیں تاج و تخت کا
خاکِ سیہ سے مَیں جو برابر ہوا ہوں میؔر
سایہ پڑا ہے مجھ پہ کسو تیرہ بخت کا

-۶۹-

(دیوان اول)

غلط ہے عشق میں اے بوالہوس اندیشہ راحت کا
رواج اس ملک میں ہے درد و داغ و رنج و کلفت کا
زمیں اک صفحۂ تصویر بیہوشاں سے مانا ہے
یہ مجلس جب سے ہے اچھا نہیں کچھ رنگ صحبت کا
جہاں جلوے سے اس محبوب کے یکسر لبالب ہے
نظر پیدا کر اول پھر تماشا دیکھ قدرت کا
ہنوز آوارۂ لیلیٰ ہے جانِ رفتہ مجنوں کی
موئے پر بھی رہا ہوتا نہیں وابستہ الفت کا
حریفِ بے جگر ہے صبر ورنہ کل کی صحبت میں
نیاز و ناز کا جھگڑا گرو تھا ایک جرأت کا

نگاہِ یاس بھی اس صید افگن پر غنیمت ہے
نہایت تنگ ہے اے صیدِ بسمل وقت فرصت کا
خرابی دل کی اس حد ہے کہ یہ سمجھا نہیں جاتا
کہ آبادی بھی یاں تھی یا کہ ویرانہ تھا مدت کا
نگاہِ مست نے اس کی لٹائی خانقہ ساری
پڑا ہے برہم اب تک کارخانہ زہد و طاعت کا
قدم ٹک دیکھ کر رکھ میرؔ سر دل سے نکالے گا
پلک سے شوخ تر کانٹا ہے صحرائے محبت کا

۔۷۰۔

(دیوان اول)

تھا زعفراں پہ ہنسنے کو دل جس کی گرد کا
مشتاق منہ مرا ہے اسی رنگِ زرد کا
کیا ڈر اسے ہے گرمیِ خورشیدِ حشر سے
سایہ پڑا ہے جس پہ مری آہ سرد کا

۔۷۱۔

(دیوان ششم)

میں ہوں خاک افتادہ جس آزار کا
عشق بھی اس کا ہے نام اک پیار کا
بیچتا سر کیوں نہ گلیوں میں پھروں
میں ہوں خواہاں لطف تہ بازار کا
خون کر کے ٹک نہ دل ان نے لیا
کشتہ و مردہ ہوں اس اصرار کا
گھر سے وہ معمار کا جو اٹھ گیا
حال ابتر ہو گیا گھر بار کا

نقل اس کی بے وفائی کی ہے اصل
کب وفاداری ہے شیوہ یار کا

سر جو دے دے مارتے گھر میں پھرے
رنگ دیگر ہے در و دیوار کا

اک گدائے در ہے سیلابِ بہار
غم کشوں کے دیدۂ خونبار کا

دلبراں دل جنس ہے گنجائشی
اس میں کچھ نقصاں نہیں سرکار کا

عشق کا مارا ہے کیا پنپے گا میرؔ
حال ہے بدحال اس بیمار کا

۔۷۲۔

(دیوان دوم)

ٹپکتی پلکوں سے رومال جس گھڑی سرکا
طرف ہوا نہ کبھو ابر دیدۂ تر کا

کبھو تو دیر میں ہوں میں کبھو ہوں کعبے میں
کہاں کہاں لیے پھرتا ہے شوق اس در کا

غمِ فراق سے پھر سوکھ کر ہوا کانٹا
بچھا جو پھول اٹھا کوئی اس کے بستر کا

اسیر جرگے میں ہو جاؤں میں تو ہو جاؤں
وگرنہ قصد ہو کس کو شکارِ لاغر کا

ہمیں کہ جلنے سے خوگر ہیں آگ میں ہے عیش
محیط میں تو تلف ہوتا ہے سمندر کا

قریب خط کا نکلنا ہوا سو خط موقوف
غبار دور ہو کس طور میرے دلبر کا

بتا کے کعبے کا رستہ اسے بھلاؤں راہ
نشاں جو پوچھے کوئی مجھ سے یار کے گھر کا
کسو سے مل چلے ٹک وہ تو ہے بہت ورنہ
سلوک کاہے کو شیوہ ہے اس ستمگر کا
شکستہ بالی و لب بستگی پر اب کی نہ جا
چمن میں شور مرا اب تلک بھی ہے پر کا
تلاش دل نہیں کام آتی اس زنخ میں گئے
کہ چاہ میں تو ہے مرنا برا شناور کا
پھرے ہے خاک ملے منہ پہ یا نمد پہنے
یہ آئینہ ہے نظر کردہ کس قلندر کا
نہ ترک عشق جو کرتا تو میرؔ کیا کرتا
جفا کشی نہیں ہے کام ناز پرور کا

۔۷۳۔

(دیوان دوم)

غم ابھی کیا محشرِ مشہور کا
شور سا ہے تو ولیکن دُور کا
حق تو سب کچھ ہی ہے تو ناحق نہ بول
بات کہتے سر کٹا منصور کا
پیچ سے کب کا گیا اب ذکر کیا
اس دلِ مرحوم کا مغفور کا
طرفہ آتش خیز سنگستاں ہے دل
مقتبس یاں سے ہے شعلہ طُور کا
مر گئے پر خاک ہے سب کبر و ناز
مت جھکو سر گو کسو مغرور کا

ٹھیکری کو قدر ہے اس کو نہیں
ٹوٹے جب کاسہ سرِ فغفور کا

ہو کھڑا وہ تو پری سی ہے کھڑی
منہ کھلے تو جیسے چہرہ حُور کا

دیکھ اسے کیوں کر ملک بھیچک نہ ہوں
آنکھ کے آگے یہ بکّا نور کا

چشم بہنے سے کبھو رہتی نہیں
کچھ علاج اے میؔر اس ناسور کا

۔۷۴۔

(دیوان اول)

سیر کے قابل ہے دل صد پارہ اس نخچیر کا
جس کے ہر ٹکڑے میں ہو پیوست پیکاں تیر کا

سب کھلا باغ جہاں الا یہ حیران و خفا
جس کو دل سمجھے تھے ہم سو غنچہ تھا تصویر کا

بُوئے خوں سے جی رکا جاتا ہے اے بادِ بہار
ہو گیا ہے چاک دل شاید کسو دل گیر کا

کیونکہ نقاشِ ازل نے نقش ابرو کا کیا
کام ہے اک تیرے منہ پر کھینچنا شمشیر کا

رہگزر سیلِ حوادث کا ہے بے بنیاد دہر
اس خرابے میں نہ کرنا قصد تم تعمیر کا

بس طبیب اٹھ جا مری بالیں سے مت دے دردِ سر
کام یاں آخر ہوا اب فائدہ تدبیر کا

نالہ کش ہیں عہدِ پیری میں بھی تیرے در پہ ہم
قد خم گشتہ ہمارا حلقہ ہے زنجیر کا

جو ترے کوچے میں آیا پھر وہیں گاڑا اسے
تشنۂ خوں میں تو ہوں اس خاکِ دامن گیر کا

خون سے میرے ہوئی یک دم خوشی تم کو تو لیک
مفت میں جاتا رہا جی ایک بے تقصیر کا

لختِ دل سے جوں چھڑی پھولوں کی گوندھی ہے ولے
فائدہ کچھ اے جگر اس آہِ بے تاثیر کا

گورِ مجنوں سے نہ جاویں گے کہیں ہم بے نوا
عیب ہے ہم میں جو چھوڑیں ڈھیر اپنے پیر کا

کس طرح سے مانیے یارو کہ یہ عاشق نہیں
رنگ اڑا جاتا ہے ٹک چہرہ تو دیکھو میؔر کا

۔۷۵۔

(دیوان دوم)

دیکھ آرسی کو یار ہوا محو ناز کا
خانہ خراب ہو جیو آئینہ ساز کا

ہوتا ہے کون دست بسر واں غرور سے
گالی ہے اب جواب سلامِ نیاز کا

ہم تو سمندِ ناز کے پامال ہو چکے
اس کو وہی ہے شوق ابھی ترک تاز کا

ہے کیمیا گرانِ محبت میں قدر خاک
پر وقر کچھ نہیں ہے دلِ بے گداز کا

اس لطف سے نہ غنچۂ نرگس کھلا کبھو
کھلنا تو دیکھ اس مژۂ نیم باز کا

کوتاہ تھا فسانہ جو مرجاتے ہم شتاب
جی پر وبال سب ہے یہ عمرِ دراز کا

مارا نہ اپنے ہاتھ سے مجھ کو ہزار حیف
کشتہ ہوں یار میں تو ترے امتیاز کا

ہلتی ہے یوں پلک کہ گڑی دل میں جائے ہے
انداز دیدنی ہے مرے دل نواز کا

پھر میرؔ آج مسجدِ جامع کے تھے امام
داغِ شراب دھوتے تھے کل جانماز کا

۔۷۶۔

(دیوان سوم)

وہ کم نما و دل ہے شائق کمال اس کا
جو کوئی اس کو چاہے ظاہر ہے حال اس کا

ہم کیا کریں علاقہ جس کو بہت ہے اس سے
رکھ دیتے ہیں گلے پر خنجر نکال اس کا

بس ہو تو وام کر بھی اس پر نثار کریے
یک نقد دل رکھے ہیں سو تو ہے مال اس کا

یہ جانتا تو اس سے ہم خواب میں نہ ہوتا
پکا خیال جی کا ایسا خیال اس کا

ان زلفوں سے نہ لگ کر چل اے نسیمِ ظالم
تاریک ہے جہاں پھر بکا جو بال اس کا

جس داغ سے کہ عالم ہے مبتلا بلا میں
سو داغ جان عاشق منہ پر ہے خال اس کا

مستانہ ساتھ میرے روتی پھرے ہے بلبل
گل سے جو دل لگا ہے ابتر ہے حال اس کا

میری طرح جھکے ہیں بے خود ہو سرو و گل بھی
دیکھا کہیں چمن میں شاید جمال اس کا

کیا تم کو پیار سے وہ اے میرؔ منہ لگاوے
پہلے ہی چومے تم تو کاٹو ہو گال اس کا

-۷۷-

(دیوان اول)

منہ تکا ہی کرے ہے جس تس کا
حیرتی ہے یہ آئینہ کس کا
شام سے کچھ بجھا سا رہتا ہوں
دل ہوا ہے چراغ مفلس کا
تھے برے مغبچوں کے تیور لیک
شیخ میخانے سے بھلا کھسکا
داغ آنکھوں سے کھل رہے ہیں سب
ہاتھ دستہ ہوا ہے نرگس کا
بحر کم ظرف ہے بسان حباب
کاسہ لیس اب ہوا ہے تو جس کا
فیض اے ابر چشمِ تر سے اٹھا
آج دامن وسیع ہے اس کا
تاب کس کو جو حالِ میرؔ سنے
حال ہی اور کچھ ہے مجلس کا

-۷۸-

(دیوان دوم)

بہتوں کو آگے تھا یہی آزار عشق کا
جیتا رہا ہے کوئی بھی بیمار عشق کا
بے پردگی بھی چاہ کا ہوتا ہے لازمہ
کھلتا ہی ہے ندان یہ اسرار عشق کا

زندانی سینکڑوں مرے آگے رہا ہوئے
چھوٹا نہ میں ہی تھا جو گنہگار عشق کا

خواہانِ مرگ میں ہی ہوا ہوں مگر نیا
جی بیچے ہی پھرے ہے خریدار عشق کا

منصور نے جو سر کو کٹایا تو کیا ہوا
ہر سر کہیں ہوا ہے سزاوار عشق کا

جاتا وہی سنا ہمہ حسرت جہان سے
ہوتا ہے جس کسو سے بہت پیار عشق کا

پھر بعد میرے آج تلک سر نہیں بکا
اک عمر سے کساد ہے بازار عشق کا

لگ جاوے دل کہیں تو اسے جی میں اپنے رکھ
رکھتا نہیں شگون کچھ اظہار عشق کا

چھوٹا جو مر کے قید عبارات میں پھنسا
القصہ کیا رہا ہو گرفتار عشق کا

مشکل ہے عمر کاٹنی تلوار کے تلے
سر میں خیال گو کہ رکھیں یار عشق کا

واں رستموں کے دعوے کو دیکھا ہے ہوتے قطع
پورا جہاں لگا ہے کوئی وار عشق کا

کھوئے رہا نہ جان کو ناآزمودہ کار
ہوتا نہ میرؔ کاش طلب گار عشق کا

۔۷۹۔

(دیوان دوم)

جو معتقد نہیں ہے علیؑ کے کمال کا
ہر بال اس کے تن پہ ہے موجب وبال کا

عزت علیؑ کی قدر علیؑ کی بہت ہے دور
مورد ہے ذوالجلال کے عزّوجلال کا

پایا علیؑ کو جا کے محمدؐ نے اس جگہ
جس جا نہ تھا لگاؤ گمان و خیال کا

رکھنا قدم پہ اس کے قدم کب ملک سے ہو
مخلوق آدمی نہ ہوا ایسی چال کا

شخصیت ایسی کس کی تھی ختمِ رسل کے بعد
تھا مشورت شریکِ حقِ لایزال کا

توڑا بتوں کو دوشِ نبیؐ پر قدم کو رکھ
چھوڑا نہ نام کعبہ میں کفر و ضلال کا

راہِ خدا میں ان نے دیا اپنے بھی تئیں
یہ جود منہ تو دیکھو کسو آشمال کا

نسبت نہ بندگی کی ہوئی جس کی واں درست
رونا مجھے ہے حشر میں اس کی ہی چال کا

فکرِ نجات میرؔ کو کیا مدح خواں ہے وہ
اولاد کا علیؑ کی محمدؐ کی آل کا

۔۸۰۔

(دیوان پنجم)

دل رفتۂ جمال ہے اس ذوالجلال کا
مستجمعِ جمیع صفات و کمال کا

ادراک کو ہے ذاتِ مقدس میں دخل کیا
اودھر نہیں گزار گمان و خیال کا

حیرت سے عارفوں کو نہیں راہِ معرفت
حال اور کچھ ہے یاں انھوں کے حال و قال کا

ہے قسمتِ زمین و فلک سے غرض نمود
جلوہ وگرنہ سب میں ہے اس کے جمال کا
مرنے کا بھی خیال رہے میرؔ اگر تجھے
ہے اشتیاق جانِ جہاں کے وصال کا

۔۸۱۔

(دیوان دوم)

جلوہ نہیں ہے نظم میں حسنِ قبول کا
دیواں میں شعر گر نہیں نعتِ رسولؐ کا
حق کی طلب ہے کچھ تو محمدؐ پرست ہو
ایسا وسیلہ ہے بھی خدا کے حصول کا
مطلوب ہے زمان و مکان و جہان سے
محبوب ہے ملک کا فلک کا عقول کا
احمدؐ کو ہم نے جان رکھا ہے وہی احد
مذہب کچھ اور ہو گا کسی بوالفضول کا
جن مردماں کو آنکھیں دیاں ہیں خدا نے وے
سرمہ کریں ہیں رہ کی تری خاک دھول کا
مقصود ہے علیؓ کا ولی کا سبھی کا تو
ہے قصد سب کو تیری رضا کے حصول کا
تھی گفتگوئے باغ فدک جڑ فساد کی
جانے ہے جس کو علم ہے دیں کے اصول کا
دعویٰ جو حق شناسی کا رکھیے سو اس قدر
پھر جان بوجھ کریے تلف حق بتولؓ کا
پَروائے حشر کیا ہے تجھے میرؔ شاد رہ
ہے عذر خواہ جرم جو وہ تجھ ملول کا

۔۸۲۔

(دیوان پنجم)

ہے حرف خامہ دل زدہ حسن قبول کا
یعنی خیال سر میں ہے نعت رسولؐ کا

رہ پیروی میں اس کی کہ گام نخست میں
ظاہر اثر ہے مقصدِ دل کے وصول کا

وہ مقتدائے خلق جہاں اب نہیں ہوا
پہلے ہی تھا امام نفوس و عقول کا

سرمہ کیا ہے وضع پئے چشم اہل قدس
احمدؐ کے رہگزار کی خاک اور دھول کا

ہے متحد نبیؐ و علیؓ و وصی کی ذات
یاں حرف معتبر نہیں ہر بوالفضول کا

دھو منہ ہزار پانی سے سو بار پڑھ درود
تب نام لے تو اس چمنستاں کے پھول کا

حاصل ہے میرؔ دوستی اہل بیت اگر
تو غم ہے کیا نجات کے اپنی حصول کا

۔۸۳۔

(دیوان سوم)

اعجاز منہ تکے ہے ترے لب کے کام کا
کیا ذکر یاں مسیح علیہ السلام کا

رقعہ ہمیں جو آوے ہے سو تیر میں بندھا
کیا دیجیے جواب اجل کے پیام کا

کچھ سدھ سنبھالتے ہی رکھی ان نے پگڑی پھیر
ممنون میں نہیں ہوں جوابِ سلام کا

منہ دیکھو بدر کا کہ تری روکشی کرے
تو یوں ہی نام لے ہے کسو ناتمام کا

نوبت ہے اپنی جب سے یہی کوچ کا ہے شور
بجنا سنا نہیں ہے کبھو یاں مقام کا

کنجِ لب اس کا دیکھ کے خاموش رہ گئے
یعنی کہ تھا مقام یہ ختمِ کلام کا

اس رُو و مُو کے محو کو کیا روزگار سے
جلوہ ہی کچھ جدا ہے مرے صبح و شام کا

صاحب ہو مار ڈالو مجھے تم وگرنہ کچھ
جز عاشقی گناہ نہیں ہے غلام کا

کب اقتدا ہو مجھ سے کسو کی سوائے میؔر
بندہ ہوں دل سے مَیں اسی سید امام کا

۔۸۴۔

(دیوان سوم)

سطح جو ہاتھوں میں تھا اس کے رخِ گلفام کا
ہاتھ ملنا کام ہے اب عاشقِ بدنام کا

کچھ نہیں عنقا صفت پر شہرۂ آفاق ہوں
سیر کے قابل ہے ہونا پہن میرے نام کا

ہجر کی راتیں بڑی چھوٹی جو ٹک ہوتیں کہیں
اس میں کچھ نقصان ہوتا تھا مگر ایّام کا

روؤں یادِ زلف میں اس کی تو پھر روتا رہوں
صبح تک جاتا نہیں ہے مینھ آیا شام کا

تاب کس کو اپنا کچا سوت کچھ الجھا ہے میؔر
گم ہے سررشتہ ہمارے خواب اور آرام کا

-۸۵-

(دیوان پنجم)

کچھ اندیشہ ہم کو نہیں ہے اپنے حال درہم کا
آٹھ پہر رہتا ہے رونا اس کی دوری کے غم کا
روتے کڑھتے خاک میں ملتے جیتے رہے ہم دنیا میں
دس دن اپنی عمر کے گویا عشرہ تھا یہ محرّم کا
کشتی ہماری عشق میں کیا تھی ہاتھ ملاتے پاک ہوئی
پائے ثبات نہ ٹھہرا دم بھر اس میدان میں رستم کا
عالمِ نیستی کیا عالم تھا غم دنیا و دیں کا نہ تھا
ہوش آیا ہے جب سے سر میں شوق رہا اس عالم کا
یاں واجب ہے ہم کو تم کو دم لیویں تو شمردہ لیں
دینا ہو گا حساب کسو کو یک دم ہی میں دَم دَم کا
چھاتی کوٹی منہ نوچا سر دے دے مارا پتھر پر
دل کے خوں ہونے میں ہمارا یہی طریق ہے ماتم کا
لڑکے شوخ بہت ہیں لیکن ویسا میؔر نہیں کوئی
دھوم قیامت کی سی ہے ہنگامہ اس کے اودھم کا

-۸۶-

(دیوان اول)

شکوہ کروں میں کب تک اس اپنے مہرباں کا
القصہ رفتہ رفتہ دشمن ہوا ہے جاں کا
گریے پہ رنگ آیا قیدِ قفس سے شاید
خوں ہو گیا جگر میں اب داغ گلستاں کا
لے جھاڑو ٹوکرا ہی آتا ہے صبح ہوتے
جارُوب کش مگر ہے خورشید اس کے ہاں کا

دی آگ رنگِ گل نے واں اے صبا چمن کو
یاں ہم جلے قفس میں سن حال آشیاں کا

ہر صبح میرے سر پر اک حادثہ نیا ہے
پیوند ہو زمیں کا شیوہ اس آسماں کا

ان صید افگنوں کا کیا ہو شکار کوئی
ہوتا نہیں ہے آخر کام ان کے امتحاں کا

تب تو مجھے کیا تھا تیروں سے صید اپنا
اب کرتے ہیں نشانہ ہر میرے استخواں کا

فتراک جس کا اکثر لوہو میں تر رہے ہے
وہ قصد کب کرے ہے اس صیدِ ناتواں کا

کم فرصتی جہاں کے مجمع کی کچھ نہ پوچھو
احوال کیا کہوں میں اس مجلسِ رواں کا

سجدہ کریں ہیں سن کر اوباش سارے اس کو
سید پسر وہ پیارا ہے گا امام بانکا

ناحق شناسی ہے یہ زاہد نہ کر برابر
طاعت سے سو برس کی سجدہ اس آستاں کا

ہیں دشت اب یہ جیتے بستے تھے شہر سارے
ویرانۂ کہن ہے معمورہ اس جہاں کا

جس دن کہ اس کے منہ سے برقع اٹھے گا سُنیو
اس روز سے جہاں میں خورشید پھر نہ جھانکا

ناحق یہ ظلم کرنا انصاف کہہ پیارے
ہے کون سی جگہ کا کس شہر کا کہاں کا

سودائی ہو تو رکھے بازارِ عشق میں پا
سر مفت بیچتے ہیں یہ کچھ چلن ہے واں کا

سو گالی ایک چشمک اتنا سلوک تو ہے
اوباش خانہ جنگ اس خوش چشمِ بدزباں کا

یا روئے یا رلایا اپنی تو یوں ہی گزری
کیا ذکر ہم صفیراں یارانِ شادماں کا

قیدِ قفس میں ہیں تو خدمت ہے نالگی کی
گلشن میں تھے تو ہم کو منصب تھا روضہ خواں کا

پوچھو تو میؔر سے کیا کوئی نظر پڑا ہے
چہرہ اتر رہا ہے کچھ آج اس جواں کا

۔۸۷۔

(دیوان سوم)

ہوں نشاں کیوں نہ تیر خوباں کا
مجھ پہ تودہ ہوا ہے طوفاں کا

ہاتھ زنجیر ہو جنوں میں رہا
اپنے زنجیرۂ گریباں کا

چیکے دیکھو جھمکتے وے لب سرخ
ذکر یاں کیا ہے لعل و مرجاں کا

ایک رہزن ہے اس کی کافر زلف
غم ہی رہتا ہے دین و ایماں کا

عمر آوارگی میں سب گزری
کچھ ٹھکانا نہیں دل و جاں کا

کافرستاں ہے خال و خط و زلف
وقر کیا ہے دل مسلماں کا

مر گیا میؔر نالہ کش بیکس
نَے نے ماتم میں اس کے منہ ڈھانکا

۔۸۸۔

(دیوان اول)

آیا تھا خانقہ میں وہ نور دیدگاں کا
تہ کر گیا مصلیٰ عزلت گزیدگاں کا
آخر کو خاک ہونا درپیش ہے سبھوں کو
ٹک دیکھ منہ کدھر ہے قامت خمیدگاں کا
جو خار دشت میں ہے سوچشم آبلہ سے
دیکھا ہوا ہے تیرے محنت کشیدگاں کا
اب زیرِ خاک رہنا مشکل ہے کشتگاں کو
آرام کھو چلا تو ان آرمیدگاں کا
تیر بلا کا ہر دم اب میؔر ہے نشانہ
پتھر جگر ہے اس کے آفت رسیدگاں کا

۔۸۹۔

(دیوان اول)

کیا عجب پل میں اگر ترک ہو اس سے جاں کا
ہو جو زخمی کبھو برہم زدنِ مژگاں کا
اٹھتے پلکوں کے گرے پڑتے ہیں لاکھوں آنسو
ڈول ڈالا ہے مری آنکھوں نے اب طوفاں کا
جلوۂ ماہ تہِ ابر تنک بھول گیا
ان نے سوتے میں دوپٹے سے جو منہ کو ڈھانکا
لہو لگتا ہے ٹپکنے جو پلک ماروں ہوں
اب تو یہ رنگ ہے اس دیدۂ اشک افشاں کا
ساکنِ کُو کو ترے کب ہے تماشے کا دماغ
آئی فردوس بھی چل کر نہ ادھر کو جھانکا

اٹھ گیا ایک تو اک مرنے کو آ بیٹھے ہے

قاعدہ ہے یہی مدت سے ہمارے ہاں کا

کار اسلام ہے مشکل ترے خال و خط سے

رہزنِ دیں ہے کوئی دزد کوئی ایماں کا

چارۂ عشق بجز مرگ نہیں کچھ اے میؔر

اس مرض میں ہے عبث فکر تمھیں درماں کا

۔۹۰۔

(دیوان اول)

ہو بلبلِ گلگشت کہ اک دن ہے خزاں کا

اڑتا ہے ابھی رنگ گلِ باغِ جہاں کا

ہے مجھ کو یقیں تجھ میں وفا ایسی جفا پر

گھر چاک برابر ہوئے اس میرے گماں کا

سینے میں مرے آگ لگی میرے سخن سے

جوں شمع جلایا ہوا ہوں اپنی زباں کا

آرام عدم میں نہ تھا ہستی میں نہیں چین

معلوم نہیں میرا ارادہ ہے کہاں کا

۔۹۱۔

(دیوان سوم)

احوال نہ پوچھو کچھ ہم ظلم رسیدوں کا

کیا حال محبت کے آزار کشیدوں کا

دیوانگی عاشق کی سمجھو نہ لباسی ہے

صد پارہ جگر بھی ہے ہم جامہ دریدوں کا

عاشق ہے دل اپنا تو گل گشت گلستاں میں

جدول کے کنارے کے نوباوہ دمیدوں کا

ناچار گئے مارے میدانِ محبت میں
پایا نہ گیا چارہ کچھ اس کے شہیدوں کا
پتے کے کھڑکنے سے ہوتی ہے ہمیں وحشت
کیا طور ہے ہم اپنے سائے سے رمیدوں کا
کیا کیا نہ گیا اس بن صبر اور دماغ و دل
رونق گئی بشرے سے پھر نور بھی دے دوں کا
کرتے ہیں پس از سالے دل شاد گلے لگ کر
سو میرؔ وہ ملنا بھی اب ترک ہے عیدوں کا

۔۹۲۔

(دیوان اول)

سنا ہے حال ترے کشتگاں بچاروں کا
ہوا نہ گور گڑھا ان ستم کے ماروں کا
ہزار رنگ کھلے گل چمن کے ہیں شاہد
کہ روزگار کے سر خون ہے ہزاروں کا
ملا ہے خاک میں کس کس طرح کا عالم یاں
نکل کے شہر سے ٹک سیر کر مزاروں کا
عرق فشانی سے اس زلف کی ہراساں ہوں
بھلا نہیں ہے بہت ٹوٹنا بھی تاروں کا
علاج کرتے ہیں سودائے عشق کا میرے
خلل پذیر ہوا ہے دماغ یاروں کا
تری ہی زلف کو محشر میں ہم دکھا دیں گے
جو کوئی مانگے گا نامہ سیاہ کاروں کا
خراشِ سینۂ عاشق بھی دل کو لگ جائے
عجب طرح کا ہے فرقہ یہ دل فگاروں کا

نگاہِ مست کے مارے تری خراب ہیں شوخ
نہ ٹھور ہے نہ ٹھکانا ہے ہوشیاروں کا
کریں ہیں دعویٰ خوش چشمی آہوانِ دشت
ٹک ایک دیکھنے چل ملک ان گنواروں کا
تڑپ کے مرنے سے دل کے کہ مغفرت ہو اسے
جہاں میں کچھ تو رہا نام بے قراروں کا
تڑپ کے خرمنِ گل پر کبھی گر اے بجلی
جلانا کیا ہے مرے آشیاں کے خاروں کا
تمھیں تو زہد و ورع پر بہت ہے اپنے غرور
خدا ہے شیخ جی ہم بھی گناہگاروں کا
اٹھے ہے گرد کی جا نالہ گور سے اس کی
غبارِ میؔر بھی عاشق ہے نے سواروں کا

۔۹۳۔

(دیوان دوم)

فرو آتا نہیں سر ناز سے اب کے امیروں کا
اگرچہ آسماں تک شور جاوے ہم فقیروں کا
تبسم سحر ہے جب پان سے لب سرخ ہوں اس کے
دلوں میں کام کر جاتا ہے یاں جادو کے تیروں کا
سرکنا اس کے درباں پاس سے ہے شب کو بھی مشکل
سر زنجیر زیرِ سر رکھے ہے ہم اسیروں کا
گئے بہتوں کے سر لڑکوں نے جو یہ باندھنوں باندھے
شہید اک میں نہیں ان باندھنوں کے سرخ چیروں کا
قفس کے چاک سے دیکھوں ہوں میں تو تنگ آتا ہوں
چمن میں غنچہ ہو آنا گلوں پر ہم صفیروں کا

ہمارے دیکھتے زیرِ نگیں تھا ملک سب جن کے
کوئی اب نام بھی لیتا نہیں ان ملک گیروں کا
دلِ پر کو تو ان پلکوں ہی نے سب چھان مارا تھا
کیا میرؔ ان نے خالی یوں ہی ترکش اپنے تیروں کا

۔۹۴۔

(دیوان پنجم)

دور بہت بھاگو ہو ہم سے سیکھے طریق غزالوں کا
وحشت کرنا شیوہ ہے کیا اچھی آنکھوں والوں کا
صورت گر کی پریشانی نے طول نہایت کھینچا ہے
ہم نے کیوں بستار کیا تھا اس کے لمبے بالوں کا
بہت کیا تو پتھر میں سوراخ کیے ہیں در فشوں نے
چھید جگر میں کر دینا یہ کام ہے محزوں نالوں کا
سرو لبِ جو لالہ و گل نسرین و سمن ہیں شگوفہ ہے
دیکھو جدھر اک باغ لگا ہے اپنے رنگیں خیالوں کا
غنچہ ہوا ہے خارِ بیاباں بعد زیارت کرنے کے
پانی تبرک کرتے ہیں سب پاؤں کے میرے چھالوں کا
پہلے تدارک کچھ ہوتا تو نفع بھی ہوتا سو تو میرؔ
کام ہے آخر عشق میں اس کے بیماروں بدحالوں کا

۔۹۵۔

(دیوان سوم)

دل عجب شہر تھا خیالوں کا
لُوٹا مارا ہے حُسن والوں کا
جی کو جنجال دل کو ہے الجھاؤ
یار کے حلقہ حلقہ بالوں کا

مُوئے دلبر سے مشک بو ہے نسیم
حال خوش اس کے خستہ حالوں کا

نہ کہا کچھ نہ آ پھرا نہ ملا
کیا جواب ان مرے سوالوں کا

دم نہ لے اس کی زلفوں کا مارا
میؔر کاٹا جیے نہ کالوں کا

۔۹۶۔

(دیوان اول)

رہے خیال تنک ہم بھی رُو سیاہوں کا
لگے ہو خون بہت کرنے بے گناہوں کا

نہیں ستارے یہ سوراخ پڑ گئے ہیں تمام
فلک حریف ہوا تھا ہماری آہوں کا

گلی میں اس کی پھٹے کپڑوں پر مرے مت جا
لباسِ فقر ہے واں فخر بادشاہوں کا

تمام زلف کے کوچے ہیں مارپیچ اس کی
تجھی کو آوے دلا چلنا ایسی راہوں کا

اسی جو خوبی سے لائے تجھے قیامت میں
تو حرف کن نے کیا گوش داد خواہوں کا

تمام عمر رہیں خاکِ زیرِ پا اس کی
جو زور کچھ چلے ہم عجز دست گاہوں کا

کہاں سے تہ کریں پیدا یہ ناظمان حال
کہ پوچ بافی ہی ہے کام ان جلاہوں کا

حساب کاہے کا روزِ شمار میں مجھ سے
شمار ہی نہیں ہے کچھ مرے گناہوں کا

تری جو آنکھیں ہیں تلوار کے تلے بھی ادھر
فریب خوردہ ہے تو میؔر کن نگاہوں کا

۔۹۷۔

(دیوان پنجم)

عشق ہو حیوان کا یا انس ہو انسان کا
لاگ جی کی جس سے ہو دشمن ہے اپنی جان کا
عاشق و معشوق کی میں طرفہ صحبت سیر کی
ایک جی مارے ہے مرہون ایک ہے احسان کا
میں خردگم عشق میں اس لڑکے کے آخر ہوا
یہ ثمر لایا نہ دیکھا چاہنا نادان کا
مرنا اس کے عشق میں خالی نہیں ہے حسن سے
رشک کے قابل ہے جو کشتہ ہے اس میدان کا
گر پڑیں گے ٹوٹ کر اکثر ستارے چرخ سے
ہل گیا جو صبح کو گوہر کسی کے کان کا
ہر ورق ہر صفحے میں اک شعر شور انگیز ہے
عرصۂ محشر ہے عرصہ میرے بھی دیوان کا
کیا ملاوے آنکھ نرگس اس کی چشمِ سرخ سے
زرد اس غم دیدہ کو آزار ہے یرقان کا
بات کرتے جائے ہے منہ تک مخاطب کے جھلک
اس کا لعلِ لب نہیں محتاج رنگِ پان کا
کیا کہوں سارا زمانہ کشتہ و مردہ ہے میؔر
اس کے اک انداز کا اک ناز کا اک آن کا

-۹۸-

(دیوان اول)

برقع اٹھا تھا رخ سے مرے بدگمان کا
دیکھا تو اور رنگ ہے سارے جہان کا

مت مانیو کہ ہو گا یہ بے درد اہل دیں
گر آوے شیخ پہن کے جامہ قرآن کا

خوبی کو اس کے چہرے کی کیا پہنچے آفتاب
ہے اِس میں اُس میں فرق زمین آسمان کا

ابلہ ہے وہ جو ہووے خریدارِ گل رخاں
اس سودے میں صریح ہے نقصان جان کا

کچھ اور گاتے ہیں جو رقیب اس کے روبرو
دشمن ہیں میری جان کے یہ جی ہے تان کا

تسکین اس کی تب ہوئی جب چپ مجھے لگی
مت پوچھ کچھ سلوک مرے بدزبان کا

یاں بلبل اور گل پہ تو عبرت سے آنکھ کھول
گلگشت سرسری نہیں اس گلستان کا

گل یادگارِ چہرۂ خوباں ہے بے خبر
مرغِ چمن نشاں ہے کسو خوش زبان کا

تو برسوں میں کہے ہے ملوں گا مَیں میرؔ سے
یاں کچھ کا کچھ ہے حال ابھی اس جوان کا

-۹۹-

(دیوان پنجم)

گلچیں نہیں جو کوئی بھی اس تازہ چمن کا
کیوں رنگ پھرا سا ہے ترے سیب ذقن کا

غربت ہے دل آویز بہت شہر کی اس کے
آیا نہ کبھو ہم کو خیال اپنے وطن کا

جب زمزمہ کرتی ہے صدا چبھتی ہے دل میں
بلبل سے کوئی سیکھ لے انداز سخن کا

کب مشتِ نمک سے ہوئی تسکین جراحت
لب چشش ہے نمک سار مرے زخمِ کہن کا

جو چاک گریبان کہ دامن کی ہو زہ تک
قربان کیا میؔر اسے چاک کفن کا

-۱۰۰-

(دیوان اول)

ہے حال جائے گریہ جان پر آرزو کا
روئے نہ ہم کبھو ٹک دامن پکڑ کسو کا

جاتی نہیں اٹھائی اپنے پہ یہ خشونت
اب رہ گیا ہے آنا میرا کبھو کبھو کا

اس آستاں سے کس دن پرشور سر نہ پٹکا
اس کی گلی میں جا کر کس رات میں نہ کوکا

شاید کہ مند گئی ہے قمری کی چشمِ گریاں
کچھ ٹوٹ سا چلا ہے پانی چمن کی جُو کا

اپنے تڑپنے کی تو تدبیر پہلے کر لوں
تب فکر میں کروں گا زخموں کے بھی رفو کا

دانتوں کی نظم اس کے ہنسنے میں جن نے دیکھی
پھر موتیوں کی لڑ پر ان نے کبھو نہ تھوکا

یہ عیش گہ نہیں ہے یاں رنگ اور کچھ ہے
ہر گل ہے اس چمن میں ساغر بھرا لہو کا

بلبل غزل سرائی آگے ہمارے مت کر
سب ہم سے سیکھتے ہیں انداز گفتگو کا

گلیاں بھری پڑی ہیں اے باد زخمیوں سے
مت کھول پیچ ظالم اس زلفِ مشک بو کا

وے پہلی التفاتیں ساری فریب نکلیں
دینا نہ تھا دل اس کو مَیں میرؔ آہ چوکا

۔۱۰۱۔

(دیوان اول)

رات پیاسا تھا میرے لوہو کا
ہوں دوانہ ترے سگ کو کا

شعلۂ آہ جوں توں اب مجھ کو
فکر ہے اپنے ہر بن مُو کا

ہے مرے یار کی مسوں کا رشک
کشتہ ہوں سبزۂ لبِ جو کا

بوسہ دینا مجھے نہ کر موقوف
ہے وظیفہ یہی دعا گُو کا

مَیں نے تلوار سے ہرن مارے
عشق کر تیری چشم و ابرو کا

شور قلقل کے ہوتی تھی مانع
ریشِ قاضی پہ رات میں تھوکا

عطر آگیں ہے بادِ صبح مگر
کھل گیا پیچ زلف خوشبو کا

ایک دو ہوں تو سحر چشم کہوں
کارخانہ ہے واں تو جادو کا

میؔر ہر چند مَیں نے چاہا لیک
نہ چھپا عشق طفلِ بدخو کا
نام اس کا لیا ادھر اودھر
اڑ گیا رنگ ہی مرے رُو کا

۔۱۰۲۔

(دیوان اول)

گزرا بنائے چرخ سے نالہ پگاہ کا
خانہ خراب ہو جیو اس دل کی چاہ کا
آنکھوں میں جی مرا ہے ادھر دیکھتا نہیں
مرتا ہوں میں تو ہائے رے صرفہ نگاہ کا
صد خانماں خراب ہیں ہر ہر قدم پہ دفن
کشتہ ہوں یار میں تو ترے گھر کی راہ کا
یک قطرہ خون ہوکے پلک سے ٹپک پڑا
قصہ یہ کچھ ہوا دلِ غفراں پناہ کا
تلوار مارنا تو تمھیں کھیل ہے ولے
جاتا رہے نہ جان کسو بے گناہ کا
بدنام و خوار و زار و نزار و شکستہ حال
احوال کچھ نہ پوچھیے اس رو سیاہ کا
ظالم زمیں سے لوٹتا دامن اٹھا کے چل
ہو گا کمیں میں ہاتھ کسو داد خواہ کا
اے تاج شہ نہ سر کو فرو لاؤں تیرے پاس
ہے معتقد فقیر نمد کی کلاہ کا
ہر لختِ دل میں صید کے پیکان بھی گئے
دیکھا میں شوخ ٹھاٹھ تری صید گاہ کا

بیمار تو نہ ہووے جیے جب تلک کہ میرؔ
سونے نہ دے گا شور تری آہ آہ کا

۔۱۰۳۔

(دیوان اول)

مت ہو دشمن اے فلک مجھ پائمالِ راہ کا
خاک افتادہ ہوں میں بھی اک فقیر اللہ کا
سینکڑوں طرحیں نکالیں یار کے آنے کی لیک
عذر ہی جا ہے چلا اس کے دلِ ناخواہ کا
گر کوئی پیرِ مغاں مجھ کو کرے تو دیکھے پھر
مے کدہ سارے کا سارا صرف ہے اللہ کا
کاش تیرے غم رسیدوں کو بلاویں حشر میں
ظلم ہے یک خلق پُر آشوب ان کی آہ کا
جو سنا ہشیار اس مے خانے میں تھا بے خبر
شوق ہی باقی رہا ہم کو دلِ آگاہ کا
باندھ مت رونے کا تار اے ناقباحت فہم چشم
اس سے پایا جائے ہے سر رشتہ جی کی چاہ کا
شیخ مت کر ذکر ہر ساعت قیامت کا کہ ہے
عرصۂ محشر نمونہ اس کی بازی گاہ کا
شہر میں کس منہ سے آوے سامنے تیرے کہ شوخ
جھائیوں سے بھر رہا ہے سارا چہرہ ماہ کا
سرفرو لاتی نہیں ہمت مری ہر اک کے پاس
ہوں گدائے آستاں میں میرؔ حضرت شاہ کا

۔۱۰۴۔

(دیوان سوم)

گیا حسن خوبان بد راہ کا
ہمیشہ رہے نام اللہ کا

پشیماں ہوا دوستی کر کے مَیں
بہت مجھ کو ارمان تھا چاہ کا

جگر کی سپر پھوٹ جانے لگی
بلا توڑ ہے ناوکِ آہ کا

اسیری کا دیتا ہے مژدہ مجھے
مرا زمزمہ گاہ و بیگاہ کا

رہوں جا کے مر حضرت یار میں
یہی قصد ہے بندہ درگاہ کا

کہا ہو دمِ قتل کچھ تو کہے
جواب اس کو کیا میرے خونخوار کا

عدم کو نہیں مل کے جاتے ہیں لوگ
غم اس راہ میں کیا ہے ہمراہ کا

نظر خواب میں اس کے منہ پر پڑی
بہت خوب ہے دیکھنا ماہ کا

لگو نہی اگر آنکھ تیری ہو میرؔ
تماشا کر اس کی نظر گاہ کا

۔۱۰۵۔

(دیوان اول)

نقش بیٹھے ہے کہاں خواہشِ آزادی کا
ننگ ہے نام رہائی تری صیادی کا

داد دے ورنہ ابھی جان پہ کھیلوں ہوں میں
دل جلانا نہیں دیکھا کسی فریادی کا

تُو نے تلوار رکھی سر رکھا میں بندہ ہوں
اپنی تسلیم کا بھی اور تری جلّادی کا

شہر کی سی رہی رونق اسی کے جیتے جی
مر گیا قیس جو تھا خانہ خدا وادی کا

شیخ کیا صورتیں رہتی تھیں بھلا جب تھا دیر
رو بہ ویرانی ہو اس کعبے کی آبادی کا

ریختہ رتبے کو پہنچایا ہوا اس کا ہے
معتقد کون نہیں میؔر کی استادی کا

۔۱۰۶۔

(دیوان اول)

جس سر کو غرور آج ہے یاں تاجوری کا
کل اس پہ یہیں شور ہے پھر نوحہ گری کا

شرمندہ ترے رخ سے ہے رُخسار پری کا
چلتا نہیں کچھ آگے ترے کبک دری کا

آفاق کی منزل سے گیا کون سلامت
اسباب لٹا راہ میں یاں ہر سفری کا

زنداں میں بھی شورش نہ گئی اپنے جنوں کی
اب سنگ مُداوا ہے اس آشفتہ سری کا

ہر زخمِ جگر داورِ محشر سے ہمارا
انصاف طلب ہے تری بے داد گری کا

اپنی تو جہاں آنکھ لڑی پھر وہیں دیکھو
آئینے کو لپکا ہے پریشاں نظری کا

صد موسمِ گل ہم کو تہِ بال ہی گزرے
مقدور نہ دیکھا کبھو بے بال و پری کا

اس رنگ سے جھمکے ہے پلک پر کہ کہے تو
ٹکڑا ہے مرا اشک عقیقِ جگری کا

کل سیر کیا ہم نے سمندر کو بھی جا کر
تھا دست نگر پنجۂ مژگاں کی تری کا

لے سانس بھی آہستہ کہ نازک ہے بہت کام
آفاق کی اس کارگہِ شیشہ گری کا

ٹک میرؔ جگر سوختہ کی جلد خبر لے
کیا یار بھروسا ہے چراغِ سحری کا

۔۱۰۷۔

(دیوان اول)

گلہ نہیں ہے ہمیں اپنی جاں گدازی کا
جگر پہ زخم ہے اس کی زباں درازی کا

سمند ناز نے اس کے جہاں کیا پامال
وہی ہے اب بھی اسے شوق ترک تازی کا

ستم ہیں قہر ہیں لونڈے شراب خانے کے
اتار لیتے ہیں عمّامہ ہر نمازی کا

الٹ پلٹ مری آہ سحر کی کیا ہے کم
اگر خیال تمھیں ہووے نیزہ بازی کا

بتاؤ ہم سے کوئی آن تم سے کیا بگڑی
نہیں ہے تم کو سلیقہ زمانہ سازی کا

خدا کو کام تو سونپے ہیں مَیں نے سب لیکن
رہے ہے خوف مجھے واں کی بے نیازی کا

چلو ہو راہ موافق کہے مخالف کے
طریق چھوڑ دیا تم نے دل نوازی کا
کسو کی بات نے آگے مرے نہ پایا رنگ
دلوں میں نقش ہے میری سخن طرازی کا
بسانِ خاک ہو پامالِ راہ خلق اے میؔر
رکھے ہے دل میں اگر قصد سرفرازی کا

۔۱۰۸۔

(دیوان ششم)

پڑا تھا شور جیسا ہر طرف اس لاابالی کا
رہا ویسا ہی ہنگامہ مری بھی زار نالی کا
رہے بدحال صوفی حال کرتے دیر مجلس میں
مُغنّی سے سنا مصرع جو میرے شعر حالی کا
نظر بھر دیکھتا کوئی تو تم آنکھیں چھپا لیتے
سماں اب یاد ہو گا کب تمھیں وہ خورد سالی کا
چمک یاقوت کی چلتی ہے اتنی دور کاہے کو
اچنبھا ہے نظر بازوں کو ان ہونٹوں کی لالی کا
پھرے بستی میں رویت کچھ نہیں افلاس سے اپنی
الٰہی ہووے منہ کالا شتاب اس دست خالی کا
دماغ اپنا تو اپنی فکر ہی میں ہو چکا یکسر
خیال اب کس کو ہے اے ہم نشیں نازک خیالی کا
ذلیل و خوار ہیں ہم آگے خوباں کے ہمیشہ سے
پریکھا کچھ نہیں ہے ہم کو ان کی جھڑکی گالی کا
ڈرو چونکو جو چسپاں اختلاطی تم سے ہو مجھ کو
تشتّت کیا ہے میری دور کی اس دیکھا بھالی کا

نہ پہنچی جو دعائے میرؔ واں تک تو عجب کیا ہے
علوئے مرتبہ ہے بسکہ اس درگاہِ عالی کا

-۱۰۹-

(دیوان اول)

دل و دماغ ہے اب کس کو زندگانی کا
جو کوئی دم ہے تو افسوس ہے جوانی کا

اگرچہ عمر کے دس دن یہ لب رہے خاموش
سخن رہے گا سدا میری کم زبانی کا

سبک ہے آوے جو مندیل رکھ نماز کو شیخ
رہا ہے کون سا اب وقت سرگرانی کا

ہزار جان سے قربان بے پری کے ہیں
خیال بھی کبھو گزرا نہ پرفشانی کا

پھرے ہے کھینچے ہی تلوار مجھ پہ ہر دم تو
کہ صید ہوں میں تری دشمنی جانی کا

نمود کر کے وہیں بحرِ غم میں بیٹھ گیا
کہے تو میرؔ بھی اک بلبلا تھا پانی کا

-۱۱۰-

(دیوان اول)

نکلے ہے چشمہ جو کوئی جوش زناں پانی کا
یاددہ ہے وہ کسو چشم کی گریانی کا

لطف اگر یہ ہے بتاں صندلِ پیشانی کا
حسن کیا صبح کے پھر چہرۂ نورانی کا

کفر کچھ چاہیے اسلام کی رونق کے لیے
حسنِ زنّار ہے تسبیح سلیمانی کا

درہمی حال کی ہے سارے مرے دیواں میں
سیر کر تو بھی یہ مجموعہ پریشانی کا

جان گھبراتی ہے اندوہ سے تن میں کیا کیا
تنگ احوال ہے اس یوسفِ زندانی کا

کھیل لڑکوں کا سمجھتے تھے محبت کے تئیں
ہے بڑا حیف ہمیں اپنی بھی نادانی کا

وہ بھی جانے کہ لہو رو کے لکھا ہے مکتوب
ہم نے سر نامہ کیا کاغذ افشانی کا

اس کا منہ دیکھ رہا ہوں سو وہی دیکھوں ہوں
نقش کا سا ہے سماں میری بھی حیرانی کا

بت پرستی کو تو اسلام نہیں کہتے ہیں
معتقد کون ہے میؔر ایسی مسلمانی کا

۔۱۱۱۔

(دیوان سوم)

کیا ہے عشق جب سے مَیں نے اس ترک سپاہی کا
پھروں ہوں چور زخمی اس کی تیغ کم نگاہی کا

اگر ہم قطعۂ شب سا لیے چہرہ چلے آئے
قیامت شور ہو گا حشر کے دن روسیاہی کا

ہوا ہے عارفان شہر کو عرفان بھی اوندھا
کہ ہر درویش ہے مارا ہوا شوق الٰہی کا

ہمیشہ التفات اس کا کسو کے بخت سے ہو گا
نہیں شرمندہ میں تو اس کے لطف گاہ گاہی کا

برنگ کہربائی شمع اس کا رنگ جھمکے ہے
دماغ سیر اس کو کب ہے میرے رنگ کاہی کا

بڑھیں گے عہد کے درویش اس سے اور کیا یارو
کیا ہے لڑکوں نے دینا انھوں کو تاج شاہی کا
خراب احوال کچھ بکتا پھرے ہے دیر و کعبے میں
سخن کیا معتبر ہے میؔر سے واہی تباہی کا

۔۱۱۲۔

(دیوان اول)

اٹھوں نہ خاک سے کشتہ میں کم نگاہی کا
دماغ کس کو ہے محشر کی دادخواہی کا
سنو ہو جل ہی بجھوں گا کہ ہو رہا ہوں میں
چراغ مضطرب الحال صبح گاہی کا

۔۱۱۳۔

(دیوان اول)

خیال چھوڑ دے واعظ تو بے گناہی کا
رکھے ہے شوق اگر رحمت الٰہی کا
سیاہ بخت سے میرے مجھے کفایت تھی
لیا ہے داغ نے دامن عبث سیاہی کا
نگہ تمام تو اس کی خدا نہ دکھلاوے
کرے ہے قتل اثر جس کی کم نگاہی کا
کسو کے حسن کے شعلے کے آگے اڑتا ہے
سلوک میؔر سنو میرے رنگ کاہی کا

۔۱۱۴۔

(دیوان دوم)

طریق خوب ہے آپس میں آشنائی کا
نہ پیش آوے اگر مرحلہ جدائی کا

ہوا ہے کنجِ قفس ہی کی بے پری میں خوب
کہ پر کے سال تلک لطف تھا رہائی کا

یہیں ہیں دیر و حرم اب تو یہ حقیقت ہے
دماغ کس کو ہے ہر در کی جبہہ سائی کا

نہ پوچھ مہندی لگانے کی خوبیاں اپنی
جگر ہے خستہ ترے پنجۂ حنائی کا

نہیں جہان میں کس طرف گفتگو دل سے
یہ ایک قطرۂ خوں ہے طرف خدائی کا

کسو پہاڑ میں جوں کوہکن سر اب ماریں
خیال ہم کو بھی ہے بخت آزمائی کا

بجا رہا نہ دل شیخ شورِ محشر سے
جگر بھی چاہیے ہے کچھ تھامنا اوائی کا

رکھا ہے باز ہمیں در بدر کے پھرنے سے
سروں پہ اپنے ہے احساں شکستہ پائی کا

ملا کہیں تو دکھا دیں گے عشق کا جنگل
بہت ہی خضر کو غرہ ہے رہنمائی کا

نہ انس مجھ سے ہوا اس کو مَیں ہزار کہا
جگر میں داغ ہے اس گل کی بیوفائی کا

جہاں سے میرؔ ہی کے ساتھ جانا تھا لیکن
کوئی شریک نہیں ہے کسو کی آئی کا

۔۱۱۵۔

(دیوان پنجم)

عشق تو بن رسوائی عالم باعث ہے رسوائی کا
میل دلی اس خودسر سے ہے جو پایہ ہے خدائی کا

ہے جو سیاہی جرم قمر میں اس کے سوا کچھ اور نہیں
داغ ہے مہ کا آئینہ اس سطح رخ کی صفائی کا

نزع میں میری حاضر تھا پر آنکھ نہ ایدھر اس کی پڑی
داغ چلا ہوں اس سے جہاں میں یار کی بے پروائی کا

کوشش میں سر مارا لیکن در پہ کسی کے جا نہ سکا
تن پہ زبان شکر ہے ہر مُو اپنی شکستہ پائی کا

رنگ سراپا اس کا ہوا لے آگے دل خوں کرتی رہی
اب ہے جگر یک لخت افسردہ اس کے رنگ حنائی کا

آنا سن ناداری سے ہم نے جی دینا ٹھہرایا ہے
کیا کہیے اندیشہ بڑا تھا اس کی منہ دکھلائی کا

کوفت میں ہے ہرعضو اس کا جوں عضو از جا رفتہ میؔر
جو کشتہ ہے ظلم رسیدہ اس کے دردِ جدائی کا

۔۱۱۶۔

(دیوان چہارم)

ترک لباس سے میرے اسے کیا وہ رفتہ رعنائی کا
جامے کا دامن پاؤں میں الجھا ہاتھ آنچل اکلائی کا

پاس سے اٹھ چلتا ہے وہ تو آپ میں مَیں رہتا ہی نہیں
لے جاتا ہے جا سے مجھ کو جانا اس ہرجائی کا

حال نہ میرا دیکھے ہے نہ کہے سے تائل ہے اس کو
محو ہے خود آرائی کا یا بے خود ہے خودرائی کا

ظاہر میں خورشید ہوا وہ نور میں اپنے پنہاں ہے
خالی نہیں ہے حسن سے چھپنا ایسے بھی پیدائی کا

یاد میں اس کی قامت کی میں لوہو رو روسوکھ گیا
آخر یہ خمیازہ کھینچا اس خرچ بالائی کا

بعدِ مرگ چراغ نہ لاوے گور پہ وہ عاشق کی آہ
جیتے جی بھی داغ ہی تھا مَیں اس کی بے پروائی کا

چشمِ وفا اخوانِ زماں سے سادہ ہو سو رکھے میؔر
قصہ ہے مشہورِ زمانہ پہلے دونوں بھائی کا

۔۱۱۷۔

(دیوان اول)

فلک کا منہ نہیں اس فتنے کے اٹھانے کا
ستم شریک ترا ناز ہے زمانے کا

ہمارے ضعف کی حالت سے دل قوی رکھیو
کہیں خیال نہیں یاں بحال آنے کا

تری ہی راہ میں مارے گئے سبھی آخر
سفر تو ہم کو ہے درپیش جی سے جانے کا

بسانِ شمع جو مجلس سے ہم گئے تو گئے
سراغ کیجو نہ پھر تو نشان پانے کا

چمن میں دیکھ نہیں سکتی ٹک کہ چبھتا ہے
جگر میں برق کے کانٹا مجھ آشیانے کا

ٹک آ تو تا سرِ بالیں نہ کر تعلل کیا
تجھے بھی شوخ یہی وقت ہے بہانے کا

سراہا ان نے ترا ہاتھ جن نے دیکھا زخم
شہید ہوں میں تری تیغ کے لگانے کا

شریفِ مکہ رہا ہے تمام عمر اے شیخ
یہ میؔر اب جو گدا ہے شراب خانے کا

۔۱۱۸۔

(دیوان دوم)

رکھتا تھا ہاتھ میں سررشتہ بہت سینے کا
رہ گیا دیکھ رفو چاک مرے سینے کا
اے تپش لوہو پیے میرا جو تو جھوٹ کہے
کس سے یہ قاعدہ سیکھا ہے لہو پینے کا
اس میں حیران ہوں کس کس کا گلہ تجھ سے کروں
بد گمانی کا تغافل کا ترے کینے کا
میؔر کی نبض پہ رکھ ہاتھ لگا کہنے طبیب
آج کی رات یہ بیمار نہیں جینے کا

۔۱۱۹۔

(دیوان اول)

پل میں جہاں کو دیکھتے میرے ڈبو چکا
اک وقت میں یہ دیدہ بھی طوفان رو چکا
افسوس میرے مردے پر اتنا نہ کر کہ اب
پچھتانا یوں ہی سا ہے جو ہونا تھا ہو چکا
لگتی نہیں پلک سے پلک انتظار میں
آنکھیں اگر یہی ہیں تو بھر نیند سو چکا
یک چشمک پیالہ ہے ساقی بہار عمر
جھپکی لگی کہ دور یہ آخر ہی ہو چکا
ممکن نہیں کہ گل کرے ویسی شگفتگی
اس سر زمیں میں تخم محبت میں بو چکا
پایا نہ دل بہایا ہوا سیل اشک کا
میں پنجۂ مژہ سے سمندر بلو چکا

ہر صبح حادثے سے یہ کہتا ہے آسماں
دے جام خون میرؔ کو گر منہ وہ دھو چکا

۔۱۲۰۔

(دیوان دوم)

آتے ہی آتے تیرے یہ ناکام ہو چکا
واں کام ہی رہا تجھے یاں کام ہو چکا
یا خط چلے ہی آتے تھے یا حرف ہی نہیں
شاید کہ سادگی کا وہ ہنگام ہو چکا
موسم گیا وہ ترکِ محبت کا ناصحا
میں اب تو خاص و عام میں بدنام ہو چکا
ناآشنائے حرف تھا وہ شوخ جب تبھی
ہم سے تو ترک نامہ و پیغام ہو چکا
تڑپے ہے جب کہ سینے میں اچھلے ہے دو دو ہاتھ
گر دل یہی ہے میرؔ تو آرام ہو چکا

۔۱۲۱۔

(دیوان دوم)

سمندر کا مَیں کیوں احساں سہوں گا
نہیں کیا سیلِ اشک اس پر بہوں گا
نہ تو آوے نہ جاوے بے قراری
یوں ہی اک دن سنا میں مر رہوں گا
ترے غم کے ہیں خواہاں سب نہ کھا غم
کمی کیا ہو گی جو اک میں نہ ہوں گا
نہ وہ آوے نہ جاوے بے قراری
کسو دن میرؔ یوں ہی مررہوں گا

اگر جیتا رہا میں میرؔ اے یار
تو شب کو موبمو قصہ کہوں گا

۔۱۲۲۔

(دیوان پنجم)

شیخِ حرم سے لڑ کے چلا ہوں اب کعبے میں نہ آؤں گا
تا بت خانہ ہر قدم اوپر سجدہ کرتا جاؤں گا
بہر پرستش پیشِ صنم ہاتھوں سے قسیس رہباں کے
رشتہ سبحہ تڑاؤں گا زنّار گلے سے بندھاؤں گا
رود دیر کے پانی سے یا آب چاہ سے اس جا کے
واسطے طاعت کفر کے مَیں دونوں وقت نہاؤں گا
طائف رستہ کعبے کا جو کوئی مجھ سے پوچھے گا
جانب دیر اشارت کر میں راہ ادھر کی بھلاؤں گا
بے دیں اب جو ہوا سو ہوا ہوں طوفِ حرم سے کیا مجھ کو
غیر از سوئے صنم خانہ میں رو نہ ادھر کو لاؤں گا
آگے مسافر میرؔ عرب میں اور عجم میں کہتے ہیں
اب شہروں میں ہندستاں کے کافر میرؔ کہاؤں گا

۔۱۲۳۔

(دیوان چہارم)

در پر سے ترے اب کے جاؤں گا تو جاؤں گا
یاں پھر اگر آؤں گا سید نہ کہاؤں گا
یہ نذر بدی ہے میں کعبے سے جو اٹھنا ہو
بت خانے میں جاؤں گا زنّار بندھاؤں گا
آزار بہت کھینچے یہ عہد کیا ہے اب
آئندہ کسو سے مَیں دل کو نہ لگاؤں گا

سرگرم طلب ہو کر کھویا سا گیا آپھی
کیا جانیے پاؤں گا یا اس کو نہ پاؤں گا
گو میرؔ ہوں چپکا سا پر طرفہ ہنرور ہوں
بگڑے گا نہ ٹک وہ تو سو باتیں سناؤں گا

۔۱۲۴۔

(دیوان پنجم)

اگر ہنستا اسے سیرِ چمن میں اب کے پاؤں گا
تو بلبل آشیاں تیرا ہی میں پھولوں سے چھاؤں گا
مجھے گل اس کے آگے خوش نہیں آتا کچھ اس پر بھی
جو تو آزردہ ہوتی ہے گلستاں میں نہ آؤں گا
بشارت اے صبا دیجو اسیرانِ قفس کو بھی
تسلی کو تمھاری سر پہ رکھ دو پھول لاؤں گا
دماغ نازبرداری نہیں ہے کم دماغی سے
کہاں تک ہر گھڑی کے روٹھے کو پہروں مناؤں گا
خشونت بدسلوکی خشمگینی کس لیے اتنی
نہ منہ کو پھیریے پھر یاں نہ آؤں گا جو جاؤں گا
ابھی ہوں منتظر جاتی ہے چشمِ شوق ہر جانب
بلند اس تیغ کو ہونے تو دو سر بھی جھکاؤں گا
بلائیں زیر سر ہوں کاش افتادہ رہوں یوں ہی
اٹھا سر خاک سے تو میرؔ ہنگامے اٹھاؤں گا

۔۱۲۵۔

(دیوان پنجم)

طوف مشہد کو کل جو جاؤں گا
تیغِ قاتل کو سر چڑھاؤں گا

وصل میں رنگ اڑ گیا میرا
کیا جدائی کو منہ دکھاؤں گا

چھانتا ہوں کسی گلی کی خاک
دل کو اپنے کبھو تو پاؤں گا

اس کے در پر گئے ہیں تاب و تواں
گھر تلک اپنے کیوں کے جاؤں گا

لوٹتا ہے بہار منہ کی خط
میؔر میں اس پہ زہر کھاؤں گا

۔۱۲۶۔

(دیوان چہارم)

دل کو کہیں لگنے دو میرے کیا کیا رنگ دکھاؤں گا
چہرے سے خوناب ملوں گا پھولوں سے گل کھاؤں گا

عہد کیے جاؤں ہوں اب کے آخر مجھ کو غیرت ہے
تو بھی منانے آوے گا تو ساتھ نہ تیرے جاؤں گا

گرچہ نصیحت سب ضائع ہے لیکن خاطر ناصح کی
دل دیوانہ کیا سمجھے گا اور بھی میں سمجھاؤں گا

جھک کے سلام کسو کو کرنا سجدہ ہی ہو جاتا ہے
سر جاوے گو اس میں میرا سر نہ فرو میں لاؤں گا

سر ہی سے سر واہ یہ سب ہے ہجر کی اس کے کلفت میں
سر کو کاٹ کے ہاتھ پہ رکھے آپھی ملنے جاؤں گا

خاک ملا منہ خون آنکھوں میں چاک گریباں تا دامن
صورتِ حال اب اپنی اس کے خاطرخواہ بناؤں گا

دل کے تئیں اس راہ میں کھو افسوس کناں اب پھرتا ہوں
یعنی رفیق شفیق پھر ایسے میؔر کہاں میں پاؤں گا

-۱۲۷-

(دیوان پنجم)

دل تڑپے ہے جان کھپے ہے حال جگر کا کیا ہو گا
مجنوں مجنوں لوگ کہے ہیں مجنوں کیا ہم سا ہو گا
دیدۂ تر کو سمجھ کر اپنا ہم نے کیا کیا حفاظت کی
آہ نہ جانا روتے روتے یہ چشمہ دریا ہو گا
کیا جانیں آشفتہ دلاں کچھ ان سے ہم کو بحث نہیں
وہ جانے گا حال ہمارا جس کا دل بیجا ہو گا
پاؤں حنائی اس کے لے آنکھوں پر اپنی ہم نے رکھے
یہ دیکھا نہ رنگ کفک پر ہنگامہ کیا برپا ہو گا
جاگہ سے بے تہ جاتے ہیں دعوے وے ہی کرتے ہیں
ان کو غرور و ناز نہ ہو گا جن کو کچھ آتا ہو گا
رو بہ بہی اب لاہی چکے ہیں ہم سے قطع امید کرو
روگ لگا ہے عشق کا جس کو وہ اب کیا اچھا ہو گا
دل کی لاگ کہیں جو ہو تو میؔر چھپائے اس کو رکھ
یعنی عشق ہوا ظاہر تو لوگوں میں رسوا ہو گا

-۱۲۸-

(دیوان اول)

اے دوست کوئی مجھ سا رسوا نہ ہوا ہو گا
دشمن کے بھی دشمن پر ایسا نہ ہوا ہو گا
اب اشک حنائی سے جو تر نہ کرے مژگاں
وہ تجھ کف رنگیں کا مارا نہ ہوا ہو گا
ٹک گور غریباں کی کر سیر کہ دنیا میں
ان ظلم رسیدوں پر کیا کیا نہ ہوا ہو گا

بے نالہ و بے زاری بے خستگی و خواری
امروز کبھی اپنا فردا نہ ہوا ہو گا

ہے قاعدۂ کلی یہ کوے محبت میں
دل گم جو ہوا ہو گا پیدا نہ ہوا ہو گا

اس کہنہ خرابے میں آبادی نہ کر مُنعِم
یک شہر نہیں یاں جو صحرا نہ ہوا ہو گا

آنکھوں سے تری ہم کو ہے چشم کہ اب ہووے
جو فتنہ کہ دنیا میں برپا نہ ہوا ہو گا

جز مرتبۂ کل کو حاصل کرے ہے آخر
یک قطرہ نہ دیکھا جو دریا نہ ہوا ہو گا

صد نشترِ مژگاں کے لگنے سے نہ نکلا خوں
آگے تجھے میرؔ ایسا سودا نہ ہوا ہو گا

۔۱۲۹۔

(دیوان اول)

بھلا ہو گا کچھ اک احوال اس سے یا برا ہو گا
مآل اپنا ترے غم میں خدا جانے کہ کیا ہو گا

تفحص فائدہ ناصح تدارک تجھ سے کیا ہو گا
وہی پاوے گا میرا دردِ دل جس کا لگا ہو گا

کسو کو شوق یارب بیش اس سے اور کیا ہو گا
قلم ہاتھ آ گئی ہو گی تو سو سو خط لکھا ہو گا

دکانیں حسن کی آگے ترے تختہ ہوئی ہوں گی
جو تو بازار میں ہو گا تو یوسف کب بکا ہو گا

معیشت ہم فقیروں کی سی اخوان زماں سے کر
کوئی گالی بھی دے تو کہہ بھلا بھائی بھلا ہو گا

خیال اس بے وفا کا ہم نشیں اتنا نہیں اچھا
گماں رکھتے تھے ہم بھی یہ کہ ہم سے آشنا ہو گا
قیامت کر کے اب تعبیر جس کو کرتی ہے خلقت
وہ اس کوچے میں اک آشوب سا شاید ہوا ہو گا
عجب کیا ہے ہلاک عشق میں فرہاد و مجنوں کے
محبت روگ ہے کوئی کہ کم اس سے جیا ہو گا
نہ ہو کیوں غیرت گلزار وہ کوچہ خدا جانے
لہو اس خاک پر کن کن عزیزوں کا گرا ہو گا
بہت ہمسائے اس گلشن کے زنجیری رہا ہوں میں
کبھو تم نے بھی میرا شور نالوں کا سنا ہو گا
نہیں جز عرش جاگہ راہ میں لینے کو دم اس کے
قفس سے تن کے مرغ روح میرا جب رہا ہو گا
کہیں ہیں میرؔ کو مارا گیا شب اس کے کوچے میں
کہیں وحشت میں شاید بیٹھے بیٹھے اٹھ گیا ہو گا

۔۱۳۰۔

(دیوان اول)

محبت کا جب روز بازار ہو گا
بکیں گے سر اور کم خریدار ہو گا
تسلی ہوا صبر سے کچھ میں تجھ بن
کبھی یہ قیامت طرحدار ہو گا
صبا موئے زلف اس کا ٹوٹے تو ڈر ہے
کہ اک وقت میں یہ سیہ مار ہو گا
مرا دانت ہے تیرے ہونٹوں پہ مت پوچھ
کہوں گا تو لڑنے کو تیار ہو گا

نہ خالی رہے گی مری جاگہ گر میں
نہ ہوں گا تو اندوہ بسیار ہو گا

یہ منصور کا خونِ ناحق کہ حق تھا
قیامت کو کس کس سے خوں دار ہو گا

عجب شیخ جی کی ہے شکل و شمائل
ملے گا تو صورت سے بیزار ہو گا

نہ رو عشق میں دشت گردی کو مجنوں
ابھی کیا ہوا ہے بہت خوار ہو گا

کھنچے عہد خط میں بھی دل تیری جانب
کبھو تو قیامت طرحدار ہو گا

زمیں گیر ہو عجز سے تو کہ اک دن
یہ دیوار کا سایہ دیوار ہو گا

نہ مرکر بھی چھوٹے گا اتنا رکے گا
ترے دام میں جو گرفتار ہو گا

نہ پوچھ اپنی مجلس میں ہے میرؔ بھی یاں
جو ہو گا تو جیسے گنہگار ہو گا

۔۱۳۱۔

(دیوان ششم)

جو تو ہی صنم ہم سے بیزار ہو گا
تو جینا ہمیں اپنا دشوار ہو گا

غم ہجر رکھے گا بیتاب دل کو
ہمیں کڑھتے کڑھتے کچھ آزار ہو گا

جو افراط الفت ہے ایسا تو عاشق
کوئی دن میں برسوں کا بیمار ہو گا

اچٹتی ملاقات کب تک رہے گی
کبھو تو تہِ دل سے بھی یار ہو گا
تجھے دیکھ کر لگ گیا دل نہ جانا
کہ اس سنگدل سے ہمیں پیار ہو گا
لگا کرنے ہجران سختی سی سختی
خدا جانے کیا آخر کار ہو گا
یہی ہو گا کیا ہو گا میؔر ہی نہ ہوں گے
جو تو ہو گا بے یار و غم خوار ہو گا

۔۱۳۲۔

(دیوان اول)

جو یہ دل ہے تو کیا سر انجام ہو گا
تہِ خاک بھی خاک آرام ہو گا
مرا جی تو آنکھوں میں آیا یہ سنتے
کہ دیدار بھی ایک دن عام ہو گا
نہ ہو گا وہ دیکھا جسے کبک تو نے
وہ اک باغ کا سرو اندام ہو گا
نہ نکلا کر اتنا بھی بے پردہ گھر سے
بہت اس میں ظالم تو بدنام ہو گا
ہزاروں کی یاں لگ گئیں چھت سے آنکھیں
تو اے ماہ کس شب لبِ بام ہو گا
وہ کچھ جانتا ہو گا زلفوں میں پھنسنا
جو کوئی اسیرِ تہِ دام ہو گا
جگر چاکی ناکامی دنیا ہے آخر
نہیں آئے جو میؔر کچھ کام ہو گا

۔۱۳۳۔

(دیوان اول)

ایسا ترا رہگزر نہ ہو گا
ہر گام پہ جس میں سر نہ ہو گا
کیا ان نے نشے میں مجھ کو مارا
اتنا بھی تو بے خبر نہ ہو گا
دھوکا ہے تمام بحر دنیا
دیکھے گا کہ ہونٹ تر نہ ہو گا
آئی جو شکست آئینے پر
رُوئے دل یار ادھر نہ ہو گا
دشنوں سے کسی کا اتنا ظالم
ٹکڑے ٹکڑے جگر نہ ہو گا
اب دل کے تئیں دیا تو سمجھا
محنت زدوں کے جگر نہ ہو گا
دنیا کی نہ کر تو خواست گاری
اس سے کبھو بہرہ ور نہ ہو گا
آ خانہ خرابی اپنی مت کر
قحبہ ہے یہ اس سے گھر نہ ہو گا
ہو اس سے جہاں سیاہ تد بھی
نالے میں مرے اثر نہ ہو گا
پھر نوحہ گری کہاں جہاں میں
ماتم زدہ میرؔ اگر نہ ہو گا

۔۱۳۴۔

(دیوان اول)

خط منہ پہ آئے جاناں خوبی پہ جان دے گا
ناچار عاشقوں کو رخصت کے پان دے گا

سارے رئیس اعضا ہیں معرض تلف میں
یہ عشق بے محابا کس کو امان دے گا

پائے پر آبلہ سے مَیں گم شدہ گیا ہوں
ہر خار بادیے کا میرا نشان دے گا

داغ اور سینے میں کچھ بگڑی ہے عشق دیکھیں
دل کو جگر کو کس کو اب درمیان دے گا

نالہ ہمارا ہر شب گزرے ہے آسماں سے
فریاد پر ہماری کس دن تو کان دے گا

مت رنج سے ہمارے پیارے حنا لگاؤ
پابوس پر تمھارے سر سو جوان دے گا

ہوجو نشانہ اس کا اے بوالہوس سمجھ کر
تیروں کے مارے سارے سینے کو چھان دے گا

اس برہمن پسر کے قشقے پہ مرتے ہیں ہم
ٹک دے گا رو تو گویا جی ہم کو دان دے گا

گھر چشم کا ڈبو مت دل کے گئے پہ رو رو
کیا میرؔ ہاتھ سے تو یہ بھی مکان دے گا

۔۱۳۵۔

(دیوان اول)

وہ جو پی کر شراب نکلے گا
کس طرح آفتاب نکلے گا

محتسب مے کدے سے جاتا نہیں
یاں سے ہو کر خراب نکلے گا

یہی چپ ہے تو دردِ دل کہیے
منہ سے کیوں کر جواب نکلے گا

جب اٹھے گا جہان سے یہ نقاب
تب ہی اس کا حجاب نکلے گا

عرق اس کے بھی منہ کا بو کیجو
گر کبھو یہ گلاب نکلے گا

آؤ بالیں تلک نہ ہو گی دیر
جی ہمارا شتاب نکلے گا

دفتر داغ ہے جگر اس بن
کسو دن یہ حساب نکلے گا

تذکرے سب کے پھر رہیں گے دھرے
جب مرا انتخاب نکلے گا

میؔر دیکھوگے رنگ نرگس کا
اب جو وہ مست خواب نکلے گا

۔۱۳۶۔

(دیوان سوم)

چشم سے خوں ہزار نکلے گا
کوئی دل کا بخار نکلے گا

اس کی نخچیرگہ سے روح الامیں
ہو کے آخر شکار نکلے گا

آندھیوں سے سیاہ ہو گا چرخ
دل کا تب کچھ غبار نکلے گا

ہوئے رہے لاگ تیر مژگاں کی
کس کے سینے کے پار نکلے گا

ناز خورشید کب تلک کھینچیں
گھر سے کب اپنے یار نکلے گا

خون ہی آئے گا تو آنکھوں سے
ایک سیل بہار نکلے گا

عزلت میرؔ عشق میں کب تک
ہو کے بے اختیار نکلے گا

۔۱۳۷۔

(دیوان چہارم)

خوں نہ ہوا دل چاہیے جیسا گو اب کام سے جاوے گا
کام اپنے وہ کیا آیا جو کام ہمارے آوے گا

آنکھیں لگی رہتی ہیں اکثر چاکِ قفس سے اسیروں کی
جھونکا بادِ بہاری کا گل برگ کوئی یاں لاوے گا

فتنے کتنے جمع ہوئے ہیں زلف و خال و خد و قد
کوئی نہ کوئی عہد میں میرے سران میں سے اٹھاوے گا

عشق میں تیرے کیا کیا سن کر یار گئی کر جاتے ہیں
یعنی غم کھاتے ہیں بہت ہم غم بھی ہم کو کھاوے گا

ایک نگہ کی امید بھی اس کی چشم شوخ سے ہم کو نہیں
ایدھر اودھر دیکھے گا پر ہم سے آنکھ چھپاوے گا

اب تو جوانی کا یہ نشہ ہی بے خود تجھ کو رکھے گا
ہوش گیا پھر آوے گا تو دیر تلک پچھتاوے گا

دیر سے اس اندیشے نے ناکام رکھا ہے میرؔ ہمیں
پاؤں چھوئیں گے اس کے ہم تو وہ بھی ہاتھ لگاوے گا

۔۱۳۸۔

(دیوان پنجم)

آج ہمارا دل تڑپے ہے کوئی ادھر سے آوے گا
یا کہ نوشتہ ان ہاتھوں کا قاصد ہم تک لاوے گا
ہم نہیں لکھتے اس لیے اس کو شوخ بہت ہے وہ لڑکا
خط کا کاغذ بادی کرے گا باؤ کا رخ بتلاوے گا
رنج بہت کھینچے تھے ہم نے طاقت جی کی تمام ہوئی
اپنے کیے پر یاد رہے یہ وہ بھی بہت پچھتاوے گا
اندھے سے ہم چاہ میں اس کی گو اے ناصح پھرتے ہیں
سوجھتا بھی کچھ کر آئیں گے کیا تو ہم کو سجھاوے گا
عاشق ہووے وہ بھی یارب تا کچھ اس سے کہا جاوے
یعنی حال سنے گا دل سے دل جو کسی سے لگاوے گا
عاشق کی دلجوئی کی بھی راہ و رسم سے واقف رہ
ہو جو ایسا گم شدہ اپنا اس کو نہ تو پھر پاوے گا
آنکھیں موندے یہ دلبر جو سوتے رہیں تو بہتر ہے
چشمک کرنا ایک انھوں کا سو سو فتنے جگاوے گا
کیا صورت ہے کیا قامت ہے دست و پا کیا نازک ہیں
ایسے پتلے منہ دیکھو جو کوئی کلال بناوے گا
چتون بے ڈھب آنکھیں پھریں ہیں پلکوں سے بھی نظر چھوٹی
عشق ابھی کیا جانیے ہم کو کیا کیا میؔر دکھاوے گا

۔۱۳۹۔

(دیوان پنجم)

بعد ہمارے اس فن کا جو کوئی ماہر ہووے گا
درد آگیں انداز کی باتیں اکثر پڑھ پڑھ رووے گا

چشمِ تماشا وا ہووے تو دیکھا بھالی غنیمت ہے
مت مونداے آنکھوں کو غافل دیر تلک پھر سووے گا
جست و جو بھی اس کی کریے جس کا نشاں کچھ پیدا ہو
پانا اس کا میؔر ہے مشکل جی تو یوں ہی کھووے گا

۔۱۴۰۔

(دیوان اول)

مغاں مجھ مست بن پھر خندۂ ساغر نہ ہووے گا
مئے گلگوں کا شیشہ ہچکیاں لے لے کے رووے گا
کیا ہے خوں مرا پامال یہ سرخی نہ چھوٹے گی
اگر قاتل تو اپنے پاؤں سو پانی سے دھووے گا
کوئی رہتا ہے جیتے جی ترے کوچے کے آنے سے
تبھی آسودہ ہو گا میؔر سا جب جی کو کھووے گا

۔۱۴۱۔

(دیوان اول)

جو اس شور سے میر روتا رہے گا
تو ہمسایہ کاہے کو سوتا رہے گا
میں وہ رونے والا جہاں سے چلا ہوں
جسے ابر ہر سال روتا رہے گا
مجھے کام رونے سے اکثر ہے ناصح
تو کب تک مرے منہ کو دھوتا رہے گا
بس اے گریہ آنکھیں تری کیا نہیں ہیں
کہاں تک جہاں کو ڈبوتا رہے گا
مرے دل نے وہ نالہ پیدا کیا ہے
جرس کے بھی جو ہوش کھوتا رہے گا

تو یوں گالیاں غیر کو شوق سے دے
ہمیں کچھ کہے گا تو ہوتا رہے گا
بس اے میر مژگاں سے پونچھ آنسوؤں کو
تو کب تک یہ موتی پروتا رہے گا

۔۱۴۲۔

(دیوان اول)

کب تک تو امتحاں میں مجھ سے جدا رہے گا
جیتا ہوں تو تجھی میں یہ دل لگا رہے گا
یاں ہجر اور ہم میں بگڑی ہے کب کی صحبت
زخمِ دل و نمک میں کب تک مزہ رہے گا
تو برسوں میں ملے ہے یاں فکر یہ رہے ہے
جی جائے گا ہمارا اک دم کو یا رہے گا
میرے نہ ہونے کا تو ہے اضطراب یوں ہی
آیا ہے جی لبوں پر اب کیا ہے جا رہے گا
غافل نہ رہیو ہرگز نادان داغِ دل سے
بھڑکے گا جب یہ شعلہ تب گھر جلا رہے گا
مرنے پہ اپنے مت جا سالک طلب میں اس کی
گو سر کو کھو رہے گا پر اس کو پا رہے گا
عمرِ عزیز ساری دل ہی کے غم میں گزری
بیمار عاشقی یہ کس دن بھلا رہے گا
دیدار کا تو وعدہ محشر میں دیکھ کر کر
بیمار غم میں تیرے تب تک تو کیا رہے گا
کیا ہے جو اٹھ گیا ہے پر بستۂ وفا ہے
قیدِ حیات میں ہے تو میر آ رہے گا

-۱۴۳-

(دیوان اول)

ہم عشق میں نہ جانا غم ہی سدا رہے گا
دس دن جو ہے یہ مہلت سو یاں دہا رہے گا

برقع اٹھے پہ اس کے ہو گا جہان روشن
خورشید کا نکلنا کیوں کر چھپا رہے گا

اک وہم سی رہی ہے اپنی نمود تن میں
آتے ہو اب تو آؤ پھر ہم میں کیا رہے گا

مذکور یار ہم سے مت ہم نشیں کیا کر
دل جو بجا نہیں ہے پھر اس میں جا رہے گا

اس گل بغیر جیسے ابرِ بہار عاشق
نالاں جدا رہے گا روتا جدا رہے گا

دانستہ ہے تغافل غم کہنا اس سے حاصل
تم دردِ دل کہو گے وہ سر جھکا رہے گا

اب جھمکی اس کی تم نے دیکھی کبھو جو یارو
برسوں تلک اسی میں پھر دل سدا رہے گا

کس کس کو میؔر ان نے کہہ کر دیا ہے بوسہ
وہ ایک ہے مقتن یوں ہی چُما رہے گا

-۱۴۴-

(دیوان سوم)

کبھو وہ توجہ ادھر کر رہے گا
ہمیں عشق ہے تو اثر کر رہے گا

ہمارا ہے احوال حیرت کی جاگہ
جو دیکھے گا وہ بھی نظر کر رہے گا

نہیں اس طرف میرؔ جانے سے رہتا
رہے گا تو اودھر ہی مر کر رہے گا

۔۱۴۵۔

(دیوان پنجم)

منہ اپنا کبھو وہ ادھر کر رہے گا
ہمیں عشق ہے تو اثر کر رہے گا

جو دلبر ہے ایسا تو دل جا چکا ہے
کسو روز آنکھوں میں گھر کر رہے گا

ہر اک کام موقوف ہے وقت پر ہی
دل خوں شدہ بھی جگر کر رہے گا

نہ ہوں گو خبر مرداں حال بد سے
مرا نالہ سب کو خبر کر رہے گا

فن شعر میں میرؔ صناع ہے وہ
دل اس کا کوئی تو ہنر کر رہے گا

۔۱۴۶۔

(دیوان دوم)

بے طاقتی میں تُو تو اے میرؔ مر رہے گا
ایسی تپش سے دل کی کوئی جگر رہے گا

کیا ہے جو راہ دل کی طے کرتے مر گئے ہم
جوں نقشِ پا ہمارا تا دیر اثر رہے گا

مت کر لڑکپن اتنا خونریزی میں ہماری
اس طور لوہو میں تو دامن کو بھر رہے گا

آگاہ پائے ہم نے کھوئے گئے سے یعنی
پہنچی خبر ادھر کی دل بے خبر رہے گا

فردا کا سوچ تجھ کو کیا آج ہی پڑا ہے
کل کی سمجھیو کل ہی کل تو اگر رہے گا

لوگوں کا پاس ہم کو مارے رکھے ہے ورنہ
ماتم میں دل کے شیون دو دوپہر رہے گا

پایان کار دیکھیں کیا ہووے دل کی صورت
ایسا ہی جو وہ چہرہ پیشِ نظر رہے گا

اب رفتگی رویہ اپنا کیا ہے مَیں نے
میرا یہ ڈھب دلوں میں کچھ راہ کر رہے گا

ہم کوئی بیت جا کر اس ہی کے منہ سنیں گے
وحشت زدہ کسو دن گر میرؔ گھر رہے گا

۔۱۴۷۔

(دیوان اول)

دیکھے گا جو تجھ رُو کو سو حیران رہے گا
وابستہ ترے مُو کا پریشان رہے گا

وعدہ تو کیا اس سے دمِ صبح کا لیکن
اس دم تئیں مجھ میں بھی اگر جان رہے گا

مُنعِم نے بنا ظلم کی رکھ گھر تو بنایا
پر آپ کوئی رات ہی مہمان رہے گا

چھوٹوں کہیں ایذا سے لگا ایک ہی جلاد
تا حشر مرے سر پہ یہ احسان رہے گا

چمٹے رہیں گے دشتِ محبت میں سر و تیغ
محشر تئیں خالی نہ یہ میدان رہے گا

جانے کا نہیں شور سخن کا مرے ہرگز
تا حشر جہاں میں مرا دیوان رہے گا

دل دینے کی ایسی حَرکت ان نے نہیں کی
جب تک جیے گا میؔر پشیمان رہے گا

۔۱۴۸۔

(دیوان اول)

اے تو کہ یاں سے عاقبتِ کار جائے گا
غافل نہ رہ کہ قافلہ اک بار جائے گا

موقوف حشر پر ہے سو آتے بھی وے نہیں
کب درمیاں سے وعدۂ دیدار جائے گا

چھُوٹا جو میں قفس سے تو سب نے مجھے کہا
بے چارہ کیونکہ تا سرِ دیوار جائے گا

دے گی نہ چین لذّتِ زخم اس شکار کو
جو کھا کے تیرے ہاتھ کی تلوار جائے گا

آوے گی اک بلا ترے سر سن لے اے صبا
زلفِ سیہ کا اس کی اگر تار جائے گا

باہر نہ آتا چاہ سے یوسف جو جانتا
لے کارواں مرے تئیں بازار جائے گا

تدبیر میرے عشق کی کیا فائدہ طبیب
اب جان ہی کے ساتھ یہ آزار جائے گا

آئے بن اس کے حال ہوا جائے ہے تغیر
کیا حال ہو گا پاس سے جب یار جائے گا

کوچے کے اس کے رہنے سے باز آ وگرنہ میؔر
اک دن تجھے وہ جان سے بھی مار جائے گا

۔۱۴۹۔

(دیوان اول)

اس کا خرام دیکھ کے جایا نہ جائے گا
اے کبک پھر بحال بھی آیا نہ جائے گا

ہم کشتگان عشق ہیں ابرو و چشمِ یار
سر سے ہمارے تیغ کا سایہ نہ جائے گا

ہم رہرو ان راہ فنا ہیں برنگ عمر
جاویں گے ایسے کھوج بھی پایا نہ جائے گا

پھوڑا سا ساری رات جو پکتا رہے گا دل
تو صبح تک تو ہاتھ لگایا نہ جائے گا

اپنے شہیدِ ناز سے بس ہاتھ اٹھا کہ پھر
دیوانِ حشر میں اسے لایا نہ جائے گا

اب دیکھ لے کہ سینہ بھی تازہ ہوا ہے چاک
پھر ہم سے اپنا حال دکھایا نہ جائے گا

ہم بے خودان محفل تصویر اب گئے
آئندہ ہم سے آپ میں آیا نہ جائے گا

گو بے ستوں کو ٹال دے آگے سے کوہکن
سنگ گران عشق اٹھایا نہ جائے گا

ہم تو گئے تھے شیخ کو انسان بوجھ کر
پر اب سے خانقاہ میں جایا نہ جائے گا

یاد اس کی اتنی خوب نہیں میرؔ باز آ
نادان پھر وہ جی سے بھلایا نہ جائے گا

۔۱۵۰۔

(دیوان اول)

کام میرا بھی ترے غم میں کہوں ہوجائے گا
جب یہ کہتا ہوں تو کہتا ہے کہ ہوں ہوجائے گا

خون کم کر اب کہ کشتوں کے تو پشتے لگ گئے
قتل کرتے کرتے تیرے تیں جنوں ہوجائے گا

اس شکار انداز خونیں کا نہیں آیا مزاج
ورنہ آہوے حرم صیدِ زبوں ہوجائے گا

بزمِ عشرت میں ملامت ہم نگوں بختوں کے تیں
جوں حباب بادہ ساغر سرنگوں ہوجائے گا

تاکجا غنچہ صفت رکنا چمن میں دہر کے
کب گرفتہ دل مرے سینے میں خوں ہوجائے گا

کیا کہوں میں میرؔ اس عاشق ستم محبوب کو
طور پر اس کے کسو دن کوئی خوں ہوجائے گا

۔۱۵۱۔

(دیوان سوم)

وہ دل نہیں رہا ہے تعب جو اٹھائے گا
یا لوہو اشک خونی سے منہ پر بہائے گا

اب یہ نظر پڑے ہے کہ برگشتہ وہ مژہ
کاوش کرے گی ٹک بھی تو سنبھلا نہ جائے گا

کھینچا جو میں وہ ساعد سیمیں تو کہہ اٹھا
بس بس کہیں ہمیں ابھی صاحب غش آئے گا

ریجھے تو اس کے طور پہ مجلس میں شیخ جی
پھر بھی ملا تو خوب سا ان کو رجھائے گا

جلوے سے اس کے جل کے ہوئے خاک سنگ و خشت
بیتاب دل بہت ہے یہ کیا تاب لائے گا

ہم رہ چکے جو ایسے ہی غم میں کھپا کیے
معلوم جی کی چال سے ہوتا ہے جائے گا

اڑ کر لگے ہے پاؤں میں زلف اس کی پیچ دار
بازی نہیں یہ سانپ جو کوئی کھلائے گا

اڑتی رہے گی خاک جنوں کرتی دشت دشت
کچھ دست اگر یہ بے سر و ساماں بھی پائے گا

درپے ہے اب وہ سادہ قراول پسر بہت
دیکھیں تو میؔر کے تئیں کوئی بچائے گا

۔۱۵۲۔

(دیوان اول)

نہیں ایسا کوئی میرا جو ماتم دار ہوئے گا
مگر اک غم ترا اے شوخ بے کس ہوکے روئے گا

اگر اگتے رہے اے ناامیدی داغ ایسے ہی
تو کاہے کو کوئی تخم تمنا دل میں بوئے گا

الٰہی وہ بھی دن ہو گا کہ جس میں ایک ساعت بھی
میں روؤں گا وہ اپنے ہاتھ میرے منہ کو دھوئے گا

جو ایسے شور سے روتا ہے دن کو میؔر تو شب کو
نہ سونے دے گا ہمسایوں کو نے یہ آپ سوئے گا

۔۱۵۳۔

(دیوان ششم)

باتیں ہماری یاد رہیں پھر باتیں ایسی نہ سنیے گا
پڑھتے کسو کو سنیے گا تو دیر تلک سر دھنیے گا

سعی و تلاش بہت سی رہے گی اس انداز کے کہنے کی
صحبت میں علما فضلا کی جا کر پڑھیے گنیے گا
دل کی تسلی جب کہ نہ ہو گی گفت و شنود سے لوگوں کی
آگ پھنکے گی غم کی بدن میں اس میں جلیے بھنیے گا
گرم اشعار میرؔ درونہ داغوں سے یہ بھر دیں گے
زرد رو شہر میں پھریے گا گلیوں مَیں نے گل چنیے گا

۔۱۵۴۔

(دیوان پنجم)

یہ تو جدائی جوں توں کٹی ہے ملیے گا تو کہیے گا
پاس ہمارا گو نہ کرو تم پاس ہی اب سے رہیے گا

۔۱۵۵۔

(دیوان اول)

کب تلک یہ ستم اٹھایئے گا
ایک دن یوں ہی جی سے جایئے گا
شکل تصویر بے خودی کب تک
کسو دن آپ میں بھی آیئے گا
سب سے مل چل کہ حادثے سے پھر
کہیں ڈھونڈا بھی تو نہ پایئے گا
نہ موئے ہم اسیری میں تو نسیم
کوئی دن اور باؤ کھایئے گا
کہیے گا اس سے قصۂ مجنوں
یعنی پردے میں غم سنایئے گا
اس کے پابوس کی توقع پر
اپنے تیں خاک میں ملایئے گا

اس کے پاؤں کو جا لگی ہے حنا
خوب سے ہاتھ اسے لگایئے گا
شرکت شیخ و برہمن سے میؔر
کعبہ و دیر سے بھی جایئے گا
اپنی ڈیڑھ اینٹ کی جدی مسجد
کسی ویرانے میں بنایئے گا

۔۱۵۶۔

(دیوان دوم)

ایک دل کو ہزار داغ لگا
اندرونے میں جیسے باغ لگا
اس سے یوں گل نے رنگ پکڑا ہے
شمع سے جیسے لیں چراغ لگا
خوبی یک پیچ بند خوباں کی
خوب باندھوں گا گر دماغ لگا
پاؤں دامن میں کھینچ لیں گے ہم
ہاتھ گر گوشۂ فراغ لگا
میؔر اس بے نشاں کو پایا جان
کچھ ہمارا اگر سراغ لگا

۔۱۵۷۔

(دیوان دوم)

رہتا ہے ہڈیوں سے مری جو ہما لگا
کچھ درد عاشقی کا اسے بھی مزہ لگا
غافل نہ سوزِ عشق سے رہ پھر کباب ہے
گر لائحہ اس آگ کا ٹک دل کو جا لگا

دیکھا ہمیں جہاں وہ تہاں آگ ہو گیا
بھڑکا رکھا ہے لوگوں نے اس کو لگا لگا

مہلت تنک بھی ہو تو سخن کچھ اثر کرے
میں اٹھ گیا کہ غیر ترے کانوں آ لگا

اب آب چشم ہی ہے ہمارا محیط خلق
دریا کو ہم نے کب کا کنارے رکھا لگا

ہر چند اس کی تیغِ ستم تھی بلند لیک
وہ طور بد ہمیں تو قیامت بھلا لگا

مجلس میں اس کی بار نہ مجھ کو ملی کبھو
دروازے ہی سے گرچہ بہت میں رہا لگا

بوسہ لبوں کا مانگتے ہی منہ بگڑ گیا
کیا اتنی میری بات کا تم کو برا لگا

عالم کی سیر میؔر کی صحبت میں ہو گئی
طالع سے میرے ہاتھ یہ بے دست و پا لگا

۔۱۵۸۔

(دیوان سوم)

رات سے آنسو مری آنکھوں میں پھر آنے لگا
یک رمق جی تھا بدن میں سو بھی گھبرانے لگا

وہ لڑکپن سے نکل کر تیغ چمکانے لگا
خون کرنے کا خیال اب کچھ اسے آنے لگا

لعل جاں بخش اس کے تھے پوشیدہ جوں آبِ حیات
اب تو کوئی کوئی ان ہونٹوں پہ مر جانے لگا

حیف میں اس کے سخن پر ٹک نہ رکھا گوش کو
یوں تو ناصح نے کہا تھا دل نہ دیوانے لگا

جس دم کے معتقد تم ہو گے شیخ شہر کے
یہ تو البتہ کہ سن کر لعن دم کھانے لگا
گرم ملنا اس گل نازک طبیعت سے نہ ہو
چاندنی میں رات بیٹھا تھا سو مرجھانے لگا
عاشقوں کی پائمالی میں اسے اصرار ہے
یعنی وہ محشر خرام اب پاؤں پھیلانے لگا
چشمک اس مہ کی سی دلکش دید میں آئی نہیں
گو ستارہ صبح کا بھی آنکھ جھپکانے لگا
کیوں کر اس آئینہ رُو سے میؔر ملیے بے حجاب
وہ تو اپنے عکس سے بھی دیکھو شرمانے لگا

۔۱۵۹۔

(دیوان دوم)

کجی اس کی جو میں جتانے لگا
مجھے سیدھیاں وہ سنانے لگا
تحمل نہ تھا جس کو ٹک سو وہ میں
ستم کیسے کیسے اٹھانے لگا
رندھے عشق میں کوئی یوں کب تلک
جگر آہ منہ تک تو آنے لگا
پریشاں ہیں اس وقت میں نیک و بد
موا جو کوئی وہ ٹھکانے لگا
کروں یاد اسے ہوں جو میں آپ میں
سو یاں جی ہی اب بھول جانے لگا
پس از عمر اودھر گئی تھی نگاہ
سو آنکھیں وہ مجھ کو دکھانے لگا

نہیں رہتے عاقل علاقے بغیر
کہیں میرؔ دل کو دوانے لگا

۔۱۶۰۔

(دیوان دوم)

اب چھاتی کے جلنے نے کچھ طور بدل ڈالا
سب درد ہو شدت کا اس دل ہی کو دل ڈالا
ہم عاجزوں کا کھونا مشکل نہیں ہے ایسا
کچھ چونٹیوں کو لے کر پاؤں تلے مل ڈالا
اٹکھیلی کی بھی اس کی دل تاب نہیں لاتا
کیا پگڑی کے پیچوں میں لے بالوں کو بل ڈالا
تشویش سے اب خالی کس دن ہے مزاج اپنا
اس دل کی خلش نے بھی کیا آہ خلل ڈالا
مجھ مست کو کیا نسبت اے میرؔ مسائل سے
منہ شیخ کا مسجد میں مَیں رک کے مسل ڈالا

۔۱۶۱۔

(دیوان دوم)

عشق سے دل پہ تازہ داغ جلا
اس سیہ خانے میں چراغ جلا
میرؔ کی گرمی تم سے اچرج ہے
کس سے ملتا ہے یہ دماغ جلا

۔۱۶۲۔

(دیوان اول)

دل بہم پہنچا بدن میں تب سے سارا تن جلا
آ پڑی یہ ایسی چنگاری کہ پیراہن جلا

سرکشی ہی ہے جو دکھلاتی ہے اس مجلس میں داغ
ہوسکے تو شمع ساں دیجے رگِ گردن جلا

بدرساں اب آخر آخر چھا گئی مجھ پر یہ آگ
ورنہ پہلے تھا مرا جوں ماہِ نو دامن جلا

کب تلک دھونی لگائے جوگیوں کی سی رہوں
بیٹھے بیٹھے در پہ تیرے تو مرا آسن جلا

گرمی اس آتش کے پرکالے سے رکھے چشم تب
جب کوئی میری طرح سے دیوے سب تن من جلا

ہو جو منت سے تو کیا وہ شب نشینی باغ کی
کاٹ اپنی رات کو خار و خس گلخن جلا

سوکھتے ہی آنسوؤں کے نور آنکھوں کا گیا
بجھ ہی جاتے ہیں دیئے جس وقت سب روغن جلا

شعلہ افشانی نہیں یہ کچھ نئی اس آہ سے
دوں لگی ہے ایسی ایسی بھی کہ سارا بن جلا

آگ سی اک دل میں سلگے ہے کبھو بھڑکی تو میؔر
دے گی میری ہڈیوں کا ڈھیر جوں ایندھن جلا

۔۱۶۴۔

(دیوان دوم)

میں غش کیا جو خط لے ادھر نامہ بر چلا
یعنی کہ فرط شوق سے جی بھی ادھر چلا

سدھ لے گئی تری بھی کوئی زلف مشک بو
گیسوے پیچدار جو منہ پر بکھر چلا

لڑکا ہی تھا نہ قاتل ناکردہ خوں ہنوز
کپڑے گلے کے سارے مرے خوں میں بھر چلا

اے مایۂ حیات گیا جس کنے سے تو
آفت رسیدہ پھر وہ کوئی دم میں مر چلا
تیاری آج رات کہیں رہنے کی سی ہے
کس خانماں خراب کے اے مہ تو گھر چلا
دیکھوگے کوئی گوشہ نشیں ہو چکا غریب
تیرمژہ اس ابرو کماں کا اگر چلا
بے مے رہا بہار میں ساری ہزار حیف
لطف ہوا سے شیخ بہت بے خبر چلا
ہم سے تکلف اس کا چلا جائے ہے وہی
کل راہ میں ملا تھا سو منہ ڈھانپ کر چلا
یہ چھیڑ دیکھ ہنس کے رخ زرد پر مرے
کہتا ہے میرؔ رنگ تو اب کچھ نکھر چلا

۔۱۶۴۔

(دیوان اول)

واں وہ تو گھر سے اپنے پی کر شراب نکلا
یاں شرم سے عرق میں ڈوب آفتاب نکلا
آیا جو واقعے میں درپیش عالم مرگ
یہ جاگنا ہمارا دیکھا تو خواب نکلا
دیکھا جو اوس پڑتے گلشن میں ہم تو آخر
گل کا وہ رُوئے خنداں چشم پُر آب نکلا
پردے ہی میں چلا جا خورشید تو ہے بہتر
اک حشر ہے جو گھر سے وہ بے حجاب نکلا
کچھ دیر ہی لگی نہ دل کو تو تیر لگتے
اس صیدِ ناتواں کا کیا جی شتاب نکلا

ہر حرف غم نے میرے مجلس کے تیں رلایا
گویا غبار دل کا پڑھتا کتاب نکلا

رُوئے عرق فشاں کو بس پونچھ گرم مت ہو
اس گل میں کیا رہے گا جس کا گلاب نکلا

مطلق نہ اعتنا کی احوال پر ہمارے
نامے کا نامے ہی میں سب پیچ و تاب نکلا

شانِ تغافل اپنے نوخط کی کیا لکھیں ہم
قاصد موا تب اس کے منہ سے جواب نکلا

کس کی نگہ کی گردش تھی میرؔ رو بہ مسجد
محراب میں سے زاہد مست و خراب نکلا

۔۱۶۵۔

(دیوان اول)

مہر کی تجھ سے توقع تھی ستمگر نکلا
موم سمجھے تھے ترے دل کو سو پتھر نکلا

داغ ہوں رشکِ محبت سے کہ اتنا بیتاب
کس کی تسکیں کے لیے گھر سے تو باہر نکلا

جیتے جی آہ ترے کوچے سے کوئی نہ پھرا
جو ستم دیدہ رہا جا کے سو مر کر نکلا

دل کی آبادی کی اس حد ہے خرابی کہ نہ پوچھ
جانا جاتا ہے کہ اس راہ سے لشکر نکلا

اشک تر قطرۂ خوں لختِ جگر پارۂ دل
ایک سے ایک عدد آنکھ سے بہ کر نکلا

کنج کاوی جو کی سینے کی غم ہجراں نے
اس دفینے میں سے اقسام جواہر نکلا

ہم نے جانا تھا لکھے گا تو کوئی حرف اے میؔر
پر ترا نامہ تو اک شوق کا دفتر نکلا

۔۱۶۶۔

(دیوان دوم)

روکش ہوا جو شب وہ بالائے بام نکلا
ماہِ تمام یارو کیا ناتمام نکلا
ہو گوشہ گیر شہرت مدِّ نظر اگر ہے
عنقا کی طرح اپنا عزلت سے نام نکلا
تھا جن کو عاشقی میں دعوائے پختہ مغزی
سودا انھوں کا آخر دیکھا تو خام نکلا
نومید قیس پایا ناکام کوہکن کو
اس عشق فتنہ گر سے وہ کس کا کام نکلا
کیوں کر نہ مر رہے جو بیتاب میؔر سا ہو
ایک آدھ دن تو گھر سے دل تھام تھام نکلا

۔۱۶۷۔

(دیوان چہارم)

یاری کیے کسو کا کاہے کو کام نکلا
ناکام عشق تب تو عاشق کا نام نکلا
ہنگامے سے جہاں میں ہم نے جنوں کیا ہے
ہم جس طرف سے نکلے ساتھ ازدحام نکلا
پامالی کے خطر سے نکلا نہ کبک اودھر
جیدھر سے ناز کرتا وہ خوش خرام نکلا
جنگ زمانہ میں تو مبحث ہے عشق ہی کا
بے جا ہوا دل اپنا جب وہ مقام نکلا

جانا تھا تجھ کو ہم نے تو پختہ مغز ہو گا
دیکھا تو میرؔ تیرا سودا بھی خام نکلا

۔۱۶۸۔

(دیوان اول)

تیر جو اس کمان سے نکلا
جگرِ مرغ جان سے نکلا
نکلی تھی تیغ بے دریغ اس کی
میں ہی اک امتحان سے نکلا
گو کٹے سر کہ سوز دل جوں شمع
اب تو میری زبان سے نکلا
آگے اے نالہ ہے خدا کا ناؤں
بس نہ تو آسمان سے نکلا
چشم و دل سے جو نکلا ہجراں میں
نہ کبھو بحر و کان سے نکلا
مر گیا جو اسیر قیدِ حیات
تنگنائے جہان سے نکلا
دل سے مت جا کہ حیف اس کا وقت
جو کوئی اس مکان سے نکلا
اس کی شیریں لبی کی حسرت میں
شہد پانی ہو شان سے نکلا
نامرادی کی رسم میرؔ سے ہے
طور یہ اس جوان سے نکلا

-۱۶۹-

(دیوان دوم)

لذت سے نہیں خالی جانوں کا کھپا جانا
کب خضر و مسیحا نے مرنے کا مزہ جانا

ہم جاہ و حشم یاں کا کیا کہیے کہ کیا جانا
خاتم کو سلیماں کی انگشتر پا جانا

یہ بھی ہے ادا کوئی خورشید نمط پیارے
منہ صبح دکھا جانا پھر شام چھپا جانا

کب بندگی میری سی بندہ کرے گا کوئی
جانے ہے خدا اس کو مَیں تجھ کو خدا جانا

تھا ناز بہت ہم کو دانست پر اپنی بھی
آخر وہ برا نکلا ہم جس کو بھلا جانا

گردن کشی کیا حاصل مانند بگولے کے
اس دشت میں سر گاڑے جوں سیل چلا جا نا

اس گریۂ خونیں کا ہو ضبط تو بہتر ہے
اچھا نہیں چہرے پر لوہو کا بہا جانا

یہ نقش دلوں پر سے جانے کا نہیں اس کو
عاشق کے حقوق آ کر ناحق بھی مٹا جانا

ڈھب دیکھنے کا ایدھر ایسا ہی تمھارا تھا
جاتے تو ہو پر ہم سے ٹک آنکھ ملا جانا

اس شمع کی مجلس میں جانا ہمیں پھر واں سے
اک زخم زباں تازہ ہر روز اٹھا جانا

اے شورِ قیامت ہم سوتے ہی نہ رہ جاویں
اس راہ سے نکلے تو ہم کو بھی جگا جانا

کیا پانی کے مول آ کر مالک نے گھر بیچا
ہے سخت گراں سستا یوسفؑ کا بکا جانا

ہے میری تری نسبت روح اور جسد کی سی
کب آپ سے مَیں تجھ کو اے جان جدا جانا

جاتی ہے گزر جی پر اس وقت قیامت سی
یاد آوے ہے جب تیرا یک بارگی آ جانا

برسوں سے مرے اس کے رہتی ہے یہی صحبت
تیغ اس کو اٹھانا تو سر مجھ کو جھکا جانا

کب میؔر بسر آئے تم ویسے فریبی سے
دل کو تو لگا بیٹھے لیکن نہ لگا جانا

۔۱۷۰۔

(دیوان چہارم)

میں جو نظر سے اس کی گیا تو وہ سرگرم کار اپنا
کہنے لگا چپکا سا ہو کر ہائے دریغ شکار اپنا

کیا یاری کر دور پھرا وہ کیا کیا ان نے فریب کیے
جس کے لیے آوارہ ہوئے ہم چھوٹا شہر و دیار اپنا

ہاتھ گلے میں ان نے نہ ڈالا میں یہ گلا جا کاٹوں گا
غم غصے سے دیکھیو ہوں گا آپھی گلے کا ہار اپنا

چھاتی پہ سانپ سا پھر جاتا ہے یاد میں اس کے بالوں کی
جی میں لہر آوے ہے لیکن رہتا ہوں من مار اپنا

بات کہی تلوار نکالی آنکھ لڑائی جی مارے
کیونکہ جتاوے اس سے کوئی ربط محبت پیار اپنا

ہم نے یار وفاداری میں کوتاہی تقصیر نہ کی
کیا رووِیں چاہت کے اثر کو وہ نہ ہوا ٹک یار اپنا

رحم کیا کر لطف کیا کر پوچھ لیا کر آخر ہے
میؔر اپنا غم خوار اپنا پھر زار اپنا بیمار اپنا

۔۱۷۱۔

(دیوان دوم)

ہوئیں رسوائیاں جس کے لیے چھوٹا دیار اپنا
ہوا وہ بے مروّت بے وفا ہرگز نہ یار اپنا
خدا جانے ہمیں اس بے خودی نے کس طرف پھینکا
کہ مدت ہو گئی ہم کھینچتے ہیں انتظار اپنا
ذلیل اس کی گلی میں ہوں تو ہوں آزردگی کیسی
کہ رنجش اس جگہ ہووے جہاں ہو اعتبار اپنا
اگرچہ خاک اڑائی دیدۂ تر نے بیاباں کی
ولے نکلا نہ خاطر خواہ رونے سے غبار اپنا
کہا بد وضع لوگوں نے جو دیکھا رات کو ملتے
ہوا صحبت میں ان لڑکوں کی ضائع روزگار اپنا
کریں جو ترک عزلت واسطے مشہور ہونے کے
مگر شہروں میں کم ہے جیسے عنقا اشتہار اپنا
دل بے تاب و بے طاقت سے کچھ چلتا نہیں ورنہ
کھڑا بھی واں نہ جا کر ہوں اگر ہو اختیار اپنا
عجب ہم بے بصیرت ہیں کہاں کھولا ہے بار آ کر
جہاں سے لوگ سب رختِ سفر کرتے ہیں بار اپنا
نہ ہو یوں مے کدہ مسجد سا پر واں ہوش جاتے ہیں
ہوا ہے دونوں جاگہ ایک دو باری گزار اپنا
سراپا آرزو ہم لوگ ہیں کاہے کو رندوں میں
رہے ہیں اب تلک جیتے ولے دل مار مار اپنا

گیا وہ بوجھ سب ہلکے ہوئے ہم میؔر آخر کو
مناسب تھا نہ جانا اس گلی میں بار بار اپنا

۔۱۷۲۔

(دیوان سوم)

کیا کہے حال کہیں دل زدہ جا کر اپنا
دل نہ اپنا ہے محبت میں نہ دلبر اپنا
دوری یار میں ہے حالِ دل ابتر اپنا
ہم کو سو کوس سے آتا ہے نظر گھر اپنا
یک گھڑی صاف نہیں ہم سے ہوا یار کبھی
دل بھی جوں شیشۂ ساعت ہے مکدر اپنا
ہر طرف آئینہ داری میں ہے اس کے رو کی
شوق سے دیکھیے منہ ہووے ہے کیدھر اپنا
لب پہ لب رکھ کے نہ اس گل کے کبھو ہم سوئے
یہ بساط خسک و خار ہے بستر اپنا
کس طرح حرف ہو ناصح کا موثر ہم میں
سختیاں کھینچتے ہی دل ہوا پتھر اپنا
کیسی رسوائی ہوئی عشق میں کیا نقل کریں
شہر و قصبات میں مذکور ہے گھر گھر اپنا
اس گلِ تر کی قبا کے کہیں کھولے تھے بند
رنگوں گل برگ کے ناخن ہے معطر اپنا
تجھ سے بے مہر کے لگ لگنے نہ دیتے ہرگز
زور چلتا کچھ اگر چاہ میں دل پر اپنا
پیش کچھ آؤ یہیں ہم تو ہیں ہر صورت سے
مثلِ آئینہ نہیں چھوڑتے ہم گھر اپنا

دل بہت کھینچتی ہے یار کے کوچے کی زمیں
لوہو اس خاک پہ گرنا ہے مقرر اپنا

میؔر خط بھیجے پر اب رنگ اڑا جاتا ہے
کہ کہاں بیٹھے کدھر جاوے کبوتر اپنا

۔۱۷۳۔

(دیوان سوم)

ان نے کھینچا ہے مرے ہاتھ سے داماں اپنا
کیا کروں گر نہ کروں چاک گریباں اپنا

بارہا جاں لب جاں بخش سے دی جن نے ہمیں
دشمنِ جانی ہوا اب وہی جاناں اپنا

خلطے یاد آتے ہیں وے جب کہ بدلتے کپڑے
مجھ کو پہناتے تھے رعنائی کا ساماں اپنا

کیا ہوئی یکجہتی وہ کہ طرف تھے میرے
اب یہ طرفہ ہے کہ منہ کرتے ہیں پنہاں اپنا

جس طرح شاخ پراگندہ نظر آتے ہیں بید
تھا جنوں میں کبھو سر مُو سے پریشاں اپنا

مشکلیں سینکڑوں چاہت میں ہمیں آئیں پیش
کام ہو دیکھیے کس طور سے آساں اپنا

دل فقیری سے نہیں میؔر کسو کا ناساز
خوش ہوا کتنا ہے یہ خانۂ ویراں اپنا

۔۱۷۴۔

(دیوان ششم)

گئے تھے سیرِ چمن کو اٹھ کر گلوں میں ٹک جی لگا نہ اپنا
تلاش جوشِ بہار میں کی نگار گلشن میں تھا نہ اپنا

ملا تو تھا وہ بخواہش دل مزہ بھی پاتے ملے سے لیکن
پھریں جو مستی میں اس کی آنکھیں سو ہوش ہم کو رہا نہ اپنا
جہاں کا دریائے بیکراں تو سراب پایان کار نکلا
جو لوگ تہ سے کچھ آشنا تھے انھوں نے لب تر کیا نہ اپنا
نکالی سرکش نے چال ایسی کہ دیکھ حیرت سے رہ گئے ہم
دلوں میں کیا کیا ہمارے آیا کریں سو کیا بس چلا نہ اپنا
کہے بھی کوئی تو اس سے جس میں سخن کسو کا اثر کرے کچھ
بکا کیے ہم ہمیشہ مانا کسو دن ان نے کہا نہ اپنا
نہ ہوش ہم کو نہ صبر دل کو نہ شور سر میں نہ زور پا میں
جو روویں کس کس کو روویں اب ہم وفا میں کیا کیا گیا نہ اپنا
جہاں میں رہنے کو جی بہت تھا نہ کر سکے میؔر کچھ توقف
بنا تھی ناپائدار اس کی اسی سے رہنا بنا نہ اپنا

۔۱۷۵۔

(دیوان دوم)

نکتہ مشتاق و یار ہے اپنا
شاعری تو شعار ہے اپنا
بے خودی لے گئی کہاں ہم کو
دیر سے انتظار ہے اپنا
روتے پھرتے ہیں ساری ساری رات
اب یہی روزگار ہے اپنا
دے کے دل ہم جو ہو گئے مجبور
اس میں کیا اختیار ہے اپنا
کچھ نہیں ہم مثال عنقا لیک
شہر شہر اشتہار ہے اپنا

جس کو تم آسمان کہتے ہو
سو دلوں کا غبار ہے اپنا
صرفہ آزار میؔر میں نہ کرو
خستہ اپنا ہے زار ہے اپنا

۔۱۷۶۔

(دیوان پنجم)

سر مارنا پتھر سے یا ٹکڑے جگر کرنا
اس عشق کی وادی میں ہر نوع بسر کرنا
کہتے ہیں ادھر منہ کر وہ رات کو سوتا ہے
اے آہ سحرگاہی ٹک تو بھی اثر کرنا
دیواروں سے سر مارا تب رات سحر کی ہے
اے صاحب سنگیں دل اب میری خبر کرنا

۔۱۷۷۔

(دیوان دوم)

یہ روش ہے دلبروں کی نہ کسو سے ساز کرنا
کوئی خاک سے ہو یکساں وہی ان کو ناز کرنا
کوئی عاشقوں بتاں کی کرے نقل کیا معیشت
انھیں ناز کرتے رہنا انھیں جی نیاز کرنا
رہیں بند میری آنکھیں شب و روز ضعف ہی میں
نہ ہوا مجھے میسر کبھو چشم باز کرنا
یہ بھی طرفہ ماجرا ہے کہ اسی کو چاہتا ہوں
مجھے چاہیے ہے جس سے بہت احتراز کرنا
نہیں کچھ رہا تو لڑکا تجھے پر ضرور ہے اب
ہوس اور عاشقی میں ٹک اک امتیاز کرنا

کوئی عاشقوں کی پھپٹ کنھوں نے اٹھائی بھی ہے
انہیں بات ہو جو تھوڑی اسے بھی دراز کرنا
یہی میرؔ کھینچے قشقہ در دیر پر تھے ساجد
نہیں اعتماد قابل انھوں کا نماز کرنا

۔۱۷۸۔

(دیوان اول)

حالِ دل میرؔ کا رو رو کے سب اے ماہ سنا
شب کو القصہ عجب قصۂ جانکاہ سنا
نابلد ہو کے رہِ عشق میں پہنچوں تو کہیں
ہمرہِ خضر کو یاں کہتے ہیں گمراہ سنا
کوئی ان طوروں سے گزرے ہے ترے غم میں مری
گاہ تُو نے نہ سنا حال مرا گاہ سنا
خوابِ غفلت میں ہیں یاں سب تو عبث جاگا میرؔ
بے خبر دیکھا انہیں میں جنہیں آگاہ سنا

۔۱۷۹۔

(دیوان ششم)

ہو کوئی اس بے وفا دلدار سے کیا آشنا
آشنا رہ برسوں جو اک دم میں ہو نا آشنا
قدر جانو کچھ ہماری ورنہ پچھتاؤ گے تم
پھر نہیں ملنے کا تم کو کوئی ہم سا آشنا
باغ کو بے لالہ و گل دیکھ کہتے تھے طیور
جھڑ گئے پت جھڑ میں اب کے ہائے کیا کیا آشنا
اب تو تُو لڑکا نہیں عشق و ہوس میں کر تمیز
آشنا سے فرق ہوتا ہے بہت تا آشنا

ملتے ملتے منہ چھپانا بھی لطیفہ ہے نیا
آشنائی یا نہ کریے ہوجیے یا آشنا

تھا جنوں کا لطف مجنوں سے سو دنیا سے گیا
مغفرت ہو اس کو وحشی ہم سے بھی تھا آشنا

اب جو ہاتھ آئے ہیں ہم مت مفت کھو دیجو ہمیں
پھر نہ ہو گا تم کو ایسا کوئی پیدا آشنا

کیسا ہی پانی ہو اس کو پیری میں جانا ہے پیر
تھا جوانی میں مگر تو میؔر دانا آشنا

۔۱۸۰۔

(دیوان اول)

کیا طرح ہے آشنا گاہے گہے نا آشنا
یا تو بیگانے ہی رہیے ہوجیے یا آشنا

پائمالِ صد جفا ناحق نہ ہو اے عندلیب
سبزۂ بیگانہ بھی تھا اس چمن کا آشنا

کون سے یہ بحرِخوبی کی پریشاں زلف ہے
آتی ہے آنکھوں میں میری موج دریا آشنا

رونا ہی آتا ہے ہم کو دل ہوا جب سے جدا
جائے رونے ہی کی ہے جاوے جب ایسا آشنا

ناسمجھ ہے تو جو میری قدر نئیں کرتا کہ شوخ
کم بہت ملتا ہے پھر دلخواہ اتنا آشنا

بلبلیں پائیز میں کہتی تھیں ہوتا کاشکے
یک مژہ رنگِ فراری اس چمن کا آشنا

کو گل و لالہ کہاں سنبل سمن ہم نسترن
خاک سے یکساں ہوئے ہیں ہائے کیا کیا آشنا

کیا کروں کس سے کہوں اتنا ہی بیگانہ ہے یار
سارے عالم میں نہیں پاتے کسی کا آشنا

جس سے مَیں چاہی وساطت ان نے یہ مجھ سے کہا
ہم تو کہتے گر میاں ہم سے وہ ہوتا آشنا

یوں سنا جا ہے کہ کرتا ہے سفر کا عزم جزم
ساتھ اب بیگانہ وضعوں کے ہمارا آشنا

شعر صائبؔ کا مناسب ہے ہماری اور سے
سامنے اس کے پڑھے گر یہ کوئی جا آشنا

تابجاں ما ہمرہیم و تا بمنزل دیگراں
فرق باشد جان ما از آشنا تا آشنا

داغ ہے تاباں علیہ الرّحمہ کا چھاتی پہ میرؔ
ہو نجات اس کو بچارا ہم سے بھی تھا آشنا

۔۱۸۱۔

(دیوان اول)

آنکھوں میں جی مرا ہے ادھر یار دیکھنا
عاشق کا اپنے آخری دیدار دیکھنا

کیسا چمن کہ ہم سے اسیروں کو منع ہے
چاکِ قفس سے باغ کی دیوار دیکھنا

آنکھیں چرائیو نہ ٹک ابرِ بہار سے
میری طرف بھی دیدۂ خونبار دیکھنا

اے ہم سفر نہ آبلے کو پہنچے چشمِ تر
لاگا ہے میرے پاؤں میں آ خار دیکھنا

ہونا نہ چار چشم دل اس ظلم پیشہ سے
ہشیار زینہار خبردار دیکھنا

صیاد دل ہے داغ جدائی سے رشک باغ
تجھ کو بھی ہو نصیب یہ گلزار دیکھنا
گر زمزمہ یہی ہے کوئی دن تو ہم صفیر
اس فصل ہی میں ہم کو گرفتار دیکھنا
بلبل ہمارے گل پہ نہ گستاخ کر نظر
ہوجائے گا گلے کا کہیں ہار دیکھنا
شاید ہماری خاک سے کچھ ہو بھی اے نسیم
غربال کر کے کوچۂ دلدار دیکھنا
اس خوش نگہ کے عشق سے پرہیز کیجو میؔر
جاتا ہے لے کے جی ہی یہ آزار دیکھنا

۔۱۸۲۔

(دیوان دوم)

عاشق ترے لاکھوں ہوئے مجھ سا نہ پھر پیدا ہوا
تجھ پر کوئی اے کام جاں دیکھا نہ یوں مرتا ہوا
مدت ہوئی الفت گئی برسوں ہوئے طاقت گئی
دل مضطرب ایسا نہ تھا کیا جانیے اب کیا ہوا
کل صبح سیر باغ میں دل اور میرا رک گیا
بلبل نہ بولا منہ سے کچھ گل ٹک نہ مجھ سے وا ہوا
وے دن گئے جو یاں کبھو اٹھتا تھا دل سے جوش سا
اب لگ گئے رونے جہاں پل مارتے دریا ہوا
کتنوں کے دل بے جاں ہوئے کتنے نہ جانا کیا ہوئے
چلنے میں اس کے دو قدم ہنگامہ اک برپا ہوا
مستی میں لغزش ہو گئی معذور رکھا چاہیے
اے اہل مسجد اس طرف آیا ہوں میں بہکا ہوا

جوں حسن ہے اک فتنہ گر توں عشق بھی ہے پردہ در
وہ شہرۂ عالم ہوا میں خلق میں رسوا ہوا
فرہاد و مجنوں ووں گئے ہم اور وامق یوں چلے
اس عارضے سے چاہ کے وہ کون سا اچھا ہوا
یا حرف خط ہے درمیاں یا گیسوؤں کا ہے بیاں
کیا میرؔ صاحب کے تئیں پھر ان دنوں سودا ہوا

۔۱۸۳۔

(دیوان پنجم)

ہر جا پھرا غبار ہمارا اڑا ہوا
تیری گلی میں لائی صبا تو بجا ہوا
آہ سحر نے دل کی نہ کھولی گرہ کبھی
آخر نسیم سے بھی یہ غنچہ نہ وا ہوا
وے میرؔ اثر جو شورش دل میں تھے ہیں کہاں
نالے کیے جرس نے بہت سے تو کیا ہوا

۔۱۸۴۔

(دیوان دوم)

تیغِ ستم سے اس کی مرا سر جدا ہوا
شکرِ خدا کہ حق محبت ادا ہوا
قاصد کو دے کے خط نہیں کچھ بھیجنا ضرور
جاتا ہے اب تو جی ہی ہمارا چلا ہوا
وہ تو نہیں کہ اشک تھمے ہی نہ آنکھ سے
نکلے ہے کوئی لختِ دل اب سو جلا ہوا
حیران رنگ باغ جہاں تھا بہت رکا
تصویر کی کلی کی طرح دل نہ وا ہوا

عالم کی بے فضائی سے تنگ آ گئے تھے ہم
جاگہ سے دل گیا جو ہمارا بجا ہوا

درپے ہمارے جی کے ہوا غیر کے لیے
انجام کار مدعی کا مدعا ہوا

اس کے گئے پہ دل کی خرابی نہ پوچھیے
جیسے کسو کا کوئی نگر ہو لٹا ہوا

بدتر ہے زیست مرگ سے ہجران یار میں
بیمار دل بھلا نہ ہوا تو بھلا ہوا

کہتا تھا میرؔ حال تو جب تک تو تھا بھلا
کچھ ضبط کرتے کرتے ترا حال کیا ہوا

۔۱۸۵۔

(دیوان دوم)

دل فرط اضطراب سے سیماب سا ہوا
چہرہ تمام زرد زر ناب سا ہوا

شاید جگر گداختہ یک لخت ہو گیا
کچھ آب دیدہ رات سے خوناب سا ہوا

وے دن گئے کہ اشک سے چھڑکاؤ سا کیا
اب رونے لگ گئے ہیں تو تالاب سا ہوا

اک دن کیا تھا یار نے قد ناز سے بلند
خجلت سے سرو جوے چمن آب سا ہوا

کیا اور کوئی روئے کہ اب جوشِ اشک سے
حلقہ ہماری چشم کا گرداب سا ہوا

قصہ تو مختصر تھا ولے طول کو کھنچا
ایجاز دل کے شوق سے اطناب سا ہوا

عمامہ ہے موذن مسجد کہ بارخر
قد تو ترا خمیدہ ہو محراب سا ہوا

بات اب تو سن کہ جائے سخن حسن میں ہوئی
خط پشت لب کا سبزۂ سیراب سا ہوا

چل باغ میں بھی سوتے سے اٹھ کر کبھو کہ گل
تک تک کے راہ دیدۂ بے خواب سا ہوا

سمجھے تھے ہم تو میرؔ کو عاشق اسی گھڑی
جب سن کے تیرا نام وہ بیتاب سا ہوا

۔۱۸۶۔

(دیوان ششم)

سوزِ دروں سے مجھ پہ ستم برملا ہوا
ٹکڑا جگر کا آنکھوں سے نکلا جلا ہوا

بدحال ہوکے چاہ میں مرنے کا لطف کیا
دل لگتے جو موا کوئی عاشق بھلا ہوا

نکلا گیا نہ دام سے پرپیچ زلف کے
اے وائے یہ بلا زدہ دل مبتلا ہوا

کیا اور لکھیے کیسی خجالت مجھے ہوئی
سر کو جھکائے آیا جو قاصد چلا ہوا

رہتا نہیں تڑپنے سے ٹک ہاتھ کے تلے
کیا جانوں میرؔ دل کو مرے کیا بلا ہوا

۔۱۸۷۔

(دیوان دوم)

اس کام جان و دل سے جو کوئی جدا ہوا
دیکھا پھر اس کو خاک میں ہم نے ملا ہوا

کر ترک گرچہ بیٹھے ہیں پر ہے وہی تلاش
رہتا نہیں ہے ہاتھ ہمارا اٹھا ہوا

کھینچا بغل میں مَیں جو اسے مست پا کے رات
کہنے لگا کہ آپ کو بھی اب نشہ ہوا

نے صبر ہے نہ ہوش ہے نے عقل ہے نہ دین
آتا ہے اس کے پاس سے عاشق لٹا ہوا

اٹھتا ہے میرے دل سے کبھو جوش سا تو پھر
جاتا ہے دونوں آنکھوں سے دریا بہا ہوا

جوں صید نیم کشتہ تڑپتا ہے ایک سا
کیا جانیے کہ دل کو مرے کیا بلا ہوا

خط آئے پر جو گرم وہ پرکار مل چلا
میں سادگی سے جانا کہ اب آشنا ہوا

ہم تو لگے کنارے ہوئے غیر ہم کنار
ایکوں کی عید ایکوں کے گھر میں دہا ہوا

جوں برق مجھ کو ہنستے نہ دیکھا کسو نے آہ
پایا تو ابر سا کہیں روتا کھڑا ہوا

جس شعر پر سماع تھا کل خانقاہ میں
وہ آج میں سنا تو ہے میرا کہا ہوا

پایا مجھے رقیب نے آ اس کی زیر تیغ
دل خواہ بارے مدعی کا مدعا ہوا

بیمار مرگ سا تو نہیں روز اب بتر
دیکھا تھا ہم نے میرؔ کو کچھ تو بھلا ہوا

۔۱۸۸۔

(دیوان اول)

غم اس کو ساری رات سنایا تو کیا ہوا
یا روز اٹھ کے سر کو پھرایا تو کیا ہوا

ان نے تو مجھ کو جھوٹے بھی پوچھا نہ ایک بار
مَیں نے اسے ہزار جتایا تو کیا ہوا

خواہاں نہیں وہ کیوں ہی میں اپنی طرف سے یوں
دل دے کے اس کے ہاتھ بکایا تو کیا ہوا

اب سعی کر سپہر کہ میرے موئے گئے
اس کا مزاج مہر پہ آیا تو کیا ہوا

مت رنجہ کر کسی کو کہ اپنے تو اعتقاد
دل ڈھائے کر جو کعبہ بنایا تو کیا ہوا

میں صیدِ ناتواں بھی تجھے کیا کروں گا یاد
ظالم اک اور تیر لگایا تو کیا ہوا

کیا کیا دعائیں مانگی ہیں خلوت میں شیخ یوں
ظاہر جہاں سے ہاتھ اٹھایا تو کیا ہوا

وہ فکر کر کہ چاکِ جگر پاوے التیام
ناصح جو تُو نے جامہ سلایا تو کیا ہوا

جیتے تو میؔر ان نے مجھے داغ ہی رکھا
پھر گور پر چراغ جلایا تو کیا ہوا

۔۱۸۹۔

(دیوان اول)

اس عہد میں الٰہی محبت کو کیا ہوا
چھوڑا وفا کو ان نے مروّت کو کیا ہوا

امیدوار وعدۂ دیدار مر چلے
آتے ہی آتے یارو قیامت کو کیا ہوا
کب تک تظلم آہ بھلا مرگ کے تئیں
کچھ پیش آیا واقعہ رحمت کو کیا ہوا
اس کے گئے پر ایسے گئے دل سے ہم نشیں
معلوم بھی ہوا نہ کہ طاقت کو کیا ہوا
بخشش نے مجھ کو ابرِ کرم کی کیا خجل
اے چشم جوش اشکِ ندامت کو کیا ہوا
جاتا ہے یار تیغ بکف غیر کی طرف
اے کشتۂ ستم تری غیرت کو کیا ہوا
تھی صعب عاشقی کی بدایت ہی میرؔ پر
کیا جانیے کہ حالِ نہایت کو کیا ہوا

۔۱۹۰۔

(دیوان دوم)

ایک آن اس زمانے میں یہ دل نہ وا ہوا
کیا جانیے کہ میرؔ زمانے کو کیا ہوا
دکھلاتے کیا ہو دستِ حنائی کا مجھ کو رنگ
ہاتھوں سے مَیں تمھارے بہت ہوں جلا ہوا
سوزش وہی تھی چھاتی میں مرنے تلک مرے
اچھا ہوا نہ داغ جگر کا لگا ہوا
سر ہی چڑھا رہے ہے ہر اک بادہ خوار کے
ہے شیخ شہر یا کوئی ہے جن پڑھا ہوا
ظاہر کو گو درست رکھا مر کے مَیں ولے
دل کا لگاؤ کوئی رہا ہے چھپا ہوا

ازخویش رفتہ میں ہی نہیں اس کی راہ میں
آتا نہیں ہے پھر کے ادھر کا گیا ہوا

یوں پھر اٹھا نہ جائے گا اے ابر دشت سے
گر کوئی رونے بیٹھ گیا دل بھرا ہوا

لے کر جواب خط کا نہ قاصد پھرا کبھو
کیا جانے سرنوشت میں کیا ہے لکھا ہوا

گو پیس مارے مہندی کے رنگوں فلک و لے
چھوٹے نہ اس سے اس کا لگا یا بندھا ہوا

اٹھتے تعب فراق کے جی سے کہاں تلک
دل جو بچا رہا نہ ہمارا بچا ہوا

دامن سے منہ چھپائے جنوں کب رہا چھپا
سو جا سے سامنے ہے گریباں پھٹا ہوا

دیکھا نہ ایک گل کو بھی چشمک زنی میں ہائے
جب کچھ رہا نہ باغ میں تب میں رہا ہوا

کیا جانیے ملاپ کسے کہتے ہیں یہ لوگ
برسوں ہوئے کہ ہم سے تو وہ ہے لڑا ہوا

بحر بلا سے کوئی نکلتا مرا جہاز
بارے خدائے عزّوجل ناخدا ہوا

اس بحر میں اک اور غزل تو بھی میرؔ کہہ
دریا تھا تُو تو تیری روانی کو کیا ہوا

۔۱۹۱۔

(دیوان چہارم)

چاہت کا اظہار کیا سو اپنا کام خراب ہوا
اس پردے کے اٹھ جانے سے اس کو ہم سے حجاب ہوا

ساری ساری راتیں جاگے عجز و نیاز و زاری کی
تب جا کر ملنے کا اس کے صبح کے ہوتے جواب ہوا
کیا کہیے مہتاب میں شب کی وہ بھی ٹک آ بیٹھا تھا
تاب رخ اس مہ نے دیکھی سو درجے بیتاب ہوا
شمع جو آگے شام کو آئی رشک سے جل کر خاک ہوئی
صبحِ گلِ تر سامنے ہو کر جوش شرم سے آب ہوا
مرتے نہ تھے ہم عشق کے رفتہ بے کفنی سے یعنی میؔر
دیر میسر اس عالم میں مرنے کا اسباب ہوا

۔۱۹۲۔

(دیوان ششم)

تھا اندوہ گرہ مدت سے دل میں خوں ہو درد ہوا
چاہ نے بدلے رنگ کئی اب جسم سراسر زرد ہوا
وعدہ خلافی اس ظالم کی کھا گئی میری جان غمیں
گرمی کرے وہ مجھ سے جب تک تب تک میں ہی سرد ہوا
گرد و غبار و دشت و وادی گریے سے میرے یک سو ہیں
رونے کے آگے ان کے تو دریا بھی میؔر اب گرد ہوا

۔۱۹۳۔

(دیوان چہارم)

عشق کی ہے بیماری ہم کو دل اپنا سب درد ہوا
رنگ بدن میت کے رنگوں جیتے جی ہی پہ زرد ہوا
تب بھی نہ سر کھینچا تھا ہم نے آخر مر کر خاک ہوئے
اب جو غبارِ ضعیف اٹھا تھا پامالی میں گرد ہوا

۔۱۹۴۔

(دیوان پنجم)

پھرتے پھرتے اس کے لیے میں آخر دشت نورد ہوا
دیکھ آنکھیں وہ سرمہ گیں میں پھر دنبالہ گرد ہوا
جیتے جی میت کے رنگوں لوگ مجھے اب پاتے ہیں
جوشِ بہار عشق میں یعنی سرتا پا میں زرد ہوا
گرم مزاج رہا نہیں اپنا ویسے اس کے ہجراں میں
ہوتے ہوتے افسردہ دیکھوگے اک دن سرد ہوا
میؔر نہ اپنے دردِ دل کو مجھ سے کہا کر روز وشب
صبح جو گوش دل سے سنا تھا دل میں میرے درد ہوا

۔۱۹۵۔

(دیوان ششم)

دل جو ناگاہ بے قرار ہوا
اس سے کیا جانوں کیا قرار ہوا
شب کا پہنا جو دن تلک ہے مگر
ہار اس کے گلے کا ہار ہوا
گرد سر اس کے جو پھرا میں بہت
رفتہ رفتہ مجھے دوار ہوا
بستر خواب سے جو اس کے اٹھا
گلِ تر سوکھ سوکھ خار ہوا
مجھ سے لینے لگے ہیں عبرت لوگ
عاشقی میں یہ اعتبار ہوا
روز و شب روتے کڑھتے گزرے ہے
اب یہی اپنا روزگار ہوا

روؤں کیا اپنی سادگی کو میؔر
مَیں نے جانا کہ مجھ سے یار ہوا

۔۱۹۶۔

(دیوان اول)

سنیو جب وہ کبھو سوار ہوا
تا بہ روح الامیں شکار ہوا
اس فریبندہ کو نہ سمجھے آہ
ہم نے جانا کہ ہم سے یار ہوا
نالہ ہم خاکساروں کا آخر
خاطرِ عرش کا غبار ہوا
جو نہ کہنا تھا سو بھی مَیں نے کہا
دل کی بے طاقتی سے خوار ہوا
پھر گیا ہے زمانہ کیا کہ مجھے
ہوتے خوار ایک روزگار ہوا
مر چلے بے قرار ہو کر ہم
اب تو تیرے تئیں قرار ہوا
وہ جو خنجر بکف نظر آیا
میؔر سو جان سے نثار ہوا

۔۱۹۷۔

(دیوان ششم)

جس ستم دیدہ کو اس عشق کا آزار ہوا
اک دو دن ہی میں وہ زار و زبوں خوار ہوا
روز بازار میں عالم کے عجب شے ہے حسن
بک گیا آپ ہی جو اس کا خریدار ہوا

دھوپ میں آگے کھڑا اس کے جلا کرتا ہوں
چاہ کر اس کے تئیں میں تو گنہگار ہوا

ہوش کچھ جن کے سروں میں تھا شتابی چیتے
حیف صد حیف کہ مَیں دیر خبردار ہوا

ہو بخود تو کسو کو ڈھونڈ نکالے کوئی
وہی خود گم ہوا جو اس کا طلب گار ہوا

مرغِ دل کی ہے رہائی سے مرا دل اب جمع
پرشکن بالوں میں وہ اس کے گرفتار ہوا

پیار کی دیکھی جو چتون کسو کی میں جانا
کہ یہ اب سادہ و پرکار مرا یار ہوا

تکیہ اس پر جو کیا تھا سو گرا بستر پر
یعنی میں شوق کے افراط سے بیمار ہوا

کیونکہ سب عمر صعوبت میں کٹی تیری میرؔ
اپنا جینا تو کوئی دن ہمیں دشوار ہوا

۔۱۹۸۔

(دیوان دوم)

چمن میں جا کے جو میں گرم وصف یار ہوا
گل اشتیاق سے میرے گلے کا ہار ہوا

تمھارے ترکش مژگاں کی کیا کروں تعریف
جو تیر اس سے چلا سو جگر کے پار ہوا

ہماری خاک پہ اک بیکسی برستی ہے
ادھر سے ابر جب آیا تب اشکبار ہوا

کریں نہ کیونکہ یہ ترکاں بلندپروازی
انھوں کا طائر سدرہ نشیں شکار ہوا

کبھو بھی اس کو تہِ دل سے ملتے پایا پھر
فریب تھا وہ کوئی دن جو ہم سے یار ہوا

بہت دنوں سے درونے میں اضطراب سا تھا
جگر تمام ہوا خون تب قرار ہوا

شکیب میرؔ جو کرتا تو وقر رہ جاتا
ادھر کو جا کے عبث یہ حبیب خوار ہوا

۔۱۹۹۔

(دیوان دوم)

پندگو مشفق عبث میرا نصیحت گر ہوا
سختیاں جو میں بہت کھینچیں سو دل پتھر ہوا

گاڑ کر مٹی میں رُوئے عجز کیا ہم ہی موئے
خون اس کے رہگزر کی خاک پر اکثر ہوا

اب اٹھا جاتا نہیں مجھ پاس پھر ٹک بیٹھ کر
گرد اس کے جو پھرا سر کو مرے چکر ہوا

کب کھبا جاتا تھا یوں آنکھوں میں جیسا صبح تھا
پھول خوش رنگ اور اس کے فرش پر بچھ کر ہوا

کیا سنی تم نے نہیں بدحالی فرہاد و قیس
کون سا بیمار دل کا آج تک بہتر ہوا

کون کرتا ہے طرف مجھ عاشق بیتاب کی
صورت خوش جن نے دیکھی اس کی سو اودھر ہوا

جل گیا یاقوت اس کے لعلِ لب جب ہل گئے
گوہر خوش آب اندازِ سخن سے تر ہوا

کیا کہوں اب کے جنوں میں گھر کا بھی رہنا گیا
کام جو مجھ سے ہوا سو عقل سے باہر ہوا

شب نہ کرتا شور اس کوچے میں گر میں جانتا
اس کی بے خوابی سے ہنگامہ مرے سر پر ہوا

ہووے یارب ان سیہ رو آنکھوں کا خانہ خراب
یک نظر کرتے ہی میرے دل میں اس کا گھر ہوا

استخواں سب پوست سے سینے کے آتے ہیں نظر
عشق میں ان نوخطوں کے میرؔ میں مسطر ہوا

۔۲۰۰۔

(دیوان اول)

کیا کہیے عشق حسن کا آپھی طرف ہوا
دل نام قطرہ خون یہ ناحق تلف ہوا

کیوں کر میں فتح پاؤں تری زلفوں پر کہ اب
یک دل شکست خوردہ مرا دو طرف ہوا

۔۲۰۱۔

(دیوان دوم)

ہنگام شرحِ غم جگر خامہ شق ہوا
سوزِ دروں سے نامہ کباب ورق ہوا

بندہ خدا ہے پھر تو اگر گزرے آپ سے
مرتا ہے جو کوئی اسے کہتے ہیں حق ہوا

دل میں رہا نہ کچھ تو کیا ہم نے ضبطِ شوق
یہ شہر جب تمام لٹا تب نسق ہوا

وہ رنگ وہ روش وہ طرح سب گئی بباد
آتے ہی تیرے باغ میں منہ گل کا فق ہوا

برسوں تری گلی میں چمن ساز جو رہا
سو دیدہ اب گداختہ ہو کر شفق ہوا

لے کر زمیں سے تابہ فلک رک گیا ہے آہ
کس دردمند عشق کو یارب قلق ہوا

اس نو ورق میں میؔر جو تھا شرح و بسط سے
بیٹھا جو دب کے مَیں تو ترا اک سبق ہوا

۔۲۰۲۔

(دیوان سوم)

وہ جو گلشن میں جلوہ ناک ہوا
پھول غیرت سے جل کے خاک ہوا

اس کے دامن تلک نہ پہنچا ہاتھ
تھا سرِ دست جیب چاک ہوا

کس قدر تھا خبیث شیخ شہر
اس کے مرنے سے شہر پاک ہوا

ڈریے اس رشک خور کی گرمی سے
کچھ تو ہے ہم سے جو تپاک ہوا

میؔر ہلکان ہو گیا تھا بہت
سو طلب ہی میں پھر ہلاک ہوا

۔۲۰۳۔

(دیوان دوم)

لعل پر کب دل مرا مائل ہوا
اس لبِ خاموش کا قائل ہوا

لڑ گئیں آنکھیں اٹھائی دل نے چوٹ
یہ تماشائی عبث گھائل ہوا

ناشکیبی سے گئی ناموس فقر
عاقبت بوسے کا مَیں سائل ہوا

ایک تھے ہم وے نہ ہوتے ہست اگر
اپنا ہونا بیچ میں حائل ہوا
میؔر ہم کس ذیل میں دیکھ اس کی آنکھ
ہوش اہل قدس کا زائل ہوا

۔۲۰۴۔

(دیوان سوم)

سینہ کوبی ہے تپش سے غم ہوا
دل کے جانے کا بڑا ماتم ہوا
آنکھیں دوڑیں خلق جا اودھر گری
اٹھ گیا پردہ کہاں اودھم ہوا
کیا لکھوں رویا جو لکھتے جوں قلم
سب مرے نامے کا کاغذ نم ہوا
ہم جو اس بن خوار ہیں حد سے زیاد
یار یاں تک آن کر کیا کم ہوا
آ گیا یوں ہی خراماں وہ تو پھر
حشر کا ہنگامہ ہی برہم ہوا
درہمی سے برہمی سے دیکھیو
دونوں عالم کا عجب عالم ہوا
جسم خاکی کا جہاں پردہ اٹھا
ہم ہوئے وہ میؔر سب وہ ہم ہوا

۔۲۰۵۔

(دیوان اول)

سمجھے تھے میؔر ہم کہ یہ ناسور کم ہوا
پھر ان دنوں میں دیدۂ خونبار نم ہوا

آئے برنگ ابر عرق ناک تم ادھر
حیران ہوں کہ آج کدھر کو کرم ہوا

تجھ بن شراب پی کے موئے سب ترے خراب
ساقی بغیر تیرے انھیں جام سم ہوا

کافر ہمارے دل کی نہ پوچھ اپنے عشق میں
بیت الحرام تھا سو وہ بیت الصنم ہوا

خانہ خراب کس کا کیا تیری چشم نے
تھا کون یوں جسے تو نصیب ایک دم ہوا

تلوار کس کے خون میں سر ڈوب ہے تری
یہ کس اجل رسیدہ کے گھر پر ستم ہوا

آئی نظر جو گور سلیماں کی ایک روز
کوچے پر اس مزار کے تھا یہ رقم ہوا

کیا سرکشاں جہان میں کھینچا تھا مَیں بھی سر
پایان کار مور کی خاک قدم ہوا

افسوس کی بھی چشم تھی ان سے خلاف عقل
بار علاقہ سے تو عبث پشت خم ہوا

اہلِ جہاں ہیں سارے ترے جیتے جی تلک
پوچھیں گے بھی نہ بات جہاں تو عدم ہوا

کیا کیا عزیز دوست ملے میرؔ خاک میں
نادان یاں کسو کا کسو کو بھی غم ہوا

۔۲۰۶۔

(دیوان ششم)

میں رنج عشق کھینچے بہت ناتواں ہوا
مرنا تمام ہو نہ سکا نیم جاں ہوا

بستر سے اپنے اٹھ نہ سکا شب ہزار حیف
بیمارِ عشق چار ہی دن میں گراں ہوا

شاید کہ دل تڑپنے سے زخم دروں پھٹا
خوناب میری آنکھوں سے منہ پر رواں ہوا

غیر از خدا کی ذات مرے گھر میں کچھ نہیں
یعنی کہ اب مکان مرا لامکاں ہوا

مستوں میں اس کی کیسی تعین سے ہے نشست
شیشہ ہوا نہ کیف کا پیرِ مغاں ہوا

سائے میں تاک کے مجھے رکھا اسیر کر
صیاد کے کرم سے قفس آشیاں ہوا

ہم نے نہ دیکھا اس کو سو نقصان جاں کیا
ان نے جو اک نگاہ کی اس کا زیاں ہوا

ٹک رکھ لے ہاتھ تن میں نہیں اور جائے زخم
بس میرے دل کا یار جی اب امتحاں ہوا

وے تو کھڑے کھڑے مرے گھر آ کے پھر گئے
میں بے دیار و بیدل و بے خانماں ہوا

گردش نے آسماں کی عجائب کیا سلوک
پیر کبیر جب میں ہوا وہ جواں ہوا

مرغِ چمن کی نالہ کشی کچھ خنک سی تھی
میں آگ دی چمن کو جو گرم فغاں ہوا

دو پھول لاکے پھینک دیئے میری گور پر
یوں خاک میں ملا کے مجھے مہرباں ہوا

سر کھینچا دود دل نے جہاں تیرہ ہو گیا
دم بھر میں صبح زیر فلک کیا سماں ہوا

کہتے ہیں میؔر سے کہیں اوباش لڑ گئے
ہنگامہ ان سے ایسا الٰہی کہاں ہوا

۔۲۰۷۔

(دیوان دوم)

وارد گلشن غزل خواں وہ جو دلبر یاں ہوا
دامنِ گل گریۂ خونیں سے سب افشاں ہوا
طائران باغ کو تھا بیت بحثی کا دماغ
پر ہر اک درد سخن سے میؔر کے نالاں ہوا
دل کی آبادی کو پہنچا اپنے گویا چشم زخم
دیکھتے ہی دیکھتے یہ شہر سب ویراں ہوا
سبز بختی پر ہے اس کی طائر سدرہ کو رشک
جو شکار اس تیغ کے سائے تلے بے جاں ہوا
خاک پر بھی دوڑتی ہے چشم مہر و ماہ چرخ
کس دنی الطبع کے گھر جا کے مَیں مہماں ہوا
تھا جگر میں جب تلک قطرہ ہی تھا خوں کا سرشک
اب جو آنکھوں سے تجاوز کر چلا طوفاں ہوا
اس کے میرے بیچ میں آئینہ آیا تھا ولے
صورت احوال ساری دیکھ کر حیراں ہوا
دل نے خوں ہو عشق خوباں میں بھی کیا بدلے ہیں رنگ
چہروں کو غازہ ہوا ہونٹوں کا رنگ پاں ہوا
تم جو کل اس راہ نکلے برق سے ہنستے گئے
ابر کو دیکھو کہ جب آیا ادھر گریاں ہوا
جی سے جانا بن گیا اس بن ہمیں پل مارتے
کام تو مشکل نظر آتا تھا پر آساں ہوا

جب سے ناموس جنوں گردن بندھا ہے تب سے میرؔ
جیب جاں وابستۂ زنجیر تا داماں ہوا

۔۲۰۸۔

(دیوان سوم)

اب کے جو گل کی فصل میں ہم کو جنوں ہوا
وہ دل کہ جس پہ اپنا بھروسا تھا خوں ہوا
ٹھہرا گیا ہو ٹک بھی تو تم سے بیاں کروں
آتے ہی اس کے رفتن صبر و سکوں ہوا
تھا شوق طوف تربت مجنوں مجھے بہت
اک گردباد دشت مرا رہنموں ہوا
سیلاب آگے آیا چلا جاتے دشت میں
بے اختیار رونے کا میرے شگوں ہوا
جان اس کی تیغ تیز سے رکھ کر دریغ میرؔ
صید حرم ندان شکار زبوں ہوا

۔۲۰۹۔

(دیوان دوم)

اندوہ و غم کے جوش سے دل رک کے خوں ہوا
اب کے مجھے بہار سے آگے جنوں ہوا
اچھا نہیں ہے رفتن رنگیں بھی اس قدر
سنیو کہ اس کی چال پر اک آدھ خوں ہوا
جی میں تھا خوب جا کے خرابے میں روئیے
سیلاب آیا آ کے چلا کیا شگوں ہوا
نخچیر گاہ عشق میں افراط صید سے
روح الامیں کا نام شکار زبوں ہوا

ہوں داغ نازکی کہ کیا تھا خیال بوس
گلبرگ سا وہ ہونٹ جو تھا نیلگوں ہوا
میں دور ہوں اگرچہ برابر ہوں خاک سے
اس رہ میں نقشِ پا ہی مرا رہ نموں ہوا
میؔر ان نے سرگذشت سنی ساری رات کو
افسانہ عاشقی کا ہماری فسوں ہوا

۔۲۱۰۔

(دیوان پنجم)

کیا کیا عشق میں رنج اٹھائے دل اپنا سب خون ہوا
کیسے رکتے تھے خفگی سے آخر کار جنون ہوا
تڑپا ہے پہلو میں اب جب طاقت جی میں کچھ نہ رہی
جسم غم فرسودہ ہمارا زرد و زار و زبون ہوا
جنگل میں مَیں رونے چلا تھا دل جو بھرا تھا میؔر بہت
آیا سیل آگے سے چلا کیا بخت سے مجھ کو شگون ہوا

۔۲۱۱۔

(دیوان دوم)

کیفی ہو کیوں تو ناز سے پھر گرم رہ ہوا
برسوں سے صوفیوں کا مصلیٰ تو تہ ہوا
معلوم تیرے چہرۂ پرنور کا سا لطف
بالفرض آسماں پہ گیا پھول مہ ہوا
پوچھ اس سے دردِ ہجر کو جس کا بہ نازکی
جاگہ سے اپنے عضو کوئی بے جگہ ہوا
ہم پلہ اپنا کون ہے اس معرکے کے بیچ
کس کے ترازو یار کا تیر نگہ ہوا

ایسا فقیر ہونا بھلا کیا ضرور تھا
دونوں جہاں میں میرؔ عبث رو سیہ ہوا

۔ ۲۱۲ ۔

(دیوان اول)

سینہ دشنوں سے چاک تا نہ ہوا
دل جو عقدہ تھا سخت وا نہ ہوا
سب گئے ہوش و صبر و تاب و تواں
دل سے اک داغ ہی جدا نہ ہوا
ظلم و جور و جفا ستم بیداد
عشق میں تیرے ہم پہ کیا نہ ہوا
ہم تو ناکام ہی جہاں میں رہے
یاں کبھو اپنا مدعا نہ ہوا
میرؔ افسوس وہ کہ جو کوئی
اس کے دروازے کا گدا نہ ہوا

۔ ۲۱۳ ۔

(دیوان پنجم)

چاہ میں جور ہم پہ کم نہ ہوا
عاشقی کی تو کچھ ستم نہ ہوا
فائدہ کیا نماز مسجد کا
قد ہی محراب سا جو خم نہ ہوا
یار ہمراہ نعش جس دم تھا
وائے مردے میں میرے دم نہ ہوا
نہ گیا اس طرف کا خط لکھنا
ہاتھ جب تک مرا قلم نہ ہوا

بے دلی میں ہے میؔر خوش اس سے
دل کے جانے کا حیف غم نہ ہوا

۔۲۱۴۔

(دیوان اول)

کثرت داغ سے دل رشک گلستاں نہ ہوا
میرا دل خواہ جو کچھ تھا وہ کبھو یاں نہ ہوا
جی تو ایسے کئی صدقے کیے تجھ پر لیکن
حیف یہ ہے کہ تنک تو بھی پشیماں نہ ہوا
آہ میں کب کی کہ سرمایۂ دوزخ نہ ہوئی
کون سا اشک مرا منبع طوفاں نہ ہوا
گو توجہ سے زمانے کی جہاں میں مجھ کو
جاہ و ثروت کا میسر سر و ساماں نہ ہوا
شکر صد شکر کہ مَیں ذلت و خواری کے سبب
کسی عنوان میں ہم چشم عزیزاں نہ ہوا
برق مت خوشے کی اور اپنی بیاں کر صحبت
شکر کر یہ کہ مرا واں دلِ سوزاں نہ ہوا
دل بے رحم گیا شیخ لیے زیرِ زمیں
مر گیا پر یہ کہن گبر مسلماں نہ ہوا
کون سی رات زمانے میں گئی جس میں میؔر
سینۂ چاک سے مَیں دست و گریباں نہ ہوا

۔۲۱۵۔

(دیوان اول)

جدا جو پہلو سے وہ دلبر یگانہ ہوا
تپش کی یاں تئیں دل نے کہ درد شانہ ہوا

جہاں کو فتنے سے خالی کبھو نہیں پایا
ہمارے وقت میں تو آفت زمانہ ہوا
خلش نہیں کسو خواہش کی رات سے شاید
سرشک یاس کے پردے میں دل روانہ ہوا
ہم اپنے دل کی چلے دل ہی میں لیے یاں سے
ہزار حیف سر حرف اس سے وا نہ ہوا
کھلا نشے میں جو پگڑی کا پیچ اس کی میرؔ
سمند ناز پہ ایک اور تازیانہ ہوا

۔۲۱۶۔

(دیوان سوم)

دل عجب چرچے کی جاگہ تھی سو ویرانہ ہوا
جوش غم سے جی جو بولایا سو دیوانہ ہوا
بزمِ عشرت پر جہاں کی گوش وا کر جائے چشم
آج یاں دیکھا گیا جو کچھ کل افسانہ ہوا
دیر میں جو میں گدایانہ گیا اودھر کہا
شاہ جی کہیے کدھر سے آپ کا آنا ہوا
کیا کہیں حسرت لیے جیسے جہاں سے کوئی جائے
یار کے کوچے سے اپنا اس طرح جانا ہوا
میرؔ تیر ان جور کیشوں کے جو کھائے بے شمار
چھاتی اب چھلنی ہے میری ہے جگر چھانا ہوا

۔۲۱۷۔

(دیوان چہارم)

نے ہم سے کچھ نہ اس ستم ایجاد سے ہوا
ظلم صریح عشق کی امداد سے ہوا

شیریں کا حسن ایسا تھا جو خستہ جان دیں
جو کچھ ہوا سو خواہش فرہاد سے ہوا
خوش زمزمہ طیور ہی ہوتے ہیں میرؔ اسیر
ہم پر ستم یہ صبح کی فریاد سے ہوا

۔۲۱۸۔

(دیوان سوم)

یاد خط میں اس کے جی بھر آ کے گھبراتا رہا
رات کا بھی کیا ہی مینھ آیا تھا پر جاتا رہا
کیا قیامت ہوتی بے پردہ ہوئے کیا جانیے
مصلحت ہی ہو گی ہم سے وہ جو شرماتا رہا
قدموزوں یار کا خاطر سے جاتا ہی نہیں
میں اسی مصرع کو ساری عمر ڈولاتا رہا
کل مکل بیتاب دل سے آج کل کی کچھ نہیں
میں تو اس غم کش کو بے کل ہی سدا پاتا رہا
آگ کھا جاتی ہے خشک و تر جو اس کے منہ پڑے
میں تو جیسے شمع اپنے ہی تئیں کھاتا رہا
میری تیری چاہ منہ دیکھے کی ہے جوں آرسی
آنکھ پھیری جس گھڑی پھر کاہے کا ناتا رہا
ہو گئے ہم محتسب کی بے شعوری سے اسیر
شیخ میں کچھ ہوش تھا مے خانے سے جاتا رہا
لوگ ہی اس کارواں کے حرف نشنو تھے تمام
راہ چلتے تو جرس ہر گام چلاتا رہا
میرؔ دیوانہ ہے اچھا بات کیا سمجھے مری
یوں تو مجھ سے جب ملا میں اس کو سمجھاتا رہا

۔۲۱۹۔

(دیوان چہارم)

عشق کیا کیا آفتیں لاتا رہا
آخر اب دوری میں جی جاتا رہا
مہر و مہ گل پھول سب تھے پر ہمیں
چہرئی چہرہ ہی وہ بھاتا رہا
دل ہوا کب عشق کی رہ کا دلیل
میں تو خود گم ہی اسے پاتا رہا
منہ دکھاتا برسوں وہ خوش رو نہیں
چاہ کا یوں کب تلک ناتا رہا
کچھ نہ میں سمجھا جنون و عشق میں
دیر ناصح مجھ کو سمجھاتا رہا
داغ تھا جو سر پہ میرے شمع ساں
پاؤں تک مجھ کو وہی کھاتا رہا
کیسے کیسے رک گئے ہیں میؔر ہم
مدتوں منہ تک جگر آتا رہا

۔۲۲۰۔

(دیوان ششم)

اپنے ہوتے تو با عتاب رہا
بے دماغی سے با خطاب رہا
ہو کے بے پردہ ملتفت بھی ہوا
ناکسی سے ہمیں حجاب رہا
نہ اٹھا لطف کچھ جوانی کا
کم بہت موسم شباب رہا

کارواں ہائے صبح ہوتے گیا
میں ستم دیدہ محوِ خواب رہا
ہجر میں جی ڈھہا گرے ہی رہے
ضعف سے حالِ دل خراب رہا
گھر سے آئے گلی میں سو باری
یار بن دیر اضطراب رہا
ہم سے سلجھے نہ اس کے الجھے بال
جان کو اپنی پیچ و تاب رہا
پردے میں کام یاں ہوا آخر
واں سدا چہرے پر نقاب رہا
سوزش سینہ اپنے ساتھ گئی
خاک میں بھی ہمیں عذاب رہا
حیف ہے میرؔ کی جناب سے میاں
ہم کو ان سمجھے اجتناب رہا

۔۲۲۱۔

(دیوان دوم)

میں جوانی میں مے پرست رہا
گردن شیشہ ہی میں دست رہا
در مے خانہ میں مرے سر پر
ظل ممدود دار بست رہا
سر پہ پتھر جنوں میں کب نہ پڑے
یہ سبو ثابت شکست رہا
ہاتھ کھینچا سو پیر ہو کر جب
تب گنہ کرنے کا نہ دست رہا

آنسو پی پی گیا جو برسوں میں
دل درونے میں آب خست رہا
جب کہو تب بلند کہیے اسے
قد خوباں کا سرو پست رہا
میؔر کے ہوش کے ہیں ہم عاشق
فصلِ گل جب تلک تھی مست رہا

۔۲۲۲۔

(دیوان اول)

موا میں سجدے میں پر نقش میرا بار رہا
اس آستاں پہ مری خاک سے غبار رہا
جنوں میں اب کے مجھے اپنے دل کا غم ہے پہ حیف
خبر لی جب کہ نہ جامے میں ایک تار رہا
بشر ہے وہ پہ کھلا جب سے اس کا دامِ زلف
سرِ رہ اس کے فرشتے ہی کا شکار رہا
کبھو نہ آنکھوں میں آیا وہ شوخ خواب کی طرح
تمام عمر ہمیں اس کا انتظار رہا
شراب عیش میسر ہوئی جسے اک شب
پھر اس کو روزِ قیامت تلک خمار رہا
بتاں کے عشق نے بے اختیار کر ڈالا
وہ دل کہ جس کا خدائی میں اختیار رہا
وہ دل کہ شام و سحر جیسے پکا پھوڑا تھا
وہ دل کہ جس سے ہمیشہ جگر فگار رہا
تمام عمر گئی اس پہ ہاتھ رکھتے ہمیں
وہ دردناک علی الرغم بے قرار رہا

ستم میں غم میں سر انجام اس کا کیا کہیے
ہزاروں حسرتیں تھیں تس پہ جی کو مار رہا
بہا تو خون ہو آنکھوں کی راہ بہ نکلا
رہا جو سینۂ سوزاں میں داغ دار رہا
سو اس کو ہم سے فراموش کاریوں لے گئے
کہ اس سے قطرۂ خوں بھی نہ یادگار رہا
گلی میں اس کی گیا سو گیا نہ بولا پھر
میں میرؔ میرؔ کر اس کو بہت پکار رہا

۔۲۲۳۔

(دیوان دوم)

جوں ابرقبلہ دل ہے نہایت ہی بھر رہا
رونا مرا سنوگے کہ طوفان کر رہا
شب مے کدے سے وارد مسجد ہوا تھا مَیں
پر شکر ہے کہ صبح تئیں بے خبر رہا
مل جس سے ایک بار نہ پھر تو ہوا دوچار
رک رک کے وہ ستم زدہ ناچار مر رہا
تسکینِ دل ہو تب کہ کبھو آ گیا بھی ہو
برسوں سے اس کا آنا یہی صبح پر رہا
اس زلف و رخ کو بھولے مجھے مدتیں ہوئیں
لیکن مرا نہ گریۂ شام و سحر رہا
رہتے تو تھے مکاں پہ ولے آپ میں نہ تھے
اس بن ہمیں ہمیشہ وطن میں سفر رہا
اب چھیڑ یہ رکھی ہے کہ پوچھے ہے بار بار
کچھ وجہ بھی کہ آپ کا منہ ہے اتر رہا

اک دم میں یہ عجب کہ مرے سر پہ پھر گیا
جو آب تیغ برسوں تری تا کمر رہا
کاہے کو مَیں نے میرؔ کو چھیڑا کہ ان نے آج
یہ دردِ دل کہا کہ مجھے دردِ سر رہا

۔۲۲۴۔

(دیوان اول)

غم رہا جب تک کہ دم میں دم رہا
دل کے جانے کا نہایت غم رہا
حسن تھا تیرا بہت عالم فریب
خط کے آنے پر بھی اک عالم رہا
دل نہ پہنچا گوشۂ داماں تلک
قطرۂ خوں تھا مژہ پر جم رہا
سنتے ہیں لیلیٰ کے خیمے کو سیاہ
اس میں مجنوں کا مگر ماتم رہا
جامۂ احرام زاہد پر نہ جا
تھا حرم میں لیک نامحرم رہا
زلفیں کھولیں تو تُو ٹک آیا نظر
عمر بھر یاں کام دل برہم رہا
اس کے لب سے تلخ ہم سنتے رہے
اپنے حق میں آب حیواں سم رہا
میرے رونے کی حقیقت جس میں تھی
ایک مدت تک وہ کاغذ نم رہا
صبح پیری شام ہونے آئی میرؔ
تو نہ چیتا یاں بہت دن کم رہا

۔۲۲۵۔

(دیوان چہارم)

کیا عشق سو پھر مجھے غم رہا
مژہ نم رہیں حال درہم رہا
ضعیف و قوی دونوں رہتے نہیں
نہ یاں زال ٹھہرا نہ رستم رہا
سحر جلوہ کیوں کر کرے کل ہو کیا
یہ اندیشہ ہر رات ہر دم رہا
ہوا غم مجھے خوں جگر میں نہیں
اگر آنسو آتے کوئی تھم رہا
رہی آتی آندھی سی سینے میں میرؔ
بہت دل تڑپنے کا اودھم رہا

۔۲۲۶۔

(دیوان ششم)

اب یار دوپہر کو کھڑا ٹک جو یاں رہا
حیرت سے آفتاب جہاں کا تہاں رہا
جو قافلے گئے تھے انھوں کی اٹھی بھی گرد
کیا جانیے غبار ہمارا کہاں رہا
سوکھی پڑی ہیں آنکھیں مری دیر سے جو اب
سیلاب ان ہی رخنوں سے مدت رواں رہا
اعضا گداز عشق سے ایک ایک بہ گئے
اب کیا رہا ہے مجھ میں جو میں نیم جاں رہا
مُنعِم کا گھر تمادی ایام میں بنا
سو آپ ایک رات ہی واں میہماں رہا

اس کے فریب لطف پہ مت جا کہ ہمنشیں
وہ دیر میرے حال پہ بھی مہرباں رہا
اب در پہ اس کے گھر کے گرا ہوں وگر نہ میں
مدت خرابہ گرد ہی بے خانماں رہا
ہے جان تو جہان ہے مشہور ہے مثل
کیا ہے گئے پہ جان کے گو پھر جہاں رہا
ترک شراب خانہ ہے پیری میں ورنہ میرؔ
ترسا بچوں ہی میں رہا جب تک جواں رہا

۔۲۲۷۔

(دیوان اول)

بیکسانہ جی گرفتاری سے شیون میں رہا
اک دل غمخوار رکھتے تھے سو گلشن میں رہا
پنجۂ گل کی طرح دیوانگی میں ہاتھ کو
گر نکالا میں گریباں سے تو دامن میں رہا
شمع ساں جلتے رہے لیکن نہ توڑا یار سے
رشتۂ الفت تمامی عمر گردن میں رہا
ڈر سے اس شمشیر زن کے جوہرِ آئینہ ساں
سر سے لے کر پاؤں تک میں غرق آہن میں رہا
ہم نہ کہتے تھے کہ مت دیر و حرم کی راہ چل
اب یہ دعویٰ حشر تک شیخ و برہمن میں رہا
درپئے دل ہی رہے اس چہرے کے خال سیاہ
ڈر ہمیں ان چوٹٹوں کا روزِ روشن میں رہا
آہ کس انداز سے گزرا بیاباں سے کہ میرؔ
جی ہر اک نخچیر کا اس صید افگن میں رہا

۔۲۲۸۔

(دیوان دوم)

طوفان میرے رونے سے آخر کو ہو رہا
یوناں کی طرح بستی یہ سب میں ڈبو رہا
بہتوں نے چاہا کہیے پہ کوئی نہ کہہ سکا
احوال عاشقی کا مری گومگو رہا
آخر موا ہی واں سے نکلتا سنا اسے
کوچے میں اس کے جا کے ستم دید جو رہا
آنسو تھما نہ جب سے گیا وہ نگاہ سے
پایان کار آنکھوں کو اپنی میں رو رہا
کیا بے شریک زندگی کی شیخ شہر نے
نبّاش بھی وہی تھا وہی مردہ شو رہا
یاروں نے جل کے مردے سے میرے کیا خطاب
روتے تھے ہم تو دل ہی کو تو جی بھی کھو رہا
جب رات سر پٹکنے نے تاثیر کچھ نہ کی
ناچار میرؔ منڈکری سی مار سو رہا

۔۲۲۹۔

(دیوان دوم)

ستم سے گو یہ ترے کشتۂ وفا نہ رہا
رہے جہان میں تو دیر میں رہا نہ رہا
کب اس کا نام لیےغش نہ آ گیا مجھ کو
دل ستم زدہ کس وقت اس میں جا نہ رہا
ملانا آنکھ کا ہر دم فریب تھا دیکھا
پھر ایک دم میں وہ بے دید آشنا نہ رہا

موئے تو ہم پہ دل پُر کو خوب خالی کر
ہزار شکر کسو سے ہمیں گلہ نہ رہا

ادھر کھلی مری چھاتی ادھر نمک چھڑکا
جراحت اس کو دکھانے کا اب مزہ نہ رہا

ہوا ہوں تنگ بہت کوئی دن میں سن لیجو
کہ جی سے ہاتھ اٹھا کر وہ اٹھ گیا نہ رہا

ستم کا اس کے بہت میں نزار ہوں ممنون
جگر تمام ہوا خون و دل بجا نہ رہا

اگرچہ رہ گئے تھے استخوان و پوست ولے
لگائی ایسی کہ تسمہ بھی پھر لگا نہ رہا

حمیت اس کے تئیں کہتے ہیں جو میؔر میں تھی
گیا جہاں سے پہ تیری گلی میں آ نہ رہا

۔۲۳۰۔

(دیوان چہارم)

دل سنبھالے کہیں میں کل جو چلا جاتا تھا
ضعف اتنا تھا کہے بات ڈھلا جاتا تھا

بے دماغی کا سماں دیکھنے کی کس کو تاب
آنکھیں ملتا تھا جو وہ جی ہی ملا جاتا تھا

سوزشِ دل کے سبب مرگ نہ تھی عاشق کی
اپنی غیرت میں وہ کچھ آپھی جلا جاتا تھا

ہلہلاوے ہے حقیری سے مجھے اب وہ بھی
جس شکستے سے نہ جاگہ سے ہلا جاتا تھا

میؔر کو واقعہ کیا جانیے کیا تھا درپیش
کہ طرف دشت کے جوں سیل چلا جاتا تھا

۔۲۳۱۔

(دیوان اول)

نئی طرزوں سے مے خانے میں رنگِ مے جھلکتا تھا
گلابی روتی تھی واں جام ہنس ہنس کر چھلکتا تھا
ترے اس خاک اڑانے کی دھمک سے اے مری وحشت
کلیجا ریگِ صحرا کا بھی دس دس گز تھلکتا تھا
گئی تسبیح اس کی نزع میں کب میؔر کے دل سے
اسی کے نام کی سمرن تھی جب منکا ڈھلکتا تھا

۔۲۳۲۔

(دیوان اول)

مئے گلگوں کی بو سے بسکہ مے خانہ مہکتا تھا
لب ساغر پہ منہ رکھ رکھ کے ہر شیشہ بہکتا تھا
جلا کیوں کر نہ ہو گا آشیان بلبل بے کس
برنگ آتش خس پوش رنگِ گل دہکتا تھا

۔۲۳۳۔

(دیوان اول)

جو اے قاصد وہ پوچھے میؔر بھی ایدھر کو چلتا تھا
تو کہیو جب چلا ہوں میں تب اس کا جی نکلتا تھا
سماں افسوس و بیتابی سے تھا کل قتل کو میرے
تڑپتا تھا ادھر میں اور ادھر وہ ہاتھ ملتا تھا

۔۲۳۴۔

(دیوان اول)

تجھ بن چمن میں جو تھا دل کو ٹٹولتا تھا
گل منہ نہ کھولتا تھا بلبل نہ بولتا تھا

۔۲۳۵۔

(دیوان چہارم)

جان اپنا جو ہم نے مارا تھا
کچھ ہمارا اسی میں وارا تھا

کون لیتا تھا نام مجنوں کا
جب کہ عہد جنوں ہمارا تھا

کوہ فرہاد سے کہیں آگے
سر مرا اور سنگِ خارا تھا

ہم تو تھے محو دوستی اس کے
گوکہ دشمن جہان سارا تھا

لطف سے پوچھتا تھا ہر کوئی
جب تلک لطف کچھ تمھارا تھا

آستاں کی کسو کے خاک ہوا
آسماں کا بھی کیا ستارہ تھا

پاؤں چھاتی پہ میری رکھ چلتا
یاں کبھو اس کا یوں گزارا تھا

موسمِ گل میں ہم نہ چھوٹے حیف
گشت تھا دید تھا نظارہ تھا

اس کی ابرو جو ٹک جھکی ایدھر
قتل کا تیغ سے اشارہ تھا

عشق بازی میں کیا موئے ہیں میؔر
آگے ہی جی انھوں نے ہارا تھا

۔۲۳۶۔

(دیوان دوم)

کب لطف زبانی کچھ اس غنچہ دہن کا تھا
برسوں ملے پر ہم سے صرفہ ہی سخن کا تھا

اسباب مہیا تھے سب مرنے ہی کے لیکن
اب تک نہ موئے ہم جو اندیشہ کفن کا تھا

بلبل کو موا پایا کل پھولوں کی دوکاں پر
اس مرغ کے بھی جی میں کیا شوق چمن کا تھا

بے ڈول قدم تیرا پڑتا تھا لڑکپن میں
رونا ہمیں اول ہی اس تیرے چلن کا تھا

مرغان قفس سارے تسبیح میں تھے گل کی
ہر چند کہ ہر اک کا ڈھلکا ہوا منکا تھا

سب سطح ہے پانی کا آئینے کا سا تختہ
دریا میں کہیں شاید عکس اس کے بدن کا تھا

خوگر نہیں ہم یوں ہی کچھ ریختہ کہنے سے
معشوق جو اپنا تھا باشندہ دکن کا تھا

بھنووں تئیں تم جس دن سج نکلے تھے اک پیچ
اس دن ہی تمھیں دیکھے ماتھا مرا ٹھنکا تھا

رہ میؔر غریبانہ جاتا تھا چلا روتا
ہر گام گلہ لب پر یارانِ وطن کا تھا

۔۲۳۷۔

(دیوان سوم)

سہل ایسا نہ تھا آخر جی سے مرا جانا تھا
ٹک رنجہ قدم کر کر مجھ تک اسے آنا تھا

کیا مُو کی پریشانی کیا پردے میں پنہانی
منہ یار کو ہر صورت عاشق سے چھپانا تھا

لذت سے نہ تھا خالی جانا تہِ تیغ اس کی
اے صید حرم تجھ کو اک زخم تو کھانا تھا

کیا صورتیں بگڑی ہیں مشتاقوں کی ہجراں میں
اس چہرے کو اے خالق ایسا نہ بنانا تھا

مت سہل ہمیں سمجھو پہنچے تھے بہم تب ہم
برسوں تئیں گردوں نے جب خاک کو چھانا تھا

کیا ظلم کیا بے جا مارا جیوں سے ان نے
کچھ ٹھور بھی تھی اس کی کچھ اس کا ٹھکانا تھا

اے شورِ قیامت اب وعدے سے قیامت ہے
خوابیدہ مرے خوں کو ظالم نہ جگانا تھا

ہو باغ و بہار آیا گل پھول کہیں پایا
جلوہ اسے یاں اپنا صدرنگ دکھانا تھا

کہتے نہ تھے ہم واں سے پھر آ چکے جیتے تم
میؔر اس گلی میں تم کو زنہار نہ جانا تھا

۔۲۳۸۔

(دیوان پنجم)

عشق کیے پچھتائے ہم تو دل نہ کسو سے لگانا تھا
جیدھر ہو وہ مہ نکلا اس راہ نہ ہم کو جانا تھا

غیریت کی اس کی شکایت یار عبث اب کرتے ہیں
طور اس شوخ ستم پیشہ کا طفلی سے بیگانہ تھا

بزمِ عیش کی شب کا یاں دن ہوتے ہی یہ رنگ ہوا
شمع کی جاگہ دود تنک تھا خاکستر پروانہ تھا

دخل مروّت عشق میں تھا تو دروازے سے تھوڑی دور
ہمرہ نعش عاشق کے اس ظالم کو بھی آنا تھا
طرفہ خیال کیا کرتا تھا عشق و جنوں میں روز و شب
روتے روتے ہنسنے لگا یہ میؔر عجب دیوانہ تھا

۔۲۳۹۔

(دیوان سوم)

کیا کام کیا ہم نے دل یوں نہ لگانا تھا
اس جان کی جوکھوں کو اس وقت نہ جانا تھا
تھا جسم کا ترک اولیٰ ایام میں پیری کے
جاتا تھا چلا ہر دم جامہ بھی پرانا تھا
ہر آن تھی سرگوشی یا بات نہیں گاہے
اوقات ہے اک یہ بھی اک وہ بھی زمانہ تھا
پامالی عزیزوں کی رکھنی تھی نظر میں ٹک
اتنا بھی تمھیں آ کر یاں سر نہ اٹھانا تھا
اک محوتماشا ہیں اک گرم ہیں قصے کے
یاں آج جو کچھ دیکھا سو کل وہ فسانہ تھا
کیوں کر گلی سے اس کی میں اٹھ کے چلا جاتا
یاں خاک میں ملنا تھا لوہو میں نہانا تھا
جو تیر چلا اس کا سو میری طرف آیا
اس عشق کے میداں میں مَیں ہی تو نشانہ تھا
جب تُو نے نظر پھیری تب جان گئی اس کی
مرنا ترے عاشق کا مرنا کہ بہانہ تھا
کہتا تھا کسو سے کچھ تکتا تھا کسو کا منہ
کل میؔر کھڑا تھا یاں سچ ہے کہ دوانہ تھا

کب اور غزل کہتا میں اس زمیں میں لیکن
پردے میں مجھے اپنا احوال سنانا تھا

۔۲۴۰۔

(دیوان اول)

ترے عشق میں آگے سودا ہوا تھا
پر اتنا بھی ظالم نہ رسوا ہوا تھا
خزاں التفات اس پہ کرتی بجا تھی
یہ غنچہ چمن میں ابھی وا ہوا تھا
کہاں تھا تو اس طور آنے سے میرے
گلی میں تری کل تماشا ہوا تھا
گئی ہوتی سر آبلوں کے پہ ہوئی خیر
بڑا قضیہ خاروں سے برپا ہوا تھا
گریباں سے تب ہاتھ اٹھایا تھا مَیں نے
مری اور دامان صحرا ہوا تھا
زہے طالع اے میرؔ ان نے یہ پوچھا
کہاں تھا تو اب تک تجھے کیا ہوا تھا

۔۲۴۱۔

(دیوان اول)

لختِ جگر تو اپنے یک لخت روچکا تھا
اشک فقط کا جھمکا آنکھوں سے لگ رہا تھا
دامن میں آج دیکھا پھر لخت میں لے آیا
ٹکڑا کوئی جگر کا پلکوں میں رہ گیا تھا
اس قید جیب سے مَیں چھوٹا جنوں کی دولت
ورنہ گلا یہ میرا جوں طوق میں پھنسا تھا

مشت نمک کی خاطر اس واسطے ہوں حیراں
کل زخمِ دل نہایت دل کو مرے لگا تھا

اے گرد باد مت دے ہر آن عرض وحشت
میں بھی کسو زمانے اس کام میں بلا تھا

بن کچھ کہے سنا ہے عالم سے مَیں نے کیا کیا
پر تُو نے یوں نہ جانا اے بے وفا کہ کیا تھا

روتی ہے شمع اتنا ہر شب کہ کچھ نہ پوچھو
میں سوزِ دل کو اپنے مجلس میں کیوں کہا تھا

شب زخم سینہ اوپر چھڑکا تھا مَیں نمک کو
ناسور تو کہاں تھا ظالم بڑا مزہ تھا

سر مار کر ہوا تھا مَیں خاک اس گلی میں
سینے پہ مجھ کو اس کا مذکور نقشِ پا تھا

سو بخت تیرہ سے ہوں پامالِ صبا میں
اس دن کے واسطے میں کیا خاک میں ملا تھا

یہ سرگذشت میری افسانہ جو ہوئی ہے
مذکور اس کا اس کے کوچے میں جا بجا تھا

سن کر کسی سے وہ بھی کہنے لگا تھا کچھ کچھ
بے درد کتنے بولے ہاں اس کو کیا ہوا تھا

کہنے لگا کہ جانے میری بلا عزیزاں
احوال تھا کسی کا کچھ میں بھی سن لیا تھا

آنکھیں مری کھلیں جب جی میرؔ کا گیا تب
دیکھے سے اس کو ورنہ میرا بھی جی جلا تھا

۔۲۴۲۔

(دیوان دوم)

گرم مجھ سوختہ کے پاس سے جانا کیا تھا
آگ لینے مگر آئے تھے یہ آنا کیا تھا
برسوں یک بوسۂ لب مانگتے جاتے ہیں ہمیں
رات آتے ہی کہا تم نے جو مانا کیا تھا
دیکھنے آئے دمِ نزع لیے منہ پہ نقاب
آخری وقت مرے منہ کا چھپانا کیا تھا
جب نہ تب مرنے کو تیار رہے عشق میں ہم
جی کے تیں اپنے کبھو ہم نے نہ جانا کیا تھا
مدعی ہوتے ہیں اک آن میں اب تو دلدار
مہر جب رسم تھی یارب وہ زمانہ کیا تھا
عزت و عشق کہاں جمع ہوئے اے ہمدم
ننگ خواری تھا اگر دل کا لگانا کیا تھا
گر خط سبز سے اس کے نہ تمھیں تھی کچھ لاگ
پھر بھلا میؔر جی یہ زہر کا کھانا کیا تھا

۔۲۴۳۔

(دیوان چہارم)

دیوانگی میں مجنوں میرے حضور کیا تھا
لڑکا سا ان دنوں تھا اس کو شعور کیا تھا
گردن کشی سے اپنی مارے گئے ہم آخر
عاشق اگر ہوئے تھے ناز و غرور کیا تھا
غم قرب و بعد کا تھا جب تک نہ ہم نے جانا
اب مرتبہ جو سمجھے وہ اتنا دور کیا تھا

اے وائے یہ نہ سمجھے مارے پڑیں گے اس میں
اظہارِ عشق کرنا ہم کو ضرور کیا تھا

مرتا تھا جس کی خاطر اس کی طرف نہ دیکھا
میؔر ستم رسیدہ ظالم غیور کیا تھا

۔۲۴۴۔

(دیوان ششم)

موئے ہم جس کی خاطر بے وفا تھا
نہ جانا ان نے تو یوں بھی کہ کیا تھا

معالج کی نہیں تقصیر ہرگز
مرض ہی عاشقی کا لا دوا تھا

نہ خود سر کیونکہ ہوں ہم یار اپنا
خودآرا خودپسند و خودستا تھا

رکھا تھا منہ کبھو اس کنجِ لب پر
ہمارے ذوق میں اب تک مزہ تھا

نہ ملیو چاہنے والوں سے اپنے
نہ جانا تجھ سے یہ کن نے کہا تھا

پریشاں کر گئی فریاد بلبل
کسو سے دل ہمارا پھر لگا تھا

ملے برسوں وہی بیگانگی تھی
ہمارے زعم میں وہ آشنا تھا

نہ دیوانے تھے ہم سے قیس و فرہاد
ہمارا طور عشق ان سے جدا تھا

بدن میں صبح سے تھی سنسناہٹ
انہیں سنّاہٹوں میں جی جلا تھا

صنم خانے سے اٹھ کعبے گئے ہم
کوئی آخر ہمارا بھی خدا تھا

بدن میں اس کے ہے ہر جائے دلکش
جہاں اٹکا کسو کا دل بجا تھا

کوئی عنقا سے پوچھے نام تیرا
کہاں تھا جب کہ مَیں رسوا ہوا تھا

چڑھی تیوری چمن میں میؔر آیا
کلک خسپ آج شاید کچھ خفا تھا

-۲۴۵-

(دیوان اول)

دل میں بھرا زبسکہ خیالِ شراب تھا
مانند آئینے کے مرے گھر میں آب تھا

موجیں کرے ہے بحر جہاں میں ابھی تو تُو
جانے گا بعدِ مرگ، کہ عالم حباب تھا

اگتے تھے دستِ بلبل و دامانِ گل بہم
صحنِ چمن نمونۂ یوم الحساب تھا

ٹک دیکھ آنکھیں کھول کے اس دم کی حسرتیں
جس دم یہ سوجھے گی کہ یہ عالم بھی خواب تھا

دل جو نہ تھا تو رات زخود رفتگی میں میؔر
گہ انتظار و گاہ مجھے اضطراب تھا

-۲۴۶-

(دیوان اول)

دل عشق کا ہمیشہ حریف نبرد تھا
اب جس جگہ کہ داغ ہے یاں آگے درد تھا

اک گردِ راہ تھا پئے محمل تمام راہ
کس کا غبار تھا کہ یہ دنبالہ گرد تھا
دل کی شکستگی نے ڈرائے رکھا ہمیں
واں چیں جبیں پر آئی کہ یاں رنگ زرد تھا
مانند حرف صفحۂ ہستی سے اٹھ گیا
دل بھی مرا جریدۂ عالم میں فرد تھا
تھا پشتہ ریگ بادیہ اک وقت کارواں
یہ گردباد کوئی بیاباں نورد تھا
گزری مدام اس کی جوانان مست میں
پیرِ مغاں بھی طرفہ کوئی پیر مرد تھا
عاشق ہیں ہم تو میؔر کے بھی ضبط عشق کے
دل جل گیا تھا اور نفس لب پہ سرد تھا

۔۲۴۷۔

(دیوان دوم)

چمن بھی ترا عاشق زار تھا
گل سرخ اک زرد رُخسار تھا
گئی نیند شیون سے بلبل کی رات
کہیں دل ہمارا گرفتار تھا
قدِ یار کے آگے سرو چمن
کھڑا دور جیسے گنہگار تھا
یہی جنس دل کی گراں قدر تھی
ولے جب تلک تو خریدار تھا
بہت روئے ہم شبنم و گل کو دیکھ
کہ چسپاں ہمیں بھی کہیں پیار تھا

مجھے اے دل چاک کیا شانہ سا
کسو زلف سے کچھ سروکار تھا
گیا میرؔ یاں سے کرو گے جو یاد
کہو گے کہ مسکیں عجب یار تھا

۔۲۴۸۔

(دیوان اول)

کئی دن سلوک وداع کا مرے درپئے دلِ زار تھا
کبھو درد تھا کبھو داغ تھا کبھو زخم تھا کبھو وار تھا
دمِ صبح بزم خوش جہاں شبِ غم سے کم نہ تھی مہرباں
کہ چراغ تھا سو تو دود تھا جو پتنگ تھا سو غبار تھا
دل خستہ لوہو جو ہو گیا تو بھلا ہوا کہ کہاں تلک
کبھو سوز سینہ سے داغ تھا کبھو درد و غم سے فگار تھا
دل مضطرب سے گزر گئی شبِ وصل اپنی ہی فکر میں
نہ دماغ تھا نہ فراغ تھا نہ شکیب تھا نہ قرار تھا
جو نگاہ کی بھی پلک اٹھا تو ہمارے دل سے لہو بہا
کہ وہیں وہ ناوک بے خطا کسو کے کلیجے کے پار تھا
یہ تمھاری ان دنوں دوستاں مژہ جس کے غم میں ہے خوں چکاں
وہی آفت دل عاشقاں کسو وقت ہم سے بھی یار تھا
نہیں تازہ دل کی شکستگی یہی درد تھا یہی خستگی
اسے جب سے ذوق شکار تھا اسے زخم سے سروکار تھا
کبھو جائے گی جو ادھر صبا تو یہ کہیو اس سے کہ بے وفا
مگر ایک میرؔ شکستہ پا ترے باغ تازہ میں خار تھا

۔۲۴۹۔

(دیوان اول)

دل جو زیرِغبار اکثر تھا
کچھ مزاج ان دنوں مکدر تھا

اس پہ تکیہ کیا تو تھا لیکن
رات دن ہم تھے اور بستر تھا

سرسری تم جہان سے گزرے
ورنہ ہر جا جہان دیگر تھا

دل کی کچھ قدر کرتے رہیو تم
یہ ہمارا بھی ناز پرور تھا

بعد یک عمر جو ہوا معلوم
دل اس آئینہ رُو کا پتھر تھا

بارے سجدہ ادا کیا تہِ تیغ
کب سے یہ بوجھ میرے سر پر تھا

کیوں نہ ابر سیہ سفید ہوا
جب تلک عہد دیدۂ تر تھا

اب خرابہ ہوا جہان آباد
ورنہ ہر اک قدم پہ یاں گھر تھا

بے زری کا نہ کر گلہ غافل
رہ تسلی کہ یوں مقدر تھا

اتنے مُنعِم جہان میں گزرے
وقت رحلت کے کس کنے زر تھا

صاحب جاہ و شوکت و اقبال
اک ازاں جملہ اب سکندر تھا

تھی یہ سب کائنات زیرِ نگیں
ساتھ مور و ملخ سا لشکر تھا
لعل و یاقوت ہم زر و گوہر
چاہیے جس قدر میسر تھا
آخر کار جب جہاں سے گیا
ہاتھ خالی کفن سے باہر تھا
عیب طول کلام مت کریو
کیا کروں میں سخن سے خوگر تھا
خوش رہا جب تلک رہا جیتا
میؔر معلوم ہے قلندر تھا

۔۲۵۰۔

(دیوان دوم)

ان سختیوں میں کس کا میلان خواب پر تھا
بالیں کی جائے ہر شب یاں سنگ زیر سر تھا
ان ابرو و مژہ سے کب میرے جی میں ڈر تھا
تیغ و سناں کے منہ پر اکثر مرا جگر تھا
ان خوبصورتوں کا کچھ لطف کم ہے مجھ پر
یک عمر ورنہ اس جا پریوں ہی کا گزر تھا
تیشے سے کوہکن کے کیا طرفہ کام نکلا
اپنے تو ناخنوں میں اس طور کا ہنر تھا
عصمت کو اپنی واں تو روتے ملک پھریں ہیں
لغزش ہوئی جو مجھ سے کیا عیب میں بشر تھا
کل ہم وہ دونوں یکجا ناگاہ ہو گئے تھے
وہ جیسے برق خاطف میں جیسے ابرتر تھا

ہوش اڑ گئے سبھوں کے شور سحر سے اس کے
مرغِ چمن اگرچہ یک مشت بال و پر تھا
پھر آج یہ کہانی کل شب پہ رہ گئی ہے
سوتا نہ رہتا ٹک تو قصہ ہی مختصر تھا
رشک اس شہید کا ہے خضر و مسیح کو بھی
جو کشتہ اس کی جانب دوگام پیشتر تھا
ہشیاری اس کی دیکھو کیفی ہو مجھ کو مارا
تا سن کے سب کہیں یہ وہ مست و بے خبر تھا
صد رنگ ہے خرابی کچھ تو بھی رہ گیا ہے
کیا نقل کریے یارو دل کوئی گھر سا گھر تھا
تھا وہ بھی اک زمانہ جب نالے آتشیں تھے
چاروں طرف سے جنگل جلتا دہر دہر تھا
جب نالہ کش ہوا وہ تب مجلسیں رلائیں
تھا میؔر دل شکستہ یا کوئی نوحہ گر تھا

۔۲۵۱۔

(دیوان اول)

پھر شب نہ لطف تھا نہ وہ مجلس میں نور تھا
اس رُوئے دل فروز کا سب میں ظہور تھا
کیا کیا عزیز خلع بدن ہائے کر گئے
تشریف تم کو یاں تئیں لانا ضرور تھا
کیوں کر تو میری آنکھ سے ہو دل تلک گیا
یہ بحر موج خیز تو عسرالعبور تھا
شاید نشے میں اس سے یہ سفاکیاں ہوئیں
زخمی جو اس کے ہاتھ کا نکلا سو چور تھا

جیتے جی پاس ہو کے نہ نکلا کسو کے میرؔ
وہ دور گرد بادیۂ عشق دور تھا

۔۲۵۲۔

(دیوان اول)

تھا مستعار حسن سے اس کے جو نور تھا
خورشید میں بھی اس ہی کا ذرہ ظہور تھا

ہنگامہ گرم کن جو دلِ ناصبور تھا
پیدا ہر ایک نالے سے شور نشور تھا

پہنچا جو آپ کو تو میں پہنچا خدا کے تیں
معلوم اب ہوا کہ بہت میں بھی دور تھا

آتش بلند دل کی نہ تھی ورنہ اے کلیم
یک شعلہ برقِ خرمنِ صد کوہِ طور تھا

مجلس میں رات ایک ترے پرتوے بغیر
کیا شمع کیا پتنگ ہر اک بے حضور تھا

اس فصل میں کہ گل کا گریباں بھی ہے ہوا
دیوانہ ہو گیا سو بہت ذی شعور تھا

مُنعِم کے پاس قاقم و سنجاب تھا تو کیا
اس رند کی بھی رات گزر گئی جو عور تھا

ہم خاک میں ملے تو ملے لیکن اے سپہر
اس شوخ کو بھی راہ پہ لانا ضرور تھا

کل پاؤں ایک کاسۂ سر پر جو آ گیا
یکسر وہ استخوان شکستوں سے چور تھا

کہنے لگا کہ دیکھ کے چل راہ بے خبر
میں بھی کبھو کسو کا سر پر غرور تھا

تھا وہ تو رشکِ حور بہشتی ہمیں میں میرؔ
سمجھے نہ ہم تو فہم کا اپنے قصور تھا

۔۲۵۳۔

(دیوان اول)

جامۂ مستیِ عشق اپنا مگر کم گھیر تھا
دامنِ تر کا مرے دریا ہی کا سا پھیر تھا
دیر میں کعبے گیا میں خانقہ سے اب کی بار
راہ سے میخانے کی اس راہ میں کچھ پھیر تھا
بلبلوں نے کیا گل افشاں میرؔ کا مرقد کیا
دور سے آیا نظر تو پھولوں کا اک ڈھیر تھا

۔۲۵۴۔

(دیوان سوم)

وفا تھی مہر تھی اخلاص تھا تلطف تھا
کبھو مزاج میں اس کے ہمیں تصرف تھا
جو خوب دیکھو تو ساری وہی حقیقت ہے
چھپانا چہرے کا عشاق سے تکلف تھا
اسیر عشق نہیں بازخواہ خوں رکھتے
ہمارے قتل میں اس کو عبث توقف تھا
نہ پوچھو خوب ہے بدعہدیوں کی مشق اس کو
ہزاروں عہد کیے پر وہی تخلف تھا
جہاں میں میرؔ سے کاہے کو ہوتے ہیں پیدا
سنا یہ واقعہ جن نے اسے تاسف تھا

۔۲۵۵۔

(دیوان پنجم)

کل تلک داغوں سے خوں کے دامن زیں پاک تھا
آج تو کشتہ کوئی کیا زینت فتراک تھا

کیا جنوں کو روؤں تردستی سے اس کی گل نمط
لے گریباں سے زہ دامن تک اک ہی چاک تھا

رو جو آئی رونے کی مژگاں نہ ٹھہری ایک پل
راہ میں اس رود کی گویا خس و خاشاک تھا

اک ہی شمع شعلہ خو کے لائحے میں جل بجھا
جب تلک پہنچے کوئی پروانہ عاشق خاک تھا

بادشاہ وقت تھا مَیں تخت تھا میرا دماغ
جی کے چاروں اور اک جوشِ گل تریاک تھا

ڈھال تلوار اس جواں کے ساتھ اب رہتی نہیں
وہ جفا آئیں شلائیں لڑکا ہی بیباک تھا

تنگ پوشی تنگ درزی اس کی جی میں کھب گئی
کیا ہی وہ محبوب خوش ترکیب خوش پوشاک تھا

بات ہے جی مارنا بازیچہ قتلِ عام ہے
اب تو ہے صدچند اگر دہ چند وہ سفاک تھا

غنچۂ دل وا ہوا نہ باغوں باغوں میں پھرا
اب بھی ہے ویسا ہی جیسا پیشتر غمناک تھا

درک کیا اس درس گہ میں میؔر عقل و فہم کو
کس کے تیں ان صورتوں میں معنی کا ادراک تھا

۔۲۵۶۔

(دیوان اول)

شب درد و غم سے عرصہ مرے جی پہ تنگ تھا
آیا شبِ فراق تھی یا روزِ جنگ تھا
کثرت میں درد و غم کی نہ نکلی کوئی تپش
کوچہ جگر کے زخم کا شاید کہ تنگ تھا
لایا مرے مزار پہ اس کو یہ جذبِ عشق
جس بے وفا کو نام سے بھی میرے ننگ تھا
دیکھا ہے صید گہ میں ترے صید کا جگر
باآنکہ چھن رہا تھا پہ ذوق خدنگ تھا
دل سے مرے لگا نہ ترا دل ہزار حیف
یہ شیشہ ایک عمر سے مشتاقِ سنگ تھا
مت کر عجب جو میرؔ ترے غم میں مر گیا
جینے کا اس مریض کے کوئی بھی ڈھنگ تھا

۔۲۵۷۔

(دیوان سوم)

کیا میرؔ دل شکستہ بھی وحشی مثال تھا
دنبالہ گرد چشمِ سیاہ غزال تھا
آخر کو خواب مرگ ہمیں جا سے لے گئی
جی دیتے تک بھی سر میں اسی کا خیال تھا
میں جو کہا کہ دل کو تو تم نے ہرا دیا
بولا کہ ذوق اپنا ہمارا ہی مال تھا
سرو اس طرف کو جیسے گنہگار تھا کھڑا
اودھر جو آب جو کے وہ نازک نہال تھا

کیا میرے روزگار کے اہلِ سخن کی بات
ہر ناقص اپنے زعم میں صاحب کمال تھا

کیا کیا ہوائیں دیدۂ تر سے نظر پڑیں
جب رونے بیٹھ جاتے تھے تب برشکال تھا

کہتے تھے ہم تباہ ہے اب حال میؔر کا
دیکھا نہ تم نے اس میں بھلا کچھ بھی حال تھا

۔۲۵۸۔

(دیوان اول)

جب جنوں سے ہمیں توسّل تھا
اپنی زنجیرِ پا ہی کا غل تھا

بسترا تھا چمن میں جوں بلبل
نالہ سرمایۂ توکل تھا

یک نگہ کو وفا نہ کی گویا
موسمِ گل صفیرِ بلبل تھا

ان نے پہچان کر ہمیں مارا
منہ نہ کرنا ادھر تجاہل تھا

شہر میں جو نظر پڑا اس کا
کشتۂ ناز یا تغافل تھا

اب تو دل کو نہ تاب ہے نہ قرار
یادِ ایام جب تحمل تھا

جا پھنسا دامِ زلف میں آخر
دل نہایت ہی بے تامل تھا

یوں گئی قد کے خم ہوئے جیسے
عمر اک رہروِ سر پل تھا

خوب دریافت جو کیا ہم نے
وقت خوش میرؔ نکہتِ گل تھا

۔۲۵۹۔

(دیوان سوم)

میرا ہی مقلد عمل تھا
مجنوں کے دماغ میں خلل تھا

دل ٹوٹ گیا تو خوں نہ نکلا
شیشہ یہ بہت ہی کم بغل تھا

تھیں سب کی نظر میں اس کی بھوویں
افسوس یہ شعر مبتذل تھا

کیا قدر ہے ریختے کی گو میں
اس فن میں نظیریؔ کا بدل تھا

تھا نزع میں دست میرؔ دل پر
شاید غم کا یہی محل تھا

۔۲۶۰۔

(دیوان دوم)

یہ میرؔ ستم کشتہ کسو وقت جواں تھا
انداز سخن کا سببِ شور و فغاں تھا

جادو کی پڑی پرچۂ ابیات تھا اس کا
منہ تکیے غزل پڑھتے عجب سحر بیاں تھا

جس راہ سے وہ دل زدہ دلی میں نکلتا
ساتھ اس کے قیامت کا سا ہنگامہ رواں تھا

افسردہ نہ تھا ایسا کہ جوں آب زدہ خاک
آندھی تھی بلا تھا کوئی آشوب جہاں تھا

کس مرتبہ تھی حسرتِ دیدار مرے ساتھ
جو پھول مری خاک سے نکلا نگراں تھا

مجنوں کو عبث دعوئ وحشت ہے مجھی سے
جس دن کہ جنوں مجھ کو ہوا تھا وہ کہاں تھا

غافل تھے ہم احوال دل خستہ سے اپنے
وہ گنج اسی کنج خرابی میں نہاں تھا

کس زور سے فرہاد نے خارا شکنی کی
ہر چند کہ وہ بے کس و بے تاب و تواں تھا

گو میرؔ جہاں میں کنھوں نے تجھ کو نہ جانا
موجود نہ تھا تُو تو کہاں نام و نشاں تھا

۔۲۶۱۔

(دیوان چہارم)

تھا محبت سے کبھو ہم میں کبھو یہ غم میں تھا
دل کا ہنگامہ قیامت خاک کے عالم میں تھا

کیا ہوا پہلو سے دل کیا جانو کیا جانوں ہوں میں
ایک قطرہ خوں جھمکتا صبح چشمِ نم میں تھا

میرؔ گزرے دونوں یاں عید و محرم ایک سے
یعنی دس دن جینے کے مَیں اپنے ہی ماتم میں تھا

۔۲۶۲۔

(دیوان سوم)

جنوں میں ساتھ تھا کل لڑکوں کا لشکر جہاں میں تھا
چلے آتے تھے چاروں اور سے پتھر جہاں میں تھا

تجلّی جلوہ اس رشکِ قمر کا قرب تھا مجھ کو
جلے جاتے تھے واں جائے ملک کے پر جہاں میں تھا

گلی میں اس کی میری رات کیا آرام سے گزری
یہی تھا سنگ بالیں خاک تھی بستر جہاں میں تھا
غضب کچھ شور تھا سر میں بلا بے طاقتی جی میں
قیامت لحظہ لحظہ تھی مرے دل پر جہاں میں تھا
چبھیں تھیں جی میں وے پلکیں لگیں تھیں دل کو وے بھوویں
یہی شمشیر چلتی تھی یہی خنجر جہاں میں تھا
خیال چشم و رُوئے یار کا بھی طرفہ عالم ہے
نظر آیا ہے واں اک عالم دیگر جہاں میں تھا
عجب دن میؔر تھے دیوانگی میں دشت گردی کے
سر اوپر سایہ گستر ہوتے تھے کیکر جہاں میں تھا

۔۲۶۳۔

(دیوان اول)

کیا میں بھی پریشانیِ خاطر سے قریں تھا
آنکھیں تو کہیں تھیں دلِ غم دیدہ کہیں تھا
کس رات نظر کی ہے سوئے چشمکِ انجم
آنکھوں کے تلے اپنے تو وہ ماہِ جبیں تھا
آیا تو سہی وہ کوئی دم کے لیے لیکن
ہونٹوں پہ مرے جب نفسِ باز پسیں تھا
اب کوفت سے ہجراں کی جہاں تن پہ رکھا ہاتھ
جو درد و الم تھا سو کہے تو کہ وہیں تھا
جانا نہیں کچھ جز غزل آ کر کے جہاں میں
کل میرے تصرف میں یہی قطعہ زمیں تھا
نام آج کوئی یاں نہیں لیتا ہے انھوں کا
جن لوگوں کے کل ملک یہ سب زیرِ نگیں تھا

مسجد میں امام آج ہوا آ کے وہاں سے
کل تک تو یہی میؔر خرابات نشیں تھا

۔۲۶۴۔

(دیوان سوم)

آنکھوں میں اپنی رات کو خوناب تھا سو تھا
جی دل کے اضطراب سے بے تاب تھا سو تھا
آ کر کھڑا ہوا تھا بہ صد حسن جلوہ ناک
اپنی نظر میں وہ درِ نایاب تھا سو تھا
ساون ہرے نہ بھادوں میں ہم سوکھے اہلِ درد
سبزہ ہماری پلکوں کا سیراب تھا سو تھا
درویش کچھ گھٹا نہ بڑھا ملک شاہ سے
خرقہ کلاہ پاس جو اسباب تھا سو تھا
کیا بھاری بھاری قافلے یاں سے چلے گئے
تجھ کو وہی خیال گراں خواب تھا سو تھا
برسوں سے ہے تلاوت و سجادہ و نماز
پر میل دل جو سوئے مئے ناب تھا سو تھا
ہم خشک لبِ جو روتے رہے جوئیں بہ چلیں
پر میؔر دشت عشق کا بے آب تھا سو تھا

۔۲۶۵۔

(دیوان اول)

سحر گہ عید میں دور سبو تھا
پر اپنے جام میں تجھ بن لہو تھا
غلط تھا آپ سے غافل گزرنا
نہ سمجھے ہم کہ اس قالب میں تو تھا

چمن کی وضع نے ہم کو کیا داغ
کہ ہر غنچہ دل پر آرزو تھا

گل و آئینہ کیا خورشید و مہ کیا
جدھر دیکھا تدھر تیرا ہی رو تھا

کرو گے یاد باتیں تو کہو گے
کہ کوئی رفتۂ بسیار گو تھا

جہاں پر ہے فسانے سے ہمارے
دماغ عشق ہم کو بھی کبھو تھا

مگر دیوانہ تھا گل بھی کسو کا
کہ پیراہن میں سو جاگہ رفو تھا

کہیں کیا بال تیرے کھل گئے تھے
کہ جھونکا باؤ کا کچھ مشک بو تھا

نہ دیکھا میرؔ آوارہ کو لیکن
غبار اک ناتواں سا کوبکو تھا

۔۲۶۶۔

(دیوان اول)

کیا دن تھے وے کہ یاں بھی دل آرمیدہ تھا
رو آشیان طائر رنگ پریدہ تھا

قاصد جو واں سے آیا تو شرمندہ میں ہوا
بیچارہ گریہ ناک گریباں دریدہ تھا

اک وقت ہم کو تھا سر گریہ کہ دشت میں
جو خار خشک تھا سو وہ طوفاں رسیدہ تھا

جس صید گاہ عشق میں یاروں کا جی گیا
مرگ اس شکارگہ کا شکار رمیدہ تھا

کوری چشم کیوں نہ زیارت کو اس کی آئے
یوسف سا جس کو مدِّ نظر نوردیدہ تھا

افسوس مرگ صبر ہے اس واسطے کہ وہ
گل ہائے باغ عشرت دنیا نچیدہ تھا

مت پوچھ کس طرح سے کٹی رات ہجر کی
ہر نالہ میری جان کو تیغ کشیدہ تھا

حاصل نہ پوچھ گلشن مشہد کا بوالہوس
یاں پھل ہر اک درخت کا حلق بریدہ تھا

دل بے قرار گریۂ خونیں تھا رات میرؔ
آیا نظر تو بسمل درخوں طپیدہ تھا

۔۲۶۷۔

(دیوان اول)

کل شبِ ہجراں تھی لب پر نالہ بیمارانہ تھا
شام سے تا صبح دم بالیں پہ سر یک جا نہ تھا

شہرۂ عالم اسے یمن محبت نے کیا
ورنہ مجنوں ایک خاک افتادۂ ویرانہ تھا

منزل اس مہ کی رہا جو مدتوں اے ہم نشیں
اب وہ دل گویا کہ اک مدت کا ماتم خانہ تھا

اک نگاہ آشنا کو بھی وفا کرتا نہیں
وا ہوئیں مژگاں کہ سبزہ سبزۂ بیگانہ تھا

روز و شب گزرے ہے پیچ و تاب میں رہتے تجھے
اے دلِ صد چاک کس کی زلف کا تو شانہ تھا

یاد ایامے کہ اپنے روز و شب کی جائے باش
یا در باز بیاباں یا در مے خانہ تھا

جس کو دیکھا ہم نے اس وحشت کدے میں دہر کے
یا سڑی یا خبطی یا مجنون یا دیوانہ تھا

بعد خوں ریزی کے مدت بے حنا رنگیں رہا
ہاتھ اس کا جو مرے لوہو میں گستاخانہ تھا

غیر کے کہنے سے مارا ان نے ہم کو بے گناہ
یہ نہ سمجھا وہ کہ واقع میں بھی کچھ تھا یا نہ تھا

صبح ہوتے وہ بناگوش آج یاد آیا مجھے
جو گرا دامن پہ آنسو گوہرِ یک دانہ تھا

شب فروغ بزم کا باعث ہوا تھا حسن دوست
شمع کا جلوہ غبار دیدۂ پروانہ تھا

رات اس کی چشم میگوں خواب میں دیکھی تھی مَیں
صبح سوتے سے اٹھا تو سامنے پیمانہ تھا

رحم کچھ پیدا کیا شاید کہ اس بے رحم نے
گوش اس کا شب ادھر تا آخر افسانہ تھا

میؔر بھی کیا مست طافح تھا شراب عشق کا
لب پہ عاشق کے ہمیشہ نعرۂ مستانہ تھا

۔۲۶۸۔

(دیوان اول)

کیا مصیبت زدہ دل مائل آزار نہ تھا
کون سے درد و ستم کا یہ طرفدار نہ تھا

آدم خاکی سے عالم کو جلا ہے ورنہ
آئینہ تھا یہ ولے قابل دیدار نہ تھا

دھوپ میں جلتی ہیں غربت وطنوں کی لاشیں
تیرے کوچے میں مگر سایۂ دیوار نہ تھا

صد گلستاں تہ یک بال تھے اس کے جب تک
طائرِ جاں قفس تن کا گرفتار نہ تھا
حیف سمجھا ہی نہ وہ قاتل ناداں ورنہ
بے گنہ مارنے قابل یہ گنہگار نہ تھا
عشق کا جذب ہوا باعث سودا ورنہ
یوسف مصر زلیخا کا خریدار نہ تھا
نرم تر موم سے بھی ہم کو کوئی دیتی قضا
سنگ چھاتی کا تو یہ دل ہمیں درکار نہ تھا
رات حیران ہوں کچھ چپ ہی مجھے لگ گئی میرؔ
درد پنہاں تھے بہت پر لب اظہار نہ تھا

۔۲۶۹۔

(دیوان اول)

یادِ ایام کہ یاں ترک شکیبائی تھا
ہر گلی شہر کی یاں کوچۂ رسوائی تھا
اتنی گزری جو ترے ہجر میں سو اس کے سبب
صبر مرحوم عجب مونس تنہائی تھا
تیرے جلوے کا مگر رو تھا سحر گلشن میں
نرگس اک دیدۂ حیران تماشائی تھا
یہی زلفوں کی تری بات تھی یا کاکل کی
میرؔ کو خوب کیا سیر تو سودائی تھا

۔۲۷۰۔

(دیوان اول)

شب تھا نالاں عزیز کوئی تھا
مرغ خوش خواں عزیز کوئی تھا

تھی تمھارے ستم کی تاب اس تک
صبر جو یاں عزیز کوئی تھا
شب کو اس کا خیال تھا دل میں
گھر میں مہماں عزیز کوئی تھا
چاہ بے جا نہ تھی زلیخا کی
ماہ کنعاں عزیز کوئی تھا
اب تو اس کی گلی میں خوار ہے لیک
میؔر بے جاں عزیز کوئی تھا

۔۲۷۱۔

(دیوان پنجم)

دل کے خوں ہونے کا غم کیا اب سے تھا
سینہ کوبی سخت ماتم کب سے تھا
اس کی مقتولی کا ہم کو رشک ہے
دو قدم جو کشتہ آگے سب سے تھا
کون مل سکتا ہے اس اوباش سے
اختلاط اس سے ہمیں اک ڈھب سے تھا
گرم ملنے والے دیکھے یار کے
ایک ٹھنڈا ہو گیا اک تب سے تھا
چپ سی مجھ کو لگ گئی تھی تب سے میؔر
شور ان شیریں لبوں کا جب سے تھا

۔۲۷۲۔

(دیوان اول)

جب کہ تابوت مرا جائے شہادت سے اٹھا
شعلۂ آہ دل گرم محبت سے اٹھا

عمر گزری مجھے بیمار ہی رہتے ہے بجا
دل عزیزوں کا اگر میری عیادت سے اٹھا

۔۲۷۳۔

(دیوان اول)

کیا کہیے کہ خوباں نے اب ہم میں ہے کیا رکھا
ان چشم سیاہوں نے بہتوں کو سلا رکھا
جلوہ ہے اسی کا سب گلشن میں زمانے کے
گل پھول کو ہے ان نے پردہ سا بنا رکھا
جوں برگِ خزاں دیدہ سب زرد ہوئے ہم تو
گرمی نے ہمیں دل کی آخر کو جلا رکھا
کہیے جو تمیز اس کو کچھ اچھے برے کی ہو
دل جس کسو کا پایا چٹ ان نے اڑا رکھا
تھی مسلک الفت کی مشہور خطرناکی
میں دیدہ و دانستہ کس راہ میں پا رکھا
خورشید و قمر پیارے رہتے ہیں چھپے کوئی
رُخساروں کو گو تُو نے برقع سے چھپا رکھا
چشمک ہی نہیں تازی شیوے یہ اسی کے ہیں
جھمکی سی دکھا دے کر عالم کو لگا رکھا
لگنے کے لیے دل کے چھڑکا تھا نمک مَیں نے
سو چھاتی کے زخموں نے کل دیر مزہ رکھا
کشتے کو اس ابرو کے کیا میل ہو ہستی کی
میں طاق بلند اوپر جینے کو اٹھا رکھا
قطعی ہے دلیل اے میؔر اس تیغ کی بے آبی
رحم ان نے مرے حق میں مطلق نہ روا رکھا

۔۲۷۴۔

(دیوان دوم)

حلقہ ہوئی وہ زلف کماں کو چھپا رکھا
طاق بلند پر اسے سب نے اٹھا رکھا

اس مہ سے دل کی لاگ وہی متصل رہی
گو چرخ نے بہ صورت ظاہر جدا رکھا

گڑوا دیا ہو مار کر اک دو کو تو کہوں
کب ان نے خون کر نہ کسو کا دبا رکھا

ٹک میں لگا تھا اس نمکی شوخ کے گلے
چھاتی کے میرے زخموں نے برسوں مزہ رکھا

کاہے کو آئے چوٹ کوئی دل پہ شیخ کے
اس بوالہوس نے اپنے تئیں تو بچا رکھا

ہم سر ہی جاتے عشق میں اکثر سنا کیے
اس راہ خوف ناک میں کیوں تم نے پا رکھا

آزار دل نہیں ہے کسو دین میں درست
کیا جانوں ان بتوں نے ستم کیوں روا رکھا

کیا میں ہی محو چشمک انجم ہوں خلق کو
اس مہ نے ایک جھمکی دکھا کر لگا رکھا

کیا زہر چشمِ یار کو کوئی بیاں کرے
جس کی طرف نگاہ کی اس کو سلا رکھا

ہر چند شعر میرؔ کا دل معتقد نہ تھا
پر اس غزل کو ہم نے بھی سن کر لکھا رکھا

-۲۷۵-

(دیوان سوم)

زار رکھا بے حال رکھا بے تاب رکھا بیمار رکھا
حال رکھا تھا کچھ بھی ہم نے عشق نے آخر مار رکھا
میلان اس کا تھا کاہے کو جانب الفت کیشوں کے
اپنی طرف سے ہم نے اب تک اس ظالم سے پیار رکھا
عشق بھی ہم میں ہائے تصرف کیسے کیسے کرتا ہے
دل کو چاک جگر کو زخمی آنکھوں کو خونبار رکھا
کیا پوچھو ہودیں کے اکابر فاضل کامل صابر رنج
عزت والے کیا لوگوں کو گلیوں میں ان نے خوار رکھا
کام اس سے اک طور پہ لیتے بے طور اس کو ہونے نہ دیتے
حیف ہے میؔر سپہر دوں نے ہم سے اس کو نہ یار رکھا

-۲۷۶-

(دیوان دوم)

دل عشق میں خوں دیکھا آنکھوں کو گیا دیکھا
پیغمبر کنعاں نے دیکھا نہ کہ کیا دیکھا
مجروح ہے سب سینہ تس پر ہے نمک پاشی
آنکھوں کے لڑانے کا ہم خوب مزہ دیکھا
یک بار بھی آنکھ اپنی اس پر نہ پڑی مرتے
سو مرتبہ بالیں سے ہم سر کو اٹھا دیکھا
کاہش کا مری اب یہ کیا تجھ کو تعجب ہے
بیماری دل والا کوئی بھی بھلا دیکھا
آنکھیں گئیں پھر تجھ بن کیا کیا نہ عزیزوں کی
پر تُو نے مروّت سے ٹک ان کو نہ جا دیکھا

جی دیتے ہیں مرنے پر سب شہر محبت میں
کچھ ساری خدائی سے یہ طور نیا دیکھا
کہہ دل کو گنوایا ہے یا رنج اٹھایا ہے
اے میرؔ تجھے ہم نے کچھ آج خفا دیکھا

۔۲۷۷۔

(دیوان اول)

بیتاب جی کو دیکھا دل کو کباب دیکھا
جیتے رہے تھے کیوں ہم جو یہ عذاب دیکھا
پودا ستم کا جس نے اس باغ میں لگایا
اپنے کیے کا ان نے ثمرہ شتاب دیکھا
دل کا نہیں ٹھکانا بابت جگر کی گم ہے
تیرے بلاکشوں کا ہم نے حساب دیکھا
آباد جس میں تجھ کو دیکھا تھا ایک مدت
اس دل کی مملکت کو اب ہم خراب دیکھا
یوں خاک میں ملایاں اس بن کہ کچھ نہ پوچھو
اس ظلم دیدہ دل کا ہم اضطراب دیکھا
واعظ زبون مت کہہ میخانے کو کہ اس جا
پیراہنِ نکویاں رہنِ شراب دیکھا
لیتے ہی نام اس کا سوتے سے چونک اٹھے ہو
ہے خیر میرؔ صاحب کچھ تم نے خواب دیکھا

۔۲۷۸۔

(دیوان اول)

گل و بلبل بہار میں دیکھا
ایک تجھ کو ہزار میں دیکھا

جل گیا دل سفید ہیں آنکھیں
یہ تو کچھ انتظار میں دیکھا

جیسا مضطر تھا زندگی میں دل
ووہیں مَیں نے قرار میں دیکھا

آبلے کا بھی ہونا دامن گیر
تیرے کوچے کے خار میں دیکھا

تیرہ عالم ہوا یہ روزِ سیاہ
اپنے دل کے غبار میں دیکھا

ذبح کر میں کہا تھا مرتا ہوں
دم نہیں مجھ شکار میں دیکھا

جن بلاؤں کو میؔر سنتے تھے
ان کو اس روزگار میں دیکھا

۔۲۷۹۔

(دیوان اول)

کل چمن میں گل و سمن دیکھا
آج دیکھا تو باغ بن دیکھا

کیا ہے گلشن میں جو قفس میں نہیں
عاشقوں کا جلاوطن دیکھا

ذوق پیکان تیر میں تیرے
مدتوں تک جگر نے چھن دیکھا

گھر کے گھر جلتے تھے پڑے تیرے
داغِ دل دیکھے بس چمن دیکھا

ایک چشمک دوصد سنان مژہ
اس نکیلے کا بانکپن دیکھا

شکر زاہد کا اپنی آنکھوں میں
مے عوض خرقہ مرتہن دیکھا
حسرت اس کی جگہ تھی خوابیدہ
میرؔ کا کھول کر کفن دیکھا

۔۲۸۰۔

(دیوان سوم)

چاہت کے طرح کش ہو کچھ بھی اثر نہ دیکھا
طرحیں بدل گئیں پر ان نے ادھر نہ دیکھا
خالی بدن جیوں سے یاں ہو گئے ولیکن
اس شوخ نے ادھر کو بھر کر نظر نہ دیکھا
کس دن سرشک خونیں منہ پر نہ بہ کر آئے
کس شب پلک کے اوپر لختِ جگر نہ دیکھا
یاں شہر شہر بستی اوجڑ ہی ہوتے پائی
اقلیم عاشقی میں بستا نگر نہ دیکھا
اب کیا کریں کہ آیا آنکھوں میں جی ہمارا
افسوس پہلے ہم نے ٹک سوچ کر نہ دیکھا
لاتے نہیں فرو سر ہرگز بتاں خدا سے
آنکھوں سے اپنی تم نے ان کا گھر نہ دیکھا
سوجھا نہ چاہ میں کچھ برباد کر چکے دل
میرؔ اندھے ہو رہے تھے اپنا بھی گھر نہ دیکھا

۔۲۸۱۔

(دیوان سوم)

جس خشم سے وہ شوخ چلا آج شب آیا
آیا کبھو یاں دن کو بھی یوں تو غضب آیا

اس نرگس مستانہ کو کر یاد کڑھوں ہوں
کیا گریۂ سرشار مجھے بے سبب آیا

راہ اس سے ہوئی خلق کو کس طور سے یارب
ہم کو کبھی ملنے کا تو اس کے نہ ڈھب آیا

کیا پوچھتے ہو دب کے سخن منہ سے نہ نکلا
کچھ دیکھتے اس کو مجھے ایسا ادب آیا

کہتے تو ہیں میلان طبیعت ہے اسے بھی
یہ باتیں ہیں ایدھر کو مزاج اس کا کب آیا

خوں ہوتی رہی دل ہی میں آزردگی میری
کس روز گلہ اس کا مرے تابہ لب آیا

جی آنکھوں میں آیا ہے جگر منہ تئیں میرے
کیا فائدہ یاں چل کر اگر یار اب آیا

آتے ہوئے اس کے تو ہوئی بے خودی طاری
وہ یاں سے گیا اٹھ کے مجھے ہوش جب آیا

جاتا تھا چلا راہ عجب چال سے کل میرؔ
دیکھا اسے جس شخص نے اس کو عجب آیا

۔۲۸۲۔

(دیوان اول)

گرچہ امید اسیری پہ مَیں ناشاد آیا
رام صیاد کا ہوتے ہی خدا یاد آیا

لوہو پینے کو مرا بس تھی مری تشنہ لبی
کاہے کو کیجیے تصدیع یہ جلاد آیا

۔۲۸۳۔

(دیوان ششم)

دیر بدعہد وہ جو یار آیا
دور سے دیکھتے ہی پیار آیا
بیقراری نے مار رکھا ہمیں
اب تو اس کے تئیں قرار آیا
گرد رہ اس کی اب اٹھو نہ اٹھو
میری آنکھوں ہی پر غبار آیا
اک خزاں میں نہ طیر بھی بولا
میں چمن میں بہت پکار آیا
ہار کر میں تو کاٹتا تھا گلا
وہ قماری گلے کا ہار آیا
طائر عمر کو نظر میں رکھ
غیب سے ہاتھ یہ شکار آیا
موسم آیا تو نخل دار میں میرؔ
سر منصور ہی کا بار آیا

۔۲۸۴۔

(دیوان پنجم)

جاذبہ میرا تھا کامل سو بندے کے وہ گھر آیا
شکر خدا کا کریے کہاں تک عہد فراق بسر آیا
بجلی سا وہ چمک گیا آنکھوں سے پھوئیں پڑنے لگیں
ابر نمط خفگی سے اس بن جی بھی رندھا دل بھر آیا
گل تھے سو سو رنگ پر ایسا شورطیور بلند نہ تھا
اس کے رنگِ چمن میں کوئی شاید پھول نظر آیا

سیلِ بلا جوشاں تھا لیکن پانی پانی شرم سے تھا
ساحل دریا خشک لبی دیکھے سے میری تر آیا

کیا ہی خوش پرکار ہے دلبر نوچہ کشتی گیر اپنا
کوئی زبردست اس سے لڑ کر عہدے سے کب بر آیا

صنعت گریاں بہتیری کیں لیک دریغ ہزار دریغ
جس سے یار بھی ملتا ہم سے ایسا وہ نہ ہنر آیا

میؔر پریشاں خاطر آ کر رات رہا بت خانے میں
راہ رہی کعبے کی اودھر یہ سودائی کدھر آیا

۔۲۸۵۔

(دیوان دوم)

جی رک گئے اے ہمدم دل خون ہو بھر آیا
اب ضبط کریں کب تک منہ تک تو جگر آیا

تھی چشم دمِ آخر وہ دیکھنے آوے گا
سو آنکھوں میں جی آیا پر وہ نہ نظر آیا

بے سدھ پڑے ہیں سارے سجادوں پہ اسلامی
دارو پیے وہ کافر کاہے کو ادھر آیا

ہر خستہ ترا خواہاں یک زخم دگر کا تھا
کی مشقِ ستم ٹو نے پر خون نہ کر آیا

گل برگ ہی کچھ تنہا پانی نہیں خجلت سے
جنبش سے ترے لب کی یاقوت بھی تر آیا

بالفعل تو ہے قاصد محو اس خط و گیسو کا
ٹک چیتے تو ہم پوچھیں کیا لے کے خبر آیا

تابوت پہ بھی میرے پتھر پڑے لے جاتے
اس نخل میں ماتم کے کیا خوب ثمر آیا

ہے حق بہ طرف اس کے یوں جس کے گیا ہو تو
سج ایسی تری دیکھی ہم کو بھی خطر آیا
کیا کہیے کہ پتھر سے سر مارتے ہم گزرے
یوں اپنا زمانہ تو بن یار بسر آیا
صنعت گریاں ہم نے کیں سینکڑوں یاں لیکن
جس سے کبھو وہ ملتا ایسا نہ ہنر آیا
در ہی کے تئیں تکتے پتھرا گئیں آنکھیں تو
وہ ظالم سنگیں دل کب میرؔ کے گھر آیا

۔۲۸۶۔

(دیوان ششم)

زمانہ ہجر کا آسان کیا بسر آیا
ہزار مرتبہ منہ تک مرے جگر آیا
رہیں جو منتظر آنکھیں غبار لائیں ولے
وہ انتظارکشوں کو نہ ٹک نظر آیا
ہزار طرح سے آوے گھڑی جدائی میں
ملاپ جس سے ہو ایسا نہ یک ہنر آیا
ملا جو عشق کے جنگل میں خضر مَیں نے کہا
کہ خوف شیر ہے مخدوم یاں کدھر آیا
یہ لہر آئی گئی روز کالے پانی تک
محیط اس مرے رونے کو دیکھ تر آیا
نثار کیا کریں ہم خانماں خراب اس پر
کہ گھر لٹا چکے جب یار اپنے گھر آیا
نہ روؤں کیونکہ علی الاتصال اس بن میں
کہ جی کے رندھنے سے جوں ابر دل بھی بھر آیا

جوان مارے ہیں بے ڈھنگی ہی سے ان نے بہت
ستم کی مشق کی پر خون اسے نہ کر آیا
لچک کمر کی جو یاد آئی اس کی بہ آوے
کہ پانی میرؔ کے اشکوں کا تا کمر آیا

۔۲۸۷۔

(دیوان چہارم)

بہار آئی چلو چمن میں ہوا کے اوپر بھی رنگ آیا
کہاں تلک گل نہ ہووے غنچہ رہا مندے منہ سو تنگ آیا
چلے ہیں مونڈھے پھٹی ہے کہنی چسی ہے چولی پھنسی ہے مہری
قیامت اس کی ہے تنگ پوشی ہمارا جی تو بتنگ آیا
وہی ہے رونا وہی ہے کڑھنا وہی ہے شورش جوانی کی سی
بڑھاپا آیا ہے عشق ہی میں پہ میرؔ ہم کو نہ ڈھنگ آیا

۔۲۸۸۔

(دیوان سوم)

کرتا جنوں جہاں میں بے نام و ننگ آیا
اک جمع لڑکوں کا بھی لے لے کے سنگ آیا
شب شمع کی بھی جھپکی مجلس میں لگ گئی تھی
سرگرم شوق مردن جس دم پتنگ آیا
فتنے فساد اٹھیں گے گھر گھر میں خون ہوں گے
گر شہر میں خراماں وہ خانہ جنگ آیا
ہر سر نہیں ہے شایاں شور قلندری کا
گو شیخ شہر باندھے زنجیر و زنگ آیا
چسپاں ہے اس بدن سے پیراہن حریری
اتنی بھی تنگ پوشی جی اب تو تنگ آیا

باتیں ہماری ساری بے ڈھنگیاں ہیں وے ہی
بوڑھے ہوئے پہ ہم کو اب تک نہ ڈھنگ آیا
بشرے کی اپنے رونق اے میرؔ عارضی ہے
جب دل کو خوں کیا تو چہرے پہ رنگ آیا

۔۲۸۹۔

(دیوان چہارم)

ہم کوے مغاں میں تھے ماہِ رمضاں آیا
صد شکر کہ مستی میں جانا نہ کہاں آیا
گو قدر محبت میں تھی سہل مری لیکن
ستا جو بکا میں تو مجھ کو بھی گراں آیا
رسم اٹھ گئی دنیا سے اک بار مروّت کی
کیا لوگ زمیں پر ہیں کیسا یہ سماں آیا
یہ نفع ہوا نقصاں چاہت میں کیا جی کا
کی ایک نگہ ان نے سو جی کا زیاں آیا
بلبل بھی تو نالاں تھی پر سارے گلستاں میں
اک آگ پھنکی میں جب سرگرم فغاں آیا
طائر کی بھی رہتی ہے پھر جان چمن ہی میں
گل آئے جہاں وہ بھی جوں آبِ رواں آیا
خلوت ہی رہا کی ہے مجلس میں تو یوں اس کی
ہوتا ہے جہاں یک جا میں میرؔ جہاں آیا

۔۲۹۰۔

(دیوان اول)

تا گور کے اوپر وہ گل اندام نہ آیا
ہم خاک کے آسودوں کو آرام نہ آیا

بے ہوش مئے عشق ہوں کیا میرا بھروسا
آیا جو بخود صبح تو میں شام نہ آیا

کس دل سے ترا تیر نگہ پار نہ گزرا
کس جان کو یہ مرگ کا پیغام نہ آیا

دیکھا نہ اسے دور سے بھی منتظروں نے
وہ رشک مہِ عید، لبِ بام نہ آیا

سو بار بیاباں میں گیا محملِ لیلیٰ
مجنوں کی طرف ناقہ کوئی گام نہ آیا

اب کے جو ترے کوچے سے جاؤں گا تو سنیو
پھر جیتے جی اس راہ وہ بدنام نہ آیا

نَے خون ہو آنکھوں سے بہا ٹک نہ ہوا داغ
اپنا تو یہ دل میؔر کسو کام نہ آیا

۔۲۹۱۔

(دیوان اول)

مانندِ شمعِ مجلس شب اشکبار پایا
القصہ میؔر کو ہم بے اختیار پایا

احوال خوش انھوں کا ہم بزم ہیں جو تیرے
افسوس ہے کہ ہم نے واں کا نہ بار پایا

چیتے جو ضعف ہو کر زخم رسا سے اس کے
سینے کو چاک دیکھا دل کو فگار پایا

شہر دل ایک مدت اجڑا بسا غموں میں
آخر اجاڑ دینا اس کا قرار پایا

اتنا نہ تجھ سے ملتےنَے دل کو کھو کے روتے
جیسا کیا تھا ہم نے ویسا ہی یار پایا

کیا اعتبار یاں کا پھر اس کو خوار دیکھا
جس نے جہاں میں آ کر کچھ اعتبار پایا
آہوں کے شعلے جس جا اٹھتے تھے میرؔ سے شب
واں جا کے صبح دیکھا مشتِ غبار پایا

۔۲۹۲۔

(دیوان اول)

عالم میں کوئی دل کا طلب گار نہ پایا
اس جنس کا یاں ہم نے خریدار نہ پایا
حق ڈھونڈنے کا آپ کو آتا نہیں ورنہ
عالم ہے سبھی یار کہاں یار نہ پایا
غیروں ہی کے ہاتھوں میں رہے دست نگاریں
کب ہم نے ترے ہاتھ سے آزار نہ پایا
جاتی ہے نظر خس پہ گہ چشم پریدن
یاں ہم نے پر کاہ بھی بے کار نہ پایا
تصویر کے مانند لگے در ہی سے گزری
مجلس میں تری ہم نے کبھو بار نہ پایا
سوراخ ہے سینے میں ہر اک شخص کے تجھ سے
کس دل کے ترا تیر نگہ پار نہ پایا
مربوط ہیں تجھ سے بھی یہی ناکس و نا اہل
اس باغ میں ہم نے گلِ بے خار نہ پایا
دم بعد جنوں مجھ میں نہ محسوس تھا یعنی
جامے میں مرے یاروں نے اک تار نہ پایا
آئینہ بھی حیرت سے محبت کی ہوئے ہم
پر سیر ہو اس شخص کا دیدار نہ پایا

وہ کھینچ کے شمشیر ستم رہ گیا جو میرؔ
خوں ریزی کا یاں کوئی سزاوار نہ پایا

۔۲۹۳۔

(دیوان اول)

یاں نام یار کس کا ورد زباں نہ پایا
پر مطلقاً کہیں ہم اس کا نشاں نہ پایا
وضع کشیدہ اس کی رکھتی ہے داغ سب کو
نیوتا کسو سے ہم وہ ابرو کماں نہ پایا
پایا نہ یوں کہ کریے اس کی طرف اشارت
یوں تو جہاں میں ہم نے اس کو کہاں نہ پایا
یہ دل کہ خون ہووے برجا نہ تھا وگرنہ
وہ کون سی جگہ تھی اس کو جہاں نہ پایا
فتنے کی گرچہ باعث آفاق میں وہی تھی
لیکن کمر کو اس کی ہم درمیاں نہ پایا
محروم سجدہ آخر جانا پڑا جہاں سے
جوش جباہ سے ہم وہ آستاں نہ پایا
ایسی ہے میرؔ کی بھی مدت سے رونی صورت
چہرے پہ اس کے کس دن آنسو رواں نہ پایا

۔۲۹۴۔

(دیوان اول)

بارہا گور دل جھنکا لایا
اب کے شرطِ وفا بجا لایا
قدر رکھتی نہ تھی متاعِ دل
سارے عالم میں مَیں دکھا لایا

دل کہ یک قطرہ خوں نہیں ہے بیش
ایک عالم کے سر بلا لایا
سب پہ جس بار نے گرانی کی
اس کو یہ ناتواں اٹھا لایا
دل مجھے اس گلی میں لے جا کر
اور بھی خاک میں ملا لایا
ابتدا ہی میں مر گئے سب یار
عشق کی کون انتہا لایا
اب تو جاتے ہیں بت کدے سے میؔر
پھر ملیں گے اگر خدا لایا

۔۲۹۵۔

(دیوان دوم)

لے رنگ بے ثباتی یہ گلستاں بنایا
بلبل نے کیا سمجھ کر یاں آشیاں بنایا
اڑتی ہے خاک یارب شام و سحر جہاں میں
کس کے غبارِ دل سے یہ خاکداں بنایا
اک رنگ پر نہ رہنا یاں کا عجب نہیں ہے
کیا کیا نہ رنگ لائے تب یہ جہاں بنایا
آئینے میں کہاں ہے ایسی صفا کہے تو
جبہوں سے راستوں کے وہ آستاں بنایا
سرگشتہ ایسی کس کی ہاتھ آ گئی تھی مٹی
جو چرخ زن قضا نے یہ آسماں بنایا
نقشِ قدم سے اس کے گلشن کی طرح ڈالی
گردِ رہ اس کی لے کر سروِ رواں بنایا

ہونے پہ جمع اپنے پھولا بہت تھا لیکن
کیا غنچہ تنگ آیا جب وہ دہاں بنایا
اس صحن پر یہ وسعت اللہ رے تیری صنعت
معمار نے قضا کے دل کیا مکاں بنایا
دل ٹک ادھر نہ آیا ایدھر سے کچھ نہ پایا
کہنے کو ترک لے کر اک سوانگ یاں بنایا
دریوزہ کرتے گزری گلیوں میں عمر اپنی
درویش کب ہوئے ہم تکیہ کہاں بنایا
وہ تو مٹا گیا تھا تربت بھی میؔر جی کی
دو چار اینٹیں رکھ کر پھر میں نشاں بنایا

۔۲۹۶۔

(دیوان دوم)

جھمکے دکھا کے طور کو جن نے جلا دیا
آئی قیامت ان نے جو پردہ اٹھا دیا
اس فتنے کو جگا کے پشیماں ہوئی نسیم
کیا کیا عزیز لوگوں کو ان نے سلا دیا
اب بھی دماغ رفتہ ہمارا ہے عرش پر
گو آسماں نے خاک میں ہم کو ملا دیا
جانی نہ قدر اس گہر شب چراغ کی
دل ریزۂ خزف کی طرح میں اٹھا دیا
تقصیر جان دینے میں ہم نے کبھو نہ کی
جب تیغ وہ بلند ہوئی سر جھکا دیا
گرمی چراغ کی سی نہیں وہ مزاج میں
اب دل فسردگی سے ہوں جیسے بجھا دیا

وہ آگ ہو رہا ہے خدا جانے غیر نے
میری طرف سے اس کے تئیں کیا لگا دیا
اتنا کہا تھا فرش تری رہ کے ہم ہوں کاش
سو تُو نے مار مار کے آ کر بچھا دیا
اب گھٹتے گھٹتے جان میں طاقت نہیں رہی
ٹک لگ چلی صبا کہ دیا سا بڑھا دیا
تنگی لگا ہے کرنے دم اپنا بھی ہر گھڑی
کڑھنے نے دل کے جی کو ہمارے کھپا دیا
کی چشم تُو نے باز کہ کھولا درِ ستم
کس مدعی خلق نے تجھ کو جگا دیا
کیا کیا زیان میؔر نے کھینچے ہیں عشق میں
دل ہاتھ سے دیا ہے جدا سر جدا دیا

۔۲۹۷۔

(دیوان اول)

آہ سحر نے سوزشِ دل کو مٹا دیا
اس باؤ نے ہمیں تو دیا سا بجھا دیا
سمجھی نہ بادِ صبح کہ آ کر اٹھا دیا
اس فتنۂ زمانہ کو ناحق جگا دیا
پوشیدہ رازِ عشق چلا جائے تھا سو آج
بے طاقتی نے دل کی وہ پردہ اٹھا دیا
اس موج خیز دہر میں ہم کو قضا نے آہ
پانی کے بلبلے کی طرح سے مٹا دیا
تھی لاگ اس کی تیغ کو ہم سے سو عشق نے
دونوں کو معرکے میں گلے سے ملا دیا

سب شور ما و من کو لیے سر میں مر گئے
یاروں کو اس فسانے نے آخر سلا دیا

آوارگان عشق کا پوچھا جو میں نشاں
مشتِ غبار لے کے صبا نے اڑا دیا

اجزا بدن کے جتنے تھے پانی ہو بہ گئے
آخر گداز عشق نے ہم کو بہا دیا

کیا کچھ نہ تھا ازل میں نہ طالع جو تھے درست
ہم کو دل شکستہ قضا نے دلا دیا

گویا محاسبہ مجھے دینا تھا عشق کا
اس طور دل سی چیز کو مَیں نے لگا دیا

مدت رہے گی یاد ترے چہرے کی جھلک
جلوے کو جس نے ماہ کے جی سے بھلا دیا

ہم نے تو سادگی سے کیا جی کا بھی زیاں
دل جو دیا تھا سو تو دیا سر جدا دیا

بُوئے کباب سوختہ آئی دماغ میں
شاید جگر بھی آتشِ غم نے جلا دیا

تکلیف دردِ دل کی عبث ہم نشیں نے کی
دردِ سخن نے میرے سبھوں کو رلا دیا

ان نے تو تیغ کھینچی تھی پر جی چلا کے میرؔ
ہم نے بھی ایک دم میں تماشا دکھا دیا

۔۲۹۸۔

(دیوان ششم)

بے طاقتی نے دل کی گرفتار کر دیا
اندوہ و دردِ عشق نے بیمار کر دیا

دروازے پر کھڑا ہوں کئی دن سے یار کے
حیرت نے حسن کی مجھے دیوار کر دیا

سائے کو اس کے دیکھ کے وحشت بلا ہوئی
دیوانہ مجھ کو جیسے پریدار کر دیا

نسبت ہوئی گناہوں کی از بس مری طرف
بے جرم ان نے مجھ کو گنہگار کر دیا

دن رات اس کو ڈھونڈے ہے دل شوق نے مجھے
نایاب کس گہر کا طلب گار کر دیا

دور اس سے زار زار جو روتا رہا ہوں میں
لوگوں کو میری زاری نے بیزار کر دیا

خوبی سے بخت بد کی اسے عشق سے مرے
یاروں نے رفتہ رفتہ خبردار کر دیا

جس کے لگائی جی میں نہ اس کے ہوس رہی
یعنی کہ ایک وار ہی میں پار کر دیا

پہلو میں دل نے لوٹ کے آتش سے شوق کی
پایان کار آنکھوں کو خونبار کر دیا

کیا جانوں عشق جان سے کیا چاہتا ہے میرؔ
خوں ریزی کا مجھے تو سزاوار کر دیا

۔۲۹۹۔

(دیوان اول)

جی اپنا مَیں نے تیرے لیے خوار ہو دیا
آخر کو جستجو نے تری مجھ کو کھو دیا

بے طاقتی سکوں نہیں رکھتی ہے ہم نشیں
رونے نے ہر گھڑی کے مجھے تو ڈبو دیا

اے ابر اس چمن میں نہ ہو گا گل امید
یاں تخم یاس اشک کو مَیں پھر کے بو دیا
پوچھا جو مَیں نے دردِ محبت سے میرؔ کو
رکھ ہاتھ ان نے دل پہ ٹک اک اپنے رو دیا

۔۳۰۰۔

(دیوان اول)

مجھے تو نور نظر نے تنک بھی تن نہ دیا
بہار جاتی رہی دیکھنے چمن نہ دیا
لباس دیکھ لیے مَیں نے تیری پوشش کے
کہ بعدِ مرگ کنھیں نے مجھے کفن نہ دیا
کھلی نہ بات کئی حرف تھے گرہ دل میں
اجل نے اس سے مجھے کہنے اک سخن نہ دیا

۔۳۰۱۔

(دیوان اول)

یک پارہ جیب کا بھی بجا میں نہیں سیا
وحشت میں جو سیا سو کہیں کا کہیں سیا
محشر سوائے کیا ہو اسے التیام میرؔ
یہ زخم سینہ جائے گا میرا وہیں سیا

۔۳۰۲۔

(دیوان دوم)

وہ شوخ ہم کو پاؤں تلے ہے ملا کیا
اس دل نے کس بلا میں ہمیں مبتلا کیا
چھاتی کبھو نہ ٹھنڈی کی لگ کر گلے سے آہ
دل اس سے دور سینے میں اکثر جلا کیا

کس وقت شرح حال سے فرصت ہمیں ہوئی
کس دن نیا نہ قاصد ادھر سے چلا کیا
ہم تو گمان دوستی رکھتے تھے پر یہ دل
دشمن عجب طرح کا بغل میں پلا کیا
کیا لطف ہے جیے جو برے حال کوئی میرؔ
جینے سے تُو نے ہاتھ اٹھایا بھلا کیا

۔۳۰۳۔

(دیوان چہارم)

یہ دل نے کیا کیا کہ اسیر بلا کیا
اس زلف پرشکن نے مجھے مبتلا کیا
گو بے کسی سے عشق کی آتش میں جل بجھا
میں جوں چراغ گور اکیلا جلا کیا
آیا نہ اس طرف سے جواب ایک حرف کا
ہر روز خط شوق ادھر سے چلا کیا
ڈرتا ہی میں رہا کہ پلک کوئی گڑ نہ جائے
آنکھوں سے اس کے رات جو تلوے ملا کیا
بدحال ٹھنڈی سانسیں بھرا کب تلک کرے
سرگرم مرگ میرؔ ہوا تو بھلا کیا

۔۳۰۴۔

(دیوان اول)

قصہ تمام میرؔ کا شب کو سنا کیا
بے درد سر بھی صبح تلک سر دھنا کیا
مل چشم سے نگہ نے دھتورا دیا مجھے
خس بھر نہ چھوڑا دل کو مَیں تنکے چنا کیا

۔۳۰۵۔

(دیوان اول)

اس آستان داغ سے مَیں زر لیا کیا
گل دستہ دستہ جس کو چراغی دیا کیا
کیا بعدِ مرگ یاد کروں گا وفا تجھے
سہتا رہا جفائیں میں جب تک جیا کیا
ہو تار تار سیتے ہی سیتے جو اڑ گیا
اب تک عبث میں اپنا گریباں سیا کیا
سن سن کے تیری بات کو کیا کیا نہ کہہ سنا
کیا کیا کہوں میں تجھ سے کہ کیا کچھ کیا کیا
اب وہ جگر تپش سے تڑپتا ہے تشنہ لب
مدت تلک جو میرؔ کا لوہو پیا کیا

۔۳۰۶۔

(دیوان دوم)

پائے خطاب کیا کیا دیکھے عتاب کیا کیا
دل کو لگا کے ہم نے کھینچے عذاب کیا کیا
کاٹے ہیں خاک اڑا کر جوں گردباد برسوں
گلیوں میں ہم ہوئے ہیں اس بن خراب کیا کیا
کچھ گل سے ہیں شگفتہ کچھ سرو سے ہیں قد کش
اس کے خیال میں ہم دیکھے ہیں خواب کیا کیا
انواع جرم میرے پھر بے شمار و بے حد
روزِ حساب لیں گے مجھ سے حساب کیا کیا
اک آگ لگ رہی ہے سینوں میں کچھ نہ پوچھو
جل جل کے ہم ہوئے ہیں اس بن کباب کیا کیا

افراط شوق میں تو رویت رہی نہ مطلق
کہتے ہیں میرے منہ پر اب شیخ و شاب کیا کیا
پھر پھر گیا ہے آ کر منہ تک جگر ہمارے
گزرے ہیں جان و دل پر یاں اضطراب کیا کیا
آشفتہ اس کے گیسو جب سے ہوئے ہیں منہ پر
تب سے ہمارے دل کو ہے پیچ و تاب کیا کیا
کچھ سوجھتا نہیں ہے مستی میں میرؔ جی کو
کرتے ہیں پوچ گوئی پی کر شراب کیا کیا

۔۳۰۷۔

(دیوان سوم)

ضبط کرتے کرتے اب جو لب کو مَیں نے وا کیا
سو بھی رہتا ہوں یہ کہتا ہائے دل نے کیا کیا
آنکھ پڑتی تھی تمھارے منہ پہ جب تک چین تھا
کیا کیا تم نے کہ مجھ بیتاب سے پردہ کیا
گور ہی اس کو جھنکائی عشق جس کے ہاں گیا
اس طبیب بدشگوں نے کس کے تیں اچھا کیا
دیکھ خبطی مجھ کو رستے بند ہوجاتے ہیں اب
عشق نے کیا کوچہ و بازار میں رسوا کیا
لوگ دل دیتے سنے تھے میرؔ دے گزرا ہے جی
لیک اپنے طور پر ان نے بھی اک سودا کیا

۔۳۰۸۔

(دیوان دوم)

منہ پر اس آفتاب کے ہے یہ نقاب کیا
پردہ رہا ہے کون سا ہم سے حجاب کیا

اے ابرتر یہ گریہ ہمارا ہے دیدنی
برسے ہے آج صبح سے چشم پُر آب کیا

دم گنتے گنتے اپنی کوئی جان کیوں نہ دو
وہ پاس آن بیٹھے کسو کے حساب کیا

سو بار اس کے کوچے تلک جاتے ہیں چلے
دل ہے اگر بجا تو یہ ہے اضطراب کیا

بس اب نہ منہ کھلاؤ ہمارا ڈھکے رہو
محشر کو ہم سوال کریں تو جواب کیا

دوزخ سو عاشقوں کو تو دوزخ نہیں رہا
اب واں گئے پہ ٹھہرے ہے دیکھیں عذاب کیا

ہم جل کے ایک راکھ کی ڈھیری بھی ہو گئے
ہے اب تکلف آگے جلے گا کباب کیا

ہستی ہے اپنے طور پہ جوں بحر جوش میں
گرداب کیسا موج کہاں ہے حباب کیا

دیکھا پلک اٹھا کے تو پایا نہ کچھ اثر
اے عمر برق جلوہ گئی تو شتاب کیا

ہر چند میرؔ بستی کے لوگوں سے ہے نفور
پر ہائے آدمی ہے وہ خانہ خراب کیا

۔۳۰۹۔

(دیوان دوم)

اس بد زباں نے صرف سخن آہ کب کیا
چپکے ہی چپکے ان نے ہمیں جاں بلب کیا

طاقت سے میرے دل کی خبر تجھ کو کیا نہ تھی
ظالم نگاہ خشم ادھر کی غضب کیا

یکساں کیا نہیں ہے ہمیں خاکِ رہ سے آج
ایسا ہی کچھ سلوک کیا ان نے جب کیا

عمامہ لے کے شیخ کہیں مے کدے سے جا
بس مغبچوں نے حد سے زیادہ ادب کیا

اس رخ سے دل اٹھایا تو زلفوں میں جا پھنسا
القصہ اپنے روز کو ہم نے بھی شب کیا

ظاہر ہوا نہ مجھ پہ کچھ اس ظلم کا سبب
کیا جانوں خون ان نے مرا کس سبب کیا

کچھ آگے آئے ہوتے جو منظور لطف تھا
ہم جی سے اپنے جا چکے تم قصد تب کیا

بچھڑے تمھارے اپنا عجب حال ہو گیا
جس کی نگاہ پڑ گئی ان نے عجب کیا

برسوں سے اپنے دل کی ہے دل میں کہ یار نے
اک دن جدا نہ غیر سے ہم کو طلب کیا

کی زندگی سو وہ کی موئے اب سو اس طرح
جو کام میرؔ جی نے کیا سو کڈھب کیا

۔۳۱۰۔

(دیوان دوم)

پھرتا ہے زندگی کے لیے آہ خوار کیا
اس وہم کی نمود کا ہے اعتبار کیا

کیا جانیں ہم اسیرقفس زاد اے نسیم
گل کیسے باغ کہتے ہیں کس کو بہار کیا

آنکھیں برنگِ نقشِ قدم ہو گئیں سفید
پھر اور کوئی اس کا کرے انتظار کیا

سیکھی ہے طرح سینہ فگاری کی سب مری
لائے تھے ساتھ چاک دل ایسا انار کیا
سرکش کسو سے ایسی کدورت رکھے وہ شوخ
ہم اس کی خاک راہ ہیں ہم سے غبار کیا
نے وہ نگہ چبھی ہے نہ وے پلکیں گڑ گئیں
کیا جانیے کہ دل کو ہے یہ خار خار کیا
لیتا ہے ابر اب تئیں اس نلجے سے آب
روئے ہیں ہم بھی برسوں تئیں زار زار کیا
عاشق کے دل سے رکھ نہ تسلی کی چشم داشت
ہے برق پارہ یہ اسے آوے قرار کیا
صحبت رہی بگڑتی ہی اس کینہ ور سے آہ
ہم جانتے نہیں ہیں کہ ہوتا ہے پیار کیا
مارا ہو ایک دو کو تو ہو مدعی کوئی
کشتوں کا اس کے روزِ جزا میں شمار کیا
مدت سے جرگہ جرگہ سرتیر ہیں غزال
کم ہو گیا ہے یاروں کا ذوق شکار کیا
پاتے ہیں اپنے حال میں مجبور سب کو ہم
کہنے کو اختیار ہے پر اختیار کیا
آخر زمانہ سازی سے کھویا نہ وقر میرؔ
یہ اختیار تم نے کیا روزگار کیا

۔۳۱۱۔

(دیوان چہارم)

زار کیا بیمار کیا اس دل نے کیا آزار کیا
داغ سے تن گلزار کیا سب آنکھوں کو خونبار کیا

جرم ہے ہم الفت کشتوں کا لگ پڑنے سے شوخ ہوا
اب کہتے ہیں دل میں اپنے ہم نے اسے کیوں پیار کیا

چاہا ہم نے کیا کیا تھا پر اپنا چاہا کچھ نہ ہوا
عزت کھوئی ذلت کھینچی عشق نے خوار و زار کیا

پیش گئی کب پیش زمانہ طبع خشن ہر ناکس کی
اک گردش میں سپہر نے جیسے سطح زمیں ہموار کیا

سادگی میری آہ نہ جانا جی ہی اس میں جاتا ہے
عشق کا اس پرکار کے مَیں نے لوگوں میں اقرار کیا

۔۳۱۲۔

(دیوان دوم)

جس پہ اس موج سی شمشیر کا اک وار کیا
کام اس شوق کے ڈوبے ہوئے کا پار کیا

آ گیا عشق میں جو پیش نشیب اور فراز
ہوکے میں خاک برابر اسے ہموار کیا

کیا کروں جنسِ وفا پھیرے لیے جاتا ہوں
بخت بد نے نہ اسے دل کا خریدار کیا

اتفاق ایسے پڑے ہم تو منافق ٹھہرے
چرخ ناساز نے غیروں سے اسے یار کیا

ایسے آزار اٹھانے کا ہمیں کب تھا دماغ
کوفت نے دل کی تو جینے سے بھی بیزار کیا

جی ہی جاتے سنے ہیں عشق کے مشہور ہوئے
کیا کیا ہم نے کہ اس راز کو اظہار کیا

دیکھے اس ماہ کو جو کتنے مہینے گزرے
بڑھ گئی کاہش دل ایسی کہ بیمار کیا

نالۂ بلبل بے دل ہے پریشان بہت
موسمِ گل نے مگر رختِ سفر بار کیا
میؔر اے کاش زباں بند رکھا کرتے ہم
صبح کے بولنے نے ہم کو گرفتار کیا

۔۳۱۳۔

(دیوان اول)

تابہ مقدور انتظار کیا
دل نے اب زور بے قرار کیا
دشمنی ہم سے کی زمانے نے
کہ جفا کار تجھ سا یار کیا
یہ توہم کا کارخانہ ہے
یاں وہی ہے جو اعتبار کیا
ایک ناوک نے اس کی مژگاں کے
طائر سدرہ تک شکار کیا
صدرگ جاں کو تاب دے باہم
تیری زلفوں کا ایک تار کیا
ہم فقیروں سے بے ادائی کیا
آن بیٹھے جو تم نے پیار کیا
سخت کافر تھا جن نے پہلے میؔر
مذہب عشق اختیار کیا

۔۳۱۴۔

(دیوان دوم)

اس قدر آنکھیں چھپاتا ہے تو اے مغرور کیا
ٹک نظر ایدھر نہیں کہہ اس سے ہے منظور کیا

وصل و ہجراں سے نہیں ہے عشق میں کچھ گفتگو
لاگ دل کی چاہیے ہے یاں قریب و دور کیا
ہو خرابی اور آبادی کی عاقل کو تمیز
ہم دوانے ہیں ہمیں ویران کیا معمور کیا
اٹھ نہیں سکتا ترے در سے شکایت کیا مری
حال میں اپنے ہوں عاجز میں مجھے مقدور کیا
سب ہیں یکساں جب فنا یک بارگی طاری ہوئی
ٹھیکرا اس مرتبے میں کیا سر فغفور کیا
لطف کے حرف و سخن پہلے جو تھے بہر فریب
مدتیں جاتی ہیں ان باتوں کا اب مذکور کیا
دیکھ بہتی آنکھ میری ہنس کے بولا کل وہ شوخ
بہ نہیں اب تک ہوا منہ کا ترے ناسور کیا
میں تو دیکھوں ہوں تمھارے منہ کو تم نے دل لیا
تم مجھے رہتے ہو اکثر مجلسوں میں گھور کیا
ابر سا روتا جو میں نکلا تو بولا طنز سے
آرسی جا دیکھ گھر برسے ہے منہ پر نور کیا
سنگ بالیں میؔر کا جو باٹ کا روڑا ہوا
سخت کر جی کو گیا اس جا سے وہ رنجور کیا

۔۳۱۵۔

(دیوان اول)

غمزے نے اس کے چوری میں دل کی ہنر کیا
اس خانماں خراب نے آنکھوں میں گھر کیا
رنگ اڑ چلا چمن میں گلوں کا تو کیا نسیم
ہم کو تو روزگار نے بے بال و پر کیا

نافع جو تھیں مزاج کو اول سو عشق میں
آخر انھیں دواؤں نے ہم کو ضرر کیا

مرتا ہوں جان دیں ہیں وطن داریوں پہ لوگ
اور سنتے جاتے ہیں کہ ہر اک نے سفر کیا

کیا جانوں بزمِ عیش کہ ساقی کی چشم دیکھ
میں صحبت شراب سے آگے سفر کیا

جس دم کہ تیغ عشق کھنچی بوالہوس کہاں
سن لیجیو کہ ہم ہی نے سینہ سپر کیا

دل زخمی ہوکے تجھ تئیں پہنچا تو کم نہیں
اس نیم کشتہ نے بھی قیامت جگر کیا

ہے کون آپ میں جو ملے تجھ سے مست ناز
ذوق خبر ہی نے تو ہمیں بے خبر کیا

وہ دشت خوف ناک رہا ہے مرا وطن
سن کر جسے خضر نے سفر سے حذر کیا

کچھ کم نہیں ہیں شعبدہ بازوں سے مے گسار
دارو پلا کے شیخ کو آدم سے خر کیا

ہیں چاروں طرف خیمے کھڑے گردباد کے
کیا جانیے جنوں نے ارادہ کدھر کیا

لکنت تری زبان کی ہے سحر جس سے شوخ
یک حرف نیم گفتہ نے دل پر اثر کیا

بے شرم محض ہے وہ گنہگار جن نے میؔر
ابرِ کرم کے سامنے دامانِ تر کیا

۔۳۱۶۔

(دیوان اول)

گل کو محبوب ہم قیاس کیا
فرق نکلا بہت جو باس کیا

دل نے ہم کو مثالِ آئینہ
ایک عالم کا روشناس کیا

کچھ نہیں سوجھتا ہمیں اس بن
شوق نے ہم کو بے حواس کیا

عشق میں ہم ہوئے نہ دیوانے
قیس کی آبرُو کا پاس کیا

دور سے چرخ کے نکل نہ سکے
ضعف نے ہم کو مورطاس کیا

صبح تک شمع سر کو دھنتی رہی
کیا پتنگے نے التماس کیا

تجھ سے کیا کیا توقعیں تھیں ہمیں
سو ترے ظلم نے نراس کیا

دیکھا ڈھہتا ہے جن نے خانہ بنا
زیرِ افلاک سست اساس کیا

ایسے وحشی کہاں ہیں اے خوباں
میرؔ کو تم عبث اداس کیا

۔۳۱۷۔

(دیوان پنجم)

کیسی سعی حوادث نے کی آخر کار ہلاک کیا
کیا کیا چرخ نے چکر مارے پیس کے مجھ کو خاک کیا

ایسا پلید آلودۂ دنیا خلق نہ آگے ہوا ہو گا
شیخ شہر موا کہتے ہیں شہر خدا نے پاک کیا
قدرتِ حق میں کیا قدرت جو دخل کسو کی فضولی کرے
اس کو کیا پرکالۂ آتش مجھ کو خس و خاشاک کیا
آہ سے تھے رخنے چھاتی میں پھیلنا ان کا یہ سہل نہ تھا
دو دو ہاتھ تڑپ کر دل نے سینۂ عاشق چاک کیا
خوگر ہونا حزن و بکا سے میؔر ہمارا یوں ہی نہیں
برسوں روتے کڑھتے رہے ہم تب دل کو غمناک کیا

۔۳۱۸۔

(دیوان اول)

چمن میں گل نے جو کل دعویٔ جمال کیا
جمالِ یار نے منہ اس کا خوب لال کیا
فلک نے آہ تری رہ میں ہم کو پیدا کر
برنگِ سبزۂ نورستہ پائمال کیا
رہی تھی دم کی کشاکش گلے میں کچھ باقی
سو اس کی تیغ نے جھگڑا ہی انفصال کیا
مری اب آنکھیں نہیں کھلتیں ضعف سے ہمدم
نہ کہہ کہ نیند میں ہے تو، یہ کیا خیال کیا
بہارِ رفتہ پھر آئی ترے تماشے کو
چمن کو یمن قدم نے ترے نہال کیا
جواب نامہ سیاہی کا اپنی ہے وہ زلف
کسو نے حشر کو ہم سے اگر سوال کیا
لگا نہ دل کو کہیں کیا سنا نہیں تُو نے
جو کچھ کہ میؔر کا اس عاشقی نے حال کیا

۔۳۱۹۔

(دیوان اول)

دل سمجھا نہ محبت کو کچھ ان نے کیا یہ خیال کیا
خون ہو بہ سب آپھی گیا عشق حسن و جمال کیا
آنکھیں کفک سے اس کی لگا کر خاک برابر ہم بھی ہوئے
مہندی کے رنگ ان پاؤں نے تو بہتوں کو پامال کیا
یوں نکلے ہے فلک ایدھر سے نازکناں جو جاتے تو
خاک سے سبزہ میری اگا کر ان نے مجھ کو نہال کیا
آگے جواب سے ان لوگوں کے بارے معافی اپنی ہوئی
ہم بھی فقیر ہوئے تھے لیکن ہم نے ترک سوال کیا
حال نہیں ہے عشق سے مجھ میں کس سے میؔر اب حال کہوں
آپھی چاہ کر اس ظالم کو یہ اپنا میں حال کیا

۔۳۲۰۔

(دیوان چہارم)

خوب کیا جو اہلِ کرم کے جود کا کچھ نہ خیال کیا
ہم جو فقیر ہوئے تو ہم نے پہلے ترک سوال کیا
روند کے جور سے ان نے ہم کو پاؤں حنائی اپنے کیے
خون ہمارا بسمل گہ میں کن رنگوں پامال کیا
نکلے ہے گر گھاس جلی بھی خاک سے الفت کشتوں کی
یہ بالیدہ سپہر پھرے ہے گویا ان نے نہال کیا
دل جو ہمارا خون ہوا تھا رنج و الم میں گزری ہمیں
یعنی ماتم اس رفتہ کا ہم نے ماہ و سال کیا
میر سدا بے حال رہو ہو مہر و وفا سب کرتے ہیں
تم نے عشق کیا سو صاحب کیا یہ اپنا حال کیا

۔۳۲۱۔

(دیوان چہارم)

تجاہل تغافل تساہل کیا
ہوا کام مشکل توکل کیا
نہیں تاب لاتا دلِ زار اب
بہت ہم نے صبر و تحمل کیا
زمین غزل مِلک سی ہو گئی
یہ قطعہ تصرف میں بالکل کیا
جنوں تھا نہ مجھ کو نہ چپ رہ سکا
کہ زنجیر ٹوٹی تو میں غل کیا
نہ سوزِ دروں فصلِ گل میں چھپا
سر و سینہ سے داغ نے گل کیا
ہمیں شوق نے صاحبو کھو دیا
غلاموں سے اس کے توسل کیا
حقیقت نہ میرؔ اپنی سمجھی گئی
شب و روز ہم نے تامل کیا

۔۳۲۲۔

(دیوان اول)

کام پل میں مرا تمام کیا
غرض اس شوخ نے بھی کام کیا
سرو و شمشاد خاک میں مل گئے
تُو نے گلشن میں کیوں خرام کیا
سعی طوفِ حرم نہ کی ہرگز
آستاں پر ترے مقام کیا

تیرے کوچے کے رہنے والوں نے
یہیں سے کعبے کو سلام کیا
اس کے عیارپن نے میرے تئیں
خادم و بندہ و غلام کیا
حال بد میں مرے بتنگ آ کر
آپ کو سب میں نیک نام کیا
دخترِ رز سے کیا تھا میرے تئیں
شیخ کی ضد پہ مَیں حرام کیا
ہو گیا دل مرا تبرک جب
ورد یہ قطعۂ پیاؔم کیا
''دلی کے کج کلاہ لڑکوں نے
کام عشاق کا تمام کیا
کوئی عاشق نظر نہیں آتا
ٹوپی والوں نے قتلِ عام کیا''
عشق خوباں کو میرؔ میں اپنا
قبلہ و کعبہ و امام کیا

۔۳۲۳۔

(دیوان اول)

الٹی ہو گئیں سب تدبیریں کچھ نہ دوا نے کام کیا
دیکھا اس بیماری دل نے آخر کام تمام کیا
عہدِ جوانی رو رو کاٹا پیری میں لیں آنکھیں موند
یعنی رات بہت تھے جاگے صبح ہوئی آرام کیا
حرف نہیں جاں بخشی میں اس کی خوبی اپنی قسمت کی
ہم سے جو پہلے کہہ بھیجا سو مرنے کا پیغام کیا

ناحق ہم مجبوروں پر یہ تہمت ہے مختاری کی
چاہتے ہیں سو آپ کریں ہیں ہم کو عبث بدنام کیا
سارے رند اوباش جہاں کے تجھ سے سجود میں رہتے ہیں
بانکے ٹیڑھے ترچھے تیکھے سب کا تجھ کو امام کیا
سرزد ہم سے بے ادبی تو وحشت میں بھی کم ہی ہوئی
کوسوں اس کی اور گئے پر سجدہ ہر ہر گام کیا
کس کا کعبہ کیسا قبلہ کون حرم ہے کیا احرام
کوچے کے اس کے باشندوں نے سب کو یہیں سے سلام کیا
شیخ جو ہے مسجد میں ننگا رات کو تھا میخانے میں
جبہ خرقہ کرتا ٹوپی مستی میں انعام کیا
کاش اب برقع منہ سے اٹھا دے ورنہ پھر کیا حاصل ہے
آنکھ مندے پر ان نے گو دیدار کو اپنے عام کیا
یاں کے سپید و سیہ میں ہم کو دخل جو ہے سو اتنا ہے
رات کو رو رو صبح کیا یا دن کو جوں توں شام کیا
صبحِ چمن میں اس کو کہیں تکلیف ہوا لے آئی تھی
رخ سے گل کو مول لیا قامت سے سرو غلام کیا
ساعد سیمیں دونوں اس کے ہاتھ میں لا کر چھوڑ دیئے
بھولے اس کے قول و قسم پر ہائے خیالِ خام کیا
کام ہوئے ہیں سارے ضائع ہر ساعت کی سماجت سے
استغنا کی چوگنی ان نے جوں جوں میں ابرام کیا
ایسے آہوے رم خوردہ کی وحشت کھونی مشکل تھی
سحر کیا اعجاز کیا جن لوگوں نے تجھ کو رام کیا
میؔر کے دین و مذہب کو اب پوچھتے کیا ہو ان نے تو
قشقہ کھینچا دیر میں بیٹھا کب کا ترک اسلام کیا

۔۳۲۴۔

(دیوان پنجم)

کیا پوچھو ہو کیا کہیے میاں دل نے بھی کیا کام کیا
عشق کیا ناکام رہا آخر کو کام تمام کیا

عجز کیا سو اس مفسد نے قدر ہماری یہ کچھ کی
تیوری چڑھائی غصہ کیا جب ہم نے جھک کے سلام کیا

کہنے کی بھی لکھنے کی بھی ہم تو قسم کھا بیٹھے تھے
آخر دل کی بیتابی سے خط بھیجا پیغام کیا

عشق کی تہمت جب نہ ہوئی تھی کاہے کو شہرت ایسی تھی
شہر میں اب رسوا ہیں یعنی بدنامی سے کام کیا

ریگستاں میں جا کے رہیں یا سنگستاں میں ہم جوگی
رات ہوئی جس جاگہ ہم کو ہم نے وہیں بسرام کیا

خط و کتابت لکھنا اس کو ترک کیا تھا اس ہی لیے
حرف و سخن سے ٹپکا لوہو اب جو کچھ ارقام کیا

تلخ اس کا تو شہد و شکر ہے ذوق میں ہم ناکاموں کے
لوگوں میں لیکن پوچ کہا یہ لطفِ بے ہنگام کیا

جیسے کوئی جہاں سے جاوے رخصت اس حسرت سے ہوئے
اس کوچے سے نکل کر ہم نے روبہ قفا ہر گام کیا

میؔر جو ان نے منہ کو ادھر کر ہم سے کوئی بات کہی
لطف کیا احسان کیا انعام کیا اکرام کیا

۔۳۲۵۔

(دیوان سوم)

ان دلبروں سے رابطہ کرنا ہے کام کیا
کر اک سلام پوچھنا صاحب کا نام کیا

حیرت ہے کھولیں چشمِ تماشا کہاں کہاں
حسن و جمال ویسا ہے اس کا خرام کیا
کی اک نگاہ گرم جہاں ان سے مل گئے
عاشق کو دلبروں سے سلام و پیام کیا
شکرِ خدا کہ سر نہ فرو لائے ہم کہیں
کیا جانیں سجدہ کہتے ہیں کس کو سلام کیا
اس کنجِ لب پہ چپکے ہوئے منہ کو رکھ کے ہم
دلچسپ اس مقام میں حرف و کلام کیا
جس جائے اس کے چہرے سے کرتے ہیں گفتگو
مرآت و ماہ و گل کا ہے اس جا مقام کیا
کہتا ہے کون بدر میں نقصان کچھ رہا
پر منہ کھلے پہ اس کے ہے ماہِ تمام کیا
یہ جانوں ہوں کہ دل کو ہے اس رو ومو سے لاگ
کیا جانوں پیش آوے ہے اب صبح و شام کیا
تسبیح تک تو میرؔ نے رکھا کلال کے
وقت نماز اب بھی ہوئے تھے امام کیا

۔۳۲۶۔

(دیوان اول)

شبِ ہجر میں کم تظلم کیا
کہ ہمسائگاں پر ترحم کیا
کہا مَیں نے کتنا ہے گل کا ثبات
کلی نے یہ سن کر تبسم کیا
زمانے نے مجھ جرعہ کش کو ندان
کیا خاک و خشت سر خم کیا

جگر ہی میں یک قطرہ خوں ہے سرشک
پلک تک گیا تو تلاطم کیا
کسو وقت پاتے نہیں گھر اسے
بہت میؔر نے آپ کو گم کیا

۔۳۲۷۔

(دیوان سوم)

تد اس بہشتی رو سے یہ خلطہ بہم کیا
جد برسوں ہم نے سورۂ یوسفؑ کو دم کیا
چہرے کو نوچ نوچ لیا چھاتی کوٹ لی
جانے کا دل کے ہم نے بہت غم الم کیا
مربوط اور لوگوں سے شاید کہ وے ہوئے
وہ ربط و رابطہ جو بہت ہم سے کم کیا
کیا کیا سخن زباں پہ مری آئے ہوکے قتل
مانند خامہ گوکہ مرا سر قلم کیا
کی ہم نے تب درونے کی سوزش سے عاقبت
سب تن بدن اس آگ نے اپنا بھسم کیا
یاں اپنے جسم زار پہ تلوار سی لگی
ان نے جو بے دماغی سے ابرو کو خم کیا
اس زندگی سے مارے ہی جانا بھلا تھا میؔر
رحم ان نے میرے حق میں کیا کیا ستم کیا

۔۳۲۸۔

(دیوان چہارم)

عشق رسوائی طلب نے مجھ کو سرگرداں کیا
کیا خرابی سر پہ لایا صومعہ ویراں کیا

ہم سے تو جز مرگ کچھ تدبیر بن آتی نہیں
تم کہو کیا تم نے دردِ عشق کا درماں کیا

داخل دیوانگی ہی تھی ہماری عاشقی
یعنی اس سودے میں ہم نے جان کا نقصاں کیا

شکر کیا اس کی کریمی کا ادا بندے سے ہو
ایسی اک ناچیز مشتِ خاک کو انساں کیا

تیغ سی بھوویں جھکائیں برچھیاں سی وے مژہ
خون کا مجھ بے سر و پا کے بلا ساماں کیا

ایک ہی انداز نے اس کافر بے مہر کے
ساکنان کعبہ کو بے دین و بے ایماں کیا

لکھنؤ دلی سے آیا یاں بھی رہتا ہے اداس
میرؔ کو سرگشتگی نے بے دل و حیراں کیا

۔۳۲۹۔

(دیوان سوم)

میں گلستاں میں آ کے عبث آشیاں کیا
بلبل نے بھی نہ طور گلوں کا بیاں کیا

پھر اس کے ابرواں کا خم و تاب ہے وہی
تلوار کے تلے بھی مرا امتحاں کیا

دوں کس کو دوش دشمنِ جانی تھی دوستی
اس سودے میں صریح میں نقصان جاں کیا

گالی ہے حرف یار قلم نے قضا کے ہائے
صورت نکالی خوب ولے بدزباں کیا

اس جنس خوش کے پیچھے کھپا میں چواؤ کیا
مَیں نے کسو کا کیا کیا اپنا زیاں کیا

لڑکے جہان آباد کے یک شہر کرتے ناز
آ جاتے ہیں بغل میں اشارہ جہاں کیا
میں منتظر جواب کا نامے کے مر گیا
ناچار میرؔ جان کو اودھر رواں کیا

۔۳۳۰۔

(دیوان سوم)

میرے مالک نے مرے حق میں یہ احسان کیا
خاک ناچیز تھا مَیں سو مجھے انسان کیا
اس سرے دل کی خرابی ہوئی اے عشق دریغ
تو نے کس خانۂ مطبوع کو ویران کیا
ضبط تھا جب تئیں چاہت نہ ہوئی تھی ظاہر
اشک نے بہ کے مرے چہرے پہ طوفان کیا
انتہا شوق کی دل کے جو صبا سے پوچھی
اک کفِ خاک کو لے ان نے پریشان کیا
مجھ کو شاعر نہ کہو میرؔ کہ صاحب مَیں نے
درد و غم کتنے کیے جمع تو دیوان کیا

۔۳۳۱۔

(دیوان پنجم)

اس کی سی جو چلے ہے راہ تو کیا
آسماں پر گیا ہے ماہ تو کیا
لڑ کے ملنا ہے آپ سے بے لطف
یار ہووے نہ عذرخواہ تو کیا
کب رخ بدر روشن ایسا ہے
ایک شب کا ہے اشتباہ تو کیا

بے خرد خانقہ میں ہیں گو مست
وہ کرے مست یک نگاہ تو کیا

اس کے پرپیچ گیسو کے آگے
ہووے کالا کوئی سیاہ تو کیا

حسن والے ہیں کج روش سارے
ہوئے دو چار روبراہ تو کیا

دل رہے وصل جو مدام رہے
مل گئے اس سے گاہ گاہ تو کیا

ایک اللہ کا بہت ہے نام
جمع باطل ہوں سو الٰہ تو کیا

میرؔ کیا ہے فقیر مستغنی
آوے اس پاس بادشاہ تو کیا

۔۳۳۲۔

(دیوان دوم)

پھریے کب تک شہر میں اب سوئے صحرا رو کیا
کام اپنا اس جنوں میں ہم نے بھی یک سو کیا

عشق نے کیا کیا تصرف یاں کیے ہیں آج کل
چشم کو پانی کیا سب دل کو سب لوہو کیا

نکہت خوش اس کے پنڈے کی سی آتی ہے مجھے
اس سبب گل کو چمن کے دیر مَیں نے بو کیا

کام میں قدرت کے کچھ بولا نہیں جاتا ہے ہائے
خوبرو اس کو کیا لیکن بہت بدخو کیا

جانا اس آرام گہ سے ہے بعینہ بس یہی
جیسے سوتے سوتے ایدھر سے ادھر پہلو کیا

عزلتی اسلام کے کیا کیا پھرے ہیں جیب چاک
تُو نے مائل کیوں ادھر کو گوشۂ ابرو کیا
وہ اتوکش کا مجھی پر کیا ہے سرگرم جفا
مارے تلواروں کے ان نے بہتوں کو اتو کیا
ہاتھ پر رکھ ہاتھ اب وہ دو قدم چلتا نہیں
جن نے بالش خواب کا برسوں مرا بازو کیا
پھول نرگس کا لیے بھیچک کھڑا تھا راہ میں
کس کی چشم پرفسوں نے میؔر کو جادو کیا

۔۳۳۳۔

(دیوان سوم)

چال یہ کیا تھی کہ ایدھر کو گزارا نہ کیا
دور ہی دور پھرے پاس ہمارا نہ کیا
اس کو منظور نہ تھی ہم سے مروّت کرنی
ایک چشمک بھی نہ کی ایک اشارہ نہ کیا
بعد دشنام تھی بوسے کی توقع بھی ولے
تلخ سننے کے تئیں ہم نے گوارا نہ کیا
مر کے بے حوصلہ لوگوں میں کہا یافرہاد
چندے پتھر ہی سے سر اور بھی مارا نہ کیا
جی رہے ڈوبتے دریائے غمِ عشق میں لیک
بوالہوس کی سی طرح ہم نے کنارہ نہ کیا
نیم جاں صدقے کی اس پر نہ زیاں دیکھا نہ سود
ہم تو کچھ دوستی میں وارے کا سارا نہ کیا
لے گیا مٹی بھی دروازے کی ان کے مَیں میؔر
پر اطبا نے مرے درد کا چارہ نہ کیا

۔۳۳۴۔

(دیوان دوم)

کل دل آزردہ گلستاں سے گزر ہم نے کیا
گل لگے کہنے کہو منہ نہ ادھر ہم نے کیا

کر گئی خواب سے بیدار تمھیں صبح کی باؤ
بے دماغ اتنے جو ہو ہم پہ مگر ہم نے کیا

سیدھے تلوار کے منہ پر تری ہم آئے چلے
کیا کریں اس دل خستہ کو سپر ہم نے کیا

نیمچہ ہاتھ میں مستی سے لہو سی آنکھیں
سج تری دیکھ کے اے شوخ حذر ہم نے کیا

پاؤں کے نیچے کی مٹی بھی نہ ہو گی ہم سی
کیا کہیں عمر کو اس طرح بسر ہم نے کیا

کھا گیا ناخن سر تیز جگر دل دونوں
رات کی سینہ خراشی میں ہنر ہم نے کیا

کام ان ہونٹوں سے وہ لے جو کوئی ہم سا ہو
دیکھتے دیکھتے ہی آنکھوں میں گھر ہم نے کیا

جیسے حسرت لیے جاتا ہے جہاں سے کوئی
آہ یوں کوچۂ دلبر سے سفر ہم نے کیا

بارے کل ٹھہر گئے ظالم خونخوار سے ہم
منصفی کیجے تو کچھ کم نہ جگر ہم نے کیا

اس رخ و زلف کی تسبیح ہے یاں اکثر میرؔ
ورد اپنا یہی اب شام و سحر ہم نے کیا

۔ ۳۳۵ ۔

(دیوان اول)

راہ دور عشق میں روتا ہے کیا
آگے آگے دیکھیے ہوتا ہے کیا

قافلے میں صبح کے اک شور ہے
یعنی غافل ہم چلے سوتا ہے کیا

سبز ہوتی ہی نہیں یہ سر زمیں
تخم خواہش دل میں تو بوتا ہے کیا

یہ نشان عشق ہیں جاتے نہیں
داغ چھاتی کے عبث دھوتا ہے کیا

غیرت یوسف ہے یہ وقت عزیز
میرؔ اس کو رائیگاں کھوتا ہے کیا

۔ ۳۳۶ ۔

(دیوان دوم)

رفتار و طور و طرز و روش کا یہ ڈھب ہے کیا
پہلے سلوک ایسے ہی تیرے تھے اب ہے کیا

ہم دل زدہ نہ رکھتے تھے تم سے یہ چشم داشت
کرتے ہو قہر لطف کی جاگہ غضب ہے کیا

عزت بھی بعد ذلت بسیار چھیڑ ہے
مجلس میں جب خفیف کیا پھر ادب ہے کیا

آئے ہم آپ میں تو نہ پہچانے پھر گئے
اس راہ صعب عشق میں یارو تعب ہے کیا

حیراں ہیں اس دہن کے عزیزان خوردہ بیں
یہ بھی مقام ہائے تامل طلب ہے کیا

آنکھیں جو ہوویں تیری تو تُو عین کر رکھے
عالم تمام گر وہ نہیں تو یہ سب ہے کیا

اس آفتاب بن نہیں کچھ سوجھتا ہمیں
گر یہ ہی اپنے دن ہیں تو تاریک شب ہے کیا

تم نے ہمیشہ جور و ستم بے سبب کیے
اپنا ہی ظرف تھا جو نہ پوچھا سبب ہے کیا

کیوں کر تمھاری بات کرے کوئی اعتبار
ظاہر میں کیا کہو ہو سخن زیرِ لب ہے کیا

اس مہ بغیر میرؔ کا مرنا عجب ہوا
ہر چند مرگ عاشق مسکیں عجب ہے کیا

۔۳۳۷۔

(دیوان سوم)

دل اگر کہتا ہوں تو کہتا ہے وہ یہ دل ہے کیا
ایسے ناداں دلربا کے ملنے کا حاصل ہے کیا

جاننا باطل کسو کو یہ قصور فہم ہے
حق اگر سمجھے تو سب کچھ حق ہے یاں باطل ہے کیا

یاں کوئی دن رات وقفہ کر کے قصد آگے کا کر
کارواں گاہ جہان رفتنی منزل ہے کیا

تک رہے ہیں اس کو سو ہم تک رہے ہیں ایک سے
دیدۂ حیراں ہمارا دیدۂ بسمل ہے کیا

وہ حقیقت ایک ہی ساری نہیں ہے سب میں تو
آب سا ہر رنگ میں یہ اور کچھ شامل ہے کیا

چوٹ میرے دل میں ایسی ہے کہ ہوں میں دم بخود
وہ کشندہ یوں ہی کہتا ہے کہ تو گھائل ہے کیا

کہتے ہیں ظاہر ہے اک ہی لیلی ہفت اقلیم میں
اس عبارت کا نہیں معلوم کچھ محمل ہے کیا
ہم تو سو سو بار مر رہتے ہیں ایک ایک آن میں
عشق میں اس کے گزرنا جان سے مشکل ہے کیا
شاخ پر گل یا نہال اودھر جھکے جاتے ہیں سب
قامت دلکش کا اس کی سرو ہی مائل ہے کیا
مرثیہ میرے بھی دل کا رقت آور ہے بلا
محتشمؔ کو میرؔ میں کیا جانوں اور مقبلؔ ہے کیا

۔۳۳۸۔

(دیوان دوم)

ناگہ جو وہ صنم ستم ایجاد آ گیا
دیکھے سے طور اس کے خدا یاد آ گیا
پھوڑا تھا سر تو ہم نے بھی پر اس کو کیا کریں
جو چشم روزگار میں فرہاد آ گیا
اپنا بھی قصد تھا سر دیوار باغ کا
توڑا ہی تھا قفس کو پہ صیاد آ گیا
جور و ستم اٹھانے ہی اس سے بنیں گے شیخ
مسجد میں گر وہ عاشق بیداد آ گیا
دیکھیں گے آدمی کی روش میرؔ ہم تری
گر سامنے سے ٹک وہ پری زاد آ گیا

۔۳۳۹۔

(دیوان دوم)

یہ رفتگی بھی ہوتی ہے جی ہی چلا گیا
کل حال میرؔ دیکھ کے غش مجھ کو آ گیا

کیا کہیے ایک عمر میں وے لب ہلے تھے کچھ
سو بات پان کھاتے ہوئے وہ چبا گیا

ثابت ہے اس کے پہلو سے پہنچے ہے ہم کو رنج
دیکھا نہ دردِ دل کے کہے سر جھکا گیا

نالاں ہے عندلیب گل آشفتہ رفتہ سرو
ٹک بیٹھ کر چمن میں وہ فتنہ اٹھا گیا

پڑھتا تھا مَیں تو سبحہ لیے ہاتھ میں درود
صلواتیں مجھ کو آ کے وہ ناحق سنا گیا

رکھنا نشان قبر کا میری نہ خوش کیا
آیا سو اور خاک میں مجھ کو ملا گیا

منصف ہو تو ہی شیخ کہ اس مست ناز بن
ہم آپ سے بھلا گئے تجھ سے رہا گیا

ہرگز بجھی نہ سر سے لگی آہ عشق میں
مانندِ شمع داغ ہی سب ہم کو کھا گیا

کیوں میں کہا کہ ہنس کے نمک زخم پر چھڑک
بے لطف اس کے ہونے میں سارا مزہ گیا

آنسو تو ڈر سے پی گئے لیکن وہ قطرہ آب
اک آگ تن بدن میں ہمارے لگا گیا

وقت اخیر کیا یہ ادا تھی کہ غش سے مَیں
جب آنکھ کھولی بالوں میں منہ کو چھپا گیا

کیا پوچھتے ہو داغ کیا مرگ میؔر نے
مر کر وہ سینہ سوختہ چھاتی جلا گیا

۔۳۴۰۔

(دیوان چہارم)

مکے گیا مدینے گیا کربلا گیا
جیسا گیا تھا ویسا ہی چل پھر کے آ گیا
دیکھا ہو کچھ اس آمدوشد میں تو میں کہوں
خود گم ہوا ہوں بات کی تہ اب جو پا گیا
کپڑے گلے کے میرے نہ ہوں آبدیدہ کیوں
مانند ابر دیدۂ تر اب تو چھا گیا
جاں سوز آہ و نالہ سمجھتا نہیں ہوں میں
یک شعلہ میرے دل سے اٹھا تھا جلا گیا
وہ مجھ سے بھاگتا ہی پھرا کبر و ناز سے
جوں جوں نیاز کر کے مَیں اس سے لگا گیا
جور سپہر دوں سے برا حال تھا بہت
میں شرم ناکسی سے زمیں میں سما گیا
دیکھا جو راہ جاتے تبختر کے ساتھ اسے
پھر مجھ شکستہ پا سے نہ اک دم رہا گیا
بیٹھا تو بوریے کے تئیں سر پہ رکھ کے میؔر
صف کس ادب سے ہم فقرا کی اٹھا گیا

۔۳۴۱۔

(دیوان اول)

دل جو تھا اک آبلہ پھوٹا گیا
رات کو سینہ بہت کوٹا گیا
طائر رنگِ حنا کی سی طرح
دل نہ اس کے ہاتھ سے چھُوٹا گیا

میں نہ کہتا تھا کہ منہ کر دل کی اور
اب کہاں وہ آئینہ ٹوٹا گیا
دل کی ویرانی کا کیا مذکور ہے
یہ نگر سو مرتبہ لوٹا گیا
میرؔ کس کو اب دماغ گفتگو
عمر گزری ریختہ چھُوٹا گیا

۔۳۴۲۔

(دیوان اول)

ہاتھ سے تیرے اگر میں ناتواں مارا گیا
سب کہیں گے یہ کہ کیا اک نیم جاں مارا گیا
اک نگہ سے بیش کچھ نقصاں نہ آیا اس کے تیں
اور میں بے چارہ تو اے مہرباں مارا گیا
وصل و ہجراں یہ جو دو منزل ہیں راہِ عشق کی
دل غریب ان میں خدا جانے کہاں مارا گیا
دل نے سر کھینچا دیارِعشق میں اے بوالہوس
وہ سراپا آرزو آخر جواں مارا گیا
کب نیازِ عشق نازِ حسن سے کھینچے ہے ہاتھ
آخر آخر میرؔ سر برآستاں مارا گیا

۔۳۴۳۔

(دیوان ششم)

بلبل کا شور سن کے نہ مجھ سے رہا گیا
میں بے دماغ باغ سے اٹھ کر چلا گیا
لوگوں نے پائی راکھ کی ڈھیری مری جگہ
اک شعلہ میرے دل سے اٹھا تھا چلا گیا

چہرے پہ بال بکھرے رہے سب شبِ وصال
یعنی کہ بے مروتی سے منہ چھپا گیا

چلنا ہوا تو قافلۂ روزگار سے
میں جوں صدا جرس کی اکیلا جدا گیا

کیا بات رہ گئی ہے مرے اشتیاق سے
رقعے کے لکھتے لکھتے ترسل لکھا گیا

سب زخم صدر ان نے نمک بند خود کیے
صحبت جو بگڑی اپنے میں سارا مزہ گیا

سارے حواس میرے پریشاں ہیں عشق میں
اس راہ میں یہ قافلہ سارا لٹا گیا

بادل گرج گرج کے سناتا ہے یعنی یاں
نوبت سے اپنی ہر کوئی نوبت بجا گیا

وے محو ناز ہی رہے آئے نہ اس طرف
میں منتظر تو جی سے گیا ان کا کیا گیا

دل دے کے جان میرؔ نے پایان کار دی
یہ سادہ لوح طرح نئی دل لگا گیا

۔۳۴۴۔

(دیوان اول)

ناکسی سے پاس میرے یار کا آنا گیا
بس گیا میں جان سے اب اس سے یہ جانا گیا

کچھ نہ دیکھا پھر بجز یک شعلۂ پرپیچ و تاب
شمع تک تو ہم نے دیکھا تھا کہ پروانہ گیا

ایک ہی چشمک تھی فرصت صحبت احباب کی
دیدۂ تر ساتھ لے مجلس سے پیمانہ گیا

گل کھلے صد رنگ تو کیا بے پری سے اے نسیم
مدتیں گزریں کہ وہ گلزار کا جانا گیا
دور تجھ سے میرؔ نے ایسا تعب کھینچا کہ شوخ
کل جو میں دیکھا اسے مطلق نہ پہچانا گیا

۔۳۴۵۔

(دیوان دوم)

تیغ کی اپنی صفت لکھتے جو کل وہ آ گیا
ہنس کے اس پرچے کو میرے ہی گلے بندھوا گیا
دست و پا گم کرنے سے میرے کھلے اسرار عشق
دیکھ کر کھویا گیا سا مجھ کو ہر یک پا گیا
داغ محجوبی ہوں اس کا مَیں کہ میرے روبرو
عکس اپنا آرسی میں دیکھ کر شرما گیا
ہم بشر عاجز ثبات پا ہمارا کس قدر
دیکھ کر اس کو ملک سے بھی نہ یاں ٹھہرا گیا
یار کے بالوں کا بندھنا قہر ہے پگڑی کے ساتھ
ایک عالم دوستاں اس پیچ میں مارا گیا
ہم نہ جانا اختلاط اس طفل بازی کوش کا
گرم بازی آ گیا تو ہم کو بھی بہلا گیا
کیا کروں ناچار ہوں مرنے کو اب تیار میں
دل کی روز و شب کی بیتابی سے جی گھبرا گیا
جی کوئی لگتا ہے اس کے اٹھ گئے پر باغ میں
گل نے بہتیرا کہا ہم سے نہ ٹک ٹھہرا گیا
ہو گئے تحلیل سب اعضا مرے پا کر گداز
رفتہ رفتہ ہجر کا اندوہ مجھ کو کھا گیا

یوں تو کہتا تھا کوئی ویسے کو باندھے ہے گلے
پر وہ پھندنا سا جو آیا میرؔ بھی پھندلا گیا

۔۳۴۶۔

(دیوان پنجم)

آیا سو آب تیغ ہی مجھ کو چٹا گیا
تھا وہ برندہ زخموں پہ مَیں زخم کھا گیا
کیا شہر خوش عمارت دل سے ہے گفتگو
لشکر نے غم کے آن کے مارا چلا گیا
موقوف یار غیر جلانا مرا نہیں
جو کوئی اس کے کان لگا کچھ لگا گیا
تنہائی بیکسی مری یک دست تھی کہ مَیں
جیسے جرس کا نالہ جرس سے جدا گیا
کیا تم سے اپنے دل کی پریشانی میں کہوں
دریائے گریہ جوش زناں تھا بہا گیا
روزانہ اب تو اپنے تئیں سوجھتا نہیں
آخر کو رونا راتوں کا ہی دن دکھا گیا
سر رفتگی بدی مری نوشتنی ہے میرؔ
قاصد جو لے کے نامہ گیا سو بھلا گیا

۔۳۴۷۔

(دیوان چہارم)

دل کو گل کہتے تھے درد و غم سے مرجھایا گیا
جی کو مہماں سنتے تھے مہمان سا آیا گیا
عشق سے ہو حال جی میں کچھ تو کہیے دیکھیو
ایک دن باتیں ہی کرتے کرتے سنّایا گیا

جستجو میں یہ تعب کھینچے کہ آخر ہو گئے
ہم تو کھوئے بھی گئے لیکن نہ تو پایا گیا
اک نگہ کرنے میں غارت کر دیا اے وائے ہم
دل جو ساری عمر کا اپنا تھا سرمایہ گیا
کیا تعجب ہے جو کوئی دل زدہ ناگہ مرے
اضطراب عشق میں جی تن سے گھبرایا گیا
ماہ کہتے تو کہا اس رُوئے خوش کا ہے حریف
شہر میں پھر ہم سے اپنا منہ نہ دکھلایا گیا
جیسے پرچھائیں دکھائی دے کے ہو جاتی ہے محو
میؔر بھی اس کام جاں کا ووہیں تھا سایہ گیا

۔۳۴۸۔

(دیوان دوم)

سنبل تمھارے گیسوؤں کے غم میں لٹ گیا
ابرو کی تیغ دیکھ مہ عید کٹ گیا
عالم میں جاں کے مجھ کو تنزہ تھا اب تو میں
آلودگی جسم سے ماٹی میں اٹ گیا
ظلم و جفا و جور پر اصرار اس قدر
ہٹ دیکھ دیکھ تیری دل اپنا بھی ہٹ گیا
اب وہ سماں نہیں ہے کہ وہ کام جان خلق
مغموم ہم کو دیکھ کے دوڑا لپٹ گیا
دشوار سیتے ہیں گے جو بے ڈھب پھٹے ہے جیب
بے طوریوں سے اس کی دل اپنا تو پھٹ گیا
داماں و جیب دونوں ہوئے ٹکڑے ایک جا
اب کے یہ کام ہاتھ سے میرے سمٹ گیا

خاطر اگر ہو جمع پریشانی بھی نبھے
سو دل تو دو طرف تری زلفوں سے بٹ گیا

ٹک رات اس کے منہ سے ہوا تھا مقابلہ
پھر ماہ چاردہ کو جو دیکھا تو گھٹ گیا

کیا پوچھو ہو نصیب ہمارے الٹ گئے
چل کر ادھر کو یار پھر اودھر الٹ گیا

بلبل کی اور گل کی جو صحبت کی سیر میؔر
دل اپنا دلبروں کی طرف سے اچٹ گیا

۔۳۴۹۔

(دیوان اول)

بیتابیوں کے جور سے مَیں جب کہ مر گیا
ہو کر فقیر صبر مری گور پر گیا

اے آہ سرد عرصۂ محشر میں یخ جما
جلتا ہوں میں سنوں کہ جہنم ٹھٹھر گیا

کاکل میں نہیّں خط میں نہیں زلف میں نہیں
روز سیہ کے ساتھ مرا دل کدھر گیا

مُفلِس سو مر گیا نہ ہوا وصل یار کا
ہجراں میں اس کے جی بھی گیا اور زر گیا

تیری ہی رہگزر میں یہ جی جارہا ہے شوخ
سنیو کہ میؔر آج ہی کل میں گزر گیا

۔۳۵۰۔

(دیوان چہارم)

ہم مست عشق جس کے تھے وہ روٹھ کر گیا
دیکھ اس کو بے دماغ نشہ سب اتر گیا

جاں بخشی اس کے ہونٹوں کی سن آب زندگی
ایسا چھپا کہیں کہ کہا جائے مر گیا
کہتے ہیں میرؔ کعبے گیا ترک عشق کر
راہ دل شکستہ کدھر وہ کدھر گیا

۔۳۵۱۔

(دیوان اول)

چوری میں دل کی وہ ہنر کر گیا
دیکھتے ہی آنکھوں میں گھر کر گیا
دہر میں مَیں خاک بسر ہی رہا
عمر کو اس طور بسر کر گیا
دل نہیں ہے منزل سینہ میں اب
یاں سے وہ بیچارہ سفر کر گیا
حیف جو وہ نسخۂ دل کے اپر
سرسری سی ایک نظر کر گیا
کس کو مرے حال سے تھی آگہی
نالۂ شب سب کو خبر کر گیا
گو نہ چلا تا مژہ تیر نگاہ
اپنے جگر سے تو گزر کر گیا
مجلس آفاق میں پروانہ ساں
میرؔ بھی شام اپنی سحر کر گیا

۔۳۵۲۔

(دیوان چہارم)

جگر خوں کیا چشم نم کر گیا
گیا دل سو ہم پر ستم کر گیا

ان آنکھوں کو نرگس لکھا تھا کہیں
مرے ہاتھ دونوں قلم کر گیا

شب اک شعلہ دل سے ہوا تھا بلند
تن زار میرا بھسم کر گیا

مرے مزرع زرد پر شکر ہے
کل اک ابر آیا کرم کر گیا

نہ اک بار وعدہ وفا کر سکا
بہت بار قول و قسم کر گیا

فقیری میں تھا شیب بارگراں
قد راست کو اپنے خم کر گیا

بکائے شب و روز اب چھوڑ میؔر
نواح آنکھوں کا تو ورم کر گیا

۔۳۵۳۔

(دیوان اول)

یار عجب طرح نگہ کر گیا
دیکھنا وہ دل میں جگہ کر گیا

تنگ قبائی کا سماں یار کی
پیرہن غنچہ کو تہ کر گیا

جانا ہے اس بزم سے آیا تو کیا
کوئی گھڑی گو کہ تو رہ کر گیا

وصف خط و خال میں خوباں کے میؔر
نامۂ اعمال سیہ کر گیا

۔۳۵۴۔

(دیوان دوم)

شبِ رفتہ میں اس کے در پر گیا
سگ یار آدم گری کر گیا

شکستہ دل عشق کی جان کیا
نظر پھیری تُو نے تو وہ مر گیا

ہوئے یار کیا کیا خراب اس بغیر
وہ کس خانہ آباد کے گھر گیا

کشندہ تھا لڑکا ہی ناکردہ خوں
مجھے دیکھ کر محتضر ڈر گیا

بہت رفتہ رہتے ہو تم اس کے اب
مزاج آپ کا میؔر کیدھر گیا

۔۳۵۵۔

(دیوان دوم)

خندۂ دنداں نما کرتا جو وہ کافر گیا
گوہر تر جوں سرشک آنکھوں سے سب کی گر گیا

کیا گزر کوے محبت میں ہنسی ہے کھیل ہے
پاؤں رکھا جس نے ٹک اودھر پھر اس کا سر گیا

کیا کوئی زیرفلک اونچا کرے فرق غرور
ایک پتھر حادثے کا آلگا سر چر گیا

نیزہ بازان مژہ میں دل کی حالت کیا کہوں
ایک ناکسبی سپاہی دکھنیوں میں گھر گیا

بعد مدت اس طرف لایا تھا اس کو جذبِ عشق
بخت کی برگشتگی سے آتے آتے پھر گیا

تیز دست اتنا نہیں وہ ظلم میں اب فرق ہے
یعنی لوہا تھا کڑا تیغِ ستم کا کر گیا
سخت ہم کو میؔر کے مرجانے کا افسوس ہے
تم نے دل پتھر کیا وہ جان سے آخر گیا

۔۳۵۶۔

(دیوان چہارم)

صورت شیریں کے آگے کام اپنا کر گیا
عشق میں کس حسن سے فرہاد ظالم مر گیا
خانہ آبادی ہمیں بھی دل کی یوں ہے آرزو
جیسے جلوے سے ترے گھر آرسی کا بھر گیا
میؔر سختی کش تھا غافل پر خدا نے خیر کی
حادثے کا کیسا اس کے سر پہ سے پتھر گیا

۔۳۵۷۔

(دیوان دوم)

تیغ لے کر کیوں تو عاشق پر گیا
زیرِ لب جب کچھ کہا وہ مر گیا
تڑپے زیر تیغ ہم بے ڈول آہ
دامن پاک اس کا خوں میں بھر گیا
خاک ہے پکڑے اگر سونا بھی پھر
ہاتھ سے جس کے وہ سیمیں بر گیا
کیا بندھا ہے اس کے کوچے میں طلسم
پھر نہ آیا جو کوئی اودھر گیا
خانداں اس بن ہوئے کیا کیا خراب
آج تک وہ شوخ کس کے گھر گیا

ابرو و مژگاں ہی میں کاٹی ہے عمر
کیا سنان و تیغ سے مَیں ڈر گیا
کہتے ہیں ضائع کیا اپنے تئیں
میؔر تو دانا تھا یہ کیا کر گیا

۔۳۵۸۔

(دیوان اول)

کیا مرے آنے پہ تو اے بت مغرور گیا
کبھی اس راہ سے نکلا تو تجھے گھور گیا
لے گیا صبح کے نزدیک مجھے خواب اے وائے
آنکھ اس وقت کھلی قافلہ جب دور گیا
گور سے نالے نہیں اٹھتے تو نے اگتی ہے
جی گیا پر نہ ہمارا سر پر شور گیا
چشمِ خوں بستہ سے کل رات لہو پھر ٹپکا
ہم نے جانا تھا کہ بس اب تو یہ ناسور گیا
ناتواں ہم ہیں کہ ہیں خاک گلی کی اس کی
اب تو بے طاقتی سے دل کا بھی مقدور گیا
لے کہیں منہ پہ نقاب اپنے کہ اے غیرت صبح
شمع کے چہرۂ رخشاں سے تو اب نور گیا
نالۂ میؔر نہیں رات سے سنتے ہم لوگ
کیا ترے کوچے سے اے شوخ وہ رنجور گیا

۔۳۵۹۔

(دیوان چہارم)

اوصاف مُو کے شعر سے الجھاؤ پڑ گیا
دانتوں کو سلک در جو کہا میں سو لڑ گیا

جیتے جی یہ ملا نہ رہا سو رہا غریب
جو دل شکستہ ساتھ سے اس کے بچھڑ گیا

کیا اس کے دل جلے کی تمامی میں دیر ہو
جیسے چراغ صبح شتابی نبڑ گیا

فرہاد پہلوان محبت پہاڑ تھا
بے طاقتی جو دل نے بہت کی پچھڑ گیا

گل رنگ رنگ شاخ سے نکلا بہار میں
آنکھیں سی کھل گئی ہیں جو مرجھا کے جھڑ گیا

یاں حادثے کی باؤ سے ہر اک شجر حجر
کیسا ہی پائدار تھا آخر اکھڑ گیا

شرماوے سرو ہووے اگر آدمی روش
وصف اس کے قد کا میؔر سے سن کر اکڑ گیا

۔۳۶۰۔

(دیوان دوم)

دل کی واشد کے لیے کل باغ میں مَیں ٹک گیا
سن گلہ بلبل سے گل کا اور بھی جی رک گیا

عشق کی سوزش نے دل میں کچھ نہ چھوڑا کیا کہیں
لگ اٹھی یہ آگ ناگاہی کہ گھر سب پھک گیا

ہم نہ کہتے تھے کہ غافل خاک ہو پیش از فنا
دیکھ اب پیری میں قد تیرا کدھر کو جھک گیا

خدمت معقول ہی سب مغبچے کرتے رہے
شیخ آیا مے کدے کی اور جب تب ٹھک گیا

میؔر اس قاضی کے لونڈے کے لیے آخر موا
سب کو قضیہ اس کے جینے کا تھا بارے چک گیا

۔۳٦١۔

(دیوان چہارم)

شاید جگر حرارتِ عشق سے جل گیا
کل دردِ دل کہا سو مرا منہ ابل گیا

بے یار حیف باغ میں دل ٹک بہل گیا
دے گل کو آگ چار طرف میں نہ جل گیا

اس آہوے رمیدہ کی شوخی کہیں سو کیا
دکھلائی دے گیا تو چھلاوا سا چھل گیا

دن رات خوں کیا ہی کیے ہم جگر کو پھر
گر پھول گل سے کوئی گھڑی جی بہل گیا

تیور بدلنے سے تو نہیں اس کے بے حواس
اندیشہ یہ ہے طور ہی اس کا بدل گیا

ہر چند مَیں نے شوق کو پنہاں کیا ولے
ایک آدھ حرف پیار کا منہ سے نکل گیا

کرتے ہیں نذر ہم کہ نہ الفت کریں کہیں
گر دل ضعیف اب کے ہمارا سنبھل گیا

چلنے لگے تھے راہِ طلب پر ہزار شکر
پہلے قدم ہی پاؤں ہمارا بچل گیا

میں دہ دلا تو آگے ہی تھا فرطِ شوق سے
طور اس کا دیکھ اور بھی کچھ دل دہل گیا

سر اب لگے جھکانے بہت خاک کی طرف
شاید کہ میؔر جی کا دماغی خلل گیا

-۳۶۲-

(دیوان اول)

خواہ مجھ سے لڑ گیا اب خواہ مجھ سے مل گیا
کیا کہوں اے ہم نشیں میں تجھ سے حاصل دل گیا

اپنے ہی دل کو نہ ہو واشد تو کیا حاصل نسیم
گو چمن میں غنچۂ پژمردہ تجھ سے کھل گیا

دل سے آنکھوں میں لہو آتا ہے شاید رات کو
کشمکش میں بے قراری کی یہ پھوڑا چھل گیا

قیس کا کیا کیا گیا اودھر دل و دیں ہوش و صبر
جس طرف صحرا سے لیلیٰ کا چلا محمل گیا

رشک کی جا گہ ہے مرگ اس کشتۂ حسرت کی میرؔ
نعش کے ہمراہ جس کی گور تک قاتل گیا

-۳۶۳-

(دیوان اول)

گرمی سے مَیں تو آتشِ غم کی پگھل گیا
راتوں کو روتے روتے ہی جوں شمع گل گیا

ہم خستہ دل ہیں تجھ سے بھی نازک مزاج تر
تیوری چڑھائی تُو نے کہ یاں جی نکل گیا

گرمیِ عشق مانع نشوونما ہوئی
میں وہ نہال تھا کہ اگا اور جل گیا

مستی میں چھوڑ دیر کو کعبے چلا تھا مَیں
لغزش بڑی ہوئی تھی ولیکن سنبھل گیا

ساقی نشے میں تجھ سے لنڈھا شیشۂ شراب
چل اب کہ دخت تاک کا جوبن تو ڈھل گیا

ہر ذرہ خاک تیری گلی کی ہے بے قرار
یاں کون سا ستم زدہ ماٹی میں رل گیا
عریاں تنی کی شوخی سے دیوانگی میں میرؔ
مجنوں کے دشت خار کا داماں بھی چل گیا

۔۳۶۴۔

(دیوان پنجم)

ناخن سے بوالہوس کا گلا یوں ہی چھل گیا
لوہو لگا کے وہ بھی شہیدوں میں مل گیا
دل جمع تھا جو غنچہ کے رنگوں خزاں میں تھا
اے کیا کہوں بہار گل زخم کھل گیا
بے دل ہوئے پہ کرتے تدارک جو رہتا ہوش
ہم آپ ہی میں آئے نہیں جب سے دل گیا
دیکھا نہیں پہاڑ گراں سنگ یا سبک
زوروں چڑھا تھا عشق میں فرہاد پل گیا
شبنم کی سی نمود سے تھا مَیں عرق عرق
یعنی کہ ہستی ننگ عدم تھی خجل گیا
غم کھینچتے ہلا نہیں جاگہ سے کیا کروں
دل جا لگے ہے دم بہ دم اودھر ہی ہل گیا
صورت نہ دیکھی ویسی کشادہ جبیں کہیں
میں میرؔ اس تلاش میں چین و چگل گیا

۔۳۶۵۔

(دیوان پنجم)

عشق ہمارے خیال پڑا ہے خواب گئی آرام گیا
جی کا جانا ٹھہر رہا ہے صبح گیا یا شام گیا

عشق کیا سو دین گیا ایمان گیا اسلام گیا
دل نے ایسا کام کیا کچھ جس سے مَیں ناکام گیا

کس کس اپنی کل کو رووے ہجراں میں بے کل اس کا
خواب گئی ہے تاب گئی ہے چین گیا آرام گیا

آیا یاں سے جانا ہی تو جی کا چھپانا کیا حاصل
آج گیا یا کل جاوے گا صبح گیا یا شام گیا

ہائے جوانی کیا کیا کہیے شور سروں میں رکھتے تھے
اب کیا ہے وہ عہد گیا وہ موسم وہ ہنگام گیا

گالی جھڑکی خشم و خشونت یہ تو سردست اکثر ہیں
لطف گیا احسان گیا انعام گیا اکرام گیا

لکھنا کہنا ترک ہوا تھا آپس میں تو مدت سے
اب جو قرار کیا ہے دل سے خط بھی گیا پیغام گیا

نالۂ میؔر سواد میں ہم تک دوشیں شب سے نہیں آیا
شاید شہر سے اس ظالم کے عاشق وہ بدنام گیا

۔۳۶۶۔

(دیوان دوم)

سینکڑوں بیکسوں کا جان گیا
پر یہ تیرا نہ امتحان گیا

وائے احوال اس جفاکش کا
عاشق اپنا جسے وہ جان گیا

داغ حرماں ہے خاک میں بھی ساتھ
جی گیا پر نہ یہ نشان گیا

کل نہ آنے میں ایک یاں تیرے
آج سو سو طرف گمان گیا

حرف نشنو کوئی اسے بھی ملا
تب تو مَیں نے کہا سو مان گیا

دل سے مت جا کہ پھر وہ پچھتایا
ہاتھ سے جس کے یہ مکان گیا

پھرتے پھرتے تلاش میں اس کی
ایک میرا ہی یوں نہ جان گیا

اب جو عیسیٰؑ فلک پہ ہے وہ بھی
شوق میں برسوں خاک چھان گیا

کون جی سے نہ جائے گا اے میرؔ
حیف یہ ہے کہ تو جوان گیا

۔۳۶۷۔

(دیوان پنجم)

عشق صمد میں جان چلی وہ چاہت کا ارمان گیا
تازہ کیا پیمان صنم سے دین گیا ایمان گیا

میں جو گدایانہ چلایا در پر اس کے نصف شب
گوش زد آگے تھے نالے سو شور مرا پہچان گیا

آگے عالم عین تھا اس کا اب عین عالم ہے وہ
اس وحدت سے یہ کثرت ہے یاں میرا سب گیان گیا

مطلب کا سررشتہ گم ہے کوشش کی کوتاہی نہیں
جو طالب اس راہ سے آیا خاک بھی یاں کی چھان گیا

خاک سے آدم کر دکھلایا یہ منت کیا تھوڑی ہے
اب سر خاک بھی ہوجاوے تو سر سے کیا احسان گیا

ترک بچے سے عشق کیا تھا ریختے کیا کیا مَیں نے کہے
رفتہ رفتہ ہندستاں سے شعر مرا ایران گیا

کیونکہ جہت ہو دل کو اس سے میرؔ مقام حیرت ہے
چاروں اور نہیں ہے کوئی یاں واں یوں ہی دھیان گیا

۔۳۶۸۔

(دیوان اول)

قابو خزاں سے ضعف کا گلشن میں بن گیا
دوش ہوا پہ رنگِ گل و یاسمن گیا
برگشتہ بخت دیکھ کہ قاصد سفر سے مَیں
بھیجا تھا اس کے پاس سو میرے وطن گیا
خاطر نشاں اے صید فگن ہو گی کب تری
تیروں کے مارے میرا کلیجا تو چھن گیا
یادش بخیر دشت میں مانند عنکبوت
دامن کے اپنے تار جو خاروں پہ تن گیا
مارا تھا کس لباس میں عریانی نے مجھے
جس سے تہ زمین بھی میں بے کفن گیا
آئی اگر بہار تو اب ہم کو کیا صبا
ہم سے تو آشیاں بھی گیا اور چمن گیا
سرسبز ملک ہند میں ایسا ہوا کہ میرؔ
یہ ریختہ لکھا ہوا تیرا دکن گیا

۔۳۶۹۔

(دیوان اول)

ابر جب مجھ خاک پر سے ہو گیا
ایک دو دم زار باراں رو گیا
کیا کہوں میں میرؔ اپنی سرگذشت
ابتدا ہی قصے میں وہ سو گیا

۔۳۷۰۔

(دیوان اول)

کیا کہوں کیسا ستم غفلت سے مجھ پر ہو گیا
قافلہ جاتا رہا میں صبح ہوتے سو گیا

بے کسی مدت تلک برسا کی اپنی گور پر
جو ہماری خاک پر سے ہو کے گزرا رو گیا

کچھ خطرناکی طریقِ عشق میں پنہاں نہیں
کھپ گیا وہ راہرو اس راہ ہو کر جو گیا

مدعا جو ہے سو وہ پایا نہیں جاتا کہیں
ایک عالم جستجو میں جی کو اپنے کھو گیا

میرؔ ہر یک موج میں ہے زلف ہی کا سا دماغ
جب سے وہ دریا پہ آ کر بال اپنے دھو گیا

۔۳۷۱۔

(دیوان دوم)

دل دفعتہ جنوں کا مہیا سا ہو گیا
دیکھی کہاں وہ زلف کہ سودا سا ہو گیا

ٹک جوش سا اٹھا تھا مرے دل سے رات کو
دیکھا تو ایک پل ہی میں دریا سا ہو گیا

بے رونقی باغ ہے جنگل سے بھی پرے
گل سوکھ تیرے ہجر میں کانٹا سا ہو گیا

جلوہ ترا تھا جب تئیں باغ و بہار تھا
اب دل کو دیکھتے ہیں تو صحرا سا ہو گیا

کل تک تو ہم وے ہنستے چلے آئے تھے یوں ہی
مرنا بھی میرؔ جی کا تماشا سا ہو گیا

۔۳۷۲۔

(دیوان اول)

دل گیا رسوا ہوئے آخر کو سودا ہو گیا
اس دو روزہ زیست میں ہم پر بھی کیا کیا ہو گیا

۔۳۷۳۔

(دیوان دوم)

سینے میں شوق میؔر کے سب درد ہو گیا
دل پر رکھا تھا ہاتھ سو منہ زرد ہو گیا
نکلا تھا آج صبح بہت گرم ہو ولے
خورشید اس کو دیکھتے ہی سرد ہو گیا
بے پردہ اس کی شوخی قیامت ہے دیکھیو
یاں خاک سی اڑا دی فلک گرد ہو گیا
کشتی ہر اک فقیر کی بھردی شراب سے
اس دور میں کلال عجب مرد ہو گیا
دفتر لکھے ہیں میؔر نے دل کے الم کے یہ
یاں اپنے طور و طرز میں وہ فرد ہو گیا

۔۳۷۴۔

(دیوان ششم)

جس رفتنی کو عشق کا آزار ہو گیا
دوچار دن میں برسوں کا بیمار ہو گیا
نسبت بہت گناہوں کی میری طرف ہوئی
ناکردہ جرم میں تو گنہگار ہو گیا
حیرت زدہ میں عشق کے کاموں کا یار کے
دروازے پر کھڑے کھڑے دیوار ہو گیا

پھیلے شگاف سینے کے اطراف درد سے
کوچہ ہر ایک زخم کا بازار ہو گیا

بازار میں جہان کے ہے حسن کیا متاع
سو جی سے جس نے دیکھا خریدار ہو گیا

دل لے کے میری جان کا دشمن ہوا ندان
جس بے وفا سے اپنے تئیں پیار ہو گیا

عاشق کو اس کی تیغ سے ہے لاگ کھنچتے ہی
یہ کشتنی بھی مرنے کو تیار ہو گیا

مرتے موا رہا نہ ہوا تنگ ہی رہا
پھندے میں عشق کے جو گرفتار ہو گیا

کیا جرم تھا کسو پہ نہ معلوم کچھ ہوا
جو میرؔ کشت و خوں کا سزاوار ہو گیا

۔۳۷۵۔

(دیوان پنجم)

ناگاہ جس کو عشق کا آزار ہو گیا
سہل آگے اس کے مردن دشوار ہو گیا

ہے حسن کیا متاع کہ جس کو نظر پڑی
وہ جان بیچ کر بھی خریدار ہو گیا

برسوں تئیں جہان میں کیوں کر رہا ہے خضر
میں چار دن میں جینے سے بیزار ہو گیا

ہم بستری بن اس کی میں صاحب فراش ہوں
ہجراں میں کڑھتے کڑھتے ہی بیمار ہو گیا

ہم دام تھے سو چھٹ گئے سب دام کے اٹھے
تھی دل کو میرے چوٹ گرفتار ہو گیا

اس کی نگاہِ مست کا کھایا ہی تھا فریب
پر شیخ طرز دیکھ کے ہشیار ہو گیا
کیا متقی تھا میرؔ پر آئین عشق میں
مجرم سا کشت و خوں کا سزاوار ہو گیا

۔۳۷۶۔

(دیوان اول)

خوبی کا اس کی بسکہ طلب گار ہو گیا
گل باغ میں گلے کا مرے ہار ہو گیا
کس کو نہیں ہے شوق ترا پر نہ اس قدر
میں تو اسی خیال میں بیمار ہو گیا
میں نودمیدہ بال چمن زاد طیر تھا
پر گھر سے اٹھ چلا سو گرفتار ہو گیا
ٹھہرا گیا نہ ہو کے حریف اس کی چشم کا
سینے کو توڑ تیر نگہ پار ہو گیا
ہے اس کے حرفِ زیرلبی کا سبھوں میں ذکر
کیا بات تھی کہ جس کا یہ بستار ہو گیا
تو وہ متاع ہے کہ پڑی جس کی تجھ پہ آنکھ
وہ جی کو بیچ کر بھی خریدار ہو گیا
کیا کہیے آہ عشق میں خوبی نصیب کی
دلدار اپنا تھا سو دل آزار ہو گیا
آٹھوں پہر لگا ہی پھرے ہے تمھارے ساتھ
کچھ ان دنوں میں غیر بہت یار ہو گیا
کب رُو ہے اس سے بات کے کرنے کا مجھ کو میرؔ
ناکردہ جرم میں تو گنہگار ہو گیا

۔۳۷۷۔

(دیوان اول)

آگے جمالِ یار کے معذور ہو گیا
گل اک چمن میں دیدۂ بے نور ہو گیا
اک چشم منتظر ہے کہ دیکھے ہے کب سے راہ
جوں زخم تیری دوری میں ناسور ہو گیا
قسمت تو دیکھ شیخ کو جب لہر آئی تب
دروازہ شیرہ خانے کا معمور ہو گیا
پہنچا قریبِ مرگ کے وہ صیدِ ناقبول
جو تیری صیدگاہ سے ٹک دور ہو گیا
دیکھا یہ ناونوش کہ نیش فراق سے
سینہ تمام خانۂ زنبور ہو گیا
اس ماہ چاردہ کا چھپے عشق کیونکہ آہ
اب تو تمام شہر میں مشہور ہو گیا
شاید کسو کے دل کو لگی اس گلی میں چوٹ
میری بغل میں شیشۂ دل چُور ہو گیا
لاشہ مرا تسلی نہ زیرِ زمیں ہوا
جب تک نہ آن کر وہ سرِ گُور ہو گیا
دیکھا جو مَیں نے یار تو وہ میؔر ہی نہیں
تیرے غمِ فراق میں رنجور ہو گیا

۔۳۷۸۔

(دیوان اول)

وہ اک روش سے کھولے ہوئے بال ہو گیا
سنبل چمن کا مفت میں پامال ہو گیا

الجھاؤ پڑ گیا جو ہمیں اس کے عشق میں
دل سا عزیز جان کا جنجال ہو گیا

کیا امتدادِ مدتِ ہجراں بیاں کروں
ساعت ہوئی قیامت و مہ سال ہو گیا

دعویٰ کیا تھا گل نے ترے رخ سے باغ میں
سیلی لگی صبا کی سو منہ لال ہو گیا

قامت خمیدہ رنگ شکستہ بدن نزار
تیرا تو میرؔ غم میں عجب حال ہو گیا

۔۳۷۹۔

(دیوان دوم)

خط سے وہ زور صفائے حسن اب کم ہو گیا
چاہ یوسفؑ تھا ذقن سو چاہ رستم ہو گیا

سینہ کوبی سنگ سے دل خون ہونے میں رہی
حق بجانب تھا ہمارے سخت ماتم ہو گیا

ایک سا عالم نہیں رہتا ہے اس عالم کے بیچ
اب جہاں کوئی نہیں یاں ایک عالم ہو گیا

آنکھ کے لڑتے تری آشوب سا برپا ہوا
زلف کے درہم ہوئے اک جمع برہم ہو گیا

اس لب جاں بخش کی حسرت نے مارا جان سے
آب حیواں یمن طالع سے مرے سم ہو گیا

وقت تب تک تھا تو سجدہ مسجدوں میں کفر تھا
فائدہ اب جب کہ قد محراب سا خم ہو گیا

عشق ان شہری غزالوں کا جنوں کو اب کھنچا
وحشتِ دل بڑھ گئی آرام جاں رم ہو گیا

جی کھنچے جاتے ہیں فرط شوق سے آنکھوں کی اور
جن نے دیکھا ایک دم اس کو سو بے دم ہو گیا
ہم نے جو کچھ اس سے دیکھا سو خلاف چشم داشت
اپنا عزرائیل وہ جان مجسم ہو گیا
کیا کہوں کیا طرحیں بدلیں چاہ نے آخر کو میؔر
تھا گرہ جو درد چھاتی میں سو اب غم ہو گیا

۔۳۸۰۔

(دیوان ششم)

جمع اس کے نکلے عالم ہو گیا
جب تلک ہم جائیں اودھم ہو گیا
گو پریشاں ہو گئے گیسوے یار
حال ہی اپنا تو درہم ہو گیا
کیا کہوں کیا طرح بدلی یار نے
چاؤ تھا دل میں سو اب غم ہو گیا
کیا لکھوں مشکل ہوئی تحریر حال
خط کا کاغذ رونے سے نم ہو گیا
دم دیئے بہتیرے یاروں نے ولے
خشک نے سا شیخ بے دم ہو گیا
کیوں نہ درہم برہم اپنا ہو مزاج
بات کہتے یار برہم ہو گیا
باغ جیسے راغ وحشت گاہ ہے
یاں سے شاید گل کا موسم ہو گیا
کیا نماز اے میؔر اس اوقات کی
جب کہ قد محراب سا خم ہو گیا

۔۳۸۱۔

(دیوان سوم)

ہجر کی اک آن میں دل کا ٹھکانا ہو گیا
ہر زماں ملتے تھے باہم سو زمانہ ہو گیا
واں تعلل ہی تجھے کرتے گئے شام و سحر
یاں ترے مشتاق کا مرنا بہانہ ہو گیا
شیب میں بھی ہے لباس جسم کا ظاہر قماش
پر اسے اب چھوڑیے جامہ پرانا ہو گیا
کہنے تو کہہ بیٹھے مہ بہتر ہے رُوئے یار سے
شہر میں پھر ہم کو مشکل منہ دکھانا ہو گیا
صد سخن آئے تھے لب تک پر نہ کہنے پائے ایک
ناگہاں اس کی گلی سے اپنا جانا ہو گیا
رہنے کے قابل تو ہرگز تھی نہ یہ عبرت سرائے
اتفاقاً اس طرف اپنا بھی آنا ہو گیا
سینکڑوں افسوں دنوں کو پڑھتے تھے تس پر بھی میؔر
بیٹھنا راتوں کو باہم اب فسانہ ہو گیا

۔۳۸۲۔

(دیوان پنجم)

بات کہتے جی کا جانا ہو گیا
مرنا عاشق کا بہانہ ہو گیا
جائے بودن تو نہ تھی دنیائے دوں
اتفاقاً اپنا آنا ہو گیا
ماہ اس کو کہہ کے سارے شہر میں
مجھ کو مشکل منہ دکھانا ہو گیا

کر رکھا تعویذ طفلی میں جسے
اب سو وہ لڑکا سیانا ہو گیا
اس بلا سے آہ میں غافل رہا
یک بہ یک دل کا لگانا ہو گیا
کنجِ لب سے یار کے اچٹا نہ ٹک
الغرض دل کا ٹھکانا ہو گیا
رفتہ رفتہ اس پری کے عشق میں
میؔر سا دانا دوانہ ہو گیا

۔۳۸۳۔

(دیوان سوم)

میؔر کل صحبت میں اس کی حرف سرکر رہ گیا
پیش جاتے کچھ نہ دیکھی چشمِ تر کر رہ گیا
خوبی اپنے طالع بد کی کہ شب وہ رشکِ ماہ
گھر مرے آنے کو تھا سو منہ ادھر کر رہ گیا
طنز و تعریض بتان بے وفا کے در جواب
میں بھی کچھ کہتا خدا سے اپنے ڈر کر رہ گیا
سرگذشت اپنی سبب ہے حیرت احباب کی
جس سے دل خالی کیا وہ آہ بھر کر رہ گیا
میؔر کو کتنے دنوں سے رہتی تھی بے طاقتی
رات دل تڑپا بہت شاید کہ مر کر رہ گیا

۔۳۸۴۔

(دیوان دوم)

مکث طالع دیکھ وہ ایدھر کو چل کر رہ گیا
رات جو تھی چاند سا گھر سے نکل کر رہ گیا

خواب میں کل پاؤں اپنے دوست کے ملتا تھا مَیں
آنکھ دشمن کھل گئی سو ہاتھ مل کر رہ گیا

ہم تو تھے سرگرم پابوسی خدا نے خیر کی
نیمچہ کل خوش غلاف اس کا اگل کر رہ گیا

ہم بھی دنیا کی طلب میں سر کے بل ہوتے کھڑے
بارے اپنا پاؤں اس رہ میں بچل کر رہ گیا

کیا کہوں بیتابیِ شب سے کہ ناچار اس بغیر
دل مرے سینے میں دو دو ہاتھ اچھل کر رہ گیا

کیا ہمیں کو یار کے تیغے نے کھا کر دم لیا
ایسے بہتیروں کو یہ اژدر نگل کر رہ گیا

دو قدم ساتھ اس جفا جو کے چلا جاتا ہے جی
بوالہوس عیار تھا دیکھا نہ ٹل کر رہ گیا

آنکھ کچھ اپنی ہی اس کے سامنے ہوتی نہیں
جن نے وہ خونخوار سج دیکھی دہل کر رہ گیا

ایک ڈھیری راکھ کی تھی صبح جائے میؔر پر
برسوں سے جلتا تھا شاید رات جل کر رہ گیا

۔۳۸۵۔

(دیوان اول)

گل میں اس کی سی جو بو آئی تو آیا نہ گیا
ہم کو بن دوش ہوا باغ سے لایا نہ گیا

آہ جو نکلی مرے منہ سے تو افلاک کے پاس
اس کے آشوب کے عہدے سے برآیا نہ گیا

گل نے ہر چند کہا باغ میں رہ پر اس بن
جی جو اچٹا تو کسو طرح لگایا نہ گیا

سر نشین رہ مے خانہ ہوں میں کیا جانوں
رسم مسجد کے تئیں شیخ کہ آیا نہ گیا

حیف وے جن کے وہ اس وقت میں پہنچا جس وقت
ان کنے حال اشاروں سے بتایا نہ گیا

منتظر اس کے کرخت ہو گئے بیٹھے بیٹھے
جس کے مردے کو اٹھایا سو لٹایا نہ گیا

خطر راہِ محبت کہیں جوں حرف مٹے
جس سے اس طرف کو قاصد بھی چلایا نہ گیا

خوف آشوب سے غوغائے قیامت کے لیے
خون خوابیدۂ عشاق جگایا نہ گیا

میرؔ مت عذر گریباں کے پھٹے رہنے کا کر
زخمِ دل چاکِ جگر تھا کہ سلایا نہ گیا

۔۳۸۶۔

(دیوان اول)

دل کے تیں آتش ہجراں سے بچایا نہ گیا
گھر جلا سامنے پر ہم سے بجھایا نہ گیا

دل میں رہ دل میں کہ معمار قضا سے اب تک
ایسا مطبوع مکاں کوئی بنایا نہ گیا

کبھو عاشق کا ترے جبہے سے ناخن کا خراش
خطِ تقدیر کے مانند مٹایا نہ گیا

کیا تنک حوصلہ تھے دیدہ و دل اپنے آہ
ایک دم رازِ محبت کا چھپایا نہ گیا

دل جو دیدار کا قاتل کے بہت بھوکا تھا
اس ستم کشتہ سے اک زخم بھی کھایا نہ گیا

میں تو تھا صیدِ زبوں صید گہ عشق کے بیچ
آپ کو خاک میں بھی خوب ملایا نہ گیا
شہر دل آہ عجب جائے تھی پر اس کے گئے
ایسا اجڑا کہ کسی طرح بسایا نہ گیا
آج رکتی نہیں خامے کی زباں رکھیے معاف
حرف کا طول بھی جو مجھ سے گھٹایا نہ گیا

۔۳۸۷۔

(دیوان اول)

دل سے شوق رخ نکو نہ گیا
جھانکنا تاکنا کبھو نہ گیا
ہر قدم پر تھی اس کی منزل لیک
سر سے سودائے جستجو نہ گیا
سب گئے ہوش و صبر و تاب و تواں
لیکن اے داغ دل سے تو نہ گیا
دل میں کتنے مسودے تھے ولے
ایک پیش اس کے روبرو نہ گیا
سبحہ گرداں ہی میرؔ ہم تو رہے
دست کوتاہ تا سبو نہ گیا

۔۳۸۸۔

(دیوان اول)

جیتے جی کوچۂ دلدار سے جایا نہ گیا
اس کی دیوار کا سر سے مرے سایہ نہ گیا
کاو کاو مژۂ یار و دلِ زار و نزار
گتھ گئے ایسے شتابی کہ چھڑایا نہ گیا

وہ تو کل دیر تلک دیکھتا ایدھر کو رہا
ہم سے ہی حال تباہ اپنا دکھایا نہ گیا

گرم رو راہ فنا کا نہیں ہوسکتا پتنگ
اس سے تو شمع نمط سر بھی کٹایا نہ گیا

پاس ناموس محبت تھا کہ فرہاد کے پاس
بے ستوں سامنے سے اپنے اٹھایا نہ گیا

خاک تک کوچۂ دلدار کی چھانی ہم نے
جستجو کی پہ دل گم شدہ پایا نہ گیا

آتش تیز جدائی میں یکایک اس بن
دل جلا یوں کہ تنک جی بھی جلایا نہ گیا

مہ نے آ سامنے شب یاد دلایا تھا اسے
پھر وہ تاصبح مرے جی سے بھلایا نہ گیا

زیر شمشیر ستم میؔر تڑپنا کیسا
سر بھی تسلیم محبت میں ہلایا نہ گیا

جی میں آتا ہے کہ کچھ اور بھی موزوں کیجے
دردِ دل ایک غزل میں تو سنایا نہ گیا

۔۳۸۹۔

(دیوان اول)

تجھ سے ہر آن مرے پاس کا آنا ہی گیا
کیا گلہ کیجے غرض اب وہ زمانہ ہی گیا

چشم بن اشک ہوئی یا نہ ہوئی یکساں ہے
خاک میں جب وہ ملا موتی کا دانہ ہی گیا

بر مجنوں میں خردمند کوئی جا نہ سکا
عاقبت سر کو قدم کر یہ دوانہ ہی گیا

ہم اسیروں کو بھلا کیا جو بہار آئی نسیم
عمر گزری کہ وہ گلزار کا جانا ہی گیا

جی گیا میرؔ کا اس لیت و لعل میں لیکن
نہ گیا ظلم ہی تیرا نہ بہانہ ہی گیا

۔۳۹۰۔

(دیوان اول)

اس کا خیال چشم سے شب خواب لے گیا
قسمے کہ عشق جی سے مرے تاب لے گیا

کن نیندوں اب تو سوتی ہے اے چشم گریہ ناک
مژگاں تو کھول شہر کو سیلاب لے گیا

آوے جو مصطبے میں تو سن لو کہ راہ سے
واعظ کو ایک جام مئے ناب لے گیا

نے دل رہا بجا ہے نہ صبر و حواس و ہوش
آیا جو سیل عشق سب اسباب لے گیا

میرے حضور شمع نے گریہ جو سر کیا
رویا میں اس قدر کہ مجھے آب لے گیا

احوال اس شکار زبوں کا ہے جائے رحم
جس ناتواں کو مفت نہ قصاب لے گیا

منہ کی جھلک سے یار کے بے ہوش ہو گئے
شب ہم کو میرؔ پرتو مہتاب لے گیا

۔۳۹۱۔

(دیوان سوم)

دین و دل کے غم کو آساں ناتواں میں لے گیا
یا محبت کہہ کے یہ بارگراں میں لے گیا

خاک و خوں میں لوٹ کر رہ جانے ہی کا لطف ہے
جان کو کیا جو سلامت نیم جاں میں لے گیا

سرگذشت عشق کی تہ کو نہ پہنچا یاں کوئی
گرچہ پیش دوستاں یہ داستاں میں لے گیا

عرصۂ دشت قیامت باغ ہوجائے گا سب
اس طرح سے جو یہ چشمِ خوں فشاں میں لے گیا

ذکر دل جانے کا وہ پرکینہ سن کہنے لگا
یہ سناتے ہو کسے کیا مہرباں میں لے گیا

یک جہاں مہر و وفا کی جنس تھی میرے کنے
لیکن اس کو پھیر ہی لایا جہاں میں لے گیا

ریختہ کاہے کو تھا اس رتبۂ اعلیٰ میں میرؔ
جو زمیں نکلی اسے تا آسماں میں لے گیا

۔۳۹۲۔

(دیوان اول)

مفت آبروئے زاہد علامہ لے گیا
اک مغبچہ اتار کے عمامہ لے گیا

داغِ فراق و حسرت وصل آرزوئے شوق
میں ساتھ زیر خاک بھی ہنگامہ لے گیا

پہنچا نہ پہنچا آہ گیا سو گیا غریب
وہ مرغِ نامہ بر جو مرا نامہ لے گیا

اس راہزن کے ڈھنگوں سے دیوے خدا پناہ
اک مرتبہ جو میرؔ جی کا جامہ لے گیا

۔۳۹۳۔

(دیوان اول)

نہ پوچھ خواب زلیخا نے کیا خیال لیا
کہ کاروان کا کنعاں کے جی نکال لیا
رہِ طلب میں گرے ہوتے سر کے بھل ہم بھی
شکستہ پائی نے اپنی ہمیں سنبھال لیا
رہوں ہوں برسوں سے ہم دوش پر کبھو ان نے
گلے میں ہاتھ مرا پیار سے نہ ڈال لیا
بتاں کی میرؔ ستم وہ نگاہ ہے جس نے
خدا کے واسطے بھی خلق کا وبال لیا

۔۳۹۴۔

(دیوان اول)

ہمارے آگے ترا جب کسو نے نام لیا
دلِ ستم زدہ کو ہم نے تھام تھام لیا
قسم جو کھایئے تو طالعِ زلیخا کی
عزیزِ مصر کا بھی صاحب اک غلام لیا
خراب رہتے تھے مسجد کے آگے مے خانے
نگاہِ مست نے ساقی کی انتقام لیا
وہ کج روش نہ ملا راستے میں مجھ سے کبھی
نہ سیدھی طرح سے ان نے مرا سلام لیا
مزا دکھائیں گے بے رحمی کا تری صیاد
گر اضطرابِ اسیری نے زیرِ دام لیا
مرے سلیقے سے میری نبھی محبت میں
تمام عمر میں ناکامیوں سے کام لیا

اگرچہ گوشہ گزیں ہوں میں شاعروں میں میؔر
پہ میرے شور نے رُوئے زمیں تمام لیا

۔۳۹۵۔

(دیوان اول)

دامان کوہ میں جو میں ڈاڑھ مار رویا
اک ابر واں سے اٹھ کر بے اختیار رویا
پڑتا نہ تھا بھروسا عہد وفائے گل پر
مرغِ چمن نہ سمجھا میں تو ہزار رویا
ہر گل زمین یاں کی رونے ہی کی جگہ تھی
مانند ابر ہر جا میں زار زار رویا
تھی مصلحت کہ رک کر ہجراں میں جان دیجے
دل کھول کر نہ غم میں مَیں ایک بار رویا
اک عجز عشق اس کا اسباب صد الم تھا
کل میؔر سے بہت میں ہو کر دوچار رویا

۔۳۹۶۔

(دیوان دوم)

غنچہ ہی وہ دہان ہے گویا
ہونٹ پر رنگ پان ہے گویا
میرے مردے سے بھی وہ چونکے ہے
اب تلک مجھ میں جان ہے گویا
چاہیے جیتے گزرے اس کا نام
منہ میں جب تک زبان ہے گویا
سربسر کیں ہے لیک وہ پرکار
دیکھو تو مہربان ہے گویا

حیرت رُوئے گل سے مرغِ چمن
چپ ہے یوں بے زبان ہے گویا

مسجد ایسی بھری بھری کب ہے
مے کدہ اک جہان ہے گویا

جائے ہے شور سے فلک کی طرف
نالۂ صبح بان ہے گویا

بسکہ ہیں اس غزل میں شعر بلند
یہ زمین آسمان ہے گویا

وہی شور مزاج شیب میں ہے
میرؔ اب تک جوان ہے گویا

ردیف ب

۔۳۹۷۔

(دیوان سوم)

سب آتش سو زندۂ دل سے ہے جگر آب
بے صرفہ کرے صرف نہ کیوں دیدۂ تر آب
پھرتی ہے اڑی خاک بھی مشتاق کسو کی
سر مار کے کرتا ہے پہاڑوں میں بسر آب
کیا کریے اسے آگ سا بھڑکایا ہے جن نے
نزدیک تر اب اس کو کرے غرق مگر آب
دل میں تو لگی دوں سی بھریں چشمے سی آنکھیں
کیا اپنے تئیں روؤں ادھر آگ ادھر آب
کس طور سے بھر آنکھ کوئی یار کو دیکھے
اس آتشیں رُخسار سے ہوتی ہے نظر آب
ہم ڈرتے شکررنجی سے کہتے نہیں یہ بھی
خجلت سے ترے ہونٹوں کی ہیں شہد و شکر آب
کس شکل سے اک رنگ پہ رہنا ہو جہاں کا
رہتی ہیں کوئی صورتیں یہ نقش ہیں بر آب
شعلے جو مرے دل سے اٹھیں ہیں سو نہ بیٹھیں
برسوں تئیں چھڑکا کرو تم ان پہ اگر آب
استادہ ہو دریا تو خطرناکی بہت ہے
آ اپنے کھلے بالوں سے زنجیر نہ کر آب
شب روؤں ہوں ایسا کہ جدھر یار کا گھر ہے
جاتا ہوں گلے چھاتی تک اودھر کو اتر آب
اس دشت سے ہو میرؔ ترا کیونکہ گزارا

تا زانو ترے گل ہے تری تا بہ کمر آب

۔۳۹۸۔

(دیوان اول)

ہوتا نہ پائے سرو جو جوے چمن میں آب
تو کون قمریوں کے چواتا دہن میں آب
اس پر لہو کے پیاسے ہیں تیرے لبوں کے رشک
اک نام کو رہی ہے عقیق یمن میں آب
شب سوزِ دل کہا تھا مَیں مجلس میں شمع سے
روئی ہے یاں تلک کہ بھرا ہے لگن میں آب
دل لے گیا تھا زیرزمیں میں بھرا ہوا
آتا ہے ہر مسام سے میرے کفن میں آب
رویا تھا تیری چشم و مژہ یاد کر کے مَیں
ہے نیزہ نیزہ تب سے نواحِ ختن میں آب
ناسور پھونک کے پیچو خبر ہے شرط
ہے آپ داغ کوچۂ زخمِ کہن میں آب
دریا میں قطرہ قطرہ ہے آب گہر کہیں
ہے میؔر موجزن ترے ہر یک سخن میں آب

۔۳۹۹۔

(دیوان دوم)

شبنم سے کچھ نہیں ہے گل و یاسمن میں آب
دیکھ اس کو بھر بھر آوے ہے سب کے دہن میں آب
لو سدھ شتاب فاختۂ گریہ ناک کی
آیا نہیں ہے دیر سے جوے چمن میں آب
سوزش بہت ہو دل میں تو آنسو کو پی نہ جا

کرتا ہے کام آگ کا ایسی جلن میں آب
تھا گوش زد کہ گوروں میں لگ لگ اٹھے ہے آگ
یاں دل بھرے ہوئے کے سبب ہے کفن میں آب
جی ڈوب جائے دیکھیں جہاں بھر نظر ادھر
تم کہتے ہو نہیں مرے چاہِ ذقن میں آب
لب تشنگان عشق کے ہیں کام کے وہ لعل
کیا آپ کو جو ہووے عقیق یمن میں آب
تب قیس جنگلوں کے تئیں آگ دے گیا
ہم بھر چلے ہیں رونے سے اب سارے بن میں آب
سن سوزِ دل کو میرے بہت روئی رات شمع
بیرون بزم لائے ہیں بھر بھر لگن میں آب
دیکھو تو کس روانی سے کہتے ہیں شعر میؔر
در سے ہزار چند ہے ان کے سخن میں آب

۔۴۰۰۔

(دیوان ششم)

آیا ہے شیب سر پہ گیا ہے شباب اب
کرنا جو کچھ ہو تم کو سو کر لو شتاب اب
بگڑا بنا ہوں عشق سے سو بار عاقبت
پایا قرار یہ کہ رہوں میں خراب اب
خوں ریزی عاشقوں کی ہے ظالم اگر ثواب
تو تو ہوا ہے تجھ کو بہت سا ثواب اب
بھڑکی دروں میں آتش سوزندہ عشق کی
دل رہ گیا ہے پہلو میں ہو کر کباب اب
ہوں اس بہشتی رو سے جدا میں جحیم میں

رہتا ہے میری خاک کو ہر دم عذاب اب
قاصد جو آیا چپ ہے نشاں خط کا کچھ نہیں
دیکھیں جو لاوے باد کوئی کیا جواب اب
کیا رنج و غم کو آگے ترے میں کروں شمار
یاں خود حسابی میری تو ہے بے حساب اب
جھپکی ہیں آنکھیں اور جھکی آتی ہیں بہت
نزدیک شاید آیا ہے ہنگام خواب اب
آرام کریے میری کہانی بھی ہو چکی
کرنے لگو گے ورنہ عتاب و خطاب اب
جانا سبھوں نے یہ کہ تو معشوق میؔر ہے
خلع العذار سے نہ گیا ہے حجاب اب

۔۴۰۱۔

(دیوان دوم)

داغ ہوں جلتا ہے دل بے طور اب
دیکھیے کیا گل کھلے ہے اور اب
زخمِ دل غائر ہو پہنچا تا جگر
تم لگے کرنے ہماری غور اب
شعر پڑھتے پھرتے ہیں سب میؔر کے
اس قلمرو میں ہے ان کا دور اب

۔۴۰۲۔

(دیوان چہارم)

ہوا جو دل خوں خرابی آئی ہر ایک اعضا میں ہے فتور اب
حواس گم ہیں دماغ کم ہے رہا سہا بھی گیا شعور اب
مریں گے غائب ہزار یوں تو نظر میں ہرگز نہ لاوے گا تو

کریں گے ضائع ہم آپ ہی کو بتنگ ہو کر ترے حضور اب
وجوب و امکاں میں کیا ہے نسبت کہ میؔر بندے کا پیش صاحب
نہیں ہے ہونا ضرور کچھ تو مجھے بھی ہونا ہے کیا ضرور اب

۔۴۰۳۔

(دیوان سوم)

ماہ صیام آیا ہے قصد اعتکاف اب
جا بیٹھیں مے کدے میں مسجد سے اٹھ کے صاف اب
مسلم ہیں رفتہ رو کے کافر ہیں خستہ مُو کے
یہ پیچ سے اٹھے گا کس طور اختلاف اب
جو حرف ہیں سو ٹیڑھے خط میں لکھے ہیں شاید
اس کے مزاج میں ہے کچھ ہم سے انحراف اب
مجرم ٹھہر گئے ہم پھرنے سے ساتھ تیرے
بہتر ہے جو رکھے تو اس سے ہمیں معاف اب
گو لگ گیا گلے میں مت کھینچ تیغ مجھ پر
اپنے گنہ کا مَیں تو کرتا ہوں اعتراف اب
کیا خاک میں ملا کر اپنے تئیں موا ہے
پیدا ہو گورمجنوں تو کیجیے طواف اب
کھنچتے ہیں جامے خوں میں کن کن کے میؔر دیکھیں
لگتی ہے سرخ اس کے دامن کے تیں سنجاف اب

۔۴۰۴۔

(دیوان سوم)

پڑا ہے فرق خورد و خواب میں اب
رہا ہے کیا دل بے تاب میں اب
جنوں میں اب کے نے دامن ہے نے جیب

کمی آئی بہت اسباب میں اب
ہوا ہے خواب ملنا اس سے شب کا
کبھو آتا ہے وہ مہ خواب میں اب
گدائی لی ہے مَیں نے اس کے در کی
کہے کیا دیکھوں میرے باب میں اب
گلے لگنے بن اس کے اتنا روئے
کہ ہم ہیں گے گلے تک آب میں اب
کہاں بل کھائے بال اس کے کہاں یہ
عبث سنبل ہے پیچ وتاب میں اب
بلا چرچا ہے میرے عشق کا میؔر
یہی ہے ذکر شیخ و شاب میں اب

۔۴۰۵۔

(دیوان پنجم)

کاوش سے ان پلکوں کی رہتی ہے خلش سی جگر میں اب
سیدھی نظر جو اس کی نہیں ہے یاس ہے اپنی نظر میں اب
موسمِ گل کا شاید آیا داغ جنوں کے سیاہ ہوئے
دل کھنچتا ہے جانب صحرا جی نہیں لگتا گھر میں اب
نقش نہیں پانی میں ابھرتا یہ تو کوئی اچنبھا ہے
صورت خوب اس کی ہے پھرتی اکثر چشمِ تر میں اب
ایک جگہ پر جیسے بھنور ہیں لیکن چکر رہتا ہے
یعنی وطن دریا ہے اس میں چار طرف ہیں سفر میں اب
حسرت نے ملنے کی آیا میؔر تمھارا خون پیا
تیغ و تبر اس ترک بچے ظالم کی نہیں ہے کمر میں اب

۔۴۰۶۔

(دیوان چہارم)

خلاف وعدہ بہت ہوئے ہو کوئی تو وعدہ وفا کرو اب
ملا کے آنکھیں دروغ کہنا کہاں تلک کچھ حیا کرو اب
خیال رکھیے نہ سرکشی کا سنو ہو صاحب کہ پیری آئی
خمیدہ قامت بہت ہوا ہے جھکائے سر ہی رہا کرو اب
کہاں ہے طاقت جو میؔر کا دل سب ان بلاؤں کی تاب لاوے
کرشمے غمزے کو ناز سے ٹک ہماری خاطر جدا کرو اب

۔۴۰۷۔

(دیوان پنجم)

کب سے صحبت بگڑ رہی ہے کیوں کر کوئی بناوے اب
ناز و نیاز کا جھگڑا ایسا کس کے کنے لے جاوے اب
سوچتےّ آتے ہیں جی میں پگڑی پر گل رکھے سے
کس کو دماغ رہا ہے اس کے جو حرف خشن اٹھاوے اب
تیغ بلند ہوئی ہے اس کی قسمت ہوں گے زخم رسا
مرد اگر ہے صیدحرم تو کوئی جراحت کھاوے اب
داغ سر و سینے کے میرے حسرت آگیں چشم ہوئے
دیکھیں کیا کیا عشق ستم کش ہم لوگوں کو دکھاوے اب
دم دو دم گھبراہٹ ہو تو ہوسکتا ہے تدارک بھی
جی کی چال سے پیدا ہے سو کوئی گھڑی میں جاوے اب
دل کے داغ بھی گل ہیں لیکن دل کی تسلی ہوتی نہیں
کاشکے دو گلبرگ ادھر سے باؤ اڑا کر لاوے اب
اس کے کفک کی پامالی میں دل جو گیا تھا شاید میؔر
یار ادھر ہو مائل ٹک تو وہ رفتہ ہاتھ آوے اب

-۴۰۸-

(دیوان چہارم)

جوش رونے کا مجھے آیا ہے اب
دیدۂ تر ابر سا چھایا ہے اب
ٹیڑھے بانکے سیدھے سب ہوجائیں گے
اس کے بالوں نے بھی بل کھایا ہے اب
ہوں بخود تو کوئی پہنچے مجھ تلک
بے خودی نے دور پہنچایا ہے اب
کاش کے ہوجائے سینہ چاک چاک
رکتے رکتے جی بھی گھبرایا ہے اب
راہ پر وہ کیونکہ آوے مست ناز
دشمنوں نے اس کو بہکایا ہے اب
کیا جئیں گے داغ ہو کر خوں ہوا
زندگی کا دل جو سرمایہ ہے اب
میرؔ شاید کعبے ہی میں رہ پڑے
دیر سے تو یاں خدا لایا ہے اب

-۴۰۹-

(دیوان دوم)

جیسا مزاج آگے تھا میرا سو کب ہے اب
ہر روز دل کو سوز ہے ہر شب تعب ہے اب
سدھ کچھ سنبھالتے ہی وہ مغرور ہو گیا
ہر آن بے دماغی و ہر دم غضب ہے اب
دوری سے اس کی آہ عجب حال میں ہیں لوگ
کچھ بھی جو پاس وہ نہ کرے تو عجب ہے اب

طاقت کہ جس سے تاب جفا تھی سو ہو چکی
تھوڑی سی کوفت میں بھی بہت سا تعب ہے اب
دریا چلا ہے آج تو بوس و کنار کا
گر جی چلاوے کوئی دوانہ تو ڈھب ہے اب
جاں بخشیاں جو پیشتر از خط کیا کیے
ان ہی لبوں سے خلقِ خدا جاں بلب ہے اب
رنجش کی وجہ آگے تو ہوتی بھی تھی کوئی
روپوش ہم سے یار جو ہے بے سبب ہے اب
نے چاہ وہ اسے ہے نہ مجھ کو ہے وہ دماغ
جانا مرا ادھر کو بشرط طلب ہے اب
جاتا ہوں دن کو ملنے تو کہتا ہے دن ہے میرؔ
جو شب کو جایئے تو کہے ہے کہ شب ہے اب

۔۴۱۰۔

(دیوان ششم)

آئینہ سا جو کوئی یاں آشنا صورت ہے اب
بے مروّت اس زمانے میں ہمہ حیرت ہے اب
کیا کوئی یاری کسو سے کر کے ہووے شاد کام
دوستی ہے دشمنی الفت نہیں کلفت ہے اب
چاہتا ہے دردِ دل کرنا کسو سے دل دماغ
سو دماغ اپنا ضعیف اور قلب بے طاقت ہے اب
کیونکہ دنیا دنیا رسوائی مری موقوف ہو
عالم عالم مجھ پہ اس کے عشق کی تہمت ہے اب
اشک نومیدا نہ پھرتے ہیں مری آنکھوں کے بیچ
میرؔ یہ دے ہے دکھائی جان کی رخصت ہے اب

۔۴۱۱۔

(دیوان پنجم)

تاب عشق نہیں ہے دل کو جی بھی بے طاقت ہے اب
یعنی سفر ہے دور کا آگے اور اپنی رخصت ہے اب
وصل میں کیا کیا صحبتیں رنگیں کس کس عیش میں دن گزرے
تنہا بیٹھ رہے ہیں یک سو ہجر میں یہ صحبت ہے اب
جب سے بنائے صبح ہستی دو دم پر یاں ٹھہرائی
کیا کیا کریے اس مہلت میں کچھ بھی ہمیں فرصت ہے اب
چور اچکے سکّھ مرہٹے شاہ و گدا زرخواہاں ہیں
چین سے ہیں جو کچھ نہیں رکھتے فقر بھی اک دولت ہے اب
پاؤں پہ سر رکھنے کی مجھ کو رخصت دی تھی میرؔ ان نے
کیا پوچھو ہو سر پر میرے منت سی منت ہے اب

۔۴۱۲۔

(دیوان چہارم)

کیا کریں تدبیر دل مقدور سے باہر ہے اب
ناامید اس زندگانی کرنے سے اکثر ہے اب
جن دنوں ہم کافروں سے ربط تھا وے ہو چکے
وہ بتِ بے مہر اپنی اور سے پتھر ہے اب
دور تک رسوا ہوا ہوں شہروں شہروں ملک ملک
میرے شعر و شاعری کا تذکرہ گھر گھر ہے اب
وہ طبیعت ہی نہیں ہے میری اے مشفق طبیب
کر دوا جو طبع میں آوے تری بہتر ہے اب
بے خود اس مست ادا و ناز بن رہتے ہیں ہم
عالم اپنا دیکھیے تو عالم دیگر ہے اب

وہ سپاہی پیشہ لوگوں ہی میں رہتا ہے گھرا
گرد پیش اس دشمن احباب کے لشکر ہے اب
گفتگو انسان سے محشر میں ہے یعنی کہ میرؔ
سارا ہنگامہ قیامت کا مرے سر پر ہے اب

۔۴۱۳۔

(دیوان چہارم)

دردِ سر کا پہر پہر ہے اب
زندگانی ہی دردِ سر ہے اب
وہ دماغ ضعیف بھی نہ رہا
بے دماغی ہی بیشتر ہے اب
کیا ہمیں ہم تو ہو چلے ٹھنڈے
گرم گو یار کی خبر ہے اب
کیا کہیں حال خاطر آشفتہ
دل خدا جانیے کدھر ہے اب
عزلتی میرؔ جوں صبا اس بن
خاک بر سر ہے دربدر ہے اب

۔۴۱۴۔

(دیوان پنجم)

دل کے گئے بیکس کہلائے ایسا کہاں ہمدم ہے اب
کون ایسے محروم غمیں کا ہم راز و محرم ہے اب
سینہ زنی سے غم زدگی ہے سر دھننا ہے رونا ہے
دل جو ہمارا خون ہوا ہے اس سے بلا ماتم ہے اب
سن کر حال کسو کے دل کا رونا ہی مجھ کو آتا تھا
یعنی کبھو جو کڑھتا تھا مَیں وہ رونا ہر دم ہے اب

زردی چہرہ تن کی نزاری بیماری پھر چاہت ہے
دل میں غم ہے مژگاں نم ہیں حال بہت درہم ہے اب
دیکھیں دن کٹتے ہیں کیوں کر راتیں کیونکہ گزرتی ہیں
بیتابی ہے زیادہ زیادہ صبر بہت کم کم ہے اب
عشق ہمارا آہ نہ پوچھو کیا کیا رنگ بدلتا ہے
خون ہوا دلِ داغ ہوا پھر درد ہوا پھر غم ہے اب
ملنے والو پھر ملیے گا ہے وہ عالم دیگر میں
میرؔ فقیر کو سکر ہے یعنی مستی کا عالم ہے اب

۔۴۱۵۔

(دیوان دوم)

وہ جو کشش تھی اس کی طرف سے کہاں ہے اب
تیر و کماں ہے ہاتھ میں سینہ نشاں ہے اب
اتنا بھی منہ چھپانا خط آئے پہ وجہ کیا
لڑکا نہیں ہے نامِ خدا تو جواں ہے اب
پھول اس چمن کے دیکھتے کیا کیا جھڑے ہیں ہائے
سیلِ بہار آنکھوں سے میری رواں ہے اب
جن و ملک زمین و فلک سب نکل گئے
بارِ گرانِ عشق و دلِ ناتواں ہے اب
نکلی تھی اس کی تیغ ہوئے خوش نصیب لوگ
گردن جھکائی میں تو سنا یہ اماں ہے اب
زردی رنگ ہے غم پوشیدہ پر دلیل
دل میں جو کچھ ہے منہ سے ہمارے عیاں ہے اب
پیش از دمِ سحر مرا رونا لہو کا دیکھ
پھولے ہے جیسے سانجھ وہی یاں سماں ہے اب

نالاں ہوئی کہ یاد ہمیں سب کو دے گئی
گلشن میں عندلیب ہماری زباں ہے اب
برسوں ہوئے گئے اسے پر بھولتا نہیں
یادش بخیر میرؔ رہے خوش جہاں ہے اب

۔۴۱۶۔

(دیوان سوم)

طاقت تعب کی غم میں تمھارے نہیں ہے اب
گویا کہ جان جسم میں سارے نہیں ہے اب
کل کچھ صبا ہوئی تھی گل افشاں قفس میں بھی
وہ بے کلی تو جان کو بارے نہیں ہے اب
جیتے تو لاگ پلکوں کی اس کی کہیں گے ہم
کچھ ہوش ہم کو چھڑیوں کے مارے نہیں ہے اب
زردی چہرہ اب تو سفیدی کو کھنچ گئی
وہ رنگ آگے کا سا پیارے نہیں ہے اب
مسکن جہاں تھا دل زدہ مسکیں کا ہم تو واں
کل دیر میرؔ میرؔ پکارے نہیں ہے اب

۔۴۱۷۔

(دیوان دوم)

عجب صحبت ہے کیوں کر صبح اپنی شام کریے اب
جہاں ٹک آن بیٹھے ہم کہا آرام کریے اب
ہزاروں خواہش مردہ نے سر دل سے نکالا ہے
قیامت جی پہ ہے دیدار کو ٹک عام کریے اب
بلا آشوب تھا گو جان پر آغاز الفت میں
ہوا سو تو ہوا اندیشۂ انجام کریے اب

بہت کی یاصنم گوئی ہوئے مشہور کافر ہم
وظیفہ کوئی دن اپنا خدا کا نام کریے اب
زباں خامہ کے ہلتے ہی ہزاروں اشک گرتے ہیں
حقیقت اپنے دل کی آہ کیا ارقام کریے اب
کہاں تک کام ناکام اس جفا جو کے لیے مریے
اگر تلوار ہاتھ آوے تو اپنا کام کریے اب
فسانہ شاخ در شاخ اس نہال حسن کے غم کا
کہاں اے میرؔ بے برگ و نوا اتمام کریے اب

۔۴۱۸۔

(دیوان چہارم)

کیا گئی جان و دل سے تاب شتاب
آنسو آتے ہیں اب شتاب شتاب
ہلیں وے پلکیں اور کیے رخنے
حالِ دل ہو گیا خراب شتاب
یوں صبا بھی سبک نہیں جاتی
جوں گیا موسم شباب شتاب
پیر ہو کر ہوا ہوں یوں غافل
جیسے لڑکوں کو آوے خواب شتاب
مرتے ہیں ہو جواب نامہ وہی
آوے خط کا اگر جواب شتاب
مہربانی تو دیر میں ہے کبھو
ہے دل آزاری و عتاب شتاب
یاں قدم چاہیے رکھیں گن کر
میرؔ لے ہے کوئی حساب شتاب

۔۴۱۹۔

(دیوان ششم)

منہ دھوتے اس کے آتا تو ہے اکثر آفتاب
کھاوے گا آفتابہ کوئی خودسر آفتاب

سر صدقے تیرے ہونے کی خاطر بہت ہے گرم
مارا کرے ہے شام و سحر چکر آفتاب

ہر خانہ کیوں نہ صبح جہاں میں ہو پر فروغ
پھرتا ہے جھانکتا اسی کو گھر گھر آفتاب

تجرید کا فراغ ہے یک دولت عظیم
بھاگے ہے اپنے سائے سے بھی خوشتر آفتاب

نازک مزاج ہے تو کہیں گھر سے مت نکل
ہوتا ہے دوپہر کے تئیں سر پر آفتاب

پیدا ہے روز مشرق نو کی نمود سی
آئے ہے کوئے یار سے بچ بچ کر آفتاب

ہو پست اس کے نور کا زیرِ زمیں گیا
ہر چند سب ستاروں سے تھا برتر آفتاب

اس رخ کی روشنی میں نہ معلوم کچھ ہوا
مہ گم کدھر ہوا ہے گیا کیدھر آفتاب

کس زورکش کی قوسِ قزح ہے کمان پاک
جس کی اٹھا سکا نہ کبھو سیسر آفتاب

روشن ہے یہ کہ خوف ہے اس غصہ ور کا میؔر
نکلے ہے صبح کانپتا جو تھر تھر آفتاب

۔۴۲۰۔

(دیوان پنجم)

باہم ہوئی ہے ترک ملاقات کیا سبب
اب کم بہت ہے ہم پہ عنایات کیا سبب
ہم تو تمھارے حسن کی حیرت سے ہیں خموش
تم ہم سے کوئی کرتے نہیں بات کیا سبب
ہم تیرہ روز آپ سے تم بن سحر گئے
آئے نہ تم ہمارے کنے رات کیا سبب
اس کی نگاہِ مست تو اودھر نہیں پڑی
مسجد جو ہو گئی ہے خرابات کیا سبب
تھا مرتبہ ہمیشہ سگ یار کا بلند
ہے میؔر سے سلوک مساوات کیا سبب

۔۴۲۱۔

(دیوان دوم)

عشاق کے تئیں ہے عجز و نیاز واجب
ہے فرض عین رونا دل کا گداز واجب
یوں سرفرو نہ لاوے ناداں کوئی وگرنہ
رہنا سجود میں ہے جیسے نماز واجب
ناسازی طبیعت ایسی پھر اس کے اوپر
ہے ہر کسو سے مجھ کو ناچار ساز واجب
لڑکا نہیں رہا تو جو کم تمیز ہووے
عشق و ہوس میں اب ہے کچھ امتیاز واجب
صرفہ نہیں ہے مطلق جان عزیز کا بھی
اے میؔر تجھ سے ظالم ہے احتراز واجب

۔۴۲۲۔

(دیوان ششم)

ہے عشق میں جو حال بتر تو ہے کیا عجب
مر جائے کوئی خستہ جگر تو ہے کیا عجب
لے جا کے نامے کتنے کبوتر ہوئے ہیں ذبح
اڑتی سی ہم کو آوے خبر تو ہے کیا عجب
شب ہائے تار و تیرہ زمانے میں دن ہوئیں
شبِ ہجر کی بھی ہووے سحر تو ہے کیا عجب
جیسے ہے رخنہ رخنہ یہ چرخ اثیر سب
اس آہ کا ہو اس میں اثر تو ہے کیا عجب
جاتی ہے چشم شوخ کسی کی ہزار جا
آوے ادھر بھی اس کی نظر تو ہے کیا عجب
لغزش ملک سے ہووے لچک اس کمر کی دیکھ
عاشق سے جو بندھے نہ کمر تو ہے کیا عجب
ترکِ وطن کیا ہے عزیزوں نے چاہ میں
کر جائے کوئی رفتہ سفر تو ہے کیا عجب
برسوں سے ہاتھ مارتے ہیں سر پہ اس بغیر
ہووے بھی ہم سے دست بسر تو ہے کیا عجب
معلوم سودمندی عشاق عشق میں
پہنچے ہے اس سے ہم کو ضرر تو ہے کیا عجب
گھر بار میں لٹا کے گیا گھر سے بھی نکل
اب آوے وہ کبھو مرے گھر تو ہے کیا عجب
ملتی نہیں ہے آنکھ اس آئینہ رُو کی میرؔ
وہ دل جو لے کے جاوے مکر تو ہے کیا عجب

۔۴۲۳۔

(دیوان دوم)

جو کہو تم سو ہے بجا صاحب
ہم برے ہی سہی بھلا صاحب

سادہ ذہنی میں نکتہ چیں تھے تم
اب تو ہیں حرف آشنا صاحب

نہ دیا رحم ٹک بتوں کے تئیں
کیا کیا ہائے یہ خدا صاحب

بندگی ایک اپنی کیا کم ہے
اور کچھ تم سے کہیے کیا صاحب

مہرافزا ہے منہ تمھارا ہی
کچھ غضب تو نہیں ہوا صاحب

خط کے پھٹنے کا تم سے کیا شکوہ
اپنے طالع کا یہ لکھا صاحب

پھر گئیں آنکھیں تم نہ آن پھرے
دیکھا تم کو بھی واہ وا صاحب

شوق رخ یاد لب غم دیدار
جی میں کیا کیا مرے رہا صاحب

بھول جانا نہیں غلام کا خوب
یاد خاطر رہے مرا صاحب

کن نے سن شعر میرؔ یہ نہ کہا
کہیو پھر ہائے کیا کہا صاحب

۔۴۲۴۔

(دیوان سوم)

بولا جو موپریشاں آ نکلے میؔر صاحب
آنا ہوا کہاں سے کہیے فقیر صاحب

ہر لحظہ اک شرارت ہر دم ہے یک اشارت
اس عمر میں قیامت تم ہو شریر صاحب

بندے پہ اب نوازش کیجے تو کیجے ورنہ
کیا لطف ہے جو آئے وقت اخیر صاحب

دل کا الجھنا اپنے ایسا نہیں کہ سلجھے
ہیں دامِ زلف میں ہم اس کے اسیر صاحب

فکرِ جگر رہے ہے اس دم غلام کو بھی
جس دم لگو ہو کرنے تم مشق تیر صاحب

۔۴۲۵۔

(دیوان سوم)

شیون میں شب کے ٹوٹی زنجیر میؔر صاحب
اب کیا مرے جنوں کی تدبیر میؔر صاحب

ہم سر بکھیرتے تو وہ تیغ کھنچ نہ سکتی
اپنا گناہ اپنی تقصیر میؔر صاحب

کھنچتی نہیں کماں اب ہم سے ہوائے گل کی
بادسحر لگے ہے جوں تیر میؔر صاحب

کب ہیں جوانی کے سے اشعار شورآور
شاید کہ کچھ ہوئے ہیں اب پیر میؔر صاحب

تم کس خیال میں ہو تصویر سے جو چپ ہو
کرتے ہیں لوگ کیا کیا تقریر میؔر صاحب

۔۴۲۶۔

(دیوان چہارم)

بے کار بھی درکار ہیں سرکار میں صاحب
آتے ہیں کھنچے ہم کبھو بیگار میں صاحب

محروم نہ رہ جائیں کہیں بعد فنا بھی
شبہہ ہے ہمیں یار کے دیدار میں صاحب

لیتی ہے ہوا رنگ سراپا سے تمھارے
معلوم نہیں ہوتے ہو گلزار میں صاحب

رہتا تھا سر زلف بھی زیر کلہ آگے
سو بال گھڑس نکلے ہیں دستار میں صاحب

ہے چار طرف شور مری بے خبری کا
کیا کیا خبریں آتی ہیں اخبار میں صاحب

گو فہم نہ ہو کفر کی اسلام کی نسبت
رشتہ ہے عجب سبحہ و زنّار میں صاحب

یا گفتگو کا میری نہ کرتے تھے کبھو ذکر
یا ہر سخن اب آوے ہے تکرار میں صاحب

طالع سے زلیخا نے لیا مصر میں یوسفؑ
کب ایسا غلام آوے ہے بازار میں صاحب

رکھتی ہے لکھا ساتھ مٹا دینے کا میرے
جوہر نہیں ہے آپ کی تلوار میں صاحب

یہ عرض مری یاد رہے بندگی میں میؔر
جی بچتے نہیں عشق کے اظہار میں صاحب

۔۴۲۷۔

(دیوان سوم)

دل پر تو چوٹ تھی ہی زخمی ہوا جگر سب
ہر دم بھری رہے ہے لوہو سے چشمِ تر سب
حیف اس سے حال میرا کہتا نہیں ہے کوئی
نالوں سے شب کے میرے رکھتے تو ہیں خبر سب
بجلی سی اک تجلی آئی تھی آسماں سے
آنکھیں لگا رہے ہیں اہلِ نظر ادھر سب
اس ماہ بن تو اپنی دکھ میں بسر ہوئی تھی
کل رات آ گیا تو وہ دکھ گیا بسر سب
کیا فہم کیا فراست ذوق و بصر سماعت
تاب و توان و طاقت یہ کر گئے سفر سب
منزل کو مرگ کی تھا آخر مجھے پہنچنا
بھیجا ہے مَیں نے اپنا اسباب پیشتر سب
دنیا میں حسن و خوبی میؔر اک عجیب شے ہے
رندان و پارسا یاں جس پر رکھیں نظر سب

۔۴۲۸۔

(دیوان پنجم)

دل خوں ہوا تھا یکسر پانی ہوا جگر سب
خوں بستہ رہتیاں تھیں پلکیں سو اب ہیں تر سب
یارب کدھر گئے وے جو آدمی روش تھے
اوجڑ دکھائی دے ہیں شہر و دہ و نگر سب
حرف و سخن سے مطلق یاں گفتگو نہیں ہے
پیادے سوار ہم کو آئے نظر نفر سب

عالم کے لوگوں کا ہے تصویر کا سا عالم
ظاہر کھلی ہیں آنکھیں لیکن ہیں بے خبر سب
میؔر اس خرابے میں کیا آباد ہووے کوئی
دیوار و در گرے ہیں ویراں پڑے ہیں گھر سب

۔۴۲۹۔

(دیوان پنجم)

سادے جتنے نظر آتے ہیں دیکھو تو عیار ہیں سب
زرد و زار و زبوں جو ہم ہیں چاہت کے بیمار ہیں سب
سیل سے ہلکے عاشق ہوں تو جوش و خروش بھریں آویں
تہ پائی نہیں جاتی ان کی دریا سے تہ دار ہیں سب
ایک پریشاں طرفہ جماعت دیکھی چاہنے والوں کی
جینے کے خواہاں نہیں ہیں مرنے کو تیار ہیں سب
کیا کیا خواہش بے کس بے بس مشتاق اس سے رکھتے ہیں
لیکن دیکھ کے رہ جاتے ہیں چپکے سے ناچار ہیں سب
عشق جنھوں کا پیشہ ہووے سینکڑوں ہوں تو ایک ہی ہیں
کوہکن و مجنوں و وامق میؔر ہمارے یار ہیں سب

۔۴۳۰۔

(دیوان پنجم)

عشق و جنوں کی کیا اب تدبیر ہے مناسب
زنجیر ہے مناسب شمشیر ہے مناسب
دوری شعلہ خویاں آخر جلا رکھے گی
صحبت جو ایسی ہووے درگیر ہے مناسب
جلدی نہ قتل میں کر پچھتاوے گا بہت تو
خوں ریزی میں ہماری تاخیر ہے مناسب

رسوائے شہر ہونا عزت ہے عاشقی میں
احوال کی ہمارے تشہیر ہے مناسب

دل کی خرابی کے تو درپے ہے اے صنم کیوں
اس خانۂ خدا کی تعمیر ہے مناسب

شب اس کو مَیں نے دیکھا سوتے بغل میں اپنی
اس خواب کی نہ کرنی تعبیر ہے مناسب

رحم آشنا کسو کو اس بستی میں نہ پایا
اسلامیوں کی یاں کے تکفیر ہے مناسب

ہے سرگذشت اپنی نوشتنی ہی بہتر
گزری سو گزری کیا اب تحریر ہے مناسب

دنیا میں کوئی پھر پھر آیا نہیں ہے صاحب
اک بار تم کو مرنا اے میؔر ہے مناسب

۔۴۳۱۔

(دیوان اول)

رکھتا ہے ہم سے وعدہ ملنے کا یار ہر شب
سو جاتے ہیں ولیکن بخت کنار ہر شب

مدت ہوئی کہ اب تو ہم سے جدا رکھے ہے
اس آفتاب رو کو یہ روزگار ہر شب

دیکھیں ہیں راہ کس کی یارب کہ اختروں کی
رہتی ہیں باز آنکھیں چندیں ہزار ہر شب

دھوکے ترے کسو دن میں جان دے رہوں گا
کرتا ہے ماہ میرے گھر سے گزار ہر شب

دل کی کدورت اپنی یک شب بیاں ہوئی تھی
رہتا ہے آسماں پر تب سے غبار ہر شب

کس کے لگا ہے تازہ تیر نگاہ اس کا
اک آہ میرے دل کے ہوتی ہے پار ہر شب
مجلس میں مَیں نے اپنا سوزِ جگر کہا تھا
روتی ہے شمع تب سے بے اختیار ہر شب
مایوس وصل اس کے کیا سادہ مردماں ہیں
گزرے ہے میؔر ان کو امیدوار ہر شب

۔۴۳۲۔

(دیوان اول)

رویا کیے ہیں غم سے ترے ہم تمام شب
پڑتی رہی ہے زور سے شبنم تمام شب
رکنے سے دل کے آج بچا ہوں تو اب جیا
چھاتی ہی میں رہا ہے مرا دم تمام شب
یہ اتصال اشک جگر سوز کا کہاں
روتی ہے یوں تو شمع بھی کم کم تمام شب
شکوہ عبث ہے میؔر کہ کڑھتے ہیں سارے دن
یا دل کا حال رہتا ہے درہم تمام شب
گزرا کسے جہاں میں خوشی سے تمام روز
کس کی گئی زمانے میں بے غم تمام شب

۔۴۳۳۔

(دیوان دوم)

اندوہ سے ہوئی نہ رہائی تمام شب
مجھ دل زدہ کو نیند نہ آئی تمام شب
جب میں شروع قصہ کیا آنکھیں کھول دیں
یعنی تھی مجھ کو چشم نمائی تمام شب

چشمک چلی گئی تھی ستاروں کی صبح تک
کی آسماں نے دیدہ درائی تمام شب

بخت سیہ نے دیر میں کل یاوری سی کی
تھی دشمنوں سے اس کو لڑائی تمام شب

بیٹھے ہی گزری وعدے کی شب وہ نہ آپھرا
ایذا عجب طرح کی اٹھائی تمام شب

سناہٹے سے دل سے گزر جائیں سو کہاں
بلبل نے گو کی نالہ سرائی تمام شب

تارے سے میری پلکوں پہ قطرے سرشک کے
دیتے رہے ہیں میؔر دکھائی تمام شب

۔۴۳۴۔

(دیوان اول)

اب وہ نہیں کہ آنکھیں تھیں پُر آب روز و شب
ٹپکا کرے ہے آنکھوں سے خوناب روز و شب

اک وقت رونے کا تھا ہمیں بھی خیال سا
آئی تھی آنکھوں سے چلی سیلاب روز و شب

اس کے لیے نہ پھرتے تھے ہم خاک چھانتے
رہتا تھا پاس وہ درِ نایاب روز و شب

قدرت تو دیکھ عشق کی مجھ سے ضعیف کو
رکھتا ہے شاد بے خور و بے خواب روز و شب

سجدہ اس آستاں کا نہیں یوں ہوا نصیب
رگڑا ہے سر میانۂ محراب روز و شب

اب رسم ربط اٹھ ہی گئی ورنہ پیش ازیں
بیٹھے ہی رہتے تھے بہم احباب روز و شب

دل کس کے رو و مُو سے لگایا ہے میؔر نے
پاتے ہیں اس جوان کو بیتاب روز و شب

۔۴۳۵۔

(دیوان ششم)

اس مغل زا سے نہ تھی ہر بات کی تکرار خوب
بد زبانی بھی کی ان نے تو کہا بسیار خوب
لگ نہیں پڑتے ہیں لے کر ہاتھ میں شمشیر تیز
بے کسوں کے قتل میں اتنا نہیں اصرار خوب
آخر ان خوباں نے عاشق جان کر مارا مجھے
چاہ کا اپنی نہ کرنا ان سے تھا اظہار خوب
آج کل سے مجھ کو بیتابی و بدحالی ہے کیا
مجھ مریضِ عشق کے کب سے نہ تھے آثار خوب
کیا کریمی اس کی کہیے جنت دربستہ دی
ورنہ مُفلِس غم زدوں کے کچھ نہ تھے کردار خوب
مخترع جور و ستم میں بھی ہوا وہ نوجواں
ظلم تب کرتا ہے جب ہو کوئی منت دار خوب
دہر میں پستی بلندی برسوں تک دیکھی ہے میں
جب لٹا پامالی سے مَیں تب ہوا ہموار خوب
کیا کسو سے آشنائی کی رکھے کوئی امید
کم پہنچتا ہے بہم دنیا میں یارو یار خوب
کہتے تھے افعی کے سے اے میؔر مت کھا پیچ و تاب
آخر اس کوچے میں جا کھائی نہ تو نے مار خوب

۔۴۳۶۔

(دیوان چہارم)

یار میرا بہت ہے یار فریب
مکر ہے عہد سب قرار فریب

راہ رکھتے ہیں اس کے دام سے صید
ہے بلا کوئی وہ شکار فریب

عہدے سے نکلیں کس طرح عاشق
ایک ادا اس کی ہے ہزار فریب

التفات زمانہ پر مت جا
میرؔ دیتا ہے روزگار فریب

ردیف ۔ت

۔۴۳۷۔

(دیوان دوم)

سنتا نہیں اگرچہ ہمارا نگار بات
پر منہ پہ آ ہی جاتی ہے بے اختیار بات

بلبل کے بولنے سے ہے کیوں بے دماغ گل
آپس میں یوں تو ہوتی ہے یارو ہزار بات

منہ تک رہو جو ہو وہ فریبندہ حرف زن
اس تھوڑے سن و سال میں یہ پیچدار بات

بوسہ دے چپکے لب کا کہ تب کچھ مزہ نہیں
پاوے گی سارے شہر میں جب اشتہار بات

ہے کس کی صوت انکر اصوات واعظا
کب آدمی کی جنس کرے ہے پکار بات

آہو کو اس کی چشم سخن گو سے مت ملا
شہری سے کر سکے ہے کہیں بھی گنوار بات

یوں بار گل سے اب کے جھکے ہیں نہال باغ
جھک جھک کے جیسے کرتے ہیں دوچار یار بات

آزردہ دل کو حرف پہ لانے کا لطف کیا
کرتی ہے خونچکاں مرے لب سے گزار بات

مرجاں کوئی کہے ہے کوئی ان لبوں کو لعل
کچھ رفتہ رفتہ پا ہی رہے گی قرار بات

یوں چپکے چپکے میرؔ تلف ہو گا کب تلک
کچھ ہووے بھڑ کر اس سے بھی کر ایک بار بات

۔۴۳۸۔

(دیوان اول)

کیا کہیں اپنی اس کی شب کی بات
کہیے ہووے جو کچھ بھی ڈھب کی بات
اب تو چپ لگ گئی ہے حیرت سے
پھر کھلے گی زبان جب کی بات
نکتہ دانان رفتہ کی نہ کہو
بات وہ ہے جو ہووے اب کی بات
کس کا رُوئے سخن نہیں ہے ادھر
ہے نظر میں ہماری سب کی بات
ظلم ہے قہر ہے قیامت ہے
غصے میں اس کے زیرِ لب کی بات
کہتے ہیں آگے تھا بتوں میں رحم
ہے خدا جانیے یہ کب کی بات
گو کہ آتش زباں تھے آگے میرؔ
اب کی کہیے گئی وہ تب کی بات

۔۴۳۹۔

(دیوان دوم)

دیر کچھ کھنچتی تو کہتے بھی ملاقات کی بات
ملنا اپنا جو ہوا اس سے سو وہ بات کی بات
گفتگو شاہد و مے سے ہے نہ غیبت نہ گلہ
خانقہ کی سی نہیں بات خرابات کی بات
سن کے آواز سگ یار ہوئے ہم خاموش
بولتے واں ہیں جہاں ہووے مساوات کی بات

منہ ادھر اور سخن زیرلبی غیر کے ساتھ
اس فریبندہ کی ناگفتنی ہے گھات کی بات

اس لیے شیخ ہے چپکا کہ پڑے شہر میں شور
ہم سمجھتے ہیں یہ شیادی و طامات کی بات

یہ کس آشفتہ کی جمعیت دل تھی منظور
بال بکھرے ترے منہ پر کہیں ہیں رات کی بات

گفتگو وصفوں سے اس ماہ کے کریے اے میرؔ
کاہش افزا ہے کروں اس کی اگر ذات کی بات

۔۴۴۰۔

(دیوان پنجم)

چپکے کھڑا ٹکڑے ہوتا ہوں ساری ہے الفت کی بات
تیغ نے اس کی کیا ہے قسمت یہ بھی ہے قسمت کی بات

جان مسافر ہو جائے گی لب پر ہے موقوف آہ
سب کچھ کہیو جاتے ہوئے تم مت کہیو رخصت کی بات

کہہ کے فسانہ عشق و وفا کا لوگ محبت کرتے تھے
اب وہ ناز کہانی ان کی گویا ہے مدت کی بات

درد و غم کی گرفتاری سے مہلت ہو تو کچھ کہیے
حرف زدن اشعار شعاری یہ سب ہے فرصت کی بات

کس کو دماغ جواب رہا ہے ضعف سے اب خاموش رہے
پہروں بکتا نصیحت گر سے میرؔ یہ ہے طاقت کی بات

۔۴۴۱۔

(دیوان چہارم)

کرتا ہے گرچہ یاروں سے وہ ٹیڑھی بانکی بات
پر کیا ہی دل کو لگتی ہے اس بد زباں کی بات

تھی بحر کی سی لہر کہ آئی چلی گئی
پہنچی ہے اس سرے تئیں طبعِ رواں کی بات

اب تو وفا و مہر کا مذکور ہی نہیں
تم کس سمیں کی کہتے ہو ہے یہ کہاں کی بات

مرغِ اسیر کہتے تھے کس حسرتوں سے ہائے
ہم بھی کبھی سنیں گے گلوں کے دہاں کی بات

شب باش ان نے کہتے ہیں آنے کہا ہے میرؔ
دن اچھے ہوں تو یہ بھی ہو اس مہرباں کی بات

۔۴۴۲۔

(دیوان سوم)

جب سے چلی چمن میں ترے رنگ پاں کی بات
سنتا نہیں ہے کوئی کلی کے دہاں کی بات

یاں شہر حسن میں تو کہیں ذکر بھی نہیں
کیا جانیے کہ مہر و وفا ہے کہاں کی بات

اختر شناس کو بھی خلل ہے دماغ کا
پوچھو اگر زمیں سے کہیں آسماں کی بات

ایسا خدا ہی جانے کہ ہو عرش یا نہ ہو
دل بولنے کی جا نہیں کیا اس مکاں کی بات

کیا لطف جو سنو اسے کہتے پھرا کرو
یوں چاہیے کہ بھول وہیں ہو جہاں کی بات

لے شام سے جہاں میں ہے تا صبح ایک شور
اپنی سمجھ میں کچھ بھی نہیں آتی یاں کی بات

اوباش کس کو پوچھتے ہیں التفات سے
سیدھی کبھو سنی نہیں اس بدزباں کی بات

ہر حرف میں ہے ایک کجی ہر سخن میں پیچ
پنہاں رہے ہے کب کسو کی ٹیڑھی بانکی بات

کینے سے کچھ کہا ہی کیا زیرلب مجھے
کیا پوچھتے ہو میرؔ مرے مہرباں کی بات

۔۴۴۳۔

(دیوان دوم)

کیا پوچھتے ہو آہ مرے جنگجو کی بات
گویا وفا ہے عہد میں اس کے کبھو کی بات

اس باغ میں نہ آئی نظر خرمی مری
گر سبز بھی ہوا ہوں تو جیسے کسو کی بات

آئینہ پانی پانی رہا اس کے سامنے
کہیے جہاں کہوں یہ تو ہے روبرو کی بات

سر گل نے پھر جھکا کے اٹھایا نہ شرم سے
گلزار میں چلی تھی کہیں اس کے رو کی بات

حرمت میں مے کی کہنے سے واعظ کے ہے فتور
کیا اعتبار رکھتی ہے اس پوچ گو کی بات

ہم سوختوں میں آتش سرکش کا ذکر کیا
چل بھی پڑی ہے بات تو اس تند خو کی بات

کیا کوئی زلفِ یار سے حرف و سخن کرے
رکھتی ہے میرؔ طول بہت اس کے مُو کی بات

۔۴۴۴۔

(دیوان دوم)

ہوتی ہے گرچہ کہنے سے یارو پرائی بات
پر ہم سے تو تھمے نہ کبھو منہ پر آئی بات

جانے نہ تجھ کو جو یہ تصنع تو اس سے کر
تس پر بھی تو چھپی نہیں رہتی بنائی بات
لگ کر تدرو رہ گئے دیوار باغ سے
رفتار کی جو تیری صبا نے چلائی بات
کہتے تھے اس سے ملیے تو کیا کیا نہ کہیے لیک
وہ آ گیا تو سامنے اس کے نہ آئی بات
اب تو ہوئے ہیں ہم بھی ترے ڈھب سے آشنا
واں تُو نے کچھ کہا کہ ادھر ہم نے پائی بات
بلبل کے بولنے میں سب انداز ہیں مرے
پوشیدہ کب رہے ہے کسو کی اڑائی بات
بھڑکا تھا رات دیکھ کے وہ شعلہ خو مجھے
کچھ رو سیہ رقیب نے شاید لگائی بات
عالم سیاہ خانہ ہے کس کا کہ روز و شب
یہ شور ہے کہ دیتی نہیں کچھ سنائی بات
اک دن کہا تھا یہ کہ خموشی میں ہے وقار
سو مجھ سے ہی سخن نہیں میں جو بتائی بات
اب مجھ ضعیف و زار کو مت کچھ کہا کرو
جاتی نہیں ہے مجھ سے کسو کی اٹھائی بات
خط لکھتے لکھتے میرؔ نے دفتر کیے رواں
افراط اشتیاق نے آخر بڑھائی بات

۔۴۴۵۔

(دیوان پنجم)

بادِ صبا نے اہلِ چمن میں اس چہرے کی چلائی بات
اس لب و لہجے پر بلبل کو اس کے آگے نہ آئی بات

دور تلک قاصد کے پیچھے کچھ کہتا میں جاتا تھا
شوق ستم کش ظالم نے کیا رفتہ رفتہ بڑھائی بات
آگ ہوا آتے ہی میرے لال آنکھیں کر گھور رہا
کیا جانوں سرگوشی میں کیا غیر نے اس سے لگائی بات
لعل کو نسبت ان ہونٹوں سے دینا سب کا تصنع تھا
کچھ بن آئی جب نہ کسو سے تب یہ ایک بنائی بات
غیر سے کچھ کچھ کہتا تھا سو سامنے سے میؔر آیا میں
پھیر لیا منہ میری طرف سے یعنی مجھ سے چھپائی بات

۔۴۴۶۔

(دیوان دوم)

یاد ایامے کہ ہنگامہ رہا کرتا تھا رات
شور و شر سے میرے اک فتنہ رہا کرتا تھا رات

۔۴۴۷۔

(دیوان دوم)

کام کیا تھا جیب و دامن سے مجھے پیش از جنوں
سینہ چاکی اپنی میں بیٹھا کیا کرتا تھا رات
جن دنوں کھینچا تھا سر اس بادشاہ حسن نے
ہر گلی میں اک فقیر اس کو دعا کرتا تھا رات
اب جہاں کچھ بات چھیڑی سوچ لایا پیش ازیں
میں کہا کرتا غمِ دل وہ سنا کرتا تھا رات
ہجر میں کیا کیا سمیں دیکھے ہیں ان آنکھوں سے مَیں
زرد رخ پر لالہ گوں آنسو بہا کرتا تھا رات
کیا کہوں پھر کیسے کیسے دن دکھاتا سالہا
وہ سخن نشنو جو ٹک میرا کہا کرتا تھا رات

دیکھنے والے ترے دیکھے میں سب اے رشک شمع
جوں چراغ وقف دل سب کا جلا کرتا تھا رات

بعد میرے اس غزل پر بھی بہت روویں گے لوگ
میں بھی ہر ہر بیت پر اس کی بکا کرتا تھا رات

دیکھ خالی جا کہیں گے برسوں اہل روزگار
میؔر اکثر دل کا قصہ یاں کہا کرتا تھا رات

۔۴۴۸۔

(دیوان اول)

پلکوں پہ تھے پارۂ جگر رات
ہم آنکھوں میں لے گئے بسر رات

اک دن تو وفا بھی کرتے وعدہ
گزری ہے امیدوار ہر رات

مکھڑے سے اٹھائیں ان نے زلفیں
جانا بھی نہ ہم گئی کدھر رات

تو پاس نہیں ہوا تو روتے
رہ رہ گئی ہے پہر پہر رات

کیا دن تھے کہ خون تھا جگر میں
رو اٹھتے تھے بیٹھ دوپہر رات

واں تم تو بناتے ہی رہے زلف
عاشق کی بھی یاں گئی گزر رات

ساقی کے جو آنے کی خبر تھی
گزری ہمیں ساری بے خبر رات

کیا سوزِ جگر کہوں میں ہمدم
آیا جو سخن زبان پر رات

صحبت یہ رہی کہ شمع روئی
لے شام سے تا دمِ سحر رات
کھلتی ہے جب آنکھ شب کو تجھ بن
کٹتی نہیں آتی پھر نظر رات
دن وصل کا یوں کٹا کہے تو
کاٹی ہے جدائی کی مگر رات
کل تھی شبِ وصل اک ادا پر
اس کی گئے ہوتے ہم تو مر رات
جاگے تھے ہمارے بختِ خفتہ
پہنچا تھا بہم وہ اپنے گھر رات
کرنے لگا پشت چشم نازک
سوتے سے اٹھا جو چونک کر رات
تھی صبح جو منہ کو کھول دیتا
ہر چند کہ تب تھی اک پہر رات
پر زلفوں میں منہ چھپا کے پوچھا
اب ہووے گی میرؔ کس قدر رات

۔۴۴۹۔

(دیوان چہارم)

جب سے آنکھیں لگی ہیں ہماری نیند نہیں آتی ہے رات
تکتے راہ رہے ہیں دن کو آنکھوں میں جاتی ہے رات
سخت ہیں کیا ایام جدائی دشواری سے کٹتے ہیں
دن دیواروں سے سرماروں ہوں پتھر ہے چھاتی ہے رات
جوں توں ہجر کے غم میں اس کے شام و سحر ہم کرتے ہیں
ورنہ کسے دن خوش آتا ہے کس کے تئیں بھاتی ہے رات

رات کو جس میں چین سے سوویں سو تو اس کی جدائی میں
شمع نمط جلتے رہتے ہیں اور ہمیں کھاتی ہے رات
روز و شب کی اپنی معیشت نقل کریں کیا تم سے میؔر
دن کو قیامت جی پہ رہے ہے سر پہ بلا لاتی ہے رات

۔۴۵۰۔

(دیوان اول)

روزانہ ملوں یار سے یا شب ہو ملاقات
کیا فکر کروں میں کہ کسو ڈھب ہو ملاقات
نے بخت کی یاری ہے نہ کچھ جذب ہے کامل
وہ آپھی ملے تو ملے پھر جب ہو ملاقات
دوری میں کروں نالہ و فریاد کہاں تک
یک بار تو اس شوخ سے یارب ہو ملاقات
جاتی ہے غشی بھی کبھو آتے ہیں بخود بھی
کچھ لطف اٹھے بارے اگر اب ہو ملاقات
وحشت ہے بہت میؔر کو مل آیئے چل کر
کیا جانیے پھر یاں سے گئے کب ہو ملاقات

۔۴۵۱۔

(دیوان اول)

چھٹتا ہی نہیں ہو جسے آزارِ محبت
مایوس ہوں میں بھی کہ ہوں بیمارِ محبت
امکاں نہیں جیتے جی ہو اس قید سے آزاد
مر جائے تبھی چھوٹے گرفتارِ محبت
تقصیر نہ خوباں کی نہ جلاد کا کچھ جرم
تھا دشمنِ جانی مرا اقرارِ محبت

ہر جنس کے خواہاں ملے بازارِ جہاں میں
لیکن نہ ملا کوئی خریدارِ محبت

اس راز کو رکھ جی ہی میں تا جی بچے تیرا
زنہار جو کرتا ہو تو اظہارِ محبت

ہر نقشِ قدم پر ترے سر بیچے ہیں عاشق
ٹک سیر تو کر آج تو بازارِ محبت

کچھ مست ہیں ہم دیدۂ پرخون جگر سے
آیا یہی ہے ساغر سرشارِ محبت

بے کار نہ رہ عشق میں تو رونے سے ہرگز
یہ گریہ ہی ہے آب رخ کارِ محبت

مجھ سا ہی ہو مجنوں بھی یہ کب مانے ہے عاقل
ہر سر نہیں اے میرؔ سزاوارِ محبت

۔۴۵۲۔

(دیوان سوم)

سیر کی ہم نے اٹھ کے تا صورت
ویسی دیکھی نہ ایک جا صورت

منہ لگانا تو درکنار ان نے
نہ کہا ہے یہ آشنا صورت

منہ دکھاتی ہے آرسی ہر صبح
تو بھی اپنی تو ٹک دکھا صورت

خوب ہے چہرۂ پری لیکن
آگے اس کے ہے کیا بلا صورت

کب تلک کوئی جیسے صورت باز
آوے پیاری بنا بنا صورت

ایک دن تو یہ کہہ کہ ملنے کی
تو بھی ٹھہرا کے کوئی لا صورت
حلقے آنکھوں میں پڑ گئے منہ زرد
ہو گئی میؔر تیری کیا صورت

-۴۵۳-

(دیوان سوم)

مانند مرغ دوست نہ کہہ بار بار دوست
ٹک سوچ بھی ہزار ہیں دشمن ہزار دوست
کھڑکے ہے پات بھی تو لگا بیٹھتا ہے چوٹ
رم خوردہ وہ غزال بہت ہے شکار دوست
سب کو ہے رشک مجھ میں جو تجھ میں ہے اختلاط
دشمن ہوئے ہیں دوستی سے تیری یار دوست
تجھ سے ہزار ان نے بنا کر دیئے بگاڑ
مت جان سادگی سے کہ ہے روزگار دوست
یہ تو کچھ آگے دشمنِ جانی سے بھی چلا
میں جانتا تھا ہو گا دل بے قرار دوست
بیگانگی خلق جہاں جائے خوف ہے
سو دشمنوں میں کیا ہے جو نکلے بھی چار دوست
مجھ بے نوا کی یاد رہے میؔر یہ صدا
اس مے کدے میں رہیو بہت ہوشیار دوست

-۴۵۴-

(دیوان دوم)

ملامت گر نہ مجھ کو کر ملامت
جلے کو اور تو اتنا جلا مت

گلے مل عیدِ قرباں کو سبھوں کے
ہمارا آہ تم کاٹو گلا مت

تری نا آشنائی کے ہیں بندے
نہ وہ اب ربط نے صاحب سلامت

بہت رونے نے رسوا کر دکھایا
نہ چاہت کی چھپی ہم سے علامت

کبھو تلوار وہ کھینچے ہے اے میرؔ
لڑی قسمت تو سر کو ٹک ہلا مت

۔۴۵۵۔

(دیوان پنجم)

اچٹتی سی لگی اپنے تو وہ تلوار یا قسمت
ہوئے جس کے لگے کارآمدہ بے کار یا قسمت

ہوئے جب سو جواں یک جا توقع سی ہوئی ہم کو
نگہ تیز ان نے سو ایدھر نہ کی دو بار یا قسمت

پڑا سایہ نہ اس کی تیغ خوں آلودہ کا سر پر
کیے ہیں یوں تو قسمت ان نے کیا کیا وار یا قسمت

رہا تھا زیر دیوار اس کی میں برسات میں جا کر
گری اس مینھ میں سر پر وہی دیوار یا قسمت

موئے ہم تشنہ لب دیدار کے حالانکہ گریاں تھے
نصیب اپنے کہ سوکھی چشم دریابار یا قسمت

درِ مسجد پہ ہو کر بے نوا بیٹھے ہیں یا ہادی
ہمیں تھے ورنہ مے خانے میں تکیہ دار یا قسمت

نصیبوں میں ہے جن کے عیش وہ بھی میرؔ جیتے ہیں
جیے ہیں ہم بھی جو مرنے کو تھے تیار یا قسمت

۔۴۵۶۔

(دیوان سوم)

وصل دلبر نہ ٹک ہوا قسمت
مر چلے ہجر میں ہی یا قسمت
ایک بوسے پہ بھی نہ صلح ہوئی
ہم نے دیکھی بہت لڑا قسمت
شیخ جنت تجھے مجھے دیدار
واں بھی ہر اک کی ہے جدا قسمت
پھول جن ہاتھوں سے سبھوں کو دیئے
زخمِ تیغ ان سے اپنی تھا قسمت
کیا ازل میں ملا نہ لوگوں کو
تھی ہماری بھی میرؔ کیا قسمت

۔۴۵۷۔

(دیوان ششم)

منہ پہ رکھتا ہے وہ نقاب بہت
ہم سے کرتا ہے اب حجاب بہت
چشمک گل کا لطف بھی نہ اٹھا
کم رہا موسم شباب بہت
دیر بھی کچھ لگی نہ مرتے ہمیں
عمر جاتی رہی شتاب بہت
ڈھونڈتے اس کو کوچے کوچے پھرے
دل نے ہم کو کیا خراب بہت
چلنا اپنا قریب ہے شاید
جاں کرے ہے اب اضطراب بہت

توبہ مے سے بہار میں نہ کروں
گو کرے شیخ احتساب بہت

اس غصیلے سے کیا کسو کی نبھے
مہربانی ہے کم عتاب بہت

کشتنِ مرداں اگر ہے ثواب
تو ہوا ہے اسے ثواب بہت

دیر تک کعبے میں تھے شب بے ہوش
پی گئے میرؔ جی شراب بہت

۔۴۵۸۔

(دیوان پنجم)

چشم رہتی ہے اب پُر آب بہت
دل کو میرے ہے اضطراب بہت

دیکھیے رفتہ رفتہ کیا ہووے
تاب دل کم ہے پیچ و تاب بہت

دیر افسوس کرتے رہیے گا
عمر جاتی رہی شتاب بہت

مہر و لطف و کرم عنایت کم
ناز و خشم و جفا عتاب بہت

بے تفاوت ہے فرق آپس میں
وے مقدس ہیں میں خراب بہت

پشت پا پر ہے چشم شوخ اس کی
ہائے رے ہم سے ہے حجاب بہت

دخترِ رز سے رہتے ہیں محشور
شیخ صاحب ہیں کُس کباب بہت

آویں محشر میں کیوں نہ پائے حساب
ہم یہی کرتے ہیں حساب بہت
واں تک اپنی دعا پہنچتی نہیں
عالی رتبہ ہے وہ جناب بہت
گل کے دیکھے کا غش گیا ہی نہ میرؔ
منہ پہ چھڑکا مرے گلاب بہت

۔۴۵۹۔

(دیوان چہارم)

چشم رہنے لگی پُر آب بہت
شاید آوے گا خونِ ناب بہت
دیر و کعبے میں اس کے خواہش مند
ہوتے پھرتے ہیں ہم خراب بہت
دل کے دل ہی میں رہ گئے ارمان
کم رہا موسم شباب بہت
مارنا عاشقوں کا گر ہے ثواب
تو ہوا ہے تمھیں ثواب بہت
کہیے بے پردہ کیونکہ عاشق ہیں
ہم کو لوگوں سے ہے حجاب بہت
میرؔ بے خود ہیں اس جناب سے اب
چاہیے سب کو اجتناب بہت

۔۴۶۰۔

(دیوان چہارم)

دیر کب رہنا ملے ہے یاں نہیں مہلت بہت
دے کسے فرصت سپہر دوں ہے کم فرصت بہت

کم نہیں دیوانہ ہونا بھی ہمارا دفعتہ
ڈریے ہوجاوے خردور کی جو پلٹے مت بہت

گریہ و زاری سے روز وشب کی شکوے کچھ نہیں
مجھ کو رونا یہ ہے جی کو اس سے ہے الفت بہت

کیا وداع اس یار کے کوچے سے ہم مشکل ہوئے
زار باراں لوگ روتے تھے دمِ رخصت بہت

بعدِ مرگ آنکھیں کھلی رہنے سے یہ جانا گیا
دیکھنے کی اس کے میرے جی میں تھی حسرت بہت

سن کے ضائع روزگاری اس کی جی لایا نہ تاب
آپ کو کر بیٹھے ضائع ہم کو تھی غیرت بہت

آنکھیں جاتی ہیں مندی ضعف دلی سے دم بہ دم
ان دنوں ان کو بھی ایدھر ہی سے ہے غفلت بہت

دل گئے پر آج کل سے چپ نہیں مجھ کو لگی
گزری اس بھی بات کو اے ہم نفس مدت بہت

دل میں جا کرتا ہے طورِ میرؔ شاید دوستاں
ان نے صاحب دل کسو سے رکھی ہے صحبت بہت

۔۴۶۱۔

(دیوان پنجم)

دل کی تہ کی کہی نہیں جاتی نازک ہے اسرار بہت
انچھر ہیں تو عشق کے دو ہی لیکن ہے بستار بہت

کافر مسلم دونوں ہوئے پر نسبت اس سے کچھ نہ ہوئی
بہت لیے تسبیح پھرے ہم پہنا ہے زنّار بہت

ہجر نے جی ہی مارا ہمارا کیا کہیے کیا مشکل ہے
اس سے جدا رہنا ہوتا ہے جس سے ہمیں ہے پیار بہت

منہ کی زردی تن کی نزاری چشمِ تر پر چھائی ہے
عشق میں اس کے یعنی ہم نے کھینچے ہیں آزار بہت

کہہ کے تغافل ان نے کیا تھا لیکن تقصیر اپنی ہے
کام کھنچا جو تیغ تک اس کی ہم نے کیا اصرار بہت

حرف و سخن اب تنگ ہوا ہے ان لوگوں کا ساتھ اپنے
منہ کرنے سے جن کی طرف آتی تھی ہم کو عار بہت

رات سے شہرت اس بستی میں میرؔ کے اٹھ جانے کی ہے
جنگل میں جو جلد بسا جا شاید تھا بیمار بہت

۔۴۶۲۔

(دیوان پنجم)

زرد ہیں چہرے سوکھ گئے ہیں یعنی ہیں بیمار بہت
عشق کی گرمی دل کو پہنچی کہتے ہی ہی آزار بہت

نالہ و زاری سے عاشق کی کیا ابرِ بہاری طرف ہو گا
دل ہے نالاں حد سے زیادہ آنکھیں ہیں خونبار بہت

برسوں ہوئے اب ہم لوگوں سے آنکھ انھوں کی نہیں ملتی
برسوں تک آپس میں رہا ہے اپنے جنہوں کے پیار بہت

ارض و سما کی پستی بلندی اب تو ہم کو برابر ہے
یعنی نشیب و فراز جو دیکھے طبع ہوئی ہموار بہت

سو غیروں میں ہو عاشق تو ایک اسی سے شرماویں
اس مستی میں آنکھیں اس کی رہتی ہیں ہشیار بہت

کم ہے ہمیں امید بہی سے اتنی نزاری پر اس کی
پچھلے دنوں دیکھا تھا ہم نے عاشق تھے بیمار بہت

میرؔ نہ ایسا ہووے کہیں پردے ہی پر وہ مار مرے
ڈر لگتا ہے اس سے ہم کو ہے وہ ظاہر دار بہت

۔۴۶۳۔

(دیوان ششم)

باہر چلنے میں آبادی سے کر نہ تغافل یار بہت
دشتی وحش و طیر آئے ہیں ہونے تیرے شکار بہت
دعویٰ عاشق بیچارے کا کون سنے گا محشر میں
خیل ملائک واں بھی ہوں گے اس کے خاطر دار بہت
خشکی لب کی زردی رخ کی نمنا کی دو آنکھوں کی
جو دیکھے ہے کہے ہے ان نے کھینچا ہے آزار بہت
جسم کی حالت جی کی طاقت نبض سے کر معلوم طبیب
کہنے لگا جانبر کیا ہو گا یہ تو ہے بیمار بہت
چار طرف ابرو کے اشارے اس ظالم کے زمانے میں
ٹھہرے کیا عاشق بیکس یاں چلتی ہے تلوار بہت
پیش گئی نہ کچھ چاہت میں کافر و مسلم دونوں کی
سینکڑوں سبحے چھینکے گئے اور ٹوٹے ہیں زنّار بہت
جی کے لگاؤ کہے سے ہم نے جی ہی جاتے دیکھے ہیں
اس پہ نہ جانا آہ برا ہے الفت کا آزار بہت
کس کو دماغ سیرِ چمن ہے کیا ہجراں میں واشد ہو
کم گلزار میں اس بن جا کر آتا ہوں بیزار بہت
مؔیر دعا کر حق میں میرے تو بھی فقیر ہے مدت سے
اب جو کبھو دیکھوں اس کو تو مجھ کو نہ آوے پیار بہت

۔۴۶۴۔

(دیوان دوم)

دیکھیے کب ہو وصال اب تو لگے ہے ڈر بہت
کوفت گزرے ہے فراقِ یار میں جی پر بہت

دل کی ویسی ہے خرابی کثرت اندوہ سے
جیسے رہ پڑتا ہے دشمن کا کہیں لشکر بہت

ہم نشیں جا بیٹھ محنت کش کوئی دل چاہیے
عشق تیرا کام ہے تو ہے بغل پرور بہت

بس نہیں مجھ ناتواں کا ہائے جو کچھ کر سکوں
مدعی پُرچک سے اس کی پڑ گیا ہے ور بہت

سخت کر جی کیونکہ یک باری کریں ہم ترک شہر
ان گلی کوچوں میں ہم نے کھائے ہیں پتھر بہت

دیکھ رُوئے زرد پر بھی میرے آنسو کی ڈھلک
اے کہ تُو نے دیکھی ہے غلطانی گوہر بہت

ہم نفس کیا مجھ کو تو رویا کرے ہے روز و شب
رہ گئے ہیں مجھ سے کوئے یار میں مرکر بہت

کم مجھی سے بولنا کم آنکھ مجھ پر کھولنا
اب عنایت یار کی رہتی ہے کچھ ایدھر بہت

کیا سبب ہے اب مکاں پر جو کوئی پاتا نہیں
میؔر صاحب آگے تو رہتے تھے اپنے گھر بہت

۔۴۶۵۔

(دیوان اول)

جی میں ہے یاد رخ و زلفِ سیہ فام بہت
رونا آتا ہے مجھے ہر سحر و شام بہت

دست صیاد تلک بھی نہ میں پہنچا جیتا
بے قراری نے لیا مجھ کو تہِ دام بہت

ایک دو چشمک ادھر گردش ساغر کہ مدام
سر چڑھی رہتی ہے یہ گردشِ ایام بہت

دل خراشی و جگر چاکی و خون افشانی
ہوں تو ناکام پہ رہتے ہیں مجھے کام بہت
رہ گیا دیکھ کے تجھ چشم پہ یہ سطر مژہ
ساقیا یوں تو پڑھے تھے میں خط جام بہت
پھر نہ آئے جو ہوئے خاک میں جا آسودہ
غالباً زیرِ زمیں میؔر ہے آرام بہت

۔۴۶۶۔

(دیوان ششم)

کیا کہیں ہے حالِ دل درہم بہت
کڑھتے ہیں دن رات اس پر ہم بہت
رہتا ہے ہجراں میں غم غصے سے کام
اور وے بھی سن کے ہیں برہم بہت
اضطراب اس کا نہیں ہوتا ہے کم
ہاتھ بھی رکھتے ہیں دل پر ہم بہت
اس گلی سے جی اچٹتا ٹک نہیں
دل جگر کرتے ہیں پتھر ہم بہت
میؔر کی بدحالی شب مذکور تھی
کڑھ گئے یہ حال سن کر ہم بہت

۔۴۶۷۔

(دیوان دوم)

ہم تم سے چشم رکھتے تھے دلداریاں بہت
سو التفات کم ہے دل آزاریاں بہت
دیکھیں تو کیا دکھائے یہ افراط اشتیاق
لگتی ہیں تیری آنکھیں ہمیں پیاریاں بہت

جب تک ملی جلی سی جفائیں تھیں اٹھ سکیں
کرنے لگے ہو اب تو ستمگاریاں بہت
آزار میں تو عشق کے جاتا ہے بھول جی
یوں تو ہوئیں تھیں یاد میں بیماریاں بہت
شکوہ خراب ہونے کا کیا چاہنے میں میرؔ
ایسی تو اے عزیز ہیں یاں خواریاں بہت

۔۴۶۸۔

(دیوان چہارم)

دل نے کام کیے ہیں ضائع دلبر ہے دل خواہ بہت
قدر بہت ہی کم ہے دل کی پر دل میں ہے چاہ بہت
راہ کی بات سنی بھی ہے تو جانا حرف غریب اس کو
خوبی پر اپنی حسن پر اپنے پھرتا ہے گمراہ بہت
حیرانی ہے کیوں کر ہووے نسبت اپنی اس سے درست
بندہ تو ہے عاجز عاجز اس کو غرور اللہ بہت
شوق کا خط طومار ہوا تھا ہاتھ میں لے کر کھولا جب
کہنے لگا کیا کرنے لکھے ہے اب تو نامہ سیاہ بہت
سب کہتے ہیں رُوئے توجہ ایدھر کرنے کہتا تھا
شاید یوں بھی ظاہر ہووے ہے تو سہی افواہ بہت
اب تو پیر ہی حضرت ہو کر ایک کنارے بیٹھے ہیں
جب تھی جوانی تب تو ہم بھی جاتے تھے درگاہ بہت
کیا گزری ہے جی پہ تمھارے ہم سے تو کچھ میرؔ کہو
آنے لگی ہے درد و الم سے صاحب لب پر آہ بہت

۔۴۶۹۔

(دیوان سوم)

کوشش اپنی تھی عبث پر کی بہت
کیا کریں ہم چاہتا تھا جی بہت
کعبۂ مقصود کو پہنچے نہ ہائے
سعی کی اے شیخ ہم نے بھی بہت
سب ترے محو دعائے جان ہیں
آرزو اپنی بھی ہے تو جی بہت
رک رہا ہے دیر سے تڑپا نہیں
عشق نے کیوں دل کو مہلت دی بہت
کیوں نہ ہوں دوری میں ہم نزدیک مرگ
دل کو اس کے ساتھ الفت تھی بہت
وہ نہ چاہے جب تئیں ہوتا ہے کیا
جہد کی ملنے میں اپنی سی بہت
کب سنا حرف شگون وصل یار
یوں تو فال گوش ہم نے لی بہت
تھا قوی آخر ملے ہم خاک میں
آسماں سے یوں رہی کشتی بہت
آج درہم کرتے تھے کچھ گفتگو
میرؔ نے شاید کہ دارو پی بہت

۔۴۷۰۔

(دیوان ششم)

جو کوئی اس بے وفا سے دل لگاتا ہے بہت
وہ ستمگر اس ستم کش کو ستاتا ہے بہت

اس کے سونے سے بدن سے کس قدر چسپاں ہے ہائے
جامہ کبریتی کسو کا جی جلاتا ہے بہت

کیا پس از چندے مری آوارگی منظور ہے
مُو پریشاں اب جو شب مجھ پاس آتا ہے بہت

چاہ میں بھی بیشتر جانے سے کم ہوتا ہے وقر
اس لیے جاتا ہوں تب جب وہ بلاتا ہے بہت

گرچہ کم جاتا ہوں پر دل پر نہیں کچھ اختیار
وہ کجی سے سیدھیاں مجھ کو سناتا ہے بہت

بھول جاوے گا سخن پردازی اس کے سامنے
شاعری سے جو کوئی باتیں بناتا ہے بہت

بامزہ معشوق کیا کم ہیں پر اس کو کیا کروں
ناز و انداز اس ہی کا جو مجھ کو بھاتا ہے بہت

وہ نہیں ہجراں میں اس بن خواب خوش آوے مجھے
اب خیال اس کی طرف ہر لحظہ جاتا ہے بہت

کیا کروں کہنے لگا ایدھر نہ آنے پائے وہ
بد کہیں ہنگامہ آرا میؔر آتا ہے بہت

۔۴۷۱۔

(دیوان سوم)

شعر کے پردے میں مَیں نے غم سنایا ہے بہت
مرثیے نے دل کے میرے بھی رلایا ہے بہت

بے سبب آتا نہیں اب دم بہ دم عاشق کو غش
درد کھینچا ہے نہایت رنج اٹھایا ہے بہت

وادی و کہسار میں روتا ہوں ڈاڑھیں مار مار
دلبران شہر نے مجھ کو ستایا ہے بہت

وا نہیں ہوتا کسو سے دل گرفتہ عشق کا
ظاہراً غمگیں اسے رہنا خوش آیا ہے بہت
میؔر گم گشتہ کا ملنا اتفاقی امر ہے
جب کبھو پایا ہے خواہش مند پایا ہے بہت

-۴۷۲-

(دیوان سوم)

زخم جھیلے داغ بھی کھائے بہت
دل لگا کر ہم تو پچھتائے بہت
جب نہ تب جاگہ سے تم جایا کیے
ہم تو اپنی اور سے آئے بہت
دیر سے سوئے حرم آیا نہ ٹک
ہم مزاج اپنا ادھر لائے بہت
پھول گل شمس و قمر سارے ہی تھے
پر ہمیں ان میں تمھیں بھائے بہت
گر بکا اس شور سے شب کو ہے تو
روویں گے سونے کو ہمسائے بہت
وہ جو نکلا صبح جیسے آفتاب
رشک سے گل پھول مرجھائے بہت
میؔر سے پوچھا جو میں عاشق ہو تم
ہو کے کچھ چپکے سے شرمائے بہت

-۴۷۳-

(دیوان دوم)

ہے زباں زد جو سکندر ہو چکا لشکر سمیت
سر بھی اس کا کھپ گیا آخر کو یاں افسر سمیت

چشمے آب شور کے نکلا کریں گے واں جہاں
رکھیں گے مجھ تلخ کام غم کو چشمِ تر سمیت

ہم اٹھے روتے تو لی گردوں نے پھر راہ گریز
بیٹھ جاوے گا یہ ماتم خانہ بام و در سمیت

مستی میں شرم گنہ سے مَیں جو رویا ڈاڑھ مار
گر پڑا بے خود ہو واعظ جمعہ کو منبر سمیت

بعث اپنا خاک سے ہو گا گر اس شورش کے ساتھ
عرش کو سر پر اٹھالیوں گے ہم محشر سمیت

کب تلک یوں لوہو پیتے ہاتھ اٹھا کر جان سے
وہ کمر کولی میں بھرلی ہم نے کل خنجر سمیت

گنج قاروں کا سا یاں کس کے کنے تھا سو تو میؔر
خاک میں ملتا ہے اب تک اپنے مال و زر سمیت

۔۴۷۴۔

(دیوان اول)

سب ہوئے نادم پئے تدبیر ہو جاناں سمیت
تیر تو نکلا مرے سینے سے لیکن جاں سمیت

تنگ ہوجاوے گا عرصہ خفتگان خاک پر
گر ہمیں زیرزمیں سونپا دلِ نالاں سمیت

باغ کر دکھلائیں گے دامان دشت حشر کو
ہم بھی واں آئے اگر مژگان خون افشاں سمیت

قیس و فرہاد اور وامق عاقبت جی سے گئے
سب کو مارا عشق نے مجھ خانماں ویراں سمیت

اٹھ گیا پردہ نصیحت گر کے لگ پڑنے سے میؔر
پھاڑ ڈالا میں گریباں رات کو داماں سمیت

ردیف ث

۔۴۷۵۔

(دیوان چہارم)

عہد اس کا غلط قرار عبث
دل ہمارا ہے بے قرار عبث

ہم گلا کاٹتے ہی تھے اپنا
تو گلے کا ہوا ہے ہار عبث

لوہو رونے نے سب نچوڑ لیا
اب پیے خون روزگار عبث

آہ وہ کس قدر ہے مستغنی
لوگ اس کے ہوئے شکار عبث

ہم تو آگے ہی مر رہے ہیں میؔر
تیغ کھینچے پھرے ہے یار عبث

۔۴۷۶۔

(دیوان پنجم)

دل کو اس بے مہر سے ہم نے لگایا ہے عبث
مہر کی رکھ کر توقع جی کھپایا ہے عبث

دیکھ کر اس کو کھڑے سوجی سے ہم عاشق ہوئے
بیٹھے بیٹھے ناگہاں یہ رنج اٹھایا ہے عبث

اپنی تو بگڑی ہی کوئی کام کی صورت نہیں
ان نے بے لطفی سے منہ اچھا بنایا ہے عبث

جی کے جاتے وہ جو نو خط آتا تو بابت بھی تھی
لطف کر مردے پہ عاشق کے اب آیا ہے عبث

تب تو خانہ باغ سے اپنے نہ پوچھی بات بھی
کیا جو تربت پر مری اب پھول لایا ہے عبث

رات دن سنتا ہے نالے یوں نہیں کہتا کبھو
میؔر دل آزردہ کو کن نے ستایا ہے عبث

۔۴۷۷۔

(دیوان سوم)

تری جستجو یار کی ہے عبث
یہ کوشش گنہگار کی ہے عبث
تو پیدا ہے لیکن ہویدا نہیں
یہ تصدیع ہموار کی ہے عبث
نہ ہاتھ آئی اے میؔر کچھ وجہ مے
گرو مَیں نے دستار کی ہے عبث

۔۴۷۸۔

(دیوان چہارم)

نہیں گر چوٹ دل پر گریہ و زاری کا کیا باعث
رکن کاہے کو چشمِ تر کی خونباری کا کیا باعث
ہوئے تختے چمن کے چھاتیاں اے عشق داغوں سے
بہار آنے سے آگے ایسی گل کاری کا کیا باعث
تماشا ہے کہ اکثر نرگسی زن رہتے ہو ہم پر
ہمیں سے پوچھو تو پھر میؔر بیماری کا کیا باعث

ردیف ـ ج

۔۴۷۹۔

(دیوان پنجم)

کس تازہ مقتل پہ کشندے تیرا ہوا ہے گزارا آج
زہ دامن کی بھری ہے لہو سے کس کو تُو نے مارا آج

کل تک ہم نے تم کو رکھا تھا سو پردے میں کلی کے رنگ
صبح شگفتہ گل جو ہوئے تم سب نے کیا نظارہ آج

کوئی نہیں شاہان سلف میں خالی پڑے ہیں دونوں عراق
یعنی خود گم اسکندر ہے ناپیدا ہے دارا آج

چشم مشتاق اس لب و رخ سے لحہ لحہ اٹھی نہیں
کیا ہی لگے ہے اچھا اس کا مکھڑا پیارا پیارا آج

اب جو نسیم معطر آئی شاید بال کھلے اس کے
شہر کی ساری گلیاں ہو گئیں گویا عنبر سارا آج

کل ہی جوش و خروش ہمارے دریا کے سے تلاطم تھے
دیکھ ترے آشوب زماں کے کر بیٹھے ہیں کنارہ آج

چشم چرائی دور سے کر وا مجھ کو لگا یہ کہہ کے گیا
صید کریں گے کل ہم آ کر ڈال چلے ہیں چارا آج

کل ہی زیان جیوں کے کیے ہیں عشق میں کیا کیا لوگوں نے
سادگی میری چاہ میں دیکھو میں ڈھونڈوں ہوں چارہ آج

میرؔ ہوئے ہو بے خود کب کے آپ میں بھی تو ٹک آؤ
ہے دروازے پر انبوہ اک رفتۂ شوق تمھارا آج

۔۴۸۰۔

(دیوان چہارم)

ہم تو لب خوش رنگ کو اس کے مانا لعل احمر آج
اور غرور سے ان نے ہم کو جانا کنکر پتھر آج

عشق کے جو سرگشتہ ہوئے ہم رفتہ رفتہ دوار ہوا
پاؤں میں چکر ہوتا ہے یاں سر کو بھی ہے چکر آج

عرش پہ دھونی لگانے کو تھے دود دل سے کب تک ہم
خاک پہ یاں کی درویشانہ ہم نے بچھایا بستر آج

جینے سے ہم غم کشتوں کے خاطر تم بھی جمع کرو
کل تک کام نہیں کھینچے گا غش آتا ہے اکثر آج

ملکوں ملکوں شہروں شہروں قریہ و قصبہ دیہ، و دیار
شعر وبیت و غزل پر اپنی ہنگامہ ہے گھر گھر آج

خط سے آگے مہر و وفا کا دعویٰ سب کچھ صادق تھا
جامۂ مصحف گو پہنے وہ کون کرے ہے باور آج

دیدہ و دل بھی اس کی جانب میل کلی رکھتے ہیں
عشق میں ہم بے کس ہیں واقع یار نہیں بے یاور آج

عشق کیا ہو ہم نے کہیں تو عشق ہمارا جی مارے
یوں ہی نکورو دلبر اپنا ہم سے ہوا ہے بدبر آج

رحم کی جاگہ کی ہے پیدا شاید اس کے دل میں بھی
دیکھ رہا ہے منہ کو ہمارے حال ہمارا سن کر آج

کل کہتے ہیں قیامت ہو گی کل کی کل ہی لیں گے دیکھ
یاں تو قیامت عشق میں اس کے ہے گی اپنے سر پر آج

کرتی ہے بووہ زلف معنبر آئے ہو بے خود سے کچھ
بارے مزاج شریف تمھارا میرؔ گیا ہے کیدھر آج

۔۴۸۱۔

(دیوان اول)

آئے ہیں میرؔ منہ کو بنائے خفا سے آج
شاید بگڑ گئی ہے کچھ اس بے وفا سے آج

واشد ہوئی نہ دل کو فقیروں کے بھی ملے
کھلتی نہیں گرہ یہ کسو کی دعا سے آج
جینے میں اختیار نہیں ورنہ ہم نشیں
ہم چاہتے ہیں موت تو اپنی خدا سے آج
ساقی ٹک ایک موسمِ گل کی طرف بھی دیکھ
ٹپکا پڑے ہے رنگِ چمن میں ہوا سے آج
تھا جی میں اس سے ملیے تو کیا کیا نہ کہیے میرؔ
پر کچھ کہا گیا نہ غمِ دل حیا سے آج

۔۴۸۲۔

(دیوان پنجم)

رنگ یہ ہے دیدۂ گریاں سے آج
لوہو ٹپکتا ہے گریباں سے آج
سر بہ فلک ہونے کو ہے کس کی خاک
گرد یک اٹھتی ہے بیاباں سے آج

۔۴۸۳۔

(دیوان چہارم)

حال برا ہے تم کو ہم سے اتنی غفلت کیا ہے آج
کوئی گھڑی تو پاس رہو یاں پہروں فرصت کیا ہے آج
سامنے ہے وہ آئینہ پر آنکھ نہیں کھل سکتی ہے
دل تنگی سے رکے ہے دم کیا کہیے صورت کیا ہے آج
فرق و تیغ جٹے رہتے ہیں جب سے دل کی لاگ لگی
اس ظالم بے رحم کی میری ایسی صحبت کیا ہے آج
شیشہ صراحی ساغر و مینا سب کل تک بھی حاضر تھے
کوے بادہ فروشاں میں یہ میری حرمت کیا ہے آج

میرؔ کھڑے اک ساعت ہی میں غش تم کرنے لگتے ہو
تاب نہیں کیا ضعف ہے دل میں جی بے طاقت کیا ہے آج

۔۴۸۴۔

(دیوان پنجم)

کہوں سو کیا کہوں نے صبر نے قرار ہے آج
جو اس چمن میں یہ اک طرفہ انتشار ہے آج
سر اپنا عشق میں ہم نے بھی یوں تو پھوڑا تھا
پر اس کو کیا کریں اوروں کا اعتبار ہے آج
گیا ہے جانب وادی سوار ہو کر یار
غبار گرد پھرے ہے بہت شکار ہے آج
جہاں کے لوگوں میں جس کی تھی کل تئیں عزت
اسی عزیز کو دیکھا ذلیل و خوار ہے آج
سحر سواد میں چل زور پھولی ہے سرسوں
ہوا ہے عشق سے کل زرد کیا بہار ہے آج
سواری اس کی ہے سرگرم گشت دشت مگر
کہ خیرہ تیرہ نمودار یک غبار ہے آج
سپہر چھڑیوں میں کل تک پھرے تھا ساتھ اپنے
عجب ہے سب کا اسی سفلے پر مدار ہے آج
بخار دل کا نکالا تھا دردِ دل کہہ کر
سو دردِ سر ہے بدن گرم ہے بخار ہے آج
کسو کے آنے سے کیا اب کہ غش ہے کل دن سے
ہمیں تو اپنا ہی اے میرؔ انتظار ہے آج

۔۴۸۵۔

(دیوان پنجم)

شہر سے یار سوار ہوا جو سواد میں خوب غبار ہے آج
دشتی وحش وطیر اس کے سر تیزی ہی میں شکار ہے آج

برافروختہ رخ ہے اس کا کس خوبی سے مستی میں
پی کے شراب شگفتہ ہوا ہے اس نو گل پہ بہار ہے آج

اس کا بحرِحسن سراسر اوج و موج و تلاطم ہے
شوق کی اپنے نگاہ جہاں تک جاوے بوس و کنار ہے آج

آنکھیں اس کی لال ہوئیں ہیں اور چلے جاتے ہیں سر
رات کو دارو پی سویا تھا اس کا صبح خمار ہے آج

گھر آئے ہو فقیروں کے تو آؤ بیٹھو لطف کرو
کیا ہے جان بن اپنے کنے سو ان قدموں پہ نثار ہے آج

کیا پوچھو ہو سانجھ تلک پہلو میں کیا کیا تڑپا ہے
کل کی نسبت دل کو ہمارے بارے کچھ تو قرار ہے آج

مت چوکو اس جنس گراں کو دل کی وہیں لے جاؤ تم
ہندستان میں ہندوبچوں کی بہت بڑی سرکار ہے آج

خوب جو آنکھیں کھول کے دیکھا شاخِ گل سا نظر آیا
ان رنگوں پھولوں میں ملا کچھ محوِ جلوۂ یار ہے آج

جذبِ عشق جدھر چاہے لے جائے ہے محمل لیلیٰ کا
یعنی ہاتھ میں مجنوں کے ناقے کی اس کے مہار ہے آج

رات کا پہنا ہار جو اب تک دن کو اتارا ان نے نہیں
شاید میرؔ جمالِ گل بھی اس کے گلے کا ہار ہے آج

ردیف ۔ چ

۔۴۸۶۔

(دیوان دوم)

عشق میں اے طبیب ہاں ٹک سوچ
پائے جاں درمیاں ہے یاں ٹک سوچ
بے تامّل ادائے کیں مت کر
قتل میں میرے مہرباں ٹک سوچ
سرسری مت جہاں سے جا غافل
پاؤں تیرا پڑے جہاں ٹک سوچ
پھیل اتنا پڑا ہے کیوں یاں تو
یار اگلے گئے کہاں ٹک سوچ
ہونٹ اپنا ہلا نہ سمجھے بن
یعنی جب کھولے تو زباں ٹک سوچ
گل و رنگ و بہار پردے ہیں
ہر عیاں میں ہے وہ نہاں ٹک سوچ
فائدہ سر جھکے کا شیب میں میرؔ
پیری سے آگے اے جواں ٹک سوچ

۔۴۸۷۔

(دیوان سوم)

جانا نہ دل کو تھا تری زلف رسا کے پیچ
دانستہ جا پڑے ہے کوئی بھی بلا کے پیچ
فرہاد و قیس جس سے مجھے چاہو پوچھ لو
مشہور ہے فقیر بھی اہلِ وفا کے پیچ
آخر تو مَیں نے طول دیا بحث عشق کو
کوتاہی تم بھی مت کرو جور و جفا کے پیچ

آئی جو لب پہ آہ تو میں اٹھ کھڑا ہوا
بیٹھا گیا نہ مجھ سے تو ایسی ہوا کے بیچ

اقبال دیکھ اس ستم و ظلم و جور پر
دیکھوں ہوں جس کو ہے وہ اسی کی دعا کے بیچ

دل اس چمن میں بہتوں سے میرا لگا ولے
بُوئے وفا نہ پائی کسو آشنا کے بیچ

جوش و خروش میرؔ کے جاتے رہے نہ سب
ہوتا ہے شور چاہنے کی ابتدا کے بیچ

۔۴۸۸۔

(دیوان اول)

کر نہ تاخیر تو اک شب کی ملاقات کے بیچ
دن نہ پھر جائیں گے عشاق کے اک رات کے بیچ

حرف زن مت ہو کسی سے تو کہ اے آفت شہر
جاتے رہتے ہیں ہزاروں کے سر اک بات کے بیچ

میری طاعت کو قبول آہ کہاں تک ہو گا
سبحہ اک ہاتھ میں ہے جام ہے اک ہات کے بیچ

سرمگیں چشم پہ اس شوخ کی زنہار نہ جا
ہے سیاہی مژہ میں وہ نگہ گھات کے بیچ

بیٹھیں ہم اس کے سگ کو کے برابر کیوں کر
کرتے ہیں ایسی معیشت تو مساوات کے بیچ

تاب و طاقت کو تو رخصت ہوئے مدت گزری
پندگو یوں ہی نہ کر اب خلل اوقات کے بیچ

زندگی کس کے بھروسے پہ محبت میں کروں
ایک دل غم زدہ ہے سو بھی ہے آفات کے بیچ

بے مے و مغبچہ اک دم نہ رہا تھا کہ رہا
اب تلک میرؔ کا تکیہ ہے خرابات کے بیچ

۔۴۸۹۔

(دیوان دوم)

جھوٹ ہر چند نہیں یار کی گفتار کے بیچ
دیر لیکن ہے قیامت ابھی دیدار کے بیچ

کس کی خوبی کے طلب گار ہیں عزت طلباں
خرقے بکنے کو چلے آتے ہیں بازار کے بیچ

خضر و عیسیٰ کے تئیں نام کو جیتا سن لو
جان ہے ورنہ کب اس کے کسو بیمار کے بیچ

اگلے کیا پیچ تمھارے نہ تھے بس عاشق کو
بال جو اور گھر سنے لگے دستار کے بیچ

عشق ہے جس کو ترا اس سے تو رکھ دل کو جمع
زندگی کی نہیں امید اس آزار کے بیچ

ہم بھی اب ترکِ وفا ہی کریں گے کیا کریے
جنس یہ کھپتی نہیں آپ کی سرکار کے بیچ

دیدنی دشتِ جنوں ہے کہ پھپھولے پا کے
مَیں نے موتی سے پرو رکھے ہیں ہر خار کے بیچ

پردہ اٹھتا ہے تو پھر جان پر آ بنتی ہے
خوبی عاشق کی نہیں عشق کے اظہار کے بیچ

اس زمیں میں غزل اک اور بھی موزوں کر میرؔ
پاتے ہیں زور ہی لذت تری گفتار کے بیچ

-۴۹۰-

(دیوان پنجم)

اس کے رنگ کھلا ہے شاید کوئی پھول بہار کے بیچ
شور پڑا ہے قیامت کا سا چار طرف گلزار کے بیچ

رحم کرے وہ ذرا ذرا تو دیکھنے آوے دم بھر یاں
اب تو دم بھی باقی نہیں ہے اس کے کسو بیمار کے بیچ

چین نہ دے گا خاک کے نیچے ہرگز عشق کے ماروں کو
دل تو ساتھ اے کاش نہ گاڑیں ان لوگوں کے مزار کے بیچ

چشم شوخ سے اس کی یارو کیا نسبت ہے غزالوں کو
دیکھتے ہیں ہم بڑا تفاوت شہری اور گنوار کے بیچ

کون شکار رم خوردہ سے جا کے کہے ٹک پھر کر دیکھ
کوئی سوار ہے تیرے پیچھے گرد و خاک و غبار کے بیچ

رونے سے جو رود بہا تو اس کا کیا ہے یارو عجب
جذب ہوئے ہیں کیا کیا دریا اپنے جیب و کنار کے بیچ

چشمک غمزہ عشوہ کرشمہ آن انداز و ناز و ادا
حسن سوائے حسن ظاہر میرؔ بہت ہیں یار کے بیچ

-۴۹۱-

(دیوان سوم)

حال کہنے کی کسے تاب اس آزار کے بیچ
حال رہتا ہی نہیں عشق کے بیمار کے بیچ

آرزو مند ہے خورشید میسر ہے کہاں
کہ تنک ٹھہرے ترے سایۂ دیوار کے بیچ

کیا کہیں ہم کہ گلے ڈالے پھریں مستی میں
دانے سبحہ کے پرو رشتۂ زنّار کے بیچ

رشک خوبی کا اسی کے جگر مہ میں ہے داغ
یہ جو اک خال پڑا ہے ترے رُخسار کے بیچ

مل گیا پھولوں میں اس رنگ سے کرتے ہوئے سیر
کہ تامّل کیے پایا اسے گلزار کے بیچ

قدر گو تم نہ کرو میری متاعِ دل کی
جنس لگ جاوے گی یہ بھی کسو سرکار کے بیچ

گرد سر رفتہ ہیں اے میرؔ ہم اس کشتے کے
رہ گیا یار کی جو ایک ہی تلوار کے بیچ

۔۴۹۲۔

(دیوان دوم)

آتی ہے خون کی بو دوستی یار کے بیچ
جی لیے ان نے ہزاروں کے یوں ہی پیار کے بیچ

حیف وہ کشتہ کہ سو رنج سے آوے تجھ تک
اور رہ جائے تری ایک ہی تلوار کے بیچ

گرچہ چھپتی نہیں ہے چاہ پہ رہ منکر پاک
جی ہی دینا پڑے ہے عشق کے اقرار کے بیچ

نالہ شب آوے قفس سے تو گل اب اس پہ نہ جا
یہی ہنکار سی ہے مرغِ گرفتار کے بیچ

انس کرتا تو ہے وہ مجھ کو خرد باختہ جان
جیت میں اپنی نکالی ہے اسی ہار کے بیچ

چال کیا کبک کی اک بات چلی آتی ہے
لطف نکلے ہیں ہزاروں تری رفتار کے بیچ

تو جو جاتا ہے چمن میں تو تماشے کے لیے
موسم رفتہ بھی پھر آوے ہے گلزار کے بیچ

داغ چیچک نہ اس افراط سے تھے مکھڑے پر
کن نے گاڑی ہیں نگاہیں ترے رُخسار کے بیچ
گھٹّے شمشیرزنی سے کف نازک میں ہیں
یہ جگرداری تھی کس خوں کے سزاوار کے بیچ
توبہ صد بار کہ مستی میں پرو ڈالے ہیں
دانے تسبیح کے مَیں رشتۂ زنّار کے بیچ
حلقۂ گیسوے خوباں پہ نہ کر چشمِ سیاہ
میؔر امرت نہیں ہوتا دہن مار کے بیچ

۔۴۹۳۔

(دیوان چہارم)

صورت پھرے نہ یار کی کیوں چشمِ تر کے بیچ
تاثیر ہے گی اہلِ وفا کے ہنر کے بیچ
خوش سیرتی ہے جس سے کہ ہوتا ہے اعتبار
ہے چوبِ خشک بو جو نہ ہووے اگر کے بیچ
اس کے سمند ناز کا پامال تو رہوں
اے کاش میری گور کریں رہگزر کے بیچ
منہ اس کا دیکھ رہیے کہ رفتار ناز کو
سرتا قدم ہے لطف ہی اس خوش پسر کے بیچ
ہر دانۂ سرشک میں تار نگاہ ہے
اس رشتے کی روش کہ جو ہووے گہر کے بیچ
کیا دل کو خوں کیا کہ تڑپنے لگا جگر
یکتائے روزگار ہیں ہم اس ہنر کے بیچ
ایسا ہوا ہے قیمہ کہ اب ہے حساب پاک
کہیے جو کچھ بھی باقی ہو اپنے جگر کے بیچ

ہے اپنے خانوادے میں اپنا ہی شور میرؔ
بلبل بھی اک ہی بولتا ہوتا ہے گھر کے بیچ

۔۴۹۴۔

(دیوان ششم)

دل یہی ہے جس کو دل کہتے ہیں اس عالم کے بیچ
کاش یہ آفت نہ ہوتی قالب آدم کے بیچ
چھاتی کٹتی سنگ ہی سے دل کے جانے میں نہیں
نعل سینوں پر جڑے جاتے ہیں اس ماتم کے بیچ
نقشہ اس کا مردم دیدہ میں میرے نقش ہے
یعنی صورت اس ہی کی پھرتی ہے چشمِ نم کے بیچ
شاد وے جو اب جواں تازہ ہوئے ہیں شہر میں
دل زدہ ہم شیب میں رہتے ہیں اپنے غم کے بیچ
دل نہ ایسا کر کہ پشت چشم وہ نازک کرے
سو بلائیں ہیں یہاں ان ابروؤں کے خم کے بیچ
حد سے افزوں اس گلی میں شور ہے عشاق کا
کون سنتا ہے کسو کی بات اس اودھم کے بیچ
رونقِ آبادیِ ملکِ سخن ہے اس تلک
ہوں ہزاروں دم الٰہی میرؔ کے اک دم کے بیچ

۔۴۹۵۔

(دیوان چہارم)

آگے تو رسم دوستی کی تھی جہاں کے بیچ
اب کیسے لوگ آئے زمیں آسماں کے بیچ
میں بے دماغ عشق اٹھا سو چلا گیا
بلبل پکارتی ہی رہی گلستاں کے بیچ

تحریک چلنے کی ہے جو دیکھو نگاہ کر
ہیئت کو اپنی موجوں میں آبِ رواں کے بیچ

کیا میل ہو ہما کی پس از مرگ میری اور
ہے جائے گیر عشق کی تب استخواں کے بیچ

کیا جانوں لوگ کہتے ہیں کس کو سرور قلب
آیا نہیں یہ لفظ تو ہندی زباں کے بیچ

طالع سے بن گئی کہ ہم اس مہ کنے گئے
بگڑی تھی رات اس کے سگ و پاسباں کے بیچ

اتنی جبین رگڑی کہ سنگ آئینہ ہوا
آنے لگا ہے منہ نظر اس آستاں کے بیچ

خوگر ہوئے ہیں عشق کی گرمی سے خار و خس
بجلی پڑی رہی ہے مرے آشیاں کے بیچ

اس رُوئے برفروختہ سے جی ڈرے ہے میرؔ
یہ آگ جا لگے گی کسو دودماں کے بیچ

-۴۹۶-

(دیوان اول)

کاش اٹھیں ہم بھی گنہگاروں کے بیچ
ہوں جو رحمت کے سزاواروں کے بیچ

جی سدا ان ابروؤں ہی میں رہا
کی بسر ہم عمر تلواروں کے بیچ

چشم ہو تو آئینہ خانہ ہے دہر
منہ نظر آتا ہے دیواروں کے بیچ

ہیں عناصر کی یہ صورت بازیاں
شعبدے کیا کیا ہیں ان چاروں کے بیچ

جب سے لے نکلا ہے تو یہ جنس حسن
پڑ گئی ہے دھوم بازاروں کے بیچ

عاشقی و بے کسی و رفتگی
جی رہا کب ایسے آزاروں کے بیچ

جو سرشک اس ماہ بن جھمکے ہے شب
وہ چمک کاہے کو ہے تاروں کے بیچ

اس کے آتش ناک رُخساروں بغیر
لوٹیے یوں کب تک انگاروں کے بیچ

بیٹھنا غیروں میں کب ہے ننگ یار
پھول گل ہوتے ہی ہیں خاروں کے بیچ

یارو مت اس کا فریب مہر کھاؤ
میؔر بھی تھے اس کے ہی یاروں کے بیچ

۔۴۹۷۔

(دیوان ششم)

وامق و فرہاد و مجنوں کون ہے یاروں کے بیچ
جو کہوں میں کوئی ہے میرے بھی غمخواروں کے بیچ

جمع خوباں میں مرا محبوب اس مانند ہے
جوں مہ تابندہ آتا ہے کبھو تاروں کے بیچ

جو جفا عاشق پہ ہے سو اور لوگوں پر نہیں
اس سے پیدا ہے کہ مَیں ہی ہوں گنہگاروں کے بیچ

مر گئے بہتیرے صاحب دل ہوس کس کو ہوئی
ایسے مرنے جینے کی ان عشق کے ماروں کے بیچ

رونا کڑھنا عشق میں دیکھا مرا جن نے کہا
کیا جیے گا یہ ستم دیدہ ان آزاروں کے بیچ

منتظر برسوں رہے افسوس آخر مر گئے
دیدنی تھے لوگ اس ظالم کے بیماروں کے بیچ

خاک تربت کیوں نہ اپنی دلبرانہ اٹھ چلے
ہم بھی تھے اس نازنیں کے ناز برداروں کے بیچ

صاف میداں لامکاں سا ہو تو میرا دل کھلے
تنگ ہوں معمورۂ دنیا کی دیواروں کے بیچ

باغ میں تھے شبِ گل مہتاب میرے آس پاس
یار بن یعنی رہا میں میؔر انگاروں کے بیچ

۔۴۹۸۔

(دیوان اول)

فائدہ مصر میں یوسفؑ رہے زندان کے بیچ
بھیج دے کیوں نہ زلیخا اسے کنعان کے بیچ

تو نہ تھا مردن دشوار میں عاشق کے آہ
حسرتیں کتنی گرہ تھیں رمق اک جان کے بیچ

چشمِ بد دور کہ کچھ رنگ ہے اب گریہ پر
خون جھمکے ہے پڑا دیدۂ گریان کے بیچ

حال گلزار زمانہ کا ہے جیسے کہ شفق
رنگ کچھ اور ہی ہوجائے ہے اک آن کے بیچ

تاک کی چھاؤں میں جوں مست پڑے سوتے ہوں
اینڈتی ہیں نگہیں سایۂ مژگان کے بیچ

جی لیا بوسۂ رُخسار مخطط دے کر
عاقبت ان نے ہمیں زہر دیا پان کے بیچ

دعویٰ خوش دہنی اس سے اسی منہ پر گل
سر تو ٹک ڈال کے دیکھ اپنے گریبان کے بیچ

کرتے ململ کے پہن آتے تو ہو رندوں میں
شیخ صاحب نہ کہیں جھنتے پڑیں شان کے بیچ
کان رکھ رکھ کے بہت دردِ دل میرؔ کو تم
سنتے تو ہو پہ کہیں درد نہ ہو کان کے بیچ

۔۴۹۹۔

(دیوان دوم)

آگ سا تو جو ہوا اے گلِ تر آن کے بیچ
صبح کی باؤ نے کیا پھونک دیا کان کے بیچ
ہم نہ کہتے تھے کہیں زلف کہیں رخ نہ دکھا
اک خلاف آیا نہ ہندو و مسلمان کے بیچ
باوجود ملکیت نہ ملک میں پایا
وہ تقدس کہ جو ہے حضرت انسان کے بیچ
پاسباں سے ترے کیا دور جو ہو ساز رقیب
ہے نہ اک طرح کی نسبت سگ و دربان کے بیچ
جیسی عزت مری دیواں میں امیروں کے ہوئی
ویسی ہی ان کی بھی ہو گی مرے دیوان کے بیچ
ساتھ ہے اس سر عریاں کے یہ وحشت کرنا
پگڑی الجھی ہے مری اب تو بیابان کے بیچ
وے پھری پلکیں اگر کھب گئیں جی میں تو وہیں
رخنے پڑ جائیں گے واعظ ترے ایمان کے بیچ
کیا کہوں خوبی خط دیکھ ہوئی بند آواز
سرمہ گویا کہ دیا ان نے مجھے پان کے بیچ
گھر میں آئینے کے کب تک تمھیں نازاں دیکھوں
کبھو تو آؤ مرے دیدۂ حیران کے بیچ

میرزائی کا کب اے میؔر چلا عشق میں کام
کچھ تعب کھینچنے کو تاب تو ہو جان کے بیچ

۔۵۰۰۔

(دیوان پنجم)

آج ہمیں بدحالی سی ہے حال نہیں ہے جان کے بیچ
کیا عاشق ہونے کا نتیجہ یہ ہوتا ہے جہان کے بیچ
پایہ اس کی شہادت کا ہے عرشِ عظیم سے بالاتر
جو مظلوم عشق موا ہے بڑھ کر ٹک میدان کے بیچ
یوں ہی نظر چڑھ رہتی نہیں کچھ حسرت میں تو چشم سفید
دیکھی ہے ہیرے کی دمک میں اس چشم حیران کے بیچ
وہ پرکالہ آتش کا ہے صبح تلک بھڑکا بھی نہ تھا
کیا جانوں کیا پھونک دیا لوگوں نے اس کے کان کے بیچ
وعدے کرو ہو برسوں کے تم دم کا بھروسا ہم کو نہیں
کچھ کا کچھ ہو جاتا ہے یاں اک پل میں اک آن کے بیچ
تبعیّت سے جو فارسی کی مَیں نے ہندی شعر کہے
سارے ترک بچے ظالم اب پڑھتے ہیں ایران کے بیچ
بندے خدائے پاک کے ہم جو میؔر نہیں تو زیر فلک
پھر یہ تقدس آیا کہاں سے مشتِ خاک انسان کے بیچ

۔۵۰۱۔

(دیوان دوم)

دل کھو گیا ہوں میں یہیں دیوانہ پن کے بیچ
تم بھی تو دیکھو زلف شکن در شکن کے بیچ
کیا جانے دل میں چاؤ تھے کیا کیا دم وصال
مہجور اس کا تھا ہمہ حسرت کفن کے بیچ

کنعاں سے جا کے مصر میں یوسفؑ ہوا عزیز
عزت کسو کی ہوتی نہیں ہے وطن کے بیچ

سن اے جنوں کہ مجھ میں نہیں کچھ سوائے دم
تار ایک رہ گیا ہے یہی پیرہن کے بیچ

سرسبز ہند ہی میں نہیں کچھ یہ ریختہ
ہے دھوم میرے شعر کی سارے دکھن کے بیچ

ستھرائی اور نازکی گلبرگ کی درست
پر ویسی بو کہاں کہ جو ہے اس بدن کے بیچ

بلبل خموش و لالہ و گل دونوں سرخ و زرد
شمشاد محو بے کلی اک نسترن کے بیچ

کل ہم بھی سیر باغ میں تھے ساتھ یار کے
دیکھا تو اور رنگ ہے سارے چمن کے بیچ

یا ساتھ غیر کے ہے تمھیں ویسی بات چیت
سو سو طرح کے لطف ہیں اک اک سخن کے بیچ

یا پاس میرے لگتی ہے چپ ایسی آن کر
گویا زباں نہیں ہے تمھاری دہن کے بیچ

فرہاد و قیس و میرؔ یہ آوارگان عشق
یوں ہی گئے ہیں سب کی رہی من کی من کے بیچ

۔۵۰۲۔

(دیوان پنجم)

اے بُوئے گل سمجھ کے مہکیو پون کے بیچ
زخمی پڑے ہیں مرغ ہزاروں چمن کے بیچ

بہ بھی گیا میں اندر ہی اندر گداز ہو
دھوکا ہے جوں حباب مرے پیرہن کے بیچ

-۵۰۳-

(دیوان پنجم)

فصلِ گل میں اسیر ہوئے تھے من ہی کی رہی من کے بیچ
اب یہ ستم تازہ ہے ہم پر قید کیا ہے چمن کے بیچ

یہ الجھاؤ سلجھتا ہم کو دے ہے دکھائی مشکل سا
یعنی دل اٹکا ہے جا کر ان بالوں کے شکن کے بیچ

وہ کرتا ہے جب زباں درازی حیرت سے ہم چپکے ہیں
کچھ بولا نہیں جاتا یعنی اس کے حرف و سخن کے بیچ

دشتِ بلا میں جا کر مریے اپنے نصیب جو سیدھے ہوں
واں کی خاک عنبر کی جاگہ رکھ دیں لوگ کفن کے بیچ

کبک کی جان مسافر ہووے دیکھے خرامِ ناز اس کا
نام نہیں لیتا ہے کوئی اس کا میرے وطن کے بیچ

کیا شیریں ہے حرف و حکایت حسرت ہم کو آتی ہے
ہائے زبان اپنی بھی ہووے یک دم اس کے دہن کے بیچ

غم و اندوہ عشق سے ہر لحظہ نکلتی رہتی ہے
جان غلط کر میؔر آئی ہے گویا تیرے بدن کے بیچ

-۵۰۴-

(دیوان سوم)

کل لے گئے تھے یار ہمیں بھی چمن کے بیچ
اس کی سی بو نہ آئی گل و یاسمن کے بیچ

کشتہ ہوں میں تو شیریں زبانی یار کا
اے کاش وہ زبان ہو میرے دہن کے بیچ

اس بحر میں رہا مجھے چکر بھنور کے طور
سر گشتگی میں عمر گئی سب وطن کے بیچ

گر دل جلا بھنا یہی ہم ساتھ لے گئے
تو آگ لگ اٹھے گی ہمارے کفن کے بیچ

تنگی جامہ ظلم ہے اے باعث حیات
پاتے ہیں لطف جان کا ہم تیرے تن کے بیچ

نازک بہت ہے تو کہیں افسردگی نہ آئے
چسپانی لباس سے پیارے بدن کے بیچ

ہے قہر وہ جو دیکھے نظر بھر کے جن نے میرؔ
برہم کیا جہاں مژہ برہم زدن کے بیچ

۔۵۰۵۔

(دیوان چہارم)

گل منعکس ہوئے ہیں بہت آب جو کے بیچ
جائے شراب پانی بھریں گے سبو کے بیچ

ستھراؤ کر دیا ہے تمنائے وصل نے
کیا کیا عزیز مر گئے اس آرزو کے بیچ

بحث آ پڑے جو لب سے تمھارے تو چپ رہو
کچھ بولنا نہیں تمھیں اس گفتگو کے بیچ

ہم ہیں قلندر آ کر اگر دل سے دم بھریں
عالم کا آئینہ ہے سیہ ایک ہو کے بیچ

گل کی تو بو سے غش نہیں آتا کسو کے تیں
ہے فرق میرؔ پھول کی اور اس کی بو کے بیچ

۔۵۰۶۔

(دیوان ششم)

لطف جیسے ہیں اس کی چاہ کے بیچ
رنج ویسے ہی ہیں نباہ کے بیچ

ذوق صید اس کو تھا تو خیل ملک
دھوم رکھتے تھے دام گاہ کے بیچ

کب مزہ ہے نماز صبح میں وہ
جو صبوحی کے ہے گناہ کے بیچ

اس غصیلے کی سرخ آنکھیں دیکھ
اٹھے آشوب خانقاہ کے بیچ

جان و دل دونوں کر گئے تھے غش
دیکھ اس رشک مہ کو راہ کے بیچ

اس کی چشم سیہ ہے وہ جس نے
کتنے جی مارے اک نگاہ کے بیچ

سانجھ ہی رہتی پھر اگر ہوتا
کچھ اثر نالۂ پگاہ کے بیچ

کیا رہیں جور سے بتوں کے ہم
رکھ لے اپنی خدا پناہ کے بیچ

منہ کی دو جھائیوں سے مت شرما
جھائیں ہوتی ہے رُوئے ماہ کے بیچ

میؔر بیمار ہے کہ فرق نہیں
متصل اس کے آہ آہ کے بیچ

۔۵۰۷۔

(دیوان اول)

ساتھ ہو اک بے کسی کے عالمِ ہستی کے بیچ
باز خواہ خوں ہے میرا گو اسی بستی کے بیچ

عرش پر ہے ہم نمد پوشان الفت کا دماغ
اوج دولت کا سا ہے یاں فقر کی پستی کے بیچ

ہم سیہ کاروں کا ہنسنا وہ ہے مے خانے کی اور
آ گئے ہیں میرؔ مسجد میں چلے مستی کے بیچ

۔۵۰۸۔

(دیوان چہارم)

رنج کیا کیا ہم نے کھینچے دوستی یاری کے بیچ
کیا ہوئی تقصیر اس کی نازبرداری کے بیچ
دوش و آغوش و گریباں دامن گلچیں ہوئے
گل فشانی کر رہی ہے چشم خونباری کے بیچ
ایک کو اندیشۂ کار ایک کو ہے فکر یار
لگ رہے ہیں لوگ سب چلنے کی تیاری کے بیچ
منتظر تو رہتے رہتے پھر گئیں آنکھیں ندان
وہ نہ آیا دیکھنے ہم کو تو بیماری کے بیچ
جان کو قید عناصر سے نہیں ہے وارہی
تنگ آئے ہیں بہت اس چار دیواری کے بیچ
روتے ہی گزری ہمیں تو شب نشینی باغ کی
اوس سی پڑتی رہی ہے رات ہر کیاری کے بیچ
یاد پڑتا ہے جوانی تھی کہ آئی رفتگی
ہو گیا ہوں میں تو مست عشق ہشیاری کے بیچ
ایک ہوویں جو زبان و دل تو کچھ نکلے بھی کام
یوں اثر اے میرؔ کیا ہو گریہ و زاری کے بیچ

ردیف ۔ ح

۔۵۰۹۔

(دیوان چہارم)

پہنچے ہے ہم کو عشق میں آزار ہر طرح
ہوتے ہیں ہم ستم زدہ بیمار ہر طرح
ترکیب و طرح ناز و ادا سب سے دل لگی
اس طرح دار کے ہیں گرفتار ہر طرح
یوسف کی اس نظیر سے دل کو نہ جمع رکھ
ایسی متاع جاتی ہے بازار ہر طرح
جس طرح میں دکھائی دیا اس سے لگ پڑے
ہم کشت و خوں کے ہیں گے سزاوار ہر طرح
چھپ لک کے بام و در سے گلی کوچے میں سے میرؔ
میں دیکھ لوں ہوں یار کو اک بار ہر طرح

۔۵۱۰۔

(دیوان چہارم)

مر گیا فرہاد جیسے مرتے بارے اس طرح
سر کوئی پتھر سے مارے بھی تو مارے اس طرح
ٹکڑے ٹکڑے کر دکھایا آپ کو مَیں نے اسے
یعنی جی مارا کرو آئندہ پیارے اس طرح
مست و بے خود ہر طرف پہروں پھرا کرتے ہو تم
حیف ہے آتے نہیں ٹک گھر ہمارے اس طرح
عشق کی کہیے طرح کیا وامق و فرہاد و قیس
بے کسانہ مر گئے وے لوگ سارے اس طرح
جو عرق تحریک میں اس رشک مہ کے منہ پہ ہے
میرؔ کب ہووے ہیں گرم جلوہ تارے اس طرح

۔۵۱۱۔

(دیوان اول)

خاطر کرے ہے جمع وہ ہر بار ایک طرح
کرتا ہے چرخ مجھ سے نئے یار ایک طرح
میں اور قیس و کوہکن اب جو زباں پہ ہیں
مارے گئے ہیں سب یہ گنہگار ایک طرح
منظور اس کو پردے میں ہیں بے حجابیاں
کس سے ہوا دوچار وہ عیار ایک طرح
سب طرحیں اس کی اپنی نظر میں تھیں کیا کہیں
پر ہم بھی ہو گئے ہیں گرفتار ایک طرح
گھر اس کے جا کے آتے ہیں پامال ہوکے ہم
کریے مکاں ہی اب سر بازار ایک طرح
گہ گل ہے گاہ رنگ گہے باغ کی ہے بو
آتا نہیں نظر وہ طرحدار ایک طرح
نیرنگ حسنِ دوست سے کر آنکھیں آشنا
ممکن نہیں وگرنہ ہو دیدار ایک طرح
سو طرح طرح دیکھ طبیبوں نے یہ کہا
صحت پذیر ہوئے یہ بیمار ایک طرح
سو بھی ہزار طرح سے ٹھہراوتے ہیں ہم
تسکین کے لیے تری ناچار ایک طرح
بن جی دیئے ہو کوئی طرح فائدہ نہیں
گر ہے تو یہ ہے اے جگر افگار ایک طرح
ہر طرح تو ذلیل ہی رکھتا ہے میرؔ کو
ہوتا ہے عاشقی میں کوئی خوار ایک طرح

۔۵۱۲۔

(دیوان چہارم)

کیا ہم بیاں کسو سے کریں اپنے ہاں کی طرح
کی عشق نے خرابی سے اس خانداں کی طرح

جوں سبزہ چل چمن میں لبِ جو پہ سیر کر
عمرِ عزیز جاتی ہے آبِ رواں کی طرح

جو سقف بے عمد ہو نہیں اس کا اعتماد
کس خانماں خراب نے کی آسماں کی طرح

اثبات بے ثباتی ہوا ہوتا آگے تو
کیوں اس چمن میں ڈالتے ہم آشیاں کی طرح

اب کہتے ہیں بلا ہے ستم کش یہ پیر گی
قد جو ہوا خمیدہ ہمارا کماں کی طرح

نقصان جاں صریح تھا سودے میں عشق کے
ہم جان کر نکالی ہے جی کے زیاں کی طرح

دل کو جو خوب دیکھا تو ہو کا مکان ہے
ہے اس مکاں میں ساری وہی لامکاں کی طرح

کل دیکھ آفتاب کو رویا ہوں دیر تک
غصے میں ایسی ہی تھی مرے مہرباں کی طرح

جاوے گا اپنی بھول طرح داری میؔر وہ
کچھ اور ہو گئی جو کسو ناتواں کی طرح

۔۵۱۳۔

(دیوان دوم)

آنے کی اپنے کیا کہیں اس گلستاں کی طرح
ہر گام پر تلف ہوئے آبِ رواں کی طرح

کیا میں ہی چھیڑ چھیڑ کے کھاتا ہوں گالیاں
اچھی لگے ہے سب کو مرے بد زباں کی طرح

آگے تو بے طرح نہ کبھو کہتے تھے ہمیں
اب تازہ یہ نکالی ہے تم نے کہاں کی طرح

یہ شور دل خراش کب اٹھتا تھا باغ میں
سیکھے ہے عندلیب بھی ہم سے فغاں کی طرح

کرتے تو ہو ستم پہ نہیں رہنے کے حواس
کچھ اور ہو گئی جو کسو خستہ جاں کی طرح

نقشہ الٰہی دل کا مرے کون لے گیا
کہتے ہیں ساری عرش میں ہے اس مکاں کی طرح

مرغِ چمن نے زور رلایا سبھوں کے تیں
میری غزل پڑھی تھی شب اک روضہ خواں کی طرح

لگ کر گلے سے اس کے بہت میں بکا کیا
ملتی تھی سرو باغ میں کچھ اس جواں کی طرح

جو کچھ نہیں تو بجلی سے ہی پھول پڑ گیا
ڈالی چمن میں ہم نے اگر آشیاں کی طرح

یہ باتیں رنگ رنگ ہماری ہیں ورنہ میؔر
آ جاتی ہے کلی میں کبھو اس دہاں کی طرح

-۵۱۴-

(دیوان سوم)

یاد آ گیا تو بہنے لگیں آنکھیں جو کی طرح
کچھ آ گئی تھی سرو چمن میں کسو کی طرح

چسپاں قبا وہ شوخ سدا غصے ہی رہا
چینِ جبیں سے اس کی اٹھائی اتو کی طرح

گالی لڑائی آگے تو تم جانتے نہ تھے
اب یہ نکالی تم نے نئی گفتگو کی طرح

ہم جانتے تھے تازہ بنائے جہاں کو لیک
یہ منزل خراب ہوئی ہے کبھو کی طرح

سرسبز ہم ہوئے نہ تھے جو زرد ہو چلے
اس کشت میں پڑی یہ ہمارے نمو کی طرح

وے دن کہاں کہ مست سرانداز خم میں تھے
سر اب تو جھوجھرا ہے شکستہ سبو کی طرح

تسکین دل کی کب ہوئی سیر چمن کیے
گو پھول دل میں آ گئے کچھ اس کے رو کی طرح

آخر کو اس کی راہ میں ہم آپ گم ہوئے
مدت میں پائی یار کی یہ جستجو کی طرح

کیا لوگ یوں ہی آتش سوزاں میں جا پڑے
کچھ ہو گی جلتی آگ میں اس تندخو کی طرح

ڈرتا ہوں چاک دل کو مرے پلکوں سے سیئے
نازک نظر پڑی ہے بہت اس رفو کی طرح

دھوتے ہیں اشک خونی سے دست و دہن کو میؔر
طورِ نماز کیا ہے جو یہ ہے وضو کی طرح

۔۵۱۵۔

(دیوان دوم)

دور گردوں سے ہوئی کچھ اور مے خانے کی طرح
بھر نہ آویں کیونکہ آنکھیں میری پیمانے کی طرح

آ نکلتا ہے کبھو ہنستا تو ہے باغ و بہار
اس کی آمد میں ہے ساری فصلِ گل آنے کی طرح

چشمک انجم میں اتنی دلکشی آگے نہ تھی
سیکھ لی تاروں نے اس کی آنکھ جھمکانے کی طرح

ہم گرفتاروں سے وحشت ہی کرے ہے وہ غزال
کوئی تو بتلاؤ اس کے دام میں لانے کی طرح

ایک دن دیکھا جو ان نے بید کو تو کہہ اٹھا
اس شجر میں کتنی ہے اس میرے دیوانے کی طرح

آج کچھ شہر وفا کی کیا خرابی ہے نئی
عشق نے مدت سے یاں ڈالی ہے ویرانے کی طرح

پیچ سا کچھ ہے کہ زلف و خط سے ایسا ہے بناؤ
ہے دل صد چاک میں بھی ورنہ سب شانے کی طرح

کس طرح جی سے گزر جاتے ہیں آنکھیں موند کر
دیدنی ہے دردمندوں کے بھی مر جانے کی طرح

ہے اگر ذوق وصال اس کا تو جی کھو بیٹھیے
ڈھونڈ کر اک کاڑھیے اب اس کے بھی پانے کی طرح

یوں بھی سر چڑھتا ہے اے ناصح کوئی مجھ سے کہ ہائے
ایسے دیوانے کو سمجھاتے ہیں سمجھانے کی طرح

جان کا صرفہ نہیں ہے کچھ تجھے کڑھنے میں میؔر
غم کوئی کھاتا ہے میری جان غم کھانے کی طرح

۔۵۱۶۔

(دیوان پنجم)

وہ نوبادۂ گلشن خوبی سب سے رکھے ہے نرالی طرح
شاخِ گل سا جائے ہے لہکا ان نے نئی یہ ڈالی طرح

مونڈھے چلے ہیں چولی چسی ہے مہری پھنسی ہے بند کسے
اس اوباش نے پہناوے کی اپنے تازہ نکالی طرح

جبہہ نوچا منہ نوچا سب سینہ نوچا ناخن سے
میؔر نے کی ہے غم غصے میں اپنی یہ بدحالی طرح

۔۵۱۷۔

(دیوان اول)

ہونے لگا گزارِ غمِ یار بے طرح
رہنے لگا ہے دل کو اب آزار بے طرح
اب کچھ طرح نہیں ہے کہ ہم غم زدے ہوں شاد
کہنے لگا ہے منہ سے ستمگار بے طرح
جاں بر تمھارے ہاتھ سے ہو گا نہ اب کوئی
رکھنے لگے ہو ہاتھ میں تلوار بے طرح
فتنہ اٹھے گا ورنہ نکل گھر سے تو شتاب
بیٹھے ہیں آ کے طالبِ دیدار بے طرح
لوہو میں شور بور ہے دامان و جیب میؔر
بپھرا ہے آج دیدۂ خونبار بے طرح

۔۵۱۸۔

(دیوان پنجم)

گھر سے لیے نکلتا ہے تلوار بے طرح
اب ان نے سج بنائی ہے خونخوار بے طرح
جی بچنے کی طرح نظر آتی نہیں کوئی
کرتا ہے میرے خون پہ اصرار بے طرح
چہرہ تو ان نے اپنا بنایا ہے خوب لیک
بگڑا پھرے ہے اب وہ طرحدار بے طرح
کس طرح جائے پکڑی زباں اس کی خشم میں
کہتا ہے بیٹھا متصل اب یار بے طرح

لوہو میں ڈوبے دیکھو دامان و جیب میؔر
بپھرا ہے آج دیدۂ خونبار بے طرح

ردیف ـ خ

۔۵۱۹۔

(دیوان چہارم)

ہے میرے جو سرشک دمادم کا رنگ سرخ
ریزش سے اس کی تختہ ہے سینے کا سنگ سرخ

۔۵۲۰۔

(دیوان اول)

ہے نہیں دشمن جہاں وہ شوخ
ان دنوں کچھ ہے مہرباں وہ شوخ

۔۵۲۱۔

(دیوان پنجم)

جھمک سے اس کے بدن میں ہر ایک جا ہے شوخ
برنگ برق سراپا وہ خودنما ہے شوخ
پڑے ہے سینکڑوں جا راہ چلنے میں اس کی
کسو کی آنکھ تو دیکھے کوئی بلا ہے شوخ
نظر پڑی نہیں کیا اس کی شوخ چشمی میرؔ
حضورِ یار کے چشمِ غزال کیا ہے شوخ

۔۵۲۲۔

(دیوان دوم)

اگرچہ لعلِ بدخشاں میں رنگ ڈھنگ ہے شوخ
پہ تیرے دونوں لبوں کا بھی کیا ہی رنگ ہے شوخ
کبھو تو نیو چلا کر ستم کھنچیں کب تک
کماں کے طور سے تو سخت خانہ جنگ ہے شوخ
سکھائیں کن نے تجھے آہ ایسی اچپلیاں
کہ برق پر تری شوخی سے کام تنگ ہے شوخ

بغیر بادہ تو یوں گرم آ کے کب ملتا
نشہ ہے زور تجھے اس کی یہ ترنگ ہے شوخ
جگر میں کس کے ترے ہاتھ سے نہیں سوراخ
ملک تلک تو ترا زخمی خدنگ ہے شوخ
صنم فراق میں مَیں تیرے کچھ تو کر رہتا
پہ کیا کروں کہ مرا ہاتھ زیرسنگ ہے شوخ
خیال چاہ کے سررشتے کا تجھے کب ہے
ترے تو ہاتھ میں شام و سحر پتنگ ہے شوخ
ابھی تو آنے میں عرصہ ہے کچھ قیامت کے
قد بلند کو کھینچ اپنے کیا درنگ ہے شوخ
برآر میؔر سے کس طرح تیری صحبت ہو
تجھے تو نام سے اس خستہ جاں کے ننگ ہے شوخ

ردیف ـ د

۔۵۲۳۔

(دیوان دوم)

آواز ہماری سے نہ رک ہم ہیں دعا یاد
آوے گی بہت ہم بھی فقیروں کی صدا یاد
ہر آن وہ انداز ہے جس میں کہ کھپے جی
اس مخترع جور کو کیا کیا ہے ادا یاد
کیا صحبتیں اگلی گئیں خاطر سے ہماری
اپنی بھی وفا یاد ہے اس کی بھی جفا یاد
کیفیتیں عطار کے لونڈے میں بہت تھیں
اس نسخے کی کوئی نہ رہی حیف دوا یاد
کیا جائے کہی بوس لبِ یار کی لذت
جب تک جئیں گے ہم کو رہے گا وہ مزہ یاد
جی بھول گیا دیکھ کے چہرہ وہ کتابی
ہم عصر کے علامہ تھے پر کچھ نہ رہا یاد
سب غلطی رہی بازی طفلانہ کی یک سو
وہ یاد فراموش تھے ہم کو نہ کیا یاد
کعبے تو گئے بھول کے ہم دیر کا رستہ
آتا تھا ولے راہ میں ہر گام خدا یاد
اک لطف کے شرمندہ نہیں میؔر ہم اس سے
گو یاں سے گئے ان نے بہت ہم کو کیا یاد

۔۵۲۴۔

(دیوان چہارم)

اس کی دوری میں کڑھا کرتے ہیں ہم حد سے زیاد
جی گیا آخر رہا دل کو جو غم حد سے زیاد

چھاتی پھٹ جاتی جو یوں رک کر نہ کرتا ترک چشم
گزرے اس کے عشق میں جی پر ستم حد سے زیاد

خوف کر عاشق کے سر کٹنے کی قطعی ہے دلیل
ہو جہاں شمشیر ابرو اس کی خم حد سے زیاد

کچھ بھی نزدیک اس کے ٹھہرا ہو تو دیکھے بھر نظر
قدر ہے عاشق کی ان آنکھوں میں کم حد سے زیاد

پاس اس کے دم بخود پہروں تھے سو طاقت کہاں
بات کہتے میرؔ اب کرتے ہیں دم حد سے زیاد

۔۵۲۵۔

(دیوان دوم)

اسیر کر کے نہ لی تو نے تو خبر صیاد
اڑا کیے مرے پرکالۂ جگر صیاد

پھریں گے لوٹتے صحنِ چمن میں باؤ کے ساتھ
موئے گئے بھی مرے مشت بال و پر صیاد

رہے گی ایسی ہی گر بے کلی ہمیں اس سال
تو دیکھیو کہ رہے ہم قفس میں مر صیاد

چمن کی باؤ کے آتے خبر نہ اتنی رہی
کہ مَیں کدھر ہوں کدھر ہے قفس کدھر صیاد

شکستہ بالی کو چاہے تو ہم سے ضامن لے
شکار موسمِ گل میں ہمیں نہ کر صیاد

ہوا نہ وا درگلزار اپنے ڈھب سے کبھو
کھلا سو منہ پہ ہمارے قفس کا در صیاد

سنا ہے بھڑکی ہے اب کی بہت ہی آتشِ گل
چمن میں اپنے بھی ہیں خار و خس کے گھر صیاد

لگی بہت رہیں چاکِ قفس سے آنکھیں لیک
پڑا نہ اب کے کوئی پھول گل نظر صیاد
اسیر میؔر نہ ہوتے اگر زباں رہتی
ہوئی ہماری یہ خوش خوانی سحر صیاد

۔۵۲۶۔

(دیوان اول)

قفس تو یاں سے گئے پر مدام ہے صیاد
چمن کی صبح کوئی دم کو شام ہے صیاد
بہت ہیں ہاتھ ہی تیرے نہ کر قفس کی فکر
مرا تو کام انہیں میں تمام ہے صیاد
یہی گلوں کو تنک دیکھوں اتنی مہلت ہو
چمن میں اور تو کیا مجھ کو کام ہے صیاد
ابھی کہ وحشی ہے اس کشمکش کے بیچ ہے میؔر
خدا ہی اس کا ہے جو تیرا رام ہے صیاد

۔۵۲۷۔

(دیوان پنجم)

کیا کہیے ہوئے مملکت ہستی میں وارد
بے یار و دیار اب تو ہیں اس بستی میں وارد
کچھ ہوش نہ تھا منبر و محراب کا ہم کو
صد شکر کہ مسجد میں ہوئے مستی میں وارد

۔۵۲۸۔

(دیوان سوم)

بہت ہے تن درد پرورد زرد
اٹھے گی مری خاک سے گرد زرد

وہ بیمار گو تو نہ جانے مجھے
مرا نامہ لکھنے کو ہو فرد زرد
گزرتی ہے کیا میرؔ دل پر ترے
تو ہوتا ہے ہر لحظہ کچھ زرد زرد

۔۵۲۹۔

(دیوان پنجم)

ہے عشق کا فسانہ میرا نہ یاں زباں زد
ہر شہر میں ہوئی ہے یہ داستاں زباں زد
حسرت سے حسنِ گل کی چپکا ہوا ہوں ورنہ
طیران باغ میں ہوں میں خوش زباں زباں زد
مذکور عاشقی کا ہر چار سو ہے باہم
یعنی نہیں کہانی میری کہاں زباں زد
فرہاد و قیس و وامق ہر یک سے پوچھ لو تم
شہروں میں عشق کے ہوں میں ناتواں زباں زد
کیا جانے میرؔ کس کے غم سے ہے چپ وگرنہ
حرف و سخن میں کیا ہی ہے یہ جواں زباں زد

۔۵۳۰۔

(دیوان چہارم)

جاوے جدائی کا یہ آزار گاہ باشد
اچھا بھی ہووے دل کا بیمار گاہ باشد
امیدوار اس کے ملنے کے جیسے ہیں ہم
آ نکلے ناز کرتا یاں یار گاہ باشد
گو قدر دل کی کم ہے پر چیز کام کی ہے
لے تو رکھیں تمھیں ہو درکار گاہ باشد

کہتا ہوں سو کرے ہے لیکن رہوں ہوں ڈرتا
آوے کسو سخن پر تکرار گاہ باشد

کہتے تو ہیں گئے سو کب آئے کیا کریں تب
جو خواب مرگ سے ہوں بیدار گاہ باشد

غصے سے اپنے ابرو جو خم کرے ہے ہر دم
وہ اک لگا بھی بیٹھے تلوار گاہ باشد

غیرت سے عشق کی ڈر کیا شیخ کبر دینی
تسبیح کا ہو رشتہ زنّار گاہ باشد

وحشت پہ میری مت جا غیرت بہت ہے مجھ کو
ہو بیٹھوں مرنے کو بھی تیار گاہ باشد

ہے ضبط عشق مشکل ہوتا نہیں کسو سے
ڈر میرؔ بھی ہو اس کا اظہار گاہ باشد

۔۵۳۱۔

(دیوان اول)

نہ پڑھا خط کو یا پڑھا قاصد
آخرِ کار کیا کہا قاصد

کوئی پہنچا نہ خط مرا اس تک
میرے طالع ہیں نارسا قاصد

سر نوشت زبوں سے زر ہو خاک
راہ کھوئی نہ کر تو جا قاصد

گر پڑا خط تو تجھ پہ حرف نہیں
یہ بھی میرا ہی تھا لکھا قاصد

یہ تو رونا ہمیشہ ہے تجھ کو
پھر کبھو پھر کبھو بھلا قاصد

اب غرض خامشی ہی بہتر ہے
کیا کہوں تجھ سے ماجرا قاصد

شب کتابت کے وقت گریے میں
جو لکھا تھا سو بہ گیا قاصد

کہنہ قصہ لکھا کروں تا کے
بھیجا کب تک کروں نیا قاصد

ہے طلسمات اس کا کوچہ تو
جو گیا سو وہیں رہا قاصد

باد پر ہے برات جس کا جواب
اس کو گزرے ہیں سالہا قاصد

نامۂ میرؔ کو اڑاتا ہے
کاغذ باد گر گیا قاصد

۔۵۳۲۔

(دیوان اول)

آوے گی میری قبر سے آواز میرے بعد
ابھریں گے عشق دل سے ترے راز میرے بعد

جینا مرا تو تجھ کو غنیمت ہے ناسمجھ
کھینچے گا کون پھر یہ ترے ناز میرے بعد

شمع مزار اور یہ سوزِ جگر مرا
ہر شب کریں گے زندگی ناساز میرے بعد

حسرت ہے اس کے دیکھنے کی دل میں بے قیاس
اغلب کہ میری آنکھیں رہیں باز میرے بعد

کرتا ہوں میں جو نالے سر انجام باغ میں
منہ دیکھو پھر کریں گے ہم آواز میرے بعد

بن گل موا ہی میں تو پہ تو جا کے لوٹیو
صحنِ چمن میں اے پرِ پرواز میرے بعد
بیٹھا ہوں میرؔ مرنے کو اپنے میں مستعد
پیدا نہ ہوں گے مجھ سے بھی جانباز میرے بعد

۔۵۳۳۔

(دیوان دوم)

بنی تھی کچھ اک اس سے مدت کے بعد
سو پھر بگڑی پہلی ہی صحبت کے بعد
جدائی کے حالات میں کیا کہوں
قیامت تھی ایک ایک ساعت کے بعد
موا کوہکن بے ستوں کھود کر
یہ راحت ہوئی ایسی محنت کے بعد
لگا آگ پانی کو دوڑے ہے تو
یہ گرمی تری اس شرارت کے بعد
کہے کو ہمارے کب ان نے سنا
کوئی بات مانی سو منت کے بعد
سخن کی نہ تکلیف ہم سے کرو
لہو ٹپکے ہے اب شکایت کے بعد
نظر میرؔ نے کیسی حسرت سے کی
بہت روئے ہم اس کی رخصت کے بعد

۔۵۳۴۔

(دیوان سوم)

زمیں پر میں جو پھینکا خط کو کر بند
بہت تڑپا کیا جوں مرغ پربند

گرفت دل سے ناچاری ہے یعنی
رہا ہوں بیٹھ میں بھی کر کے گھر بند
پھنسا دل زلف و کاکل میں نہ پوچھو
پڑا ہے ناگہ آ کر بند پر بند
سب اس کی چشم پرنیرنگ کے محو
مگر کی ان نے عالم کی نظر بند
چمن میں کیونکہ ہم پربستہ جاویں
بلند ازبس کہ ہے دیوار و در بند
بہت پیکان تیر یار ٹوٹے
تمام آہن ہے اب میرا جگر بند
ہوئیں رونے کی مانع میری پلکیں
بندھا خاشاک سے سیلاب پر بند
کہا کیا جائے ان ہونٹوں کے آگے
ہماری لب گزی ہے یہ شکربند
کھلے بندوں نہ آیا یاں وہ اوباش
پھرا مونڈھے پہ ڈالے بیشتر بند
یہی اوقات ہے گی دید کی یاں
رکھ اپنی چشم کو شام و سحر بند
نچا رہتا تھا چہرہ جس سے سو اب
گریباں میں ہے وہ دست ہنر بند
فن اشعار میں ہوں پہلواں میرؔ
مجھے ہے یاد اس کشتی کا ہر بند

-۵۳۵-

(دیوان دوم)

رہیے بغیر تیرے اے رشکِ ماہ تا چند
آنکھوں میں یوں ہماری عالم سیاہ تا چند
اب دیکھنے میں پیارے ٹک تو بڑھا عنایت
کوتاہ تر پلک سے ایدھر نگاہ تا چند
خط سے جو ہے گرفتہ وہ مہ نہیں نکلتا
مانند چشم اختر ہم دیکھیں راہ تا چند
عمرِ عزیز ساری منت ہی کرتے گزری
بے جرم آہ رہیے یوں عذر خواہ تا چند
یاں ناز و سرکشی سے کیا دیکھتا نہیں ہے
کج اس چمن میں ٹھہری گل کی کلاہ تا چند
جب مہ ادھر سے نکلا جانا وہ گھر سے نکلا
رکھتا ہے داغ دیکھیں یہ اشتباہ تا چند
ایذا بھی کھنچ چکے گر جو ہفتے عشرے کی ہو
اس طرح مرتے رہیے اے میرؔ آہ تا چند

-۵۳۶-

(دیوان پنجم)

رکھتا ہے دل کنار میں صدپارہ دردمند
ہر پارہ اس کا پاتے ہیں آوارہ دردمند
تسکین اپنے دل کی جو پاتا نہیں کہیں
جز صبر اور کیا کرے بے چارہ دردمند
اسلامی کفری کوئی ہو ہے شرط دردِ عشق
دونوں طریق میں نہیں ناکارہ دردمند

قابل ہوئی ہیں سیر کے چشمانِ خوں فشاں
دیکھیں ہیں آنکھوں لوہو کا فوارہ دردمند

کیا کام اس کو یاں کے نشیب و فراز سے
رکھتا ہے پاؤں دیکھ کے ہموارہ دردمند

اس کارواں سرائے کے ہیں لوگ رفتنی
حسرت سے ان کا کرتے ہیں نظارہ دردمند

سو بار حوصلے سے اگر رنج کش ہو میؔر
پھر فرطِ غم سے مر رہے یک بارہ دردمند

۔۵۳۷۔

(دیوان دوم)

تجھ بن اے نوبہار کے مانند
چاک ہے دل انار کے مانند

پہنچی شاید جگر تک آتشِ عشق
اشک ہیں سب شرار کے مانند

کو دماغ اس کی رہ سے اٹھنے کا
بیٹھے اب ہم غبار کے مانند

کوئی نکلے کلی تو لالے کی
اس دلِ داغدار کے مانند

سرو کو دیکھ غش کیا ہم نے
تھا چمن میں وہ یار کے مانند

ہار کر شب گلے پڑے اس کے
ہم بھی پھولوں کے ہار کے مانند

برق تڑپی بہت ولے نہ ہوئی
اس دلِ بے قرار کے مانند

ان نے کھینچی تھی صیدگہ میں تیغ
برق ابرِ بہار کے مانند
اس کے گھوڑے کے آگے سے نہ ٹلے
ہم بھی دبلے شکار کے مانند
زخم کھا بیٹھیو جگر پر مت
تو بھی مجھ دل فگار کے مانند
اس کی سرتیز ہر پلک ہے میرؔ
خنجر آبدار کے مانند

۔۵۳۸۔

(دیوان اول)

اے گل نو دمیدہ کے مانند
ہے تو کس آفریدہ کے مانند
ہم امیدِ وفا پہ تیری ہوئے
غنچۂ دیر چیدہ کے مانند
خاک کو میری سیر کر کے پھرا
وہ غزال رمیدہ کے مانند
سر اٹھاتے ہی ہو گئے پامال
سبزۂ نو دمیدہ کے مانند
نہ کٹے رات ہجر کی جو نہ ہو
نالہ تیغ کشیدہ کے مانند
ہم گرفتار حال ہیں اپنے
طائر پر بریدہ کے مانند
دل تڑپتا ہے اشک خونیں میں
صید درخوں طپیدہ کے مانند

تجھ سے یوسف کو کیونکہ نسبت دیں
کب شنیدہ ہو دیدہ کے مانند
میؔر صاحب بھی اس کے ہاں تھے لیک
بندۂ زرخریدہ کے مانند

۔۵۳۹۔

(دیوان چہارم)

کب سے ہے باغ کے پسِ دیوار باش و بود
مشکل کریں ہیں جیسے گرفتار باش و بود
دنیا میں اپنے رہنے کا کیا طور ہم کہیں
زنداں میں جوں کریں ہیں گنہگار باش و بود
بے یار کس کا جینے کو جی چاہتا ہے میؔر
کرتے ہیں ہم ستم زدہ ناچار باش و بود

۔۵۴۰۔

(دیوان چہارم)

زردی عشق سے ہے تن زار بدنمود
اب میں ہوں جیسے دیر کا بیمار بدنمود
بے برگی بے نوائی سے ہیں عشق میں نزار
پائیز دیدہ جیسے ہوں اشجار بدنمود
ہرچند خوب تجھ کو بنایا خدا نے لیک
اے ناز پیشہ کبر ہے بسیار بدنمود
ہیں خوشنما جو سہل مریں ہم ولے ترا
خونریزی میں ہماری ہے اصرار بدنمود
پوشیدہ رکھنا عشق کا اچھا تھا حیف میؔر
سمجھا نہ میں کہ اس کا ہے اظہار بدنمود

۔۵۴۱۔

(دیوان اول)

ہوں رہگزر میں تیرے ہر نقشِ پا ہے شاہد
اڑتی ہے خاک میری بادِ صبا ہے شاہد
طوفِ حرم میں بھی میں بھولا نہ تجھ کو اے بت
آتا ہے یاد تو ہی میرا خدا ہے شاہد
شرمندۂ اثر کچھ باطن مرا نہیں ہے
وقتِ سحر ہے شاہد دستِ دعا ہے شاہد
نالے میں اپنے پنہاں میں بھی ہوں ساتھ تیرے
شاہد ہے گرد محمل شور درا ہے شاہد
ایذا ہے میرؔ پر جو وہ تو کہوں ہی گا مَیں
بارے یہ کہہ کہ تیری خاطر میں کیا ہے شاہد

۔۵۴۲۔

(دیوان پنجم)

کہتے ہو تم کہ یکسر مجھ میں وفا ہے شاید
متروک رسم جور و ظلم و جفا ہے شاید
کم ناز سے ہے کس کے بندے کی بے نیازی
قالب میں خاک کے یاں پنہاں خدا ہے شاید
یاں کچھ نہیں ہے باقی اس کے حساب لیکن
مجھ میں شمار دم سے اب کچھ رہا ہے شاید
قید فراق سے تو چھوٹیں جو مر رہیں ہم
اس درد بے دوا کی مرنا دوا ہے شاید
یہ عشق ہے یقینی حال ایسا کم سنا ہے
اے میرؔ دل کسو سے تیرا لگا ہے شاید

۔۵۴۳۔

(دیوان دوم)

لڑ کے پھر آئے ڈر گئے شاید
بگڑے تھے کچھ سنور گئے شاید
سب پریشاں دلی میں شب گزری
بال اس کے بکھر گئے شاید
کچھ خبر ہوتی تو نہ ہوتی خبر
صوفیاں بے خبر گئے شاید
ہیں مکان و سرا و جا خالی
یار سب کوچ کر گئے شاید
آنکھ آئینہ رُو چھپاتے ہیں
دل کو لے کر مکر گئے شاید
لوہو آنکھوں میں اب نہیں آتا
زخم اب دل کے بھر گئے شاید
اب کہیں جنگلوں میں ملتے نہیں
حضرت خضر مر گئے شاید
بے کلی بھی قفس میں ہے دشوار
کام سے بال و پر گئے شاید
شور بازار سے نہیں اٹھتا
رات کو میرؔ گھر گئے شاید

ردیف۔ذ

۔۵۴۴۔

(دیوان چہارم)

درویشی کی جو سوختگی ہے سو ہے لذیذ
نان و نمک ہے داغ کا بھی ایک شے لذیذ

ردیف۔ ر

۔۵۴۵۔

(دیوان اول)

لبوں پر ہے ہر لحظہ آہ شرر بار
جلا ہی پڑا ہے ہمارا تو گھر بار

ہوئیں کس ستم دیدہ کے پاس یک جا
نگاہیں شرر ریز پلکیں جگر بار

کہو کوئی دیکھے اسے سیر کیوں کر
کہ ہے اس تنِ نازک اوپر نظر بار

حلاوت سے اپنی جو آگاہ ہوں تو
چپک جائیں باہم وے لعل شکر بار

سبک کر دیا دل کی بے طاقتی نے
نہ جانا تھا اس کی طرف ہم کو ہر بار

گدھا سا لدا پھرتا ہے شیخ ہر سو
کہ جبہ ہے یک بار و عمامہ سر بار

مرے نخل ماتم پہ ہے سنگ باراں
نہایت کو لایا عجب یہ شجر بار

ہمیں بار اس در پہ کثرت سے کیا ہو
لگا ہی رہے ہے سدا واں تو دربار

یہ آنکھیں گئیں ایسی ہو کر در افشاں
کہ دیکھے سے آیا تر ابر گہربار

کب اس عمر میں آدمی شیخ ہو گا
کتابیں رکھیں ساتھ گو ایک خربار

جہاں میؔر رہنے کی جاگہ نہیں ہے
چلا چاہیے یاں سے اسباب کر بار

۔۵۴۶۔

(دیوان اول)

رہنے کا پاس نہیں ایک بھی تار آخرِ کار
ہاتھ سے جائے گا سر رشتۂ کار آخرِ کار
لوح تربت پہ مری پہلے یہ لکھیو کہ اسے
یار دشمن ہو گیا جان سے مار آخرِ کار
مشتِ خاک اپنی جو پامال ہے یاں اس پہ نہ جا
سر کو کھینچے گا فلک تک یہ غبار آخرِ کار
سیر کر کثرت عالم کی مری جان کہ پھر
تنِ تنہا ہے تو اور کنج مزار آخرِ کار
چشم وا دیکھ کے اس باغ میں کیجو نرگس
آنکھوں سے جاتی رہے گی یہ بہار آخرِ کار
ابتدا ہی میں محبت کی ہوئے ہم تو تمام
ہوتا ہو گا یہی کچھ عشق میں یار آخرِ کار
اوّلِ کارِ محبت تو بہت سہل ہے میؔر
جی سے جاتا ہے ولے صبر و قرار آخرِ کار

۔۵۴۷۔

(دیوان سوم)

صاف غلطاں خوں میں ہے نخچیر یار
لے گیا رنگ اس کے دل سے تیر یار
کوتہی کی میرے طول عمر نے
جور میں تو کچھ نہ تھی تقصیر یار
آ کڑوں کے پاؤں میں بیڑی ہوئی
ہاتھ میں سونے کی وہ زنجیر یار

ہے کشیدہ جیسے تیغ آفتاب
میاں میں رہتی نہیں شمشیر یار
میرؔ ہم تو ناز ہی کھینچا کیے
کیونکہ کوئی کھینچے ہے تصویر یار

۔۵۴۸۔

(دیوان دوم)

مجھ کو قفس میں سنبل و ریحاں کی کیا خبر
کہہ اے نسیمِ صبح گلستاں کی کیا خبر
رہتا ہے ایک نشہ انہیں جن کو ہے شناخت
ہے زاہدوں کو مستی و عرفاں کی کیا خبر
ٹک پوچھتے جو آن نکلتا کوئی ادھر
اب بعدِ مرگ قیس بیاباں کی کیا خبر
برباد جائے یاں کوئی دولت تو کیا عجب
آئی ہے تم کو ملکِ سلیماں کی کیا خبر
آیا ہے ایک شہر غریباں سے تازہ تو
میرؔ اس جوان حالِ پریشاں کی کیا خبر

۔۵۴۹۔

(دیوان اول)

پشت پا ماری بسکہ دنیا پر
زخم پڑ پڑ گیا مرے پا پر
ڈوبے اچھلے ہے آفتاب ہنوز
کہیں دیکھا تھا تجھ کو دریا پر
گرو مے ہوں آو شیخ شہر
ابر جھوما ہی جا ہے صحرا پر

دل پر خوں تو تھا گلابی شراب
جی ہی اپنا چلا نہ صہبا پر
یاں جہاں میں کہ شہر کوراں ہے
سات پردے ہیں چشمِ بینا پر
فرصت عیش اپنی یوں گزری
کہ مصیبت پڑی تمنا پر
طارم تاک سے لہو ٹپکا
سنگ باراں ہوا ہے مینا پر
میؔر کیا بات اس کے ہونٹوں کی
جینا دوبھر ہوا مسیحا پر

۔۵۵۰۔

(دیوان پنجم)

کئی داغ ایسے جلائے جگر پر
کہ وے نرگسی زن تھے گل ہائے تر پر
گیا میری وادی سے سیلاب بچ کر
نظر یاں جو کی عشق کے شیرنر پر
سرِ رہ سے اس کے موئے ہی اٹھیں گے
یہ جی جا رہا ہے اسی رہگزر پر
سر اس آستاں پر رگڑتے گئے ہیں
ہوئے خون یاروں کے اس خاکِ در پر
ہم آتا اسے سن کے جیتوں میں آئے
بنا زندگانی کی ہے اب خبر پر
اسے لطف اس کا ہی لاوے تو لاوے
نہیں وصل موقوف کچھ زور و زر پر

سرکتے نہیں شوق کشتوں کے سر بن
قیامت سا ہنگامہ ہے اس کے در پر
اتر جو گیا دل سے روکش ہو اس کا
چڑھا پھر نہ خورشید میری نظر پر
بھری تھی مگر آگ دل میں دروں میں
ہوئے اشک سوزش سے اس کی شرر پر
گیا پی جو ان آنسوؤں کے تئیں میں
سراسر ہیں اب داغ سطح جگر پر
سرعجز ہر شام تھا خاک پر ہی
تہِ دل تھی کیسی ہی آہ سحر پر
پلک اٹھے آثار اچھے نہ دیکھے
پڑی آنکھ ہرگز نہ رُوئے اثر پر
طرف شاخِ گل کی لچک کے نہ دیکھا
نظر میرؔ کی تھی کسو کی کمر پر
غزل در غزل صاحبو یہ بھی دیکھو
نہیں عیب کرنا نظر اک ہنر پر

۔۵۵۱۔

(دیوان پنجم)

بھروسا اسیری میں تھا بال و پر پر
سو پر وا ہوئے نہ قفس کے بھی در پر
سواران شائستہ کشتے ہیں تیرے
نہ تیغِ ستم کر علم ہر نفر پر
کھلا پیش دنداں نہ اس کا گرہچہ
کنھوں نے بھی تھوکا نہ سلک گہر پر

جلے کیوں نہ چھاتی کہ اپنی نظر ہے
کسو شوخ پرکار رعنا پسر پر

نہ محشر میں چونکا مرا خون خفتہ
وہی تھا یہ خوابیدہ اس شور و شر پر

کئی زخم کھا کر تڑپتا رہا دل
تسلی تھی موقوف زخم دگر پر

سنا تھا اسے پاس لیکن نہ پایا
چلے دور تک ہم گئے اس خبر پر

سرشب کہے تھا بہانہ طلب وہ
گھڑی ایک رات آئی ہو گی پہر پر

کوئی پاس بیٹھا رہے کب تلک یوں
کہو ہو گی رخصت گئے اب سحر پر

جہاں میں نہ کی میرؔ اقامت کی نیت
کہ مشعر تھا آنا مرا یاں سفر پر

۔۵۵۲۔

(دیوان سوم)

دعویٰ ہے یوں ہی اس کا ترے حسن گوش پر
یاں کون تھوکے ہے صدف ہرزہ کوش پر

شاید کسو میں اس میں بہت ہو گیا ہے بعد
تم بھی تو گوش رکھو جرس کے خروش پر

جیب و کنار سے تو بڑھا پانی دیکھیے
چشمہ ہماری چشم کا رہتا ہے جوش پر

اک شور ہے جو عالم کون و فساد میں
ہنگامہ ہے اسی کے یہ لعل خموش پر

ہے بار دوش جس کے لیے زندگی سو وہ
رکھ ہاتھ راہ ٹک نہ چلا میرے دوش پر

جو ہے سو مست بادۂ وہم و خیال ہے
کس کو ہے یاں نگاہ کسو دردنوش پر

مرغِ چمن نے کیا حق صحبت ادا کیا
لالا کے گل بکھیرے مرے قبر پوش پر

جب تک بہار رہتی ہے رہتا ہے مست تو
عاشق ہیں میرؔ ہم تو تری عقل و ہوش پر

۔۵۵۳۔

(دیوان پنجم)

سعی سے اس کی ہوا مائل گریباں چاک پر
آفریں کر اے جنوں میرے کف چالاک پر

کیوں نہ ہوں طرفہ گلیں خوش طرح بعضی اے کلال
خاک کن کن صورتوں کی صرف کی ہے خاک پر

گِل ہوئی کوچے میں اس کے آنے سے بھی اب رہا
ابر تو کاہے کو رویا تھا ہماری خاک پر

ہم کو مٹی کر دیا پامالی گردوں نے میرؔ
وہ نہ آیا ناز کرتا ٹک ہماری خاک پر

۔۵۵۴۔

(دیوان چہارم)

کیا صبر ہم نے جو اس کے ستم پر
ستم سا ستم ہو گیا اس میں ہم پر

لکھا جو گیا اس کو کیا نقل کریے
سخن خونچکاں تھے زبان قلم پر

جھکے ٹک جدھر جھک گئے لوگ اودھر
رہی درمیاں تیغ ابرو کے خم پر
سخن زن ہوں ہر چند وے مست آنکھیں
نہیں اعتماد ان کے قول و قسم پر
جگر ہے سزا میرؔ اس رنج کش کو
گیا دو قدم جو ہمارے قدم پر

۔۵۵۵۔

(دیوان سوم)

گرمی سے گفتگو کی کر لے قیاس جاں پر
شعلہ ہے شمع ساں یاں ہر یک سخن زباں پر
دیکھ اس کے خط کی خوبی لگ جاتی ہے چپ ایسی
گویا کہ مہر کی ہے ان نے مرے دہاں پر
ہوں خاک مجھ کو ان سے نسبت حساب کیا ہے
میں گنتی میں نہیں ہوں وے ہفتم آسماں پر
گھر باغ میں بنایا پر ہم نے یہ نہ جانا
بجلی سے بھی پڑے گا پھول آ کے آشیاں پر
روتے ہیں دوست اکثر سن سرگذشت عاشق
تو بھی تو گوش وا کر ٹک میری داستاں پر
کیا بات میں تب اس کی جاوے کسو سے بولا
ہونے لگے ہوں خوں جب ہونٹوں کے رنگ پاں پر
تڑپے ہے دل گھڑی بھر تو پہروں غش رہے ہے
کیا جانوں آفت آئی کیا طاقت و تواں پر
سودا بنے جو اس سے تو میرؔ منفعت ہے
اپنی نظر نہیں ہے پھر جان کے زیاں پر

۔۵۵۶۔

(دیوان پنجم)

شوریدہ سر رکھا ہے جب سے اس آستاں پر
میرا دماغ تب سے ہے ہفتم آسماں پر

گھائل گرا رہا ہے فتراک سے بندھا ہے
کیا کیا ستم ہوئے ہیں اس صیدِ ناتواں پر

لطف بدن کو اس کے ہرگز پہنچ سکے نہ
جا پڑتی تھی ہمیشہ اپنی نگاہ جاں پر

خاشاک و خار و خس کو کر ایک جا جلایا
کیا چشم شور برق خاطف تھی آشیاں پر

وہ باغباں پسر کچھ گل گل شگفتہ ہے اب
یہ اور گل کھلا ہے اک پھولوں کی دکاں پر

پرکالے آگ کے تھے کیا نالہ ہائے بلبل
شبنم سے آبلے ہیں گل برگ سی زباں پر

دل کیا مکاں پھر اس کا کیا صحن میؔر لیکن
غالب ہے سعی میں تو میدان لامکاں پر

۔۵۵۷۔

(دیوان پنجم)

سنا تم نے جو گزرا سانحہ ہجراں میں یاروں پر
قیامت غم سے ہر ساعت رہی الفت کے ماروں پر

کیا ہے عشق عالم کش نے کیا ستھراؤ لوگوں کا
نکل چل شہر سے باہر نظر کر ٹک مزاروں پر

تڑپ کر گرم ٹک جوں برق ٹھنڈے ہوتے جاتے ہیں
بسان ابرِ رحمت رو بہت ہم بے قراروں پر

۔۴۴۸۔

بڑی دولت ہے درویشی جو ہمرہ ہو قناعت کے
کہ عرصہ تنگ ہے حرص و ہوا سے تاجداروں پر
سیاحت خوب مجھ کو یاد ہے پر کی بھی وحشت کی
پر اپنا پاؤں پھیلے دشت کے سر تیز خاروں پر
گئے فرہاد و مجنوں ہو کوئی تو بات بھی پوچھیں
یکایک کیا بلا آئی ہمارے غم گساروں پر
گئی اس ناتوان عشق کے آگے سے پیری ٹل
سبک روحی مری اے میؔر بھاری ہے ہزاروں پر

-۵۵۸-

(دیوان ششم)

دل گئے آفت آئی جانوں پر
یہ فسانہ رہا زبانوں پر
عشق میں ہوش و صبر سنتے تھے
رکھ گئے ہاتھ سو تو کانوں پر
گرچہ انسان ہیں زمینی ولے
ہیں دماغ ان کے آسمانوں پر
شہر کے شوخ سادہ رو لڑکے
ظلم کرتے ہیں کیا جوانوں پر
عرش و دل دونوں کا ہے پایہ بلند
سیر رہتی ہے ان مکانوں پر
جب سے بازار میں ہے تجھ سی متاع
بھیڑ ہی رہتی ہے دکانوں پر
لوگ سر دیتے جاتے ہیں کب سے
یار کے پاؤں کے نشانوں پر

کجی اوباش کی ہے وہ دربند
ڈالے پھرتا ہے بند شانوں پر
کوئی بولا نہ قتل میں میرے
مہر کی تھی مگر دہانوں پر
یاد میں اس کے ساق سیمیں کی
دے دے ماروں ہوں ہاتھ رانوں پر
تھے زمانے میں خرچی جن کی روپے
ٹھانسا کرتے ہیں ان کو آنوں پر
غم و غصہ ہے حصے میں میرے
اب معیشت ہے ان ہی کھانوں پر
قصے دنیا میں میؔر بہت سنے
نہ رکھو گوش ان فسانوں پر

۔۵۵۹۔

(دیوان پنجم)

اپنے موئے بھی رنج و بلا ہے ہمسایوں کی جانوں پر
کیا کیا سینہ زنی رہتی ہے درد و غم کے فسانوں پر
میں تو کیا کیا حرف و سخن تھے میرے جہاں سے جاتے رہے
باتیں دردآگیں ہیں اب تک کیسی کیسی زبانوں پر
تو بھی رباط کہن سے صوفی سیر کو چل ٹک سبزے کی
ابرسیہ قبلے سے آ کر جھوم پڑا میخانوں پر
آمد و رفت نسیم سے ظاہر رنجش بلبل ہے لیکن
باؤ بھی اب تک بہی نہیں گل ہائے چمن کے کانوں پر
جیغہ جیغہ اس کی سی ابرو دلکش نکلی نہ کوئی یاں
زور کیے لوگوں نے اگرچہ نقش و نگار کمانوں پر

جان تو یاں ہے گرم رفتن لیت و لعل واں ویسی ہے
کیا کیا مجھ کو جنوں آتا ہے اس لڑکے کے بہانوں پر
بعد مرے سبحے کو میرے ہاتھوں ہاتھ ملک لیں گے
سو سو بار لیا ہے مَیں نے نام اس کا ان دانوں پر
دل کی حقیقت عرش کی عظمت سب کچھ ہے معلوم ہمیں
سیر رہی ہے اکثر اپنی ان پاکیزہ مکانوں پر
راہ چلو تم اپنی اپنی میرے طریق سے کیا تم کو
آنکھوں سے پردہ مَیں نے کیا ہے واں پاؤں کے نشانوں پر
عشق عجائب زور آور ہے کشتی سب کی پاک ہوئی
ذکر میرؔ ہے کیا پیری میں حرف و سخن ہے جوانوں پر

۔۵۶۰۔

(دیوان اول)

قیامت تھا سماں اس خشمگیں پر
کہ تلواریں چلیں ابرو کی چیں پر
نہ دیکھا آخر اس آئینہ رُو نے
نظر سے بھی نگاہ واپسیں پر
گئے دن عجز و نالہ کے کہ اب ہے
دماغ نالہ چرخ ہفتمیں پر
ہوا ہے ہاتھ گلدستہ ہمارا
کہ داغ خوں بہت ہے آستیں پر
خدا جانے کہ کیا خواہش ہے جی کو
نظر اپنی نہیں ہے مہر وکیں پر
پر افشانی قفس ہی کی بہت ہے
کہ پرواز چمن قابل نہیں پر

جگر میں اپنے باقی روتے روتے
اگرچہ کچھ نہیں اے ہم نشیں پر
کبھو جو آنکھ سے چلتے ہیں آنسو
تو بھر جاتا ہے پانی سب زمیں پر
قدم دشتِ محبت میں نہ رکھ میرؔ
کہ سر جاتا ہے گام اولیں پر

۔۵۶۱۔

(دیوان ششم)

باندھے کمر سحرگہ آیا ہے میرے کیں پر
جو حادثہ فلک سے نازل ہوا زمیں پر
اقرار میں کہاں ہے انکار کی سی خوبی
ہوتا ہے شوق غالب اس کی نہیں نہیں پر
کنجِ قفس میں جوں توں کاٹیں گے ہم اسیراں
سیرِ چمن کے شایاں اپنے رہے نہیں پر
جوں آب گیری کردہ شمشیر کی جراحت
ہے ہر خراش ناخن رُخسارہ و جبیں پر
آخر کو ہے خدا بھی تو اے میاں جہاں میں
بندے کے کام کچھ کیا موقوف ہیں تمھیں پر
غصے میں عالم اس کا کیا کیا نظر پڑا ہے
تلواریں کھنچتیاں تھیں اس کی جبیں کی چیں پر
تھے چشمِ خوں فشاں پر شاید کہ دست و دامن
ہیں میرؔ داغ خوں کے پیراہن آستیں پر

۔۵۶۲۔

(دیوان دوم)

رفتار میں یہ شوخی رحم اے جواں زمیں پر
لاتا ہے تازہ آفت تو ہر زماں زمیں پر

آنکھیں لگی رہیں گی برسوں وہیں سبھوں کی
ہو گا قدم کا تیرے جس جا نشاں زمیں پر

میں مشتِ خاک یارب بارگران غم تھا
کیا کہیے آ پڑا ہے اک آسماں زمیں پر

آنکھیں ہی بچھ رہی ہیں لوگوں کی تیری رہ میں
ٹک دیکھ کر قدم رکھ اے کام جاں زمیں پر

خاک سیہ سے یکساں ہر ایک ہے کہے تو
مارا اٹھا فلک نے سارا جہاں زمیں پر

چشمے کہیں ہیں جوشاں جوئیں کہیں ہیں جاری
جوں ابر ہم نہ روئے اس بن کہاں زمیں پر

آتا نہ تھا فرو سرجن کا کل آسماں سے
ہیں ٹھوکروں میں ان کے آج استخواں زمیں پر

جو کوئی یاں سے گزرا کیا آپ سے نہ گزرا
پانی رہا کب اتنا ہو کر رواں زمیں پر

پھر بھی اٹھا لی سر پر تم نے زمیں سب آ کر
کیا کیا ہوا تھا تم سے کچھ آگے یاں زمیں پر

کچھ بھی مناسبت ہے یاں عجز واں تکبر
وے آسمان پر ہیں میں ناتواں زمیں پر

پست و بلند یاں کا ہے اور ہی طرف سے
اپنی نظر نہیں ہے کچھ آسماں زمیں پر

قصر جناں تو ہم نے دیکھا نہیں جو کہیے
شاید نہ ہووے دل سا کوئی مکاں زمیں پر

یاں خاک سے انھوں کی لوگوں نے گھر بنائے
آثار ہیں جنہوں کے اب تک عیاں زمیں پر

کیا سر جھکا رہے ہو میرؔ اس غزل کو سن کر
بارے نظر کرو ٹک اے مہرباں زمیں پر

۔۵۶۳۔

(دیوان دوم)

آغشتہ خونِ دل سے سخن تھے زبان پر
رکھے نہ تم نے کان ٹک اس داستان پر

کچھ ہورہے گا عشق و ہوس میں بھی امتیاز
آیا ہے اب مزاج ترا امتحان پر

یہ دلبری کے فن و فریب اتنی عمر میں
جھنجھلاہٹ اب تو آوے ہے اس کے سیان پر

محتاج کر خدا نہ نکالے کہ جوں ہلال
تشہیر کون شہر میں ہو پارہ نان پر

دیکھا نہ ہم نے چھوٹ میں یاقوت کی کبھو
تھا جو سماں لبوں کے ترے رنگ پان پر

کیا رہروان راہِ محبت ہیں طرفہ لوگ
اغماض کرتے جاتے ہیں جی کے زیان پر

پہنچا نہ اس کی داد کو مجلس میں کوئی رات
مارا بہت پتنگ نے سر شمع دان پر

یہ چشم شوق طرفہ جگہ ہے دکھاؤ کی
ٹھہرو بقدر یک مژہ تم اس مکان پر

بزاز کے کو دیکھ کے خرقے بہت پھٹے
بیٹھا وہ اس قماش سے آ کر دکان پر
موزوں کرو کچھ اور بھی شاید کہ میرؔ جی
رہ جائے کوئی بات کسو کی زبان پر

۔۵۶۴۔

(دیوان چہارم)

مرتے ہیں ہم تو آدم خاکی کی شان پر
اللہ رے دماغ کہ ہے آسمان پر
چرکہ تھا دل میں لالہ رخوں کے خیال سے
کیا کیا بہاریں دیکھی گئیں اس مکان پر
عرصہ ہے تنگ صدر نشینوں پہ شکر ہے
بیٹھے اگر تو جا کے کسو آستان پر
آفات میں ہے مرغِ چمن گل کے شوق سے
جوکھوں ہزار رنگ کی رہتی ہے جان پر
اس کام جاں کے جلووں کا مَیں ہی نہیں ہلاک
آفت عجب طرح کی ہے سارے جہان پر
جاتے تو ہیں پہ خواہش دل موت ہے نری
پھر بھی ہمیں نظر نہیں جی کے زیان پر
تقدیس دل تو دیکھ ہوئی جس کو اس سے راہ
سر دیں ہیں لوگ اس کے قدم کے نشان پر
انداز و ناز اپنے اس اوباش کے ہیں قہر
سو سو جوان مرتے ہیں ایک ایک آن پر
شوخی تو دیکھو آپھی کہا آؤ بیٹھو میرؔ
پوچھا کہاں تو بولے کہ میری زبان پر

-۵۶۵-

(دیوان دوم)

کیا کیا نہ لوگ کھیلتے جاتے ہیں جان پر
اطفال شہر لائے ہیں آفت جہان پر

کچھ ان دنوں اشارۂ ابرو ہیں تیز تیز
کیا تم نے پھر رکھی ہے یہ تلوار سان پر

تھوڑے میں دور کھینچے ہے کیا آدم آپ کو
اس مشتِ خاک کا ہے دماغ آسمان پر

کس پر تھے بے دماغ کہ ابرو بہت ہے خم
کچھ زور سا پڑا ہے کہیں اس کمان پر

کس رنگ راہ پائے نگاریں سے تو چلا
ہونے لگے ہیں خون قدم کے نشان پر

چرچا سا کر دیا ہے مرے شور عشق نے
مذکور اب بھی ہے یہ ہر اک کی زبان پر

پی پی کے اپنا لوہو رہیں گو کہ ہم ضعیف
جوں رینگتی نہیں ہے انھوں کے تو کان پر

یہ وہم ہے کہ اور کا ہے میرے تیں خیال
تو مار ڈالیو نہ مجھے اس گمان پر

کیفیتیں ہزار ہیں اس کام جاں کے بیچ
دیتے ہیں لوگ جان تو ایک ایک آن پر

دامن میں آج میؔر کے داغ شراب ہے
تھا اعتماد ہم کو بہت اس جوان پر

۔۵۶۶۔

(دیوان سوم)

پڑتی ہے آنکھ ہر دم جا کر صفائے تن پر
سو جی گئے تھے صدقے اس شوخ کے بدن پر
نامِ خدا نکالے کیا پاؤں رفتہ رفتہ
تلواریں چلتیاں ہیں اس کے تو اب چلن پر
تو بھی تو ایک دن چل گلشن میں ساتھ میرے
کرتی ہے کیا تبختر بلبل گل چمن پر
دل جو بجا نہیں ہے وحشی سا میں پھروں ہوں
تم جائیو نہ ہرگز میرے دوانے پن پر
درکار عاشقوں کو کیا ہے جو اب نامہ
یک نام یار بس ہے لکھنا مرے کفن پر
تب ہی بھلے تھے جب تک حرف آشنا نہ تھے تم
لینے لگے لڑائی اب تو سخن سخن پر
گرد رخ اس کے پیدا خط کا غبار یوں ہے
گرد اک تنک سی بیٹھے جس رنگ یاسمن پر
کس طرح میرؔ جی کا ہم توبہ کرنا مانیں
کل تک بھی داغ مے تھے سب ان کے پیرہن پر

۔۵۶۷۔

(دیوان سوم)

کیا جانیں گے کہ ہم بھی عاشق ہوئے کسو پر
غصے سے تیغ اکثر اپنے رہی گلو پر
ہر کوئی چاہتا ہے سرمہ کرے نظر کا
ہونے لگے ہیں اب تو خون اس کی خاک کو پر

کر باغباں حیا ٹک گل کو نہ ہاتھ میں مل
دیتی ہے جان بلبل پھولوں کے رنگ و بو پر
حسرت سے دیکھتے ہیں پرواز ہم صفیراں
شائستہ بھی ہمارے ایسے ہی تھے کبھو پر
حرف و سخن کرے ہے کس لطف سے برابر
سلک گہر بھی صدقے کی اس کی گفتگو پر
گو شوق سے ہو دل خوں مجھ کو ادب وہی ہے
میں رو کبھو نہ رکھا گستاخ اس کے رو پر
تن راکھ سے ملا سب آنکھیں دیئے سی جلتی
ٹھہری نظر نہ جوگی میؔر اس فتیلہ مُو پر

۔۵۶۸۔

(دیوان ششم)

آیا ہے ابر قبلہ چلا خانقاہ پر
صوفی ہوا کو دیکھ کے کاش آوے راہ پر
وہ آنکھ اٹھا کے شرم سے کب دیکھے ہے ولے
ہوتے ہیں خون نیچی بھی اس کی نگاہ پر
بالفرض چاہتا ہے گنہ لیک میری جاں
واجب ہے خون کرنا کہاں اس گناہ پر
کیا بحث میرے وقر سے مَیں ہوں فقیر محض
ہے اس گلی میں حرف و سخن عزشاہ پر
تہ سے سخن کے لوگ نہ تھے آشنا عبث
جاگہ سے تم گئے انھوں کی واہ واہ پر
ڈر چشم شور چرخ سے گل پھول یک طرف
آنکھ اس دنی کی دوڑے ہے اک برگ کاہ پر

دیکھی ہے جن نے یار کے رُخسار کی جھمک
اس کی نظر گئی نہ شبِ مہ میں ماہ پر

ہم جاں بہ لب پتنگوں کی سدھ لیجیو شتاب
موقوف اپنا جانا ہے اب ایک آہ پر

کہتے تو ہیں کہ ہم بھی تمھیں چاہتے ہیں میرؔ
پر اعتماد کس کو ہے خوباں کی چاہ پر

۔۵۶۹۔

(دیوان پنجم)

ٹیڑھی نگاہیں کیا کرتے ہو دم بھر کے یاں آنے پر
ایدھر دیکھو ہم نے نہیں کی خم ابرو مر جانے پر

زور ہوا ہے چل صوفی ٹک تو بھی رباط کہنہ سے
ابر قبلہ بڑھتا بڑھتا آیا ہے مے خانے پر

گل کھائے بے تہ بلبل نے شور قیامت کا سا کیا
دیکھ چمن میں اس بن میرے چپکے جی بہلانے پر

سر نیچے کر لیتا تھا تلوار چلاتے ہم پر وے
ریجھ گئے خوں ریزی میں اپنی اس کے پھر شرمانے پر

گالی مار کے غم پر مَیں نے صبر کیا خاموش رہا
رحم نہ آیا ٹک ظالم کو اس میرے غم کھانے پر

نادیدہ ہیں نامِ خدا کے ایسے جیسے قحط زدہ
دوڑتی ہیں کیا آنکھیں اپنی سبحے کے دانے دانے پر

حالِ پریشاں سن مجنوں کا کیا جلتا ہے جی اپنا
عاشق ہم بھی میرؔ رہے ہیں اس ڈھب کے دیوانے پر

۔۵۷۰۔

(دیوان پنجم)

ابر سیہ قبلے سے اٹھ کر آیا ہے مے خانے پر
بادہ کشوں کا جھرمٹ ہے کچھ شیشے پر پیمانے پر
رنگ ہوا سے ٹپکنے لگا ہے سبزے میں کوئی پھول کھلا
یعنی چشمک گل کرتا ہے فصلِ بہار کے آنے پر
شور جنوں ہے جوانوں کے سر میں پاؤں میں زنجیریں ہیں
سنگ زناں لڑ کے پھرتے ہیں ہر ہر سو دیوانے پر
بیتابانہ شمع پر آیا گرد پھرا پھر جل ہی گیا
اپنا جی بھی حد سے زیادہ رات جلا پروانے پر
قدرجان جو کچھ ہووے تو صرفہ بھی ہم میر کریں
منہ موڑیں کیا آنے سے اس کے اپنی جان کے جانے پر

۔۵۷۱۔

(دیوان اول)

خط میں ہے کیا سماں پسینے پر
موتی گویا جڑے ہیں مینے پر
کوئی ہوتا ہے دل تپش سے برا
ایک دم کے لہو نہ پینے پر
دل سے میرے شکستیں الجھی ہیں
سنگ باراں ہے آبگینے پر
چاک سینے سے کھل گئے ٹانکے
کیا رفو کم ہوا ہے سینے پر
جور دلبر سے کیا ہوں آزردہ
میرؔ اس چار دن کے جینے پر

۔۵۷۲۔

(دیوان ششم)

میلان دلربا ہو کیوں کر وفا کے اوپر
دیتا ہے جان عالم اس کی جفا کے اوپر

کشتہ ہوں اس حیا کا کٹوائے بہتوں کے سر
پر آنکھیں اس کی وونہیں تھیں پشت پا کے اوپر

مہندی لگا کے ہرگز گھر سے تو مت نکلیو
ہوتے ہیں خون تیرے رنگِ حنا کے اوپر

ہوں کو بہ کو صبا سا پر کچھ نہیں ہے حاصل
شاید برات اپنی لکھی ہوا کے اوپر

بندوں سے کام تیرا اے میؔر کچھ نہ نکلا
موقوف مطلب اپنا اب رکھ خدا کے اوپر

۔۵۷۳۔

(دیوان ششم)

آئے ہو گھر سے اٹھ کر میرے مکاں کے اوپر
کی تم نے مہربانی بے خانماں کے اوپر

پھولوں سے اٹھ نگاہیں مکھڑے پہ اس کے ٹھہریں
وہ گل فروش کا جو آیا دکاں کے اوپر

برسات اب کے گزری خوف و خطر میں ساری
چشمک زناں رہی ہے برق آشیاں کے اوپر

رُخسار سا کسو کے کاہے کو ہے فروزاں
ہر چند ماہ تاباں ہے آسماں کے اوپر

بے سدھ پڑا رہوں ہوں بستر پہ رات دن میں
کیا آفت آ گئی ہے اس نیم جاں کے اوپر

عشق و ہوس میں کچھ تو آخر تمیز ہو گی
آئی طبیعت اس کی گر امتحاں کے اوپر

الفت کی کلفتوں میں معلوم ہے ہوئی وہ
تھا اعتماد کلی تاب و تواں کے اوپر

محو دعا تھا اکثر غیرت سے لیک گاہے
آیا نہ نام اس کا میری زباں کے اوپر

وہ جان و دل کی خواہش آیا نہیں جہاں میں
آئی ہے اک قیامت اہلِ جہاں کے اوپر

کیا لوگ ہیں محباں سودائے عاشقی میں
اغماض کرتے ہیں سب جی کے زیاں کے اوپر

حیرت سے اس کے روکی چپ لگ گئی ہے ایسی
گویا کہ مہر کی ہے میرے دہاں کے اوپر

جو راہ دوستی میں اے میرؔ مرگئے ہیں
سر دیں گے لوگ ان کے پا کے نشاں کے اوپر

۔۵۷۴۔

(دیوان اول)

نہ ہو ہرزہ درا اتنا خموشی اے جرس بہتر
نہیں اس قافلے میں اہلِ دل ضبط نفس بہتر

نہ ہونا ہی بھلا تھا سامنے اس چشمِ گریاں کے
نظر اے ابرِ تر آچھی نہ آوے گا برس بہتر

سدا ہو خار خار باغباں گل کا جہاں مانع
سمجھ اے عندلیب اس باغ سے کنجِ قفس بہتر

برا ہے امتحاں لیکن نہ سمجھے تُو تو کیا کریے
شہادت گاہ میں لے چل سب اپنے بوالہوس بہتر

سیہ کر دوں گا گلشن دود دل سے باغباں میں بھی
جلا آتش میں میرے آشیاں کے خار و خس بہتر

کیا داغوں سے رشک باغ اے صد آفریں الفت
یہ سینہ ہم کو بھی ایسا ہی تھا درکار بس بہتر

قدم تیرے چھوئے تھے جن نے اب وہ ہاتھ ہی سر ہے
مرے حق میں نہ ہونا ہی تھا یاں تک دسترس بہتر

عبث پوچھے ہے مجھ سے میرؔ میں صحرا کو جاتا ہوں
خرابی ہی پہ دل رکھا ہے جو تُو نے تو بس بہتر

۔۵۷۵۔

(دیوان دوم)

جنوں میں اب کے کام آئی نہ کچھ تدبیر بھی آخر
گئی کل ٹوٹ میرے پاؤں کی زنجیر بھی آخر

اگر ساکت ہیں ہم حیرت سے پر ہیں دیکھنے قابل
کہ اک عالم رکھے ہے عالم تصویر بھی آخر

یکایک یوں نہیں ہوتے ہیں پیارے جان کے لاگو
کبھو آدم ہی سے ہو جاتی ہے تقصیر بھی آخر

کلیجا چھن گیا پر جان سختی کش بدن میں ہے
ہوئے اس شوخ کے ترکش کے سارے تیر بھی آخر

نہ دیکھی ایک واشد اپنے دل کی اس گلستاں میں
کھلے پائے ہزاروں غنچۂ دلگیر بھی آخر

سروکار آہ کب تک خامہ و کاغذ سے یوں رکھیے
رکھے ہے انتہا احوال کی تحریر بھی آخر

پھرے ہے باؤلا سا پیچھے ان شہری غزالوں کے
بیاباں مرگ ہو گا اس چلن سے میرؔ بھی آخر

۔۵۷۶۔

(دیوان اول)

کر رحم ٹک کب تک ستم مجھ پر جفا کار اس قدر
یک سینہ خنجر سینکڑوں یک جان و آزار اس قدر
بھاگے مری صورت سے وہ عاشق میں اس کی شکل پر
میں اس کا خواہاں یاں تلک وہ مجھ سے بیزار اس قدر
منزل پہنچنا یک طرف نے صبر ہے نے ہے سکوں
یکسر قدم میں آبلے پھر راہ پرخار اس قدر
ہے جائے ہر دل میں تری آ درگزر کر بے وفا
کر رحم ٹک اپنے اپرمت ہو دل آزار اس قدر
جز کشمکش ہووے تو کیا عالم سے ہم کو فائدہ
یہ بے فضا ہے اک قفس ہم ہیں گرفتار اس قدر
غیر اور بغل گیری تری عید اور ہم سے بھاگنا
ہم یار ہوں یوں غم زدے خوش ہوئیں اغیار اس قدر
طاقت نہیں ہے بات کی کہتا تھا نعرہ ماریے
کیا جانتا تھا میرؔ ہوجاوے گا بیمار اس قدر

۔۵۷۷۔

(دیوان دوم)

کیا کیا نہ ہم نے کھینچے آزار تیری خاطر
اب ہو گئے ہیں آخر بیمار تیری خاطر
غیروں کی بے دماغی بیتابی چھاتی داغی
یہ سب ستم اٹھائے اے یار تیری خاطر
کیا جانیے کہ ہے تو کیا جنس بیش قیمت
جاتے ہیں پگڑی جامے بازار تیری خاطر

اک بار تُو نے آ کر خاطر نہ رکھی میری
میں جی سے اپنے گزرا سو بار تیری خاطر

میں کیا کہ آہ کافر دیں کے اکابروں نے
قشقے لگائے پہنے زنّار تیری خاطر

گو دل دھسک ہی جاوے آنکھیں ابل ہی آویں
سب اونچ نیچ کی ہے ہموار تیری خاطر

ایک آن تیرے ابرو ایدھر جھکے نہ پائے
سو سو میں مَیں نے کھینچی تلوار تیری خاطر

کیا چیز ہے تو پیارے مُفلِس ہیں داغ تیرے
پیسے لیے پھرے ہیں زردار تیری خاطر

تجھ سے دوچار ہونا پھر آہ بن نہ آیا
دی جان میؔر جی نے ناچار تیری خاطر

۔۵۷۸۔

(دیوان ششم)

آیا جو اپنے گھر سے وہ شوخ پان کھا کر
کی بات ان نے کوئی سو کیا چبا چبا کر

شاید کہ منہ پھرا ہے بندوں سے کچھ خدا کا
نکلے ہے کام اپنا کوئی خدا خدا کر

کان اس طرف نہ رکھے اس حرف ناشنو نے
کہتے رہے بہت ہم اس کو سنا سنا کر

کہتے تھے ہم کسو کو دیکھا کرو نہ اتنا
دل خوں کیا نہ اپنا آنکھیں لڑا لڑا کر

آگے ہی مر رہے ہیں ہم عشق میں بتاں کے
تلوار کھینچتے ہو ہم کو دکھا دکھا کر

وہ بے وفا نہ آیا بالیں پہ وقت رفتن
سو بار ہم نے دیکھا سر کو اٹھا اٹھا کر

جلتے تھے ہولے ہولے ہم یوں تو عاشقی میں
پر ان نے جی ہی مارا آخر جلا جلا کر

سوتے نہ لگ چل اس سے اے باد تو نے ظالم
بہتیروں کو سلایا اس کو جگا جگا کر

مدت ہوئی ہمیں ہے واں سے جواب مطلق
دفتر کیے روانہ لکھ لکھ لکھا لکھا کر

کیا دور میؔر منزلِ مقصود کی ہے اپنے
اب تھک گئے ہیں اودھر قاصد چلا چلا کر

۔۵۷۹۔

(دیوان سوم)

جب ہم کلام ہم سے ہوتا ہے پان کھا کر
کس رنگ سے کرے ہے باتیں چبا چبا کر

تھی جملہ تن لطافت عالم میں جاں کے ہم تو
مٹی میں اٹ گئے ہیں اس خاکداں میں آ کر

سعی و طلب بہت کی مطلب کے تیں نہ پہنچے
ناچار اب جہاں سے بیٹھے ہیں ہاتھ اٹھا کر

غیرت یہ تھی کہ آیا اس سے جو میں خفا ہو
مرتے موا پہ ہرگز اودھر پھرا نہ جا کر

قدرت خدا کی سب میں خلع العذار آؤ
بیٹھو جو مجھ کنے تو پردے میں منہ چھپا کر

ارمان ہے جنھوں کو وے اب کریں محبت
ہم تو ہوئے پشیماں دل کے تیئں لگا کر

میں میرؔ ترک لے کر دنیا سے ہاتھ اٹھایا
درویش تو بھی تو ہے حق میں مرے دعا کر

۔۵۸۰۔

(دیوان پنجم)

بات کہو کیا چپکے چپکے بیٹھ رہو ہو یاں آ کر
ایسے گونگے بیٹھو ہو تم تو بیٹھیے اپنے گھر جا کر
دل کا راز کیا میں ظاہر بلبل سے گلزار میں لیک
اس بے تہ نے صحنِ چمن میں جان دی چلا چلا کر
جیسا پیچ و تاب پر اپنے بالیدہ تھا ویسا ہی
مارسیہ کو رشک سے مارا ان بالوں نے بل کھا کر
ڈھونڈتے تا اطفال پھریں نہ ان کے جنوں کی ضیافت میں
بھر رکھی ہیں شہر کی گلیاں پتھر ہم نے لا لا کر
ہاہا ہی ہی نے شوخ کی میرے تنگ کیا خوش رویاں کو
سرخ و زرد ہوئے خجلت سے چھوٹے ہاہاہا کر
چاہ کا جو اظہار کیا تو فرط شرم سے جان گئی
عشق شہرت دوست نے آخر مارا مجھ کو رسوا کر
میرؔ یہ کیا روتا ہے جس سے آنکھوں پر رومال رکھا
دامن کے ہر پاٹ کو اپنے گریۂ زار سے دریا کر

۔۵۸۱۔

(دیوان چہارم)

جدائی تا جدائی فرق ہے ملتے بھی ہیں آ کر
فراق ایسا نہیں ہوتا کہ پھر آتے نہیں جا کر
اگرچہ چپ لگی ہے عاشقی کی مجھ کو حیرت سے
کبھو احوال پرسی تو کرو دل ہاتھ میں لا کر

جو جانوں تجھ میں بلبل تہ نہیں تو کیوں زباں دیتا
زباں کر بند سارے باغ میں مجھ کو نہ رسوا کر
فلک نے باغ سے جوں غنچۂ نرگس نکالا ہے
کہیں کیا جانوں کیا دیکھوں گا چشم بستہ کو وا کر
سبد پھولوں بھرے بازار میں آئے ہیں موسم میں
نکل کر گوشۂ مسجد سے تو بھی میرؔ سودا کر

۔۵۸۲۔

(دیوان اول)

غیروں سے وے اشارے ہم سے چھپا چھپا کر
پھر دیکھنا ادھر کو آنکھیں ملا ملا کر
ہر گام سد رہ تھی بتخانے کی محبت
کعبے تلک تو پہنچے لیکن خدا خدا کر
نخچیرگہ میں تجھ سے جو نیم کشتہ چھوٹا
حسرت نے اس کو آخر مارا لٹا لٹا کر
اک لطف کی نگہ بھی ہم نے نہ چاہی اس سے
رکھا ہمیں تو ان نے آنکھیں دکھا دکھا کر
ناصح مرے جنوں سے آگہ نہ تھا کہ ناحق
گودڑ کیا گریباں سارا سلا سلا کر
اک رنگ پاں ہی اس کا دل خوں کن جہاں ہے
پھبتا ہے اس کو کرنا باتیں چبا چبا کر
جوں شمع صبح گاہی یک بار بجھ گئے ہم
اس شعلہ خو نے ہم کو مارا جلا جلا کر
اس حرف ناشنو سے صحبت بگڑ ہی جا ہے
ہر چند لاتے ہیں ہم باتیں بنا بنا کر

میں منع میرؔ تجھ کو کرتا نہ تھا ہمیشہ
کھوئی نہ جان تُو نے دل کو لگا لگا کر

۔۵۸۳۔

(دیوان سوم)

سحر گوش گل میں کہا مَیں نے جا کر
کھلے بند مرغِ چمن سے ملا کر
لگا کہنے فرصت ہے یاں یک تبسم
سو وہ بھی گریباں میں منہ کو چھپا کر
تناسب پہ اعضا کے اتنا تبختر
بگاڑا تجھے خوب صورت بنا کر
قیامت رہا اضطراب اس کے غم میں
جگر پھر گیا رات ہونٹوں پہ آ کر
اسی آرزو میں گئے ہم جہاں سے
نہ پوچھا کبھو لطف سے ٹک بلا کر
کھنچی تیغ اس کی تو یاں نیم جاں تھے
خجالت سے ہم رہ گئے سر جھکا کر
مبارک تمھیں میرؔ ہو عشق کرنا
بہت ہم تو پچھتائے دل کو لگا کر

۔۵۸۴۔

(دیوان چہارم)

اس رفتہ پاس اس کو لائے تھے لوگ جا کر
پر حیف میں نہ دیکھا بالیں سے سر اٹھا کر
سن سن کے دردِ دل کو بولا کہ جاتے ہیں ہم
تو اپنی یہ کہانی بیٹھا ہوا کہا کر

آگے زمیں کی تہ میں ہم سے بہت تھے تو بھی
سر پر زمین اٹھا لی ہم بے تہوں نے آ کر

میرے ہی خوں میں ان نے تیغہ نہیں سلایا
سویا ہے اژدہا یہ بہتیرے مجھ سے کھا کر

دل ہاتھ آ گیا تھا لطف قضا سے میرے
افسوس کھو چلا ہوں ایسے گہر کو پا کر

جو وجہ کوئی ہو تو کہنے میں بھی کچھ آوے
باتیں کرو ہو بگڑی منہ کو بنا بنا کر

اب تو پھرو ہو بے غم تب میؔر جانیں گے ہم
اچھے رہو گے جب تم دل کو کہیں لگا کر

۔۵۸۵۔

(دیوان دوم)

مت آنکھ ہمیں دیکھ کے یوں مار دیا کر
غمزے ہیں بلا ان کو نہ سنکار دیا کر

آئینے کی مشہور پریشاں نظری ہے
تو سادہ ہے ایسوں کو نہ دیدار دیا کر

سو بار کہا غیر سے صحبت نہیں اچھی
اس جیف کو مجلس میں نہ تو بار دیا کر

کیوں آنکھوں میں سرمے کا تو دنبالہ رکھے ہے
مت ہاتھ میں ان مستوں کے تلوار دیا کر

کچھ خوب نہیں اتنا ستانا بھی کسو کا
ہے میؔر فقیر اس کو نہ آزار دیا کر

۔۵۸۶۔

(دیوان سوم)

پیس مارا دل غموں نے کوٹ کر
کیا اجاڑا اس نگر کو لوٹ کر

ابر سے آشوب ایسا کب اٹھا
خوب روئے دیدۂ تر پھوٹ کر

کیوں گریباں کو پھروں پھاڑے نہ میرؔ
دامن اس کا تو گیا ہے چھوٹ کر

۔۵۸۷۔

(دیوان ششم)

گل کیا جسے کہیں کہ گلے کا تو ہار کر
ہم پھینک دیں اسے ترے منہ پر نثار کر

آغوشیں جیسے موجیں الٰہی کشادہ ہیں
دریائے حسن اس کا کہیں ہم کنار کر

یاں چلتے دیر کچھ نہیں لگتی ہے میری جاں
رختِ سفر کو اپنے شتابی سے بار کر

مختار رونے ہنسنے میں تجھ کو اگر کریں
تو اختیار گریۂ بے اختیار کر

مشقِ ستم ہوئی ہے بہت صاف یار کی
پشتے لگائے ان نے جوانوں کو مار کر

صیادی میں علوے تقدس تو اس کا دیکھ
روحُ القدس کو مار رکھا ہے شکار کر

بہنے لگی ہے تیغ کی جدول تو تیری تیز
دشمن کا کام وار میں پہلے ہی پار کر

میں بیقرار خاک میں کب تک ملا کروں
کچھ ملنے کا نہ ملنے کا تو بھی قرار کر
میں رفتہ میؔر مجلس تصویر کا گیا
تو بیٹھا میرا حشر تک اب انتظار کر

۔۵۸۸۔

(دیوان دوم)

آخر دکھائی عشق نے چھاتی فگار کر
تصدیع کھینچی ہم نے یہ کام اختیار کر
اس باعث حیات سے کیا کیا ہیں خواہشیں
پر دم بخود ہی رہتے ہیں ہم جی کو مار کر
ٹک سامنے ہوا کہ نہ ایماں نہ دین و دل
کافر کو بھی نہ اس سے الٰہی دوچار کر
جا شوق پر نہ جا تن زار و نزار پر
اے ترک صید پیشہ ہمیں بھی شکار کر
وہ سخت باز داؤ میں آتا نہیں ہے ہائے
کس طور جی کو ہم نہ لگا بیٹھیں ہار کر
ہم آپ سے گئے تو گئے پر بسان نقش
بیٹھا تو روزِ حشر تئیں انتظار کر
کن آنکھوں دیکھیں رنگ خزاں کے کہ باغ سے
گل سب چلے ہیں رختِ سفر اپنا بار کر
جل تھل بھریں نہ جب تئیں دم تب تئیں نہ لیں
ہم اور ابر آج اٹھے ہیں قرار کر
اک صبح میری چھاتی کے داغوں کو دیکھ تو
یہ پھول گل بھی زور رہے ہیں بہار کر

مرتے ہیں میرؔ سب پہ نہ اس بیکسی کے ساتھ
ماتم میں تیرے کوئی نہ رویا پکار کر

۔۵۸۹۔

(دیوان چہارم)

یہ لطف اور پوچھا مجھ سے خطاب کر کر
کیا میرؔ کچھ کہیں ہم تجھ کو عتاب کر کر
چھاتی جلی ہے کیسی اڑتی جو یہ سنی ہے
واں مرغ نامہ بر کا کھایا کباب کر کر
خوں ریزی سے کچھ آگے تشہیر کر لیا تھا
اس دل زدے کو ان نے مارا خراب کر کر
گنتی میں تو نہ تھا مَیں پر کل خجل ہوا وہ
کچھ دوستی کا میری دل میں حساب کر کر
روپوش ہی رہا وہ مرنے تک اپنے لیکن
منہ پر نہ رکھا اس کے کچھ میں حجاب کر کر
مستی و بے خودی میں آسودگی بہت تھی
پایا نہ چین مَیں نے ترک شراب کر کر
کیا جانیے کہ دل پر گزرے ہے میرؔ کیا کیا
کرتا ہے بات کوئی آنکھیں پُر آب کر کر

۔۵۹۰۔

(دیوان ششم)

زانو پہ سر ہے اکثر مت فکر اس قدر کر
دل کوئی لے گیا ہے تو میرؔ ٹک جگر کر
خورشید و ماہ دونوں آخر نہ دل سے نکلے
آنکھوں میں پھر نہ آئے جی سے مرے اتر کر

یوسف عزیز دلہا جا مصر میں ہوا تھا
ذلت جو ہو وطن میں تو کوئی دن سفر کر

اے ہمنشیں غشی ہے میں ہوش میں نہیں ہوں
مجھ کو مری زبانی سو بار اب خبر کر

کیا حالِ زار عاشق کریے بیاں نہ پوچھو
کرتا ہے بات کوئی دل کی تو چشمِ تر کر

دیتے نہیں ہیں سونے ٹک آہ و نالے اس کے
یارب شب جدائی عاشق کی بھی سحر کر

اتنا ہی منہ چھپایا شوخ اس کے محرموں نے
جو بچھ گئی ہیں زلفیں اس چہرے پر بکھر کر

کیا پھیر پھیر گردن باتیں کرے ہے سب میں
جاتے ہیں غش کیے ہم مشتاق منہ ادھر کر

بن دیکھے تیرے میں تو بیمار ہو گیا ہوں
حال تبہ میں میرے تو بھی تو ٹک نظر کر

رخنے کیے جو تو نے پتھر کی سل میں تو کیا
اے آہ اس صنم کے دل میں بھی ٹک اثر کر

مارے سے غل کیے سے جاتا نہیں ہے ہرگز
نکلے گا اس گلی سے شاید کہ میرؔ مرکر

۔۵۹۱۔

(دیوان سوم)

اے مرغِ چمن صبح ہوئی زمزمہ سر کر
دم کھینچ تہِ دل سے کوئی ٹکڑے جگر کر

وہ آئینہ رُو باغ کے پھولوں میں جو دیکھا
ہم رہ گئے حیران اسی منہ پہ نظر کر

ہے بے خبری مجھ کو ترے دیکھے سے ساقی
ہر لحظہ مری جان مجھے میری خبر کر

جس جائے سراپا میں نظر جاتی ہے اس کے
آتا ہے مرے جی میں یہیں عمر بسر کر

فرہاد سے پتھر پہ ہوئیں صنعتیں کیا کیا
دل جا کے جگر کاوی میں کچھ تو بھی ہنر کر

پڑتے نگہ اس شوخ کی ہوتا ہے وہ احوال
رہ جاوے ہے جیسے کہ کوئی بجلی سے ڈر کر

معشوق کا کیا وصل ورے ایسا دھرا ہے
تاشمع پتنگا بھی جو پہنچے ہے تو مر کر

یک شب طرف اس چہرۂ تاباں سے ہوا تھا
پھر چاند نظر ہی نہ چڑھا جی سے اتر کر

کسب اور کیا ہوتا عوض ریختے کے کاش
پچھتائے بہت میرؔ ہم اس کام کو کر کر

۔۵۹۲۔

(دیوان اول)

غصے سے اٹھ چلے ہو تو دامن کو جھاڑ کر
جاتے رہیں گے ہم بھی گریبان پھاڑ کر

دل وہ نگر نہیں کہ پھر آباد ہوسکے
پچھتاؤ گے سنو ہو یہ بستی اجاڑ کر

یارب رہِ طلب میں کوئی کب تلک پھرے
تسکین دے کہ بیٹھ رہوں پاؤں گاڑ کر

منظور ہو نہ پاس ہمارا تو حیف ہے
آئے ہیں آج دور سے ہم تجھ کو تاڑ کر

غالب کہ دیوے قوت دل اس ضعیف کو
تنکے کو جو دکھادے ہے پل میں پہاڑ کر
نکلیں گے کام دل کے کچھ اب اہل ریش سے
کچھ ڈھیر کر چکے ہیں یہ آگے اکھاڑ کر
اس فن کے پہلوانوں سے کشتی رہی ہے میرؔ
بہتوں کو ہم نے زیر کیا ہے پچھاڑ کر

۔۵۹۳۔

(دیوان اول)

دیکھ اس کو ہنستے سب کے دم سے گئے اکھڑ کر
ٹھہرے ہے آرسی بھی دانتوں زمیں پکڑ کر
کیا کیا نیاز طینت اے ناز پیشہ تجھ بن
مرتے ہیں خاکِ رہ سے گوڑے رگڑ رگڑ کر
قد کش چمن کے اپنی خوبی کو نیو چلے ہیں
پایا پھل اس سے آخر کیا سرو نے اکڑ کر
وہ سر چڑھا ہے اتنا اپنی فروتنی سے
کھویا ہمَیں نے اس کو ہر لحظہ پاؤں پڑ کر
پائے ثبات بھی ہے نام آوری کو لازم
مشہور ہے نگیں جو بیٹھا ہے گھر میں گڑ کر
دوری میں دلبروں کی کٹتی ہے کیونکہ سب کی
آدھا نہیں رہا ہوں تجھ سے تو میں بچھڑ کر
اب کیسا زہد و تقویٰ دارو ہے اور ہم ہیں
بنت العنب کے اپنا سب کچھ گیا گھسڑ کر
دیکھو نہ چشمِ کم سے معمورۂ جہاں کو
بنتا ہے ایک گھر یاں سو صورتیں بگڑ کر

اس پشت لب کے اوپر دانے عرق کے یوں ہیں
یاقوت سے رکھے ہیں جوں موتیوں کو جڑ کر

ناسازگاری اپنے طالع کی کیا کہیں ہم
آیا کبھو نہ یاں ٹک غیروں سے یار لڑ کر

اپنے مزاج میں بھی ہے میرؔ ضد نہایت
پھر مر ہی کے اٹھیں گے بیٹھیں گے ہم جو اڑ کر

۔۵۹۴۔

(دیوان دوم)

آ ہم نشیں کسو کے مت عشق کی ہوس کر
جاتی ہیں یوں ہی ناداں جانیں ترس ترس کر

فرصت سے اس چمن کی کل روکے میں جو پوچھا
چشمک کی ایک گل نے میری طرف کو ہنس کر

ہم موسے ناتواں تھے سو ہو چکے ہیں کب کے
نکلے ہو تم پیارے کس پر کمر کو کس کر

جی رک گیا کہیں تو پھر ہوئے گا اندھیرا
مت چھیڑ ابر مجھ کو یوں ہی برس برس کر

کیا ایک تنگ میں ہوں اس زلف پرشکن سے
اس دام میں موئے ہیں بہتیرے صید پھنس کر

اک جمع کے سر اوپر روزِ سیاہ لایا
پگڑی میں بال اپنے نکلا جو وہ گھڑس کر

اس قافلے میں کوئی دل آشنا نہیں ہے
ٹکڑے گلے کے اپنے ناحق نہ اے جرس کر

صیاد اگر اجازت گلگشت کی نہیں ٹک
دیوار باغ کو تو بارے درقفس کر

بے بس ہے میرؔ تجھ بن رہتا نہیں دل اس کا
ٹک تو بھی اے ستم جو جور و ستم کو بس کر

۔۵۹۵۔

(دیوان چہارم)

مت اس چمن میں غنچہ روش بود و باش کر
مانند گل شگفتہ جبیں یاں معاش کر

دل رکھ قوی فلک کی زبردستی پر نہ جا
گر کشتی لگ گئی ہے تو تُو بھی تلاش کر

ہے کیا تو جیسے غنچہ بندھی مٹھی جا چلا
مت گل کے رنگ منہ کو کھلا راز فاش کر

یوں ہی ہے سینہ کوبی اگر چاہے دل کی داد
پیشانی کو سلیقے سے دکھلا خراش کر

پھرتا ہے کیا تو میرؔ گلستاں میں غم زدہ
کچھ دل خراش لکھ بھی قلم اک تراش کر

۔۵۹۶۔

(دیوان اول)

آزار دیکھے کیا کیا ان پلکوں سے اٹک کر
جی لے گئے یہ کانٹے دل میں کھٹک کھٹک کر

سرو و تدرو دونوں پھر آپ میں نہ آئے
گلزار میں چلا تھا وہ شوخ ٹک لٹک کر

کب آنکھ کھول دیکھا تیرے تئیں سرہانے
ناچار مر گئے ہم سر کو پٹک پٹک کر

حاصل بجز کدورت اس خاکداں سے کیا ہے
خوش وہ کہ اٹھ گئے ہیں داماں جھٹک جھٹک کر

یہ مشتِ خاک یعنی انسان ہی ہے روکش
ورنہ اٹھائی کن نے اس آسماں کی ٹکر

دل کام چاہتا ہے اب اس کے گیسوؤں سے
واں مر گئے ہیں کتنے برسوں اٹک اٹک کر

ٹک منہ سے اس کے دی شب برقع سرک گیا تھا
جاتی رہی نظر سے مہتاب سی چھٹک کر

ڈھولا چکے تھے مل کر کل لونڈے مے کدے کے
پر سرگراں ہو واعظ جاتا رہا سٹک کر

کل رقص شیخ مطلق دل کو لگا نہ میرے
آیا وہ حیز شرعی کتنا مٹک مٹک کر

منزل کی میؔر اس کی کب راہ تجھ سے نکلے
یاں خضر سے ہزاروں مر مر گئے بھٹک کر

۔۵۹۷۔

(دیوان اول)

یہ عشق بے اجل کش ہے بس اے دل اب توکل کر
اگرچہ جان جاتی ہے چلی لیکن تغافل کر

سفر ہستی کا مت کر سرسری جوں باد اے رہرو
یہ سب خاک آدمی تھے ہر قدم پر ٹک تامل کر

سن اے بے درد گلچیں غارت گلشن مبارک ہے
پہ ٹک گوش مروّت جانب فریاد بلبل کر

نہ وعدہ تیرے آنے کا نہ کچھ امید طالع سے
دلِ بیتاب کو کس منہ سے کہیے ٹک تحمل کر

یہ کیا جانوں کہ کیوں رونے لگا رونے سے رہ کر میں
مگر یہ جانتا ہوں مینھ گھر آتا ہے پھر کھل کر

مرے پاس اس کی خاکِ پا کو بیماری میں رکھا تھا
نہ آیا سر مرا بالیں پہ اودھر جو گیا ڈھل کر

تجلی جلوہ ہیں کچھ بام و در غم خانے کے میرے
وہ رشکِ ماہ آیا ہم نشیں بس اب دیا گل کر

تری خاموشی سے قمری ہوا شور جنوں رسوا
ہلاتک طوقِ گردن کو بھی ظالم باغ میں غل کر

گداز عاشقی کا میرؔ کے شب ذکر آیا تھا
جو دیکھا شمعِ مجلس کو تو پانی ہو گئی گھل کر

۔۵۹۸۔

(دیوان اول)

ہو آدمی اے چرخ ترک گردشِ ایام کر
خاطر سے ہی مجھ مست کی تائید دورِ جام کر

دنیا ہے بے صرفہ نہ ہو رونے میں یا کڑھنے میں تو
نالے کو ذکر صبح کر گریے کو ورد شام کر

مست جنوں رہ روز و شب شہرہ ہو شہر ودشت میں
مجلس میں اپنی نقل خوش زنجیر کا بادام کر

جتنی ہو ذلت خلق میں اتنی ہے عزت عشق میں
ناموس سے آ درگزر بے ننگ ہو کر نام کر

مر رہ کہیں بھی میرؔ جا سرگشتہ پھرنا تا کجا
ظالم کسو کا سن کہا کوئی گھڑی آرام کر

۔۵۹۹۔

(دیوان پنجم)

روزوں میں رہ سکیں گے ہم بے شراب کیوں کر
گزرے گا اتقا میں عہدِ شباب کیوں کر

تھوڑے سے پانی میں بھی چل نکلے ہے اپھرتا
بے تہ ہے سر نہ کھینچے اک دم حباب کیوں کر

چشمے بجیرے اب تک ہیں یادگار اس کے
وہ سوکھ سب گئی ہے چشم پُر آب کیوں کر

دل کی طرف کا پہلو سب متصل جلے ہے
مخمل ہو فرش کیوں نہ آوے گی خواب کیوں کر

اول سحور کھانا آخر صبوحی کرنا
آوے نہ اس عمل سے شرم و حجاب کیوں کر

اجڑے نگر کو دل کے دیکھوں ہوں جب کہوں ہوں
اب پھر بسے گی ایسی بستی خراب کیوں کر

جرم و ذنوب تو ہیں بے حد و حصر یارب
روزِ حساب لیں گے مجھ سے حساب کیوں کر

پیش از سحر اٹھے ہے آج اس کے منہ کا پردہ
نکلے گا اس طرف سے اب آفتاب کیوں کر

خط میرؔ آوے جاوے جو نکلے راہ ادھر کی
نبھتا نہیں ہے قاصد لاوے جواب کیوں کر

۔۶۰۰۔

(دیوان پنجم)

لاوے جھمکتے رخ کی آئینہ تاب کیوں کر
ہو چہرہ اس کے لب سے یاقوت ناب کیوں کر

ہے شعر و شاعری گو کب سے شعار اپنا
حرف و سخن سے کریے اب اجتناب کیوں کر

جوں ابر اگر نہ روویں وادی و کوہ پر ہم
تو شہروں شہروں آوے نہروں میں آب کیوں کر

اب بھی نہیں ہے ہم کو اے عشق ناامیدی
دیکھیں خراب ہووے حال خراب کیوں کر

اڑ اڑ کے جا لگے ہے وہ تیر مار کاکل
کھاتا رہے نہ افعی پھر پیچ تاب کیوں کر

چشمے محیط سے جو ہووے نہ چشمِ تر کے
تو سیر ہو ہوا پر پھیلے سحاب کیوں کر

اب تو تپش نے دل کی اودھم مچا رکھا ہے
تسکین پاوے دیکھوں یہ اضطراب کیوں کر

رو چاہیے ہے اس کے در پر بھی بیٹھنے کو
ہم تو ذلیل اس کے ہوں میرؔ باب کیوں کر

-۶۰۱-

(دیوان پنجم)

تڑپے ہے غم زدہ دل لاوے گا تاب کیوں کر
خوں بستہ ہیں گی آنکھیں آوے گی خواب کیوں کر

پر ناتواں ہوں مجھ پر بھاری ہے جی ہی اپنا
مجھ سے اٹھیں گے اس کے ناز و عتاب کیوں کر

اس بحر میں ہے مٹنا شکل حباب ہر دم
ابھرا رہے ہمیشہ نقش پُر آب کیوں کر

پانی کے دھوکے پیاسے کیا کیا عزیز مارے
سر پر نہ خاک ڈالے اپنے سراب کیوں کر

آبِ رواں نہ تھا کچھ وہ لطف زندگانی
جاتی رہی جوانی اپنی شتاب کیوں کر

سینے میں میرے کب سے اک سینک ہی رہے ہے
قلب و کبد نہ ہوویں دونوں کباب کیوں کر

شلّاق خواری کی تھی خجلت جو کچھ نہ بولا
منہ کیا ہے نامہ بر کا نکلے جواب کیوں کر

سوزِ دل و جگر سے جلتا ہے تن بدن سب
میں کیا کوئی ہو کھینچے ایسے عذاب کیوں کر

چہرہ کتابی اس کا مجموعہ میرؔ کا ہے
اک حرف اس دہن کا ہوتا کتاب کیوں کر

۔ ۶۰۲ ۔

(دیوان چہارم)

بزم میں منہ ادھر کریں کیوں کر
اور نیچی نظر کریں کیوں کر

یوں بھی مشکل ہے ووں بھی مشکل ہے
سر جھکائے گزر کریں کیوں کر

رازپوشی عشق ہے منظور
آنکھیں رو رو کے تر کریں کیوں کر

مست و بے خود ہم اس کے در پہ گئے
لوگ اس کو خبر کریں کیوں کر

سو رہا بال منہ پہ کھول کے وہ
ہم شب اپنی سحر کریں کیوں کر

مہ فلک پر ہے وہ زمیں پر آہ
ان کو زیر و زبر کریں کیوں کر

دل نہیں دردمند اپنا میرؔ
آہ و نالے اثر کریں کیوں کر

۔۶۰۳۔

(دیوان دوم)

رہ جاؤں چپ نہ کیونکہ برا جی میں مان کر
آؤ بھلا کبھو تو سو جاؤ زبان کر

کہتے ہیں چلتے وقت ملاقات ہے ضرور
جاتے ہیں ہم بھی جان سے ٹک دیکھو آن کر

کیا لطف تھا کہ مے کدے کی پشت بام پر
سوتے تھے مست چادر مہتاب تان کر

آیا نہ چل کے یاں تئیں وہ باعث حیات
مارا ہے ان نے جان سے ہم کو تو جان کر

ایسے ہی تیز دست ہو خونریزی میں تو پھر
رکھوگے تیغ جور کی یک چند میان کر

یہ بے مروتی کہ نگہ کا مضائقہ
اتنا تو میری جان نہ مجھ سے سیان کر

رنگین گور کرنی شہیدوں کی رسم ہے
تو بھی ہماری خاک پہ خوں کے نشان کر

رکھنا تھا وقت قتل مرا امتیاز ہائے
سو خاک میں ملایا مجھے سب میں سان کر

تم تیغ جور کھینچ کے کیا سوچ میں گئے
مرنا ہی اپنا جی میں ہم آئے ہیں ٹھان کر

وے دن گئے کہ طاقت دل کا تھا اعتماد
اب یوں کھڑے کھڑے نہ مرا امتحان کر

اس گوہر مراد کو پایا نہ ہم نے میرؔ
پایان کار مر گئے یوں خاک چھان کر

۔۶۰۴۔

(دیوان اول)

جھوٹے بھی پوچھتے نہیں ٹک حال آن کر
ان جان اتنے کیوں ہوئے جاتے ہو جان کر

وے لوگ تم نے ایک ہی شوخی میں کھو دیئے
پیدا کیے تھے چرخ نے جو خاک چھان کر

جھمکے دکھا کے باعث ہنگامہ ہی رہے
پر گھر سے در پہ آئے نہ تم بات مان کر

کہتے نہ تھے کہ جان سے جاتے رہیں گے ہم
اچھا نہیں ہے آ نہ ہمیں امتحان کر

کم گو جو ہم ہوئے تو ستم کچھ نہ ہو گیا
اچھی نہیں یہ بات مت اتنی زبان کر

ہم وے ہیں جن کے خوں سے تری راہ سب ہے گل
مت کر خراب ہم کو تو اوروں میں سان کر

تا کشتۂ وفا مجھے جانے تمام خلق
تربت پہ میری خون سے میرے نشان کر

ناز و عتاب و خشم کہاں تک اٹھایئے
یارب کبھو تو ہم پہ اسے مہربان کر

افسانے ما و من کے سنیں میرؔ کب تلک
چل اب کہ سوویں منہ پہ دوپٹے کو تان کر

۔۶۰۵۔

(دیوان پنجم)

اک آدھ دن نکل مت اے ابر ادھر سے ہو کر
بیٹھا ہوں میں ابھی ٹک سارا جہاں ڈبو کر

اب کل نہیں ہے تجھ کو بے قتل غم کشوں کے
کہتے تو تھے کہ ظالم خوں ریزی سے نہ خو کر

کہتے ہیں راہ پائی زاہد نے اس گلی کی
روتا کہیں نہ آوے ایمان و دیں کو کھو کر

ہے نظم کا سلیقہ ہرچند سب کو لیکن
جب جانیں کوئی لاوے یوں موتی سے پرو کر

کیا خوب زندگی کی دنیا میں شیخ جی نے
تعبیر کرتے ہیں سب اب ان کو مردہ شو کر

گو تیرے ہونٹ ظالم آبِ حیات ہوں اب
کیا ہم کو جی کی بیٹھے ہم جی سے ہاتھ دھو کر

کس کس ادا سے فتنے کرتے ہیں قصد ادھر کا
جب بے دماغ سے تم اٹھ بیٹھتے ہو سو کر

ٹکڑے جگر کے میرے مت چشمِ کم سے دیکھو
کاڑھے ہیں یہ جواہر دریا کو میں بلو کر

احوال میرؔ جی کا مطلق گیا نہ سمجھا
کچھ زیرِ لب کہا بھی سو دیر دیر رو کر

۔۶۰۶۔

(دیوان چہارم)

کل سے دل کی کل بگڑی ہے جی مارا بے کل ہو کر
آج لہو آنکھوں میں آیا درد و غم سے رو رو کر

ایک سجود خلوصِ دل سے آہ کیا نہ جوانی میں
سر مارے ہیں محرابوں میں یوں ہی وقت کو اب کھو کر

جیب دریدہ خاک ملوں کے حال سے کیا آگاہی تمھیں
راہ چلو ہو نازکناں دامن کو لگا کر تم ٹھوکر

ایک تو ہم تو ہوتے نہیں ہیں سر بہتیرا مار چکے
اب بہتر ہے تیغِ ستم کی جلد لگا کر تو دو کر
جی ہی ملا جاتا ہے اپنا میرؔ سماں یہ دیکھے سے
آنکھیں ملتے اٹھتے ہیں بستر سے دلبر جب سو کر

۔۶۰۷۔

(دیوان اول)

غیروں سے مل چلے تم مستِ شراب ہو کر
غیرت سے رہ گئے ہم یک سو کباب ہو کر
اس رُوئے آتشیں سے برقع سرک گیا تھا
گل بہ گیا چمن میں خجلت سے آب ہو کر
کل رات مند گئی تھیں بہتوں کی آنکھیں غش سے
دیکھا کیا نہ کر تو سرمست خواب ہو کر
پردہ رہے گا کیوں کر خورشید خاوری کا
نکلے ہے صبح وہ بھی اب بے نقاب ہو کر
یک قطرہ آب میَں نے اس دور میں پیا ہے
نکلا ہے چشمِ تر سے وہ خونِ ناب ہو کر
آ بیٹھتا تھا صوفی ہر صبح مے کدے میں
شکرِ خدا کہ نکلا واں سے خراب ہو کر
شرم و حیا کہاں تک ہیں میرؔ کوئی دن کے
اب تو ملا کرو تم ٹک بے حجاب ہو کر

۔۶۰۸۔

(دیوان پنجم)

آیا نہ پھر ادھر وہ مستِ شراب ہو کر
کیا پھول مرگئے ہیں اس بن خراب ہو کر

صیدِ زبوں میں میرے یک قطرہ خوں نہ نکلا
خنجر تلے بہا میں خجلت سے آب ہو کر

وعدہ وصال کا ہے کہتے ہیں حشر کے دن
جانا ہوا ولیکن واں سے شتاب ہو کر

دارو پیے نہ ساتھ آ غیروں کے بیشتر یاں
غیرت سے رہ گئے ہیں عاشق کباب ہو کر

یک قطرہ آب اس بن مَیں نے اگر پیا ہے
نکلا ہے میرؔ پانی وہ خونِ ناب ہو کر

۔۶۰۹۔

(دیوان پنجم)

خندہ بجائے گریہ و اندوہ و آہ کر
ماتم کدے کو دہر کے تو عیش گاہ کر

کیا دیکھتا ہے ہر گھڑی اپنی ہی سج کو شوخ
آنکھوں میں جان آئی ہے ایدھر نگاہ کر

رحمت اگر یقینی ہے تو کیا ہے زہد شیخ
اے بے وقوف جائے عبادت گناہ کر

چھوڑ اب طریق جور کو اے بے وفا سمجھ
نبھتی نہیں یہ چال کسو دل میں راہ کر

چسپیدگی داغ سے مت منہ کو اپنے موڑ
اے زخم کہنہ دل سے ہمارے نباہ کر

جیتے جی میرے لینے نہ پاوے تپش بھی دم
اتنی تو سعی تو بھی جگر خواہخواہ کر

اس وقت ہے دعا و اجابت کا وصل میرؔ
یک نعرہ تو بھی پیش کش صبح گاہ کر

۔۶۱۰۔

(دیوان اول)

کہتا ہے کون تجھ کو یاں یہ نہ کر تو وہ کر
پر ہو سکے جو پیارے دل میں بھی ٹک جگہ کر

وہ تنگ پوش اک دن دامن کشاں گیا تھا
رکھی ہیں جانمازیں اہل ورع نے تہ کر

کیا قصرِ دل کی تم سے ویرانی نقل کریے
ہو ہو گئے ہیں ٹیلے سارے مکان ڈھہ کر

ہم اپنی آنکھوں کب تک یہ رنگ عشق دیکھیں
آنے لگا ہے لوہو رُخسار پر تو بہ کر

رنگِ شکستہ اپنا بے لطف بھی نہیں ہے
یاں کی تو صبح دیکھے اک آدھ رات رہ کر

برسوں عذاب دیکھے قرنوں تعب اٹھائے
یہ دل حزیں ہوا ہے کیا کیا جفائیں سہ کر

ایکوں کی کھال کھینچی ایکوں کو دار کھینچا
اسرار عاشقی کا پچھتائے یار کہہ کر

طاعت کوئی کرے ہے جب ابر زور جھومے
گر ہو سکے تو زاہد اس وقت میں گنہ کر

کیوں تو نے آخر آخر اس وقت منہ دکھایا
دی جان میرؔ نے جو حسرت سے اک نگہ کر

۔۶۱۱۔

(دیوان چہارم)

تجھ کو ہے سوگند خدا کی میری اور نگاہ نہ کر
چشمِ سیاہ ملا کر یوں ہی مجھ کو خانہ سیاہ نہ کر

عشق و محبت یاری میں اک لطف رکھے ہے کرنا ضبط
چھاتی پہ جو ہو کوہ الم کا تو بھی نالہ وآہ نہ کر

مانگ پناہ خدا سے بندے دل لگنا اک آفت ہے
عشق نہ کر زنہار نہ کر واللہ نہ کر باللہ نہ کر

گھاس ہے مے خانے کی بہتر ان شیخوں کے مصلے سے
پاؤں نہ رکھ سجادے پہ ان کے اس جادے سے راہ نہ کر

میؔر نہ ہم کہتے تھے تجھ سے حال نہیں کچھ رہنے کا
چاہ بلائے جان و دل ہے آ جانے دے چاہ نہ کر

-٦١٢-

(دیوان اول)

مرتے ہیں تیری نرگسِ بیمار دیکھ کر
جاتے ہیں جی سے کس قدر آزار دیکھ کر

افسوس وے کہ منتظر اک عمر تک رہے
پھر مر گئے ترے تئیں یک بار دیکھ کر

ناخواندہ خط شوق لگے چاک کرنے تو
قاصد تو کہیو ٹک کہ جفا کار دیکھ کر

کوئی جو دم رہا ہے سو آنکھوں میں ہے پھر اب
کریو ٹک ایک وعدۂ دیدار دیکھ کر

دیکھیں جدھر وہ رشک پری پیش چشم ہے
حیران رہ گئے ہیں یہ اسرار دیکھ کر

جاتا ہے آسماں لیے کوچے سے یار کے
آتا ہے جی بھرا در و دیوار دیکھ کر

تیرے خرامِ ناز پہ جاتے ہیں جی چلے
رکھ ٹک قدم زمیں پہ ستمگار دیکھ کر

طالع نے چشم پوشی کی یاں تک کہ ہم نشیں
چھپتا ہے مجھ کو دور سے اب یار دیکھ کر
جی میں تھا اس سے ملیے تو کیا کیا نہ کہیے میرؔ
پر جب ملے تو رہ گئے ناچار دیکھ کر

۔۶۱۳۔

(دیوان دوم)

اب تنگ ہوں بہت میں مت اور دشمنی کر
لاگو ہو میرے جی کا اتنی ہی دوستی کر
جب تک شگاف تھے کچھ اتنا نہ جی رکے تھا
پچھتائے ہم نہایت سینے کے چاک سی کر
قصہ نہیں سنا کیا یوسفؑ ہی کا جو تُو نے
اب بھائیوں سے چندے تو گرگ آشتی کر
ناسازی و خشونت جنگل ہی چاہتی ہے
شہروں میں ہم نہ دیکھا بالیدہ ہوتے کیکر
کچھ آج اشک خونیں مَیں نے نہیں چھپائے
رہ رہ گیا ہوں برسوں لوہو کو اپنے پی کر
کس مردنی کو اس بن بھاتی ہے زندگانی
بس جی چکا بہت میں اب کیا کروں گا جی کر
حرفِ غلط کو سن کر درپے نہ خوں کے ہونا
جو کچھ کیا ہے مَیں نے پہلے اسے سہی کر
دن رات کڑھتے کڑھتے میں بھی بہت رکا ہوں
جو تجھ سے ہوسکے سو اب تو بھی مت کمی کر
رہتی ہے سو نکوئی رہتا نہیں ہے کوئی
تو بھی جو یاں رہے تو زنہار مت بدی کر

تھی جب تلک جوانی رنج و تعب اٹھائے
اب کیا ہے میرؔ جی میں ترک ستمگری کر

۔۶۱۴۔

(دیوان اول)

ہم بھی پھرتے ہیں یک حشم لے کر
دستۂ داغ و فوج غم لے کر

دست کش نالہ پیش رو گریہ
آہ چلتی ہے یاں علم لے کر

مرگ اک ماندگی کا وقفہ ہے
یعنی آگے چلیں گے دم لے کر

اس کے اوپر کہ دل سے تھا نزدیک
غم دوری چلے ہیں ہم لے کر

تیری وضع ستم سے اے بے درد
ایک عالم گیا الم لے کر

بارہا صید گہ سے اس کی گئے
داغ یاس آہوے حرم لے کر

ضعف یاں تک کھنچا کہ صورت گر
رہ گئے ہاتھ میں قلم لے کر

دل پہ کب اکتفا کرے ہے عشق
جائے گا جان بھی یہ غم لے کر

شوق اگر ہے یہی تو اے قاصد
ہم بھی آتے ہیں اب رقم لے کر

میرؔ صاحب ہی چوکے اے بد عہد
ورنہ دینا تھا دل قسم لے کر

۔ ۶۱۵ ۔

(دیوان دوم)

نئے طور سیکھے نکالے ڈھب اور
مگر اور تھے تب ہوئے ہو اب اور

ادا کچھ ہے انداز کچھ ناز کچھ
تہِ دل ہے کچھ اور زیرِ لب اور

لب سرخ کو ٹک دکھاتے نہیں
طرح پان کھانے کی تھی کچھ جب اور

نہ گرمی نہ جوشش نہ اب وہ تپاک
تکلف نہیں اس میں تھے تم تب اور

زمانہ مرا کیونکہ یکساں رہے
اٹھاویں گے تیرے ستم یہ کب اور

جدا اتفاقاً رہا ایک میرؔ
وگرنہ ملے یوں تو اس سے سب اور

۔ ۶۱۶ ۔

(دیوان سوم)

مذہب سے میرے کیا تجھے میرا دیار اور
میں اور یار اور مرا کاروبار اور

چلتا ہے کام مرگ کا خوب اس کے دور میں
ہوتی ہے گرد شہر کے روز اک مزار اور

بندے کو ان فقیروں میں گنیے نہ شہر کے
صاحب نے میرے مجھ کو دیا اعتبار اور

دل کو تو لاگ ہی ہے تکوں راہ کب تلک
اس پر ہے یک عذاب شدید انتظار اور

بسمل پسند کر کے تڑپنا نہ دیکھنا
ہے میرے صیدپیشہ کا طور شکار اور
میں اس کی گرد رہ کا رہا منتظر بہت
سو آنکھیں دونوں لائیں مری اک غبار اور
دردِ سر اب جو عشق کا ہے گور تک ہے ساتھ
کچھ یہ نشہ ہی اور ہے اس کا خمار اور
کاہے کو اس قرار سے تھا اضطراب قلب
ہوتا ہے ہاتھ رکھنے سے دل بے قرار اور
کس کو فقیری میں سر و دل حرف کا ہے میؔر
کرتے ہیں اس دماغ پہ ہم انکسار اور

۔۶۱۷۔

(دیوان دوم)

آئی ہے اس کے کوچے سے ہو کر صبا کچھ اور
کیا سر میں خاک ڈالتی ہے اب ہوا کچھ اور
تدبیر دوستوں کی مجھے نفع کیا کرے
بیماری اور کچھ ہے کریں ہیں دوا کچھ اور
مستان عشق و اہل خرابات میں ہے فرق
مے خوارگی کچھ اور ہے یہ نشہ تھا کچھ اور
کیا نسبت اس کی قامت دلکش سے سرو کو
انداز اس کا اور کچھ اس کی ادا کچھ اور
مانجا جو آرسی نے بہت آپ کو تو کیا
رُخسار کے ہے سطح کی اس کے صفا کچھ اور
اس کی زیادہ گوئی سے دل داغ ہو گیا
شکوہ کیا جب اس سے تب ان نے کہا کچھ اور

اس طور سے تمھارے تو مرتے نہیں ہیں ہم
اب واسطے ہمارے نکالو جفا کچھ اور

صورت پرست ہوتے نہیں معنی آشنا
ہے عشق سے بتوں کے مرا مدعا کچھ اور

مرنے پہ جان دیتے ہیں وارفتگان عشق
ہے میرؔ راہ و رسم دیار وفا کچھ اور

۔ ٦١٨۔

(دیوان اول)

شیخی کا اب کمال ہے کچھ اور
حال ہے اور قال ہے کچھ اور

وعدے برسوں کے کن نے دیکھے ہیں
دم میں عاشق کا حال ہے کچھ اور

سہل مت بوجھ یہ طلسم جہاں
ہر جگہ یاں خیال ہے کچھ اور

تو رگِ جاں سمجھتی ہو گی نسیم
اس کے گیسو کا بال ہے کچھ اور

نہ ملیں گو کہ ہجر میں مر جائیں
عاشقوں کا وصال ہے کچھ اور

کوزپشتی پہ شیخ کی مت جاؤ
اس پہ بھی احتمال ہے کچھ اور

اس میں اس میں بڑا تفاوت ہے
کبک کی چال ڈھال ہے کچھ اور

میرؔ تلوار چلتی ہے تو چلے
خوش خراموں کی چال ہے کچھ اور

-٦١٩-

(دیوان دوم)

چمکی ہے جب سے برق سحر گلستاں کی اور
جی لگ رہا ہے خار و خس آشیاں کی اور

وہ کیا یہ دل لگے ہے فنا میں کہ رفتگاں
منہ کر کے بھی نہ سوئے کبھو پھر جہاں کی اور

رنگِ سخن تو دیکھ کہ حیرت سے باغ میں
رہ جاتے ہیں گے دیکھ کے گل اس دہاں کی اور

آنکھیں سی کھل ہی جائیں گی جو مر گیا کوئی
دیکھا نہ کر غضب سے کسو خستہ جاں کی اور

کیا بے خبر ہے رفتن رنگین عمر سے
جوے چمن میں دیکھ ٹک آبِ رواں کی اور

یاں تاب سعی کس کو مگر جذبِ عشق کا
لاوے اسی کو کھینچ کسو ناتواں کی اور

یارب ہے کیا مزہ سخن تلخ یار میں
رہتے ہیں کان سب کے اسی بد زباں کی اور

یا دل وہ دیدنی تھی جگہ یا کہ تجھ بغیر
اب دیکھتا نہیں ہے کوئی اس مکاں کی اور

آیا کسے تکدر خاطر ہے زیرِ خاک
جاتا ہے اکثر اب تو غبار آسماں کی اور

کیا حال ہو گیا ہے ترے غم میں میرؔ کا
دیکھا گیا نہ ہم سے تو ٹک اس جواں کی اور

۔۶۲۰۔

(دیوان دوم)

طاقت نہیں ہے جان میں کڑھنا تعب ہے اور
بے لطفیاں کرو ہو یہ تس پر غضب ہے اور

ہر چند چپ ہوں لیک مرا حال ہے عجب
احوال پرسی تو نہ کرے تو عجب ہے اور

آنکھ اس کی اس طرح سے نہیں پڑتی ٹک ادھر
اب خوب دیکھتے ہیں تو چتون کا ڈھب ہے اور

کیا کہیے حالِ دل کا جدائی کی رات میں
گزرے ہے کب کہانی کہے سے یہ شب ہے اور

دل لے چکے دکھا کے رخ خوب کو تبھی
اب منہ چھپا جو بیٹھے یہ حسنِ طلب ہے اور

اس دل لگے کے روگ کو نسبت مرض سے کیا
اپنا یہ جلتے رہنا ہے کچھ اور تب ہے اور

طور اگلے تیرے ملتے نہیں اس طرح سے ٹک
وہ اور کچھ تھا ہم سے تو پیارے یہ اب ہے اور

کیا بات تیری اے ہمہ عیاری و فریب
آنکھیں کہیں ہیں اور سخن زیرِ لب ہے اور

اسباب مرگ کے تو مہیا ہیں سارے میرؔ
شاید کہ زندگانی کا اپنی سبب ہے اور

۔۶۲۱۔

(دیوان پنجم)

عشق ہمارا خون کرے ہے جی نہیں رہتا یار بغیر
وہ گھر سے نہیں اپنے نکلتا دم بھر بھی تلوار بغیر

جان عزیز کی جاں بھی گئے پر آنکھیں کھلی رہ جائیں گی
یعنی کشتۂ حیرت تھا میں آئینہ سا دیدار بغیر

گوندھے گئے سو تازہ رہے جو سبد میں تھے سوملالت سے
سوکھ کے کانٹا پھول ہوئے وے اس کے گلے کے ہار بغیر

پھولوں کا موسم کا شگفے ہو پردے سے ہوا کے چشمک زن
گل کھائے ہیں ہزار خزاں میں مرغِ چمن نے بہار بغیر

وحشی وطیر سے دشت بھرے تھے صیادی تھی یار کی جب
خالی پڑے ہیں دام کہیں میرؔ اس کے ذوق شکار بغیر

ردیف ز

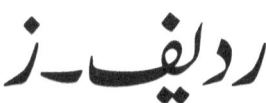

۔۶۲۲۔

(دیوان پنجم)

سرکش ہے تندخو ہے عجب ہے زباں دراز
آتش کا ایسا لائحہ کب ہے زباں دراز
پروانہ تیری چرب لساں سے ہوا ہلاک
ہے شمع تُو تو کوئی غضب ہے زباں دراز

۔۶۲۳۔

(دیوان دوم)

کب تک بھلا بتاؤ گے یوں صبح و شام روز
آؤ کہیں کہ رہتے ہیں رفتہ تمام روز
وہ سرکشی سے گو متوجہ نہ ہو ادھر
ہم عاجزانہ کرتے ہیں اس کو سلام روز
گہ رنج کھینچنے کو کبھے گہ ہلاک کو
پہنچے ہے ہم کو اس سے نیا اک پیام روز
منظور بندگی نہیں میری تو کیا کروں
حاضر ہے اپنی اور سے یوں تو غلام روز
برسوں ہوئے کہ رات کو ٹک بیٹھتے نہیں
رہتے ہیں تم کو میرؔ جی کیا ایسے کام روز

۔۶۲۴۔

(دیوان دوم)

ہے میرے لوہو رونے کا آثار سا ہنوز
کوچہ کوئی کوئی ہے چمن زار سا ہنوز
کب تک کھنچے گی صبح قیامت کی شام کو
عرصے میں مَیں کھڑا ہوں گنہگار سا ہنوز

مدت ہوئی کہ خونِ جگر میں نہیں و لے
جاتا ہے آنسوؤں کا چلا تار سا ہنوز

سایہ سا آ گیا تھا نظر اس کا ایک دن
مبہوت میں پھروں ہوں پری دار سا ہنوز

برسوں سے گل چمن میں نکلتے ہیں رنگ رنگ
نکلا نہیں ہے ایک رخِ یار سا ہنوز

دیکھا تھا خانہ باغ میں پھرتے اسے کہیں
گل حیرتی ہے صورتِ دیوار سا ہنوز

مدت سے ترک عشق کیا میرؔ نے و لے
زار و زبون و زرد ہے بیمار سا ہنوز

۔۶۲۵۔

(دیوان اول)

ہوتا نہیں ہے باب اجابت کا وا ہنوز
بسمل پڑی ہے چرخ پہ میری دعا ہنوز

باقی نہیں ہے دل میں یہ غم ہے بجا ہنوز
ٹپکے ہے خون دم بہ دم آنکھوں سے تا ہنوز

دن رات کو کھنچا ہے قیامت کا اور میں
پھرتا ہوں منہ پہ خاک ملے جا بجا ہنوز

خط کاڑھ لا کے تم تو منڈا بھی چلے و لے
ہوتی نہیں ہماری تمھاری صفا ہنوز

غنچے چمن چمن کھلے اس باغ دہر میں
دل ہی مرا ہے جو نہیں ہوتا ہے وا ہنوز

گزری نہ پار عرش کہ تسکین ہو مجھے
افسوس میری آہ رہی نارسا ہنوز

احوال نامہ بر سے مرا سن کے کہہ اٹھا
جیتا ہے وہ ستم زدہ مہجور کیا ہنوز

غنچہ نہ بوجھ دل ہے کسی مجھ سے زار کا
کھلتا نہیں جو سعی سے تیری صبا ہنوز

توڑا تھا کس کا شیشۂ دل تُو نے سنگ دل
ہے دل خراش کوچے میں تیرے صدا ہنوز

چلو میں اس کے میرا لہو تھا سو پی چکا
اڑتا نہیں ہے طائر رنگِ حنا ہنوز

بے بال و پر اسیر ہوں کنجِ قفس میں میؔر
جاتی نہیں ہے سر سے چمن کی ہوا ہنوز

۔۶۲۶۔

(دیوان دوم)

اس شوخ سے سنا نہیں نام صبا ہنوز
غنچہ ہے وہ لگی نہیں اس کو ہوا ہنوز

عاشق کے اس کو گریۂ خونیں کا درد کیا
آنسو نہیں ہے آنکھ سے جس کی گرا ہنوز

کیا جانے وہ کہ گزرے ہے یاروں کے جی پہ کیا
مطلق کسو سے اس کا نہیں دل لگا ہنوز

برسوں میں نامہ بر سے مرا نام جو سنا
کہنے لگا کہ زندہ ہے وہ ننگ کیا ہنوز

گھگھیاتے رات کے تئیں باچھیں تو پھٹ گئیں
ناواقف قبول ہے لیکن دعا ہنوز

کیا کیا کرے ہے جھجتیں قاصد سے لیتے خط
حالانکہ وہ ہوا نہیں حرف آشنا ہنوز

سو بار ایک دم میں گیا ڈوب ڈوب جی
پر بحرِ غم کی پائی نہ کچھ انتہا ہنوز

خط سے ہے بے وفائی حسن اس کی آئینہ
ہم سادگی سے رکھتے ہیں چشمِ وفا ہنوز

سو عقدے فرطِ شوق سے پیش آئے دل کو یاں
واں بند اس قبا کے نہیں ہوتے وا ہنوز

یاں میرؔ ہم تو پہنچ گئے مرگ کے قریب
واں دلبروں کو ہے وہی قصدِ جفا ہنوز

۔۶۲۷۔

(دیوان چہارم)

خاک ہو کر اڑیں ہیں یار ہنوز
دل کا بیٹھا نہیں غبار ہنوز

نہ جگر میں ہے خوں نہ دل میں خوں
درپئے خوں ہے روزگار ہنوز

دست بر دل ہوں مدتوں سے میرؔ
دل ہے ویسا ہی بے قرار ہنوز

۔۶۲۸۔

(دیوان پنجم)

کب سے قیدی ہیں پہ ہے نالش بسیار ہنوز
دل بہاران چمن کا ہے گرفتار ہنوز

وہ مہ چاردہ اس شہر سے کب کا نکلا
ہر گلی جھانکتے پھرتے ہیں طلب گار ہنوز

بالا بالا ہی بہت عشق میں مارے گئے یار
وہ تہِ دل سے کسو کا نہ ہوا یار ہنوز

سال میں ابرِ بہاری کہیں آ کر برسا
لوہو برسا رہے ہیں دیدۂ خونبار ہنوز
اب کے بالیدن گلہا تھا بہت دیکھو نہ میرؔ
ہمسر لالہ ہے خار سرِ دیوار ہنوز

۔۶۲۹۔

(دیوان اول)

مر گیا میں پہ مرے باقی ہیں آثار ہنوز
تر ہیں سب سر کے لہو سے در و دیوار ہنوز
دل بھی پر داغ چمن ہے پر اسے کیا کیجے
جی سے جاتی ہی نہیں حسرتِ دیدار ہنوز
بہ کیے عمر ہوئی ابرِ بہاری کو ولے
لہو برسا رہے ہیں دیدۂ خوں بار ہنوز
بد نہ لے جائیو پوچھوں ہوں تجھی سے یہ طبیب
بہ ہوا کوئی بھی اس درد کا بیمار ہنوز
نا امیدی میں تو مر گئے پہ نہیں یہ معلوم
جیتے ہیں کون سی امید پہ ناچار ہنوز
بارہا چل چکی تلوار تری چال پہ شوخ
تو نہیں چھوڑتا اس طرز کی رفتار ہنوز
ایک دن بال فشاں ٹک ہوئے تھے خوش ہو کر
ہیں غمِ دل کی اسیری میں گرفتار ہنوز
کوئی تو آبلہ پا دشتِ جنوں سے گزرا
ڈوبا ہی جائے ہے لوہو میں سر خار ہنوز
منتظر قتل کے وعدے کا ہوں اپنے یعنی
جیتا مرنے کو رہا ہے یہ گنہگار ہنوز

اڑ گئے خاک ہو کتنے ہی ترے کوچے سے
باز آتے نہیں پر تیرے ہوا دار ہنوز

ایک بھی زخم کی جا جس کے نہ ہو تن پہ کہیں
کوئی دیتا ہے سنا ویسے کو آزار ہنوز

ٹک تو انصاف کر اے دشمن جان عاشق
میان سے نکلی پڑے ہے تری تلوار ہنوز

میؔر کو ضعف میں مَیں دیکھ کہا کچھ کہیے
ہے تجھے کوئی گھڑی قوت گفتار ہنوز

ابھی اک دم میں زباں چلنے سے رہ جاتی ہے
دردِ دل کیوں نہیں کرتا ہے تو اظہار ہنوز

آنسو بھر لا کے بہت حزن سے یہ کہنے لگا
کیا کہوں تجھ کو سمجھ اس پہ نہیں یار ہنوز

آنکھوں میں آن رہا جی جو نکلتا ہی نہیں
دل میں میرے ہے گرہ حسرتِ دیدار ہنوز

۔۶۳۰۔

(دیوان چہارم)

گرچہ آتے ہیں گل ہزار ہنوز
نہ گیا دل سے رُوئے یار ہنوز

بے قراری میں ساری عمر گئی
دل کو آتا نہیں قرار ہنوز

خاک مجنوں جہاں ہے صحرا میں
واں سے اٹھتا ہے اک غبار ہنوز

کب سے ہے وہ خلاف وعدہ ولے
دل کو اس کا ہے اعتبار ہنوز

قیس و فرہاد پر نہیں موقوف
عشق لاتا ہے مرد کار ہنوز

برسوں گزرے ہیں اس سے ملتے ولے
صحبت اس سے نہیں برآر ہنوز

عشق کرتے ہوئے تھے بے خود میرؔ
اپنا ان کو ہے انتظار ہنوز

۔۶۳۱۔

(دیوان پنجم)

کب سے گیا ہے آیا نہیں نامہ بر ہنوز
راہی بھی کچھ سنا نہیں جاتے خبر ہنوز

خونِ جگر کو سوکھے ہوئے برسوں ہو گئے
رہتی ہیں میری آنکھیں شب و روز تر ہنوز

ہرچند آسماں پہ ہماری دعا گئی
اس مہ کے دل میں کرتی نہیں کچھ اثر ہنوز

مدت سے لگ رہی ہیں مری آنکھیں اس کی اور
وہ دیکھتا نہیں ہے غلط کر ادھر ہنوز

برسوں سے لکھنؤ میں اقامت ہے مجھ کو لیک
یاں کے چلن سے رکھتا ہوں عزمِ سفر ہنوز

تیشے سے کوہکن کے دل کوہ جل گیا
نکلے ہے سنگ سنگ سے اکثر شرر ہنوز

جل جل کے ہو گیا ہے کبد تو کباب میرؔ
جل غنچہ ناشگفتہ ہے داغِ جگر ہنوز

۔۶۳۲۔

(دیوان چہارم)

وہ مخطط ہے محو ناز ہنوز
کچھ پذیرا نہیں نیاز ہنوز

کیا ہوا خوں ہوا کہ داغ ہوا
دل ہمارا نہیں گداز ہنوز

سادگی دیکھ اس جفاجو سے
ہم نہیں کرتے احتراز ہنوز

ایک دن وا ہوئی تھی اس منہ پر
آرسی کی ہے چشم باز ہنوز

معتبر کیا ہے میرؔ کی طاعت
رہن بادہ ہے جانماز ہنوز

۔۶۳۳۔

(دیوان سوم)

ہے تند و تیز اس کی نگاہ اس طرف ہنوز
مارا ہے بے گناہ و گناہ اس طرف ہنوز

سر کاٹ کر ہم اس کے قدم کے تلے رکھا
ٹیڑھی ہے اس کی طرف کلاہ اس طرف ہنوز

مدت سے مثل شب ہے مرا تیرہ روزگار
آتا نہیں وہ غیرتِ ماہ اس طرف ہنوز

پتھرا گئیں ہیں آنکھیں مری نقشِ پا کے طور
پڑتی نہیں ہے یار کی راہ اس طرف ہنوز

جس کی جہت سے مرنے کے نزدیک پہنچے ہم
پھرتا نہیں وہ آن کے واہ اس طرف ہنوز

آنکھیں ہماری مند چلیں ہیں جس بغیر یاں
وہ دیکھتا بھی ٹک نہیں آہ اس طرف ہنوز
برسوں سے میؔر ماتم مجنوں ہے دشت میں
روتا ہے آ کے ابرِ سیاہ اس طرف ہنوز

۔۶۳۴۔

(دیوان اول)

مجھ کو پوچھا بھی نہ یہ کون ہے غم ناک ہنوز
ہو چکے حشر میں پھرتا ہوں جگر چاک ہنوز
اشک کی لغزشِ مستانہ پہ مت کیجو نظر
دامن دیدۂ گریاں ہے مرا پاک ہنوز
ایک بھی تار گریبان کفن پیچ نہیں
جم ہوئی بیٹھی ہے چھاتی پہ مری خاک ہنوز
بھر نظر دیکھنے پاتا نہیں میں نزع میں بھی
منہ کے تیں پھیرے ہی لیتا ہے وہ بیباک ہنوز
بعد مرنے کے بھی آرام نہیں میؔر مجھے
اس کے کوچے میں ہے پامال مری خاک ہنوز

۔۶۳۵۔

(دیوان اول)

ہو چکا خونِ جگر رونا نہیں کچھ کم ہنوز
ہیں مژہ دستور سابق ہی یہ میری نم ہنوز
دل جلوں پر روتے ہیں جن کو ہے کچھ سوزِ جگر
شمع رکھتی ہے ہماری گور پر ماتم ہنوز
وضع یکساں اس زمانے میں نہیں رہتی کہیں
قد ترا چوگاں رہا ہے کس طرح سے خم ہنوز

آ رہا ہے جی مرا آنکھوں میں اک پل اور ہوں
پر نہیں جاتا کسی کے دیکھنے کا غم ہنوز
وہ جو عالم اس کے اوپر تھا سو خط نے کھو دیا
مبتلا ہے اس بلا میں میرؔ اک عالم ہنوز

۔۶۳۶۔

(دیوان چہارم)

ہے زیرِ خاک لاشۂ عاشق طپاں ہنوز
پیدا ہے عشق کشتے کا اس کے نشاں ہنوز
گردش سے اس کی خاک برابر ہوئی ہے خلق
استادہ رُوئے خاک پہ ہے آسماں ہنوز
اس تک پہنچنے کا تو نہیں حال کچھ ولے
جاتے ہیں گرتے پڑتے بھی ہم ناتواں ہنوز
پروانہ جل کے خاک ہوا پھر اڑا کیا
اے شمع تیری رہتی نہیں ہے زباں ہنوز
چندیں ہزار جانیں گئیں اس کی راہ میں
ایک آدھ تو بھی مر رہے ہیں نیم جاں ہنوز
مدت ہوئی کہ خوار ہو گلیوں میں مر گئے
قصہ ہمارے عشق کا ہے داستاں ہنوز
لختِ جگر کے غم میں کہ تھا لعل پارہ میرؔ
رُخسار زرد پر ہے مرے خوں رواں ہنوز

۔۶۳۷۔

(دیوان پنجم)

کب سے آنے کہتے ہیں تشریف نہیں لاتے ہیں ہنوز
آنکھیں مندیں اب جا چکے ہم وے دیکھو تو آتے ہیں ہنوز

کہتا ہے برسوں سے ہمیں تم دور ہو یاں سے دفع بھی ہو
شوق و سماجت سیر کرو ہم پاس اس کے جاتے ہیں ہنوز
راتوں پاس گلے لگ سوئے ننگے ہو کر ہے یہ عجب
دن کو بے پردہ نہیں ملتے ہم سے شرماتے ہیں ہنوز
ساتھ کے پڑھنے والے فارغ تحصیل علمی سے ہوئے
جہل سے مکتب کے لڑکوں میں ہم دل بہلاتے ہیں ہنوز
گل صد رنگِ چمن میں آئے بادخزاں سے بکھر بھی گئے
عشق و جنوں کی بہار کے عاشق میرؔ جی گل کھاتے ہیں ہنوز

۔۶۳۸۔

(دیوان اول)

ضبط کرتا نہیں کنارہ ہنوز
ہے گریبان پارہ پارہ ہنوز
آتشِ دل نہیں بجھی شاید
قطرۂ اشک ہے شرارہ ہنوز
خاک میں ہے وہ طفلِ اشک اس بن
چشم ہے جس کا گاہوارہ ہنوز
اشک جھمکا ہے جب نہ نکلا تھا
چرخ پر صبح کا ستارہ ہنوز
ایک بار آ کے پھر نہیں آیا
عمر کی طرح وہ دوبارہ ہنوز
لب پہ آئی ہے جان کب کی ہے
اس کی موقوف یک اشارہ ہنوز
کب کی توبہ کی میرؔ نے لیکن
ہے بتر از شراب خوارہ ہنوز

عمر گزری دوائیں کرتے میرؔ
دردِ دل کا ہوا نہ چارہ ہنوز

۔۶۳۹۔

(دیوان چہارم)

دیوانگی کی ہے وہی زور آوری ہنوز
ہر دم نئی ہے میری گریباں دری ہنوز
سر سے گیا ہے سایۂ لطف اس کا دیر سے
آنکھوں ہی میں پھرے ہے مری وہ پری ہنوز
شوخی سے زارگریہ کی خوں چشم میں نہیں
ویسی ہی ہے مژہ کی بعینہ تری ہنوز
کب سے نگاہ گاڑے ہے یاں روز آفتاب
ہم دیکھے ہیں جہاں کے تئیں سرسری ہنوز
مبہوت ہو گیا ہے جہاں اک نظر کیے
جاتی نہیں ان آنکھوں سے جادوگری ہنوز
ابرِ کرم نے سعی بہت کی پہ کیا حصول
ہوتی نہیں ہماری زراعت ہری ہنوز
مدت سے میرؔ بے دل و دیں دلبروں میں ہے
کرتا نہیں ہے اس کی کوئی دلبری ہنوز

۔۶۴۰۔

(دیوان پنجم)

اس بستر افسردہ کے گل خوشبو ہیں مرجھائے ہنوز
اس نکہت سے موسمِ گل میں پھول نہیں یاں آئے ہنوز
اس زلف و کاکل کو گوندھے دیر ہوئی مشاطہ کو
سانپ سے لہراتے ہیں بال اس کے بل کھائے ہنوز

آنکھ لگے اک مدت گزری پائے عشق جو بیچ میں ہے
ملتے ہیں معشوق اگر تو ملتے ہیں شرمائے ہنوز

تہ داری کیا کہیے اپنی سختی سے اس کی جیتے موئے
حرف و سخن کچھ لیکن ہرگز منہ پہ نہیں ہم لائے ہنوز

ایسی معیشت کر لوگوں سے جیسی غم کش میؔر نے کی
برسوں ہوئے ہیں اٹھ گئے ان کو روتے ہیں ہمسائے ہنوز

۔۶۴۱۔

(دیوان چہارم)

دوستاں حسن و خوبی ہے کیا چیز
ٹھہری ہے جان سی بھی شے کیا چیز

ردیف ۔ س

۔۶۴۲۔

(دیوان چہارم)

کل ہاتھ جا رہا تھا دل بے قرار پاس
گویا کہ جا رہا کسو سوزندہ نار پاس
کس جد و کد سے حیف ہے مجھ کو کیا شکار
ٹھہرا نہ پھر وہ صیدفگن اس شکار پاس
اس گل بغیر پہروں ہیں بلبل سے نالہ کش
کرتے ہیں اپنی اور سے تو ہم ہزار پاس
خوشحال وے جو حال کہیں دلبروں سے دیر
رویا نہ میں تو ایک گھڑی اپنے یار پاس
دوری میں جس کی مر گئے رک رک کے میرؔ ہم
نکلا نہ وہ سو ہو کے ہمارے مزار پاس

۔۶۴۳۔

(دیوان دوم)

رہتے تھے ہم وے آٹھ پہر یا تو پاس پاس
یا اب پھٹک نہیں ہے کہیں ان کے آس پاس
تا لوگ بدگماں نہ ہوں آئے نہ اس کی اور
ہم تو کیا ہے عشق میں دور از قیاس پاس
گر ہی پڑے جو دیکھے ہے تنکا بھی گر کہیں
مایہ نہیں ہے کچھ فلک بے سپاس پاس
شیخ ان لبوں کے بوسے کو اس ریش سے نہ جھک
رکھتا ہے کون آتش سو زندہ گھاس پاس
تم نے تو قدر کی ہے متاع وفا کی خوب
بیچیں گے اب یہ جنس کسو دل شناس پاس

آلودہ کر نہ مستی سے جامے کو جسم کے
ہشیار رہ یہ عاریتی ہے لباس پاس
وحشی ہے میرؔ ربط ہے اس سے خلاف عقل
بیٹھے سو جا کے کیا کوئی ایسے اداس پاس

۔۶۴۴۔

(دیوان دوم)

گئے جس دم سے ہم اس تندخو پاس
رہے خنجر ستم ہی کے گلو پاس
قیامت ہے نہ اے سرمایۂ جاں
نہ ہووے وقت مرنے کے بھی تو پاس
رلایا ہم نے پہروں رات اس کو
کہا یہ قصۂ غم جس کسو پاس
کہیں اک دور کی سی کچھ تھی نسبت
رکھا تھا آئینے کو اس کے رو پاس
دل اے چشم مروّت کیوں نہ خوں ہو
تجھے ہم جب نہ تب دیکھیں عدو پاس
یہی گالی یہی جھڑکی یہی چھیڑ
نہ کچھ میرا کیا تُو نے کبھو پاس
چل اب اے میرؔ بس اس سرو قد بن
بہت رویا چمن کی آب جو پاس

۔۶۴۵۔

(دیوان دوم)

عزت نہیں ہے دل کی کچھ اس دلربا کے پاس
رہتی ہے آرسی ہی دھری خودنما کے پاس

پہروں شبوں کو غم میں ترے جاگتے رہے
ہو آہنیں جگر سو کرے بے وفا کے پاس

راہ و روش رکھیں ہیں جدا دردمند عشق
زنہار یہ کھڑے نہیں ہوتے دوا کے پاس

کیا جانے قدر غنچۂ دل باغباں پسر
ہوتی گلابی ایسی کسو میرزا کے پاس

جو دیر سے حرم کو گئے سو وہیں موئے
آتا نہیں ہے جا کے کوئی پھر خدا کے پاس

کیا جانیے کہ کہتے ہیں کس کو یگانگی
بیگانے ہی سے ہم رہے اس آشنا کے پاس

میرؔ اس دل گرفتہ کی یاں تو ملی نہ داد
عقدہ یہ لے کے جاؤں گا مشکل کشا کے پاس

۔۶۴۶۔

(دیوان دوم)

جب بٹھاویں مجھے جلاد جفاکار کے پاس
تو بھی ٹک آن کھڑا ہوجو گنہگار کے پاس

دردمندوں سے تمھیں دور پھرا کرتے ہو کچھ
پوچھنے ورنہ سبھی آتے ہیں بیمار کے پاس

چشمِ مست اپنی سے صحبت نہ رکھاکر اتندی
بیٹھیے بھی تو بھلا مردم ہشیار کے پاس

خندہ و چشمک و حرف و سخن زیرلبی
کہیے جو ایک دو افسون ہوں دلدار کے پاس

داغ ہونا نظر آتا ہے دلوں کا آخر
یہ جو اک خال پڑا ہے ترے رُخسار کے پاس

خط نمودار ہوئے اور بھی دل ٹوٹ گئے
یہ بلا نکلی نئی زلف شکن دار کے پاس

در گلزار پہ جانے کے نصیب اپنے کہاں
یوں ہی مریے گا قفس کی کبھو دیوار کے پاس

کیا رکھا کرتے ہو آئینے سے صحبت ہر دم
ٹک کبھو بیٹھو کسی طالبِ دیدار کے پاس

دل کو یوں لیتے ہو کھٹکا نہیں ہونے پاتا
تربیت پائی ہے تم نے کسو عیار کے پاس

مورچہ جیسے لگے تنگ شکر کو آ کر
خط نمودار ہے یوں لعل شکر بار کے پاس

جس طرح کفر بندھا ہے گلے اسلام کہاں
یوں تو تسبیح بھی ہم رکھتے ہیں زنّار کے پاس

ہم نہ کہتے تھے نہ مل مغبچوں سے اے زاہد
ابھی تسبیح دھری تھی تری دستار کے پاس

نارسائی بھی نوشتے کی مرے دور کھنچی
اتنی مدت میں نہ پہنچا کوئی خط یار کے پاس

اختلاط ایک تمھیں میؔر ہی غم کش سے نہیں
جب نہ تب یوں تو نظر آتے ہو دوچار کے پاس

۔۶۴۷۔

(دیوان چہارم)

مدت ہجر میں کیا کریے بیاں یار کے پاس
حال پرسی بھی نہ کی آن کے بیمار کے پاس

حق یہ ہے خواہش دل ہے مری تو آ جاتا
جب کہ خوں ریزی کو بٹھلائیں مجھے دار کے پاس

در اسیری کا کھلا منہ پہ ہمارے کیا تنگ
مر ہی رہیے گا قفس کے در و دیوار کے پاس

آنا اس کا تو دم قتل ضروری ہے ولے
کون آتا ہے کسو خوں کے سزاوار کے پاس

پایئے یار اکیلا تو غمِ دل کہیے
سو تو بیٹھا ہی اسے پاتے ہیں دوچار کے پاس

منہ پہ ناخن کے خراشوں سے لگا دل بہنے
چشمے نکلے ہیں نئے چشم جگر بار کے پاس

میں تو تلوار تلے اس کے لیے بیٹھا میؔر
وہ کھڑا بھی نہ ہوا آ کے گنہگار کے پاس

۔۶۴۸۔

(دیوان اول)

کیونکہ نکلا جائے بحرِ غم سے مجھ بے دل کے پاس
آ کے ڈوبی جاتی ہے کشتی مری ساحل کے پاس

ہے پریشاں دشت میں کس کا غبار ناتواں
گرد کچھ گستاخ آتی ہے چلی محمل کے پاس

گرم ہو گا حشر کو ہنگامۂ دعویٰ بہت
کاشکے مجھ کو نہ لے جاویں مرے قاتل کے پاس

دور اس سے جوں ہوا دل پر بلا ہے مضطرب
اس طرح تڑپا نہیں جاتا کسو بسمل کے پاس

بُوئے خوں آتی ہے بادِ صبح گاہی سے مجھے
نکلی ہے بے درد شاید ہو کسو گھائل کے پاس

آہ نالے مت کیا کر اس قدر بیتاب ہو
اے ستم کش میؔر ظالم ہے جگر بھی دل کے پاس

۔۶۴۹۔

(دیوان پنجم)

کوئی دن کریے معیشت جا کسو کامل کے پاس
ناقصوں میں رہیے کیا رہیے تو صاحب دل کے پاس
بُوئے خوں بھک بھک دماغوں میں چلی آتی ہے کچھ
نکلی ہے ہو کر صبا شاید کسو گھائل کے پاس
شور و ہنگامہ بہت دعویٰ ضروری ہے بہت
کاشکے مجھ کو بلاویں حشر میں قاتل کے پاس
گرد سے ہے ناقۂ سلمیٰ کو مشکل رہروی
خاک کس کی ہے کہ مشتاق آتی ہے محمل کے پاس
تل سے تیرے منہ کے دل تھا داغ اے برنائے چرب
خال یہ اک اور نکلا ظالم اگلے تل کے پاس
دل گداز عشق سے سب آب ہو کر بہ گیا
مرگئے پر گور میری کریے تو بے دل کے پاس
ملیے کیوں کر نہ کفِ افسوس جی جاتا ہے میرؔ
ڈوبتی ہے کشتی ورطے سے نکل ساحل کے پاس

۔۶۵۰۔

(دیوان پنجم)

صد پارہ گلا تیرا ہے کر ضبط نفس بس
سنتا نہیں اس قافلے میں کوئی جرس بس
دنیا طلبی نفس نہ کر شومی سے جوں سنگ
تھک کر کہیں ٹک بیٹھ رہ اے ہرزہ مرس بس
خنداں نہ مرے قتل میں رکھ تیغ کو پھر سان
جوں گل یہ ہنسی کیا ہے اسیروں پہ نہ ہنس بس

اس زار نے ہاتھ ان کا جو کھینچا لگے کہنے
غش کرنے نہ لگ جاؤں کہیں چھوڑیے بس بس
کیا میرؔ اسیروں کو در باغ جو وا ہو
ہے رنگ ہوا دیکھنے کو چاکِ قفس بس

۔۶۵۱۔

(دیوان سوم)

گلا مت توڑ اپنا اے جرس بس
نہیں اس راہ میں فریادرس بس
کبھو دل کی نہ کہنے پائے اس سے
جہاں بولے لگا کہنے کہ بس بس
گل و گلزار سے کیا قیدیوں کو
ہمیں داغ دل و کنجِ قفس بس
نہ ترساؤ یکایک مار ڈالو
کرو گے کب تلک ہم پر ترس بس
بہت کم دیتے تھے بادل دکھائی
رہے ہم ہی تو روتے اس برس بس
کسو محبوب کی ہو گور پر گل
ہماری خاک کو ہے خار و خس بس
چمن کے غم میں سینہ داغ ہے میرؔ
بہت نکلی ہماری بھی ہوس بس

۔۶۵۲۔

(دیوان سوم)

امیروں تک رسائی ہو چکی بس
مری بخت آزمائی ہو چکی بس

بہار اب کے بھی جو گزری قفس میں
تو پھر اپنی رہائی ہو چکی بس

کہاں تک اس سے قصہ قضیہ ہر شب
بہت باہم لڑائی ہو چکی بس

نہ آیا وہ مرے جاتے جہاں سے
یہیں تک آشنائی ہو چکی بس

لگا ہے حوصلہ بھی کرنے تنگی
غموں کی اب سمائی ہو چکی بس

برابر خاک کے تو کر دکھایا
فلک بس بے ادائی ہو چکی بس

دنی کے پاس کچھ رہتی ہے دولت
ہمارے ہاتھ آئی ہو چکی بس

دکھا اس بت کو پھر بھی یا خدایا
تری قدرت نمائی ہو چکی بس

شرر کی سی ہے چشمک فرصت عمر
جہاں دی ٹک دکھائی ہو چکی بس

گلے میں گیروی کفنی ہے اب میرؔ
تمھاری میرزائی ہو چکی بس

۔۲۵۳۔

(دیوان سوم)

عشق میں غم نہ چشمِ تر ہے بس
نہ یہی خوں دل و جگر ہے بس

رہ گئے منہ نہوں سے نوچ کے ہم
گر ہوس ہے اسی قدر ہے بس

آپ سے جا کے پھر نہ آئے ہم
بس ہمیں تو یہی سفر ہے بس

چاہ میں ہم نہیں زیادہ طلب
کبھو پوچھو جو تم خبر ہے بس

چشم پوشی نہ کر فقیر ہے میرؔ
مہر کی اس کو اک نظر ہے بس

۔۶۵۴۔

(دیوان پنجم)

یار ہم سے جدا ہوا افسوس
نہ جدا ہو کے پھر ملا افسوس

جب تلک آن کر رہے مجھ پاس
مجھ میں تب تک نہ کچھ رہا افسوس

دل میں حسرت گرہ ہے رخصت کی
چلتے ان نے نہ کچھ کہا افسوس

کیا تدارک ہے عشق میں دل کا
میں بلا میں ہوں مبتلا افسوس

سب سے بیگانگی کی جس کے لیے
وہ نہیں ہم سے آشنا افسوس

رات دن ہاتھ ملتے رہتے ہیں
دل کے جانے کا ہے بڑا افسوس

باچھیں پھٹ پھٹ گئیں ہیں گھگھیاتے
بے اثر ہو گئی دعا افسوس

مجھ کو کرنا تھا احتراز اس سے
ہائے افسوس کیا کیا افسوس

نوش دارو ہے نیش دارو میرؔ
متاثر نہیں دوا افسوس

۔۶۵۵۔

(دیوان اول)

مر گیا میں ملا نہ یار افسوس
آہ افسوس صد ہزار افسوس
ہم تو ملتے تھے جب اہا ہاہا
نہ رہا ووہیں روزگار افسوس
یوں گنواتا ہے دل کوئی مجھ کو
یہی آتا ہے بار بار افسوس
قتل کر تو ہمیں کرے گا خوشی
یہ توقع تھی تجھ سے یار افسوس
رخصت سیر باغ تک نہ ہوئی
یوں ہی جاتی رہی بہار افسوس
خوب بدعہد تو نہ مل لیکن
میرے تیرے تھا یہ قرار افسوس
خاک پر میرؔ تیری ہوتا ولے
نہ ہوا اتنا اقتدار افسوس

۔۶۵۶۔

(دیوان پنجم)

آنکھ کھلتے گئی بہار افسوس
گل کو دیکھا بھی نہ ہزار افسوس
جس کی خاطر ہوئے کنارہ گزیں
نہ ہوئے اس سے ہم کنار افسوس

نہ معرف نہ آشنا کوئی
ہم ہیں بے یار و بے دیار افسوس

بے قراری نے یوں ہی جی مارا
اس سے نے عہد نے قرار افسوس

خوں ہوئی دل ہی میں امیدِ وصال
مر رہے جی کو مار مار افسوس

چارۂ اشتیاق کچھ نہ ہوا
وہ نہ ہم سے ہوا دوچار افسوس

اک ہی گردش میں اس کی آنکھوں کی
پھر گیا ہم سے روزگار افسوس

گور اپنی رہی گزرگہ میں
نہ ہوا یار کا گزار افسوس

منتظر ہی ہم اس کے میرؔ گئے
یاں تک آیا کبھو نہ یار افسوس

۔۶۵۷۔

(دیوان چہارم)

اب نہیں ہوتی چشمِ تر افسوس
بہ گیا خون ہو جگر افسوس

دیدنی ہے یہ خستہ حالی لیک
ایدھر اس کی نہیں نظر افسوس

عیب ہی عیب میرے ظاہر ہیں
مجھ کو آیا نہ کچھ ہنر افسوس

میرؔ ابتر بہت ہے دل کا حال
یعنی ویراں پڑا ہے گھر افسوس

۔۶۵۸۔

(دیوان پنجم)

کیا کیا تم نے ہم سے کہا تھا کچھ نہ کیا افسوس افسوس
کیا کیا کڑھایا جی سے مارا لوہو پیا افسوس افسوس

نور چراغ جان میں تھا کچھ یوں ہی نہ آیا لیکن وہ
گل ہو ہی گیا آخر کو یہ بجھتا سا دیا افسوس افسوس

رخصت میں پابوس کی سب کے جی جاتا تھا سوان نے
ہاتھ میں عاشق وارفتہ کا دل نہ لیا افسوس افسوس

مؔیر کی آنکھیں مندنے پر وہ دیکھنے آیا تھا ظالم
اور بھی یہ بیمارِ محبت ٹک نہ جیا افسوس افسوس

ردیف ۔ ش

۔۶۵۹۔

(دیوان پنجم)

ادھر آتا بھی وہ سوار اے کاش
اس کا ہو جاتا دل شکار اے کاش
زیر دیوار خانہ باغ اس کے
ہم کو جا ملتی خانہ وار اے کاش
کب تلک بے قرار رہیے گا
کچھ تو ملنے کا ہو قرار اے کاش
راہ تکتے تو پھٹ گئیں آنکھیں
اس کا کرتے نہ انتظار اے کاش
اس کی پامالی سرفرازی ہے
راہ میں ہو مری مزار اے کاش
پھول گل کچھ نہ تھے کھلی جب چشم
اور بھی رہتی اک بہار اے کاش
اب وہی میرؔ جی کھپانا ہے
ہم کو ہوتا نہ اس سے پیار اے کاش

۔۶۶۰۔

(دیوان چہارم)

نکلے پردے سے رُوئے یار اے کاش
منہ کرے ٹک ادھر بہار اے کاش
کچھ وسیلہ نہیں جو اس سے ملوں
شعر ہو یار کا شعار اے کاش
کہیں اس بحر حسن سے بھر جائے
موج ساں میری بھی کنار اے کاش

برق ساں ہو چکوں تڑپ کر میں
یوں ہی آوے مجھے قرار اے کاش
اعتمادی نہیں ہے یاری غیر
یار سے ہم سے ہووے پیار اے کاش
آوے سر رشتۂ جنوں کچھ ہاتھ
ہو گریبان تار تار اے کاش
میرؔ جنگل تمام بس جاوے
بن پڑے ہم سے روزگار اے کاش

۔۶۶۱۔

(دیوان دوم)

گل کو ہوتا صبا قرار اے کاش
رہتی ایک آدھ دن بہار اے کاش
یہ جو دو آنکھیں مند گئیں میری
اس پہ وا ہوتیں ایک بار اے کاش
کن نے اپنی مصیبتیں نہ گنیں
رکھتے میرے بھی غم شمار اے کاش
جان آخر تو جانے والی تھی
اس پہ کی ہوتی میں نثار اے کاش
اس میں راہِ سخن نکلتی تھی
شعر ہوتا ترا شعار اے کاش
خاک بھی وہ تو دیوے گا برباد
نہ بناویں مرا مزار اے کاش
شش جہت اب تو تنگ ہے ہم پر
اس سے ہوتے نہ ہم دوچار اے کاش

مرتے بھی تو ترے ہی کوچے میں
ملتی یاں جائے گوردار اے کاش

ان لبوں کے گلے سے دل ہے بھرا
چل پڑے بات پیش یار اے کاش

بے اجل میؔر اب پڑا مرنا
عشق کرتے نہ اختیار اے کاش

۔۶۶۲۔

(دیوان سوم)

طرح خوش ناز خوش اس کی ادا خوش
خوشا ہم جو نہ رکھے ہم کو نا خوش

نہیں ناساز فقر اپنا کسو کا
خرابے کی ہمارے ہے ہوا خوش

بتوں کے غم میں نالاں جب نہ تب ہوں
نہ راضی خلق مجھ سے نے خدا خوش

کلی رکتی ہے گل ہے دل پریشاں
کسو کی اس چمن میں گزرے کیا خوش

جہان تنگ کڑھنے ہی کی جا تھی
کوئی دن میں تکلف سے رہا خوش

رہا پھولوں میں کرتا زمزمہ میں
مری اس باغ میں گزری سدا خوش

گیا اس شہر ہی سے میؔر آخر
تمھاری طرز بد سے کچھ نہ تھا خوش

۔۶۶۳۔

(دیوان چہارم)

رہتے ہیں بہت دل کے ہم آزار سے نا خوش
بستر پہ گرے رہتے ہیں بیمار سے نا خوش
جانا جو مقرر ہے مرا دار فنا سے
اس بستی کے مَیں ہوں در و دیوار سے نا خوش
ہمواری سے ہیں نرم و خشن ایک سے دونوں
خوش ہیں نہ گلِ تر سے نہ ہم خار سے نا خوش
سر رشتۂ دل بند نہیں زلف و کمر میں
کیا جانیے ہم کس لیے ہیں یار سے نا خوش
ہے عشق میں صحبت مری خوباں کی عجب کچھ
اقرار سے بیزار ہیں انکار سے نا خوش
خوش رہتے ہیں احباب بہم ربط کیے سے
رہتے ہو تمھیں ایک مرے پیار سے نا خوش
اک بات کا بھی لوگوں میں بھپّٹ اسے کرنا
ہم ہیں گے بہت میؔر کے بستار سے نا خوش

۔۶۶۴۔

(دیوان چہارم)

اس کا خیال آوے ہے عیار کی روش
کچھ اس کی ہم نے پائی نہ رفتار کی روش
کیا چال ہے گی زہر بھری روزگار کی
سب اس گزندے کی ہے سیہ مار کی روش
وہ رفت و خیز گرم تو مدت سے ہو چکی
رہتے ہیں اب گرے پڑے بیمار کی روش

جاتے ہیں رنگ و بُوئے گل و آب جو چلے
آئی نہ خوش ہمیں تو یہ گلزار کی روش

مائل ہوا ہے سرو گلستاں کا دل بہت
کچھ آ گئی تھی اس میں قدِ یار کی روش

زندان میں جہاں کے بہت ہیں خراب حال
کرتے ہیں ہم معاش گنہگار کی روش

یوں سر بکھیرے عشق میں پھرتے نہیں ہیں میرؔ
اظہار بھی کریں ہیں تو اظہار کی روش

۔۶۶۵۔

(دیوان دوم)

کیا کہیے کیا رکھیں ہیں ہم تجھ سے یار خواہش
یک جان و صد تمنا یک دل ہزار خواہش

لے ہاتھ میں قفس ٹک صیاد چل چمن تک
مدت سے ہے ہمیں بھی سیر بہار خواہش

نے کچھ گنہ ہے دل کا نے جرم چشم اس میں
رکھتی ہے ہم کو اتنا بے اختیار خواہش

حالانکہ عمر ساری مایوس گزری تس پر
کیا کیا رکھیں ہیں اس کے امیدوار خواہش

غیرت سے دوستی کی کس کس سے ہوجے دشمن
رکھتا ہے یاری ہی کی سارا دیار خواہش

ہم مہرورز کیوں کر خالی ہوں آرزو سے
شیوہ یہی تمنا فن و شعار خواہش

اٹھتی ہے موج ہر یک آغوش ہی کی صورت
دریا کو ہے یہ کس کا بوس و کنار خواہش

صد رنگ جلوہ گر ہے ہر جادہ غیرت گل
عاشق کی ایک پاوے کیوں کر قرار خواہش

یک بار بر نہ آئی اس سے امید دل کی
اظہار کرتے کب تک یوں بار بار خواہش

کرتے ہیں سب تمنا پر میرؔ جی نہ اتنی
رکھے گی مار تم کو پایان کار خواہش

۔۶۶۶۔

(دیوان دوم)

مطلق نہیں ہے ایدھر اس دلربا کی خواہش
کیا جانیے کہ کیا ہے یارو خدا کی خواہش

دیکھیں تو تیغ اس کی اب کس کے سر چڑھے ہے
رکھتے ہیں یار جی میں اس کی جفا کی خواہش

لعل خموش اپنے دیکھو ہو آرسی میں
پھر پوچھتے ہو ہنس کر مجھ بے نوا کی خواہش

اقلیم حسن سے ہم دل پھیر لے چلے ہیں
کیا کریے یاں نہیں ہے جنسِ وفا کی خواہش

خونِ جگر ہی کھانا آغاز عشق میں ہے
رہتی ہے اس مرض میں پھر کب غذا کی خواہش

وہ شوخ دشمنِ جاں اے دل تو اس کا خواہاں
کرتا ہے کوئی ظالم ایسی بلا کی خواہش

میرے بھی حق میں کر ٹک ہاتھوں کو میرؔ اونچا
رکھتا ہے اہلِ دل سے ہر اک دعا کی خواہش

-۶۶۷-

(دیوان پنجم)

رکھتے رہے بتوں سے مہر و وفا کی خواہش
اس آرزو نے مارا یہ بھی خدا کی خواہش

بیماری دلی پر میں صبر کر رہا ہوں
جی کو نہیں ہے میرے مطلق دوا کی خواہش

شبِ وصل کی میسر آئی نہ ایک دن بھی
دل کو یہی ہمارے اکثر رہا کی خواہش

چاہت بہت کسو کی اے ہمنشیں بری ہے
سو جان کی ہے کاہش اک اس ادا کی خواہش

مشتاق عاشقی کا عاقل کوئی نہ ہو گا
ابلہ کسو کو ہو گی اس بدبلا کی خواہش

عجز و انابت اپنی یوں ہی تھی صبح گہ کی
درویشوں سے کریں گے اب ہم دعا کی خواہش

حیران کار الفت اے میرؔ چپ ہوں میں تو
پوچھا کرو ہو ہردم کیا بے نوا کی خواہش

-۶۶۸-

(دیوان سوم)

فکر میں مرگ کے ہوں سر درپیش
ہے عجب طور کا سفر درپیش

کس کی آنکھیں پھرے ہیں آنکھوں میں
دم بہ دم ہے مری نظر درپیش

مستی بھی اہلِ ہوش کی ہے جنہیں
آوے ہے عالم دگر درپیش

کیا کروں نقل راہِ ہستی میں
مرحلے آئے کس قدر درپیش
کیا پتنگے کو شمع روئے میؔر
اس کی شب کو بھی ہے سحر درپیش

۔۶۶۹۔

(دیوان پنجم)

رنج و غم آئے بیشتر درپیش
راہ رفتن ہے اب مگر درپیش
مرگ فرہاد سے ہوا بدنام
ہے خجالت سے تیشہ سردرپیش
یار آنکھوں تلے ہی پھرتا ہے
میری مدت سے ہے نظر درپیش
خانہ روشن پتنگوں نے نہ کیا
ہے چراغوں کو بھی سحر درپیش
غم سے نزدیک مرنے کے پہنچے
دور کا میؔر ہے سفر درپیش

۔۶۷۰۔

(دیوان دوم)

ہم پر روا جو رکھتے ہو جور و جفا ہمیش
خوبی رہا کرے ہے مری جان کیا ہمیش
کس اعتبار دل کے تئیں گل کہیں ہیں لوگ
مجھ پاس تو مندی ہی کلی سا رہا ہمیش
کچھ عہد میں ہمارے محبت ہوئی ہے ننگ
آپس میں ورنہ رسم تھی مہر و وفا ہمیش

فرصت مرض سے دل کے ہمیں کب ہوئی تنک
تھوڑی بہت چلی ہی گئی ہے دوا ہمیش

اب عید بھی بغیر ملے اس کے ہے دہا
رہتا تھا جو ہمارے گلے ہی لگا ہمیش

ہم تو جو رفتنی ہیں ملے ہی رہیں تو خوب
رہتا نہیں ہے کوئی بغیر از خدا ہمیش

واقف نہیں ہوں میرؔ سے تو پر تمام شب
کرتا ہے شور آن کے اک بے نوا ہمیش

ردیف ۔ ص

۔۶۷۱۔

(دیوان پنجم)

شاعری شیوہ ہے شعار اخلاص
دین و مذہب مرا ہے پیار اخلاص
اب کہاں وہ موۤدت قلبی
ہووے ظاہر میں یوں ہزار اخلاص
سورۃ اخلاص کی پڑھی برسوں
میؔر رکھتا نہیں ہے یار اخلاص

۔۶۷۲۔

(دیوان سوم)

ہے دل بے تاب کا بھی ویسا رقص
رقصِ بسمل تم سنو ہو جیسا رقص

۔۶۷۳۔

(دیوان چہارم)

طائرِ دل کی تپش سینے میں جانو تم بسمل کا رقص
ان ہی رنگوں ہوتا ہے اس صید طرفہ دل کا رقص

ردیف۔ض

۔۶۷۴۔

(دیوان سوم)

آج رکھ آیا کمر میں پیش قبض
سو ہی کھینچی مجھ پہ گھر میں پیش قبض

۔۶۷۵۔

(دیوان چہارم)

کیا کہوں کیسا ہے دلبر خود غرض
خود نُما خود رائے، خود سر خود غرض

۔۶۷۶۔

(دیوان اول)

سال میں ابرِ بہاری تجھ سے اک باری ہے فیض
چشمِ نم دیدہ سے عاشق کی سدا جاری ہے فیض

۔۶۷۷۔

(دیوان پنجم)

عالم علم سے اس عالم میں ہر لحظہ طاری ہے فیض
ہے معلوم کہ عالم عالم پھر یاں وہ جاری ہے فیض
سنگ و شجر ہیں پانی پون ہیں غنچہ و گل ہیں بارو بر
عالم ہژدہ ہزار جو ہیں یہ سب میں وہ ساری ہے فیض

ردیف ۔ ط

۔۶۷۸۔

(دیوان پنجم)

رکھتا ہے میرے دل سے تمھارا غم اختلاط
ہر لمحہ لحظہ آن و زماں ہر دم اختلاط
ہم وے ملے ہی رہتے ہیں مردم کی شکل کیا
ان صورتوں میں ہوتا نہیں باہم اختلاط
شیریں لباں جہاں کے نہیں چھوٹ جانتے
ہوں گو کہ میرؔ صاحب و قبلہ کم اختلاط

۔۶۷۹۔

(دیوان دوم)

کرتے نہیں ہیں اس سے نیا کچھ ہم اختلاط
ہوتا تھا اگلے لوگوں میں بھی باہم اختلاط
ٹک گرم میں ملوں تو مجھی سے ملے خنک
اوروں سے تو وہی ہے اسے ہر دم اختلاط
ایسا نہ ہو کہ شیخ دغا دیوے ہم نشیں
ابلیس سے کرے ہے کوئی آدم اختلاط
بیگانگی مجھی سے چلی جاتی ہے خصوص
رکھتا ہے یوں تو یار سے اک عالم اختلاط
کس طور اتفاق پڑی صحبت اس سے دیر
ہے میرؔ بے دماغ و قیامت کم اختلاط

۔۶۸۰۔

(دیوان اول)

سب سے آئینہ نمط رکھتے ہیں خوباں اختلاط
ہوتے ہیں یہ لوگ بھی کتنے پریشاں اختلاط

تنگ آیا ہوں میں رشک تنگ پوشی سے تری
اس تنِ نازک سے یہ جامے کو چسپاں اختلاط

۔۶۸۱۔

(دیوان پنجم)

جس کو ہوا ہے اس صنم بے وفا سے ربط
اس کو خدا ہی ہووے تو ہو کچھ خدا سے ربط
گل ہو کے برگ برگ ہوئے پھر ہوا ہوئے
رکھتے ہیں اس چمن کے جو غنچے صبا سے ربط
زنہار پشت پا سے نہیں اٹھتی اس کی آنکھ
اس چشم شرمگیں کو بہت ہے حیا سے ربط
شاید اسی کے ہاتھ میں دامن ہو یار کا
ہو جس ستم رسیدہ کو دستِ دعا سے ربط
کرتی ہے آدمی کو دنی صحبت فقیر
اچھا نہیں ہے میرؔ سے بے تہ گدا سے ربط

۔۶۸۲۔

(دیوان سوم)

شاید اس سادہ نے رکھا ہے خط
کہ ہمیں متصل لکھا ہے خط
شوق سے بات بڑھ گئی تھی بہت
دفتر اس کو لکھیں ہیں کیا ہے خط
نامہ کب یار نے پڑھا سارا
نہ کہا یہ بھی آشنا ہے خط
ساتھ ہم بھی گئے ہیں دور تلک
جب ادھر کے تئیں چلا ہے خط

کچھ خلل راہ میں ہوا اے میرؔ
نامہ بر کب سے لے گیا ہے خط

۔۶۸۳۔

(دیوان چہارم)

دل کا لگانا جی کھوتا ہے اس کو جگر ہے پیارے شرط
سو تو بہا تھا خوں ہو آگے پہلے داؤ ہی ہارے شرط

۔۶۸۴۔

(دیوان چہارم)

دل لگی کے تئیں جگر ہے شرط
بے خبر مت رہو خبر ہے شرط
عشق کے دو گواہ لا یعنی
زردی رنگ و چشمِ تر ہے شرط

۔۶۸۵۔

(دیوان پنجم)

عشق کو جرأت و جگر ہے شرط
زردی رنگ و چشمِ تر ہے شرط
بے خبر حال سے نہ رہ میرے
میں کہے رکھتا ہوں خبر ہے شرط
حج کو جاوے تو شیخ کو لے جا
کعبے جانے کو یہ بھی خر ہے شرط
پیسوں پر ریجھتے ہیں یہ لڑکے
عشق سیمیں تناں کو زر ہے شرط
خام رہتا ہے آدمی گھر میں
پختہ کاری کے تیں سفر ہے شرط

خبث یاروں کا کر فسانوں میں
عیب کرنے کو بھی ہنر ہے شرط
لعل پارے ہیں میرؔ لختِ جگر
دیکھ کر خون رو نظر ہے شرط

۔۶۸۶۔

(دیوان دوم)

عشق کی رہ نہ چل خبر ہے شرط
اول گام ترک سر ہے شرط
دعویٰ عشق یوں نہیں صادق
زردی رنگ و چشمِ تر ہے شرط
خامی جاتی ہے کوئی گھر بیٹھے
پختہ کاری کے تیں سفر ہے شرط
قصد حج ہے تو شیخ کو لے چل
کعبے جانے کو یہ بھی خر ہے شرط
قلب یعنی کہ دل عجب زر ہے
اس کی نقادی کو نظر ہے شرط
حق کے دینے کو چاہیے ہے کیا
یاں نہ اسباب نے ہنر ہے شرط
دل کا دینا ہے سہل کیا اے میرؔ
عاشقی کرنے کو جگر ہے شرط

۔۶۸۷۔

(دیوان سوم)

ہم نہ سمجھے رابطہ ان نوخطوں سے تھا غلط
ہوتے ہیں برخود غلط یہ ہو گیا یہ کیا غلط

کہتے ہو کیا کیا لکھا ہے خط میں مجھ کو میرؔ نے
کب کہا کن نے یہ سب جھوٹ افترا بے جا غلط

ردیف۔ظ

۔۶۸۸۔

(دیوان سوم)

جو وہ ہے تو ہے زندگانی سے حظ
مزہ عمر کا ہے جوانی سے حظ
نہیں وہ تو سب کچھ یہ بے لطف ہے
نہ کھانے میں لذت نہ پانی سے حظ
کہا دردِ دل رات کیا میؔر نے
اٹھایا بہت اس کہانی سے حظ

۔۶۸۹۔

(دیوان پنجم)

لطف جوانی کے ساتھ گئے پیری نے کیا ہے کیا محظوظ
کیونکہ جئیں یارب حیرت ہے بے مزہ ایسے نا محظوظ
رونے کڑھنے کو عیش کہو ہو ہم تو تمھارے دعاگو ہیں
یوں ہی ہمیشہ عشق میں اس کے رکھے ایسا خدا محظوظ
زردی منہ کی اشک کی سرخی دونوں اب تو رنگ پہ ہیں
شاید میؔر بہت رہتے ہو اس سے ہو کے جدا محظوظ

۔۶۹۰۔

(دیوان چہارم)

عشق ہمارا جی مارے ہے ہم ناداں ہیں کیا محظوظ
ایسی شے کا زیاں کھینچے تو دانا ہووے نا محظوظ
پانی منہ میں بھر آتا تھا اس کے عقیق لب دیکھے
اب ہے تشنہ کام جدائی میؔر وگرنہ تھا محظوظ

۔۶۹۱۔

(دیوان اول)

غیر مجھ کو جو کہتے ہیں محظوظ
تجھ سے ملتے ہیں رہتے ہیں محظوظ

ردیف ـ ع

۔۶۹۲۔

(دیوان دوم)

عشق میں کچھ نہیں دوا سے نفع
کڑھیے کب تک نہ ہو بلا سے نفع
کب تلک ان بتوں سے چشم رہے
ہو رہے گا بس اب خدا سے نفع
میں تو غیر از ضرر نہ دیکھا کچھ
ڈھونڈو تم یار و آشنا سے نفع
مغتنم جان گر کسو کے تئیں
پہنچے ہے تیرے دست و پا سے نفع
اب فقیروں سے کہہ حقیقت دل
میرؔ شاید کہ ہو دعا سے نفع

۔۶۹۳۔

(دیوان اول)

یوں جلا ڈالا کہ کچھ روشن نہ ہوئی تقریر شمع
واہ وا رے آتش جاں سوز پھر تاثیر شمع

۔۶۹۴۔

(دیوان پنجم)

لیے داغ سر پر جو آئی تھی شمع
سحر تک سب ان نے ہی کھائی تھی شمع
پتنگے کے حق میں تو بہتر ہوئی
اگر موم کی بھی بنائی تھی شمع
نہ اس مہ سے روشن تھی شب بزم میں
نکالا تھا اس کو چھپائی تھی شمع

وہی ساتھ تھا میرے شب گیر میں
کہ تاب اس کے رخ کی نہ لائی تھی شمع

پتنگ اور وہ کیوں نہ باہم جلیں
کہیں سے مگر اک لگ آئی تھی شمع

فروغ اس کے چہرے کا تھا پردہ در
ہوا کیا جو ہم نے بجھائی تھی شمع

تف دل سے میرؔ اک کفِ خاک ہے
مری خاک پر کیوں جلائی تھی شمع

۔۶۹۵۔

(دیوان پنجم)

کیا جھمکا فانوس میں اپنا دکھلاتی ہے دور سے شمع
وہ منہ ٹک اودھر نہیں کرتا داغ ہے اس کے غرور سے شمع

وہ بیٹھا ہے جیسے نکلے چودھویں رات کا چاند کہیں
روشن ہے کیا ہو گی طرف اس طرح رخ پر نور سے شمع

آگے اس کے فروغ نہ تھا جلتی تھی بجھی سی مجلس میں
تب تو لوگ اٹھا لیتے تھے شتابی اس کے حضور سے شمع

جلنے کو آتی ہیں جو ستیاں میرؔ سنبھل کر جلتی ہیں
کیا بے صرفہ رات جلی بے بہرہ اپنے شعور سے شمع

۔۶۹۶۔

(دیوان چہارم)

ایک ہی گل کا صرف کیا ہے مَیں نے سراپا جیسے شمع
تلووں تک وہ داغ گیا ہے سب مجھ کو کھا جیسے شمع

۔۶۹۷۔

(دیوان پنجم)

آتی ہے مجلس میں تو فانوس میں آتی ہے شمع
وہ سراپا دیکھ کر پردے میں جل جاتی ہے شمع

۔۶۹۸۔

(دیوان اول)

سب پہ روشن ہے کہ شب مجلس میں جب آتی ہے شمع
اس بھبھوکے سے کو بیٹھا دیکھ جل جاتی ہے شمع

۔۶۹۹۔

(دیوان سوم)

آگے جب اس آتشیں رُخسار کے آتی ہے شمع
پانی پانی شرم مفرط سے ہوئی جاتی ہے شمع

۔۷۰۰۔

(دیوان دوم)

اس کے ہوتے بزم میں فانوس میں آتی ہے شمع
یعنی اس آتش کے پرکالے سے شرماتی ہے شمع
ہر زماں جاتی ہے گھٹتی سامنے تیرے کھڑی
جوش غم سے آپ ہی اپنے تئیں کھاتی ہے شمع
بیٹھے اس مہ کے کسو کو دیکھتا ہے کب کوئی
رنگ رو کو بزم میں ہر چند جھمکاتی ہے شمع
باد سے جنبش میں کچھ رہتی نہیں ہے متصل
اس بھبھوکے سے جو گھٹتی ہے سو جھنجھلاتی ہے شمع
چھوڑتی ہے لطف کیا افسردگی خاطر کی میؔر
آگے اس کے چہرۂ روشن کے بجھ جاتی ہے شمع

-۷۰۱-

(دیوان دوم)

تیرے ہوتے شام کو گر بزم میں آ جائے شمع
ہو خجل ایسی کہ منہ اپنا نہ پھر دکھلائے شمع

کیا جلے جاتے ہیں تجھ سے سب دیئے سے دیکھتے
گر یہی یاں کا ہے ڈھب تو حیف مجلس وائے شمع

کس کے تیں ہوتا ہے قطع زندگانی کا یہ شوق
سر کٹانے کو گلے میں جمع ہیں رگ ہائے شمع

کچھ نہیں مجھ میں درونے کی جلن سے اس طرح
کھا چلا ہے جیسے اک ہی داغ سر تا پائے شمع

داغ ہو کر جان دی ان نے تمھارے واسطے
مشتِ خاک میؔر پر سو تم نہ لے کر آئے شمع

ردیف ـ غ

۔۷۰۲۔

(دیوان پنجم)

کیا کہیے میاں اب کے جنوں میں سینہ اپنا یکسر داغ
ہاتھ گلوں سے گلدستے ہیں شمع نمط ہے سر پر داغ
داغ جلائے فلک نے بدن پر سرو چراغاں ہم کو کیا
کہاں کہاں اب مرہم رکھیں جسم ہوا ہے سراسر داغ
صحبت درگیر آگے اس کے پہر گھڑی ساعت نہ ہوئی
جب آئے ہیں گھر سے اس کے تب آئے ہیں اکثر داغ
غیر کو دیکھ کے اس مجلس میں غیرتِ عشق سے آگ لگی
اچھلے کودے سپند نمط ہم ہو گئے آخر جل کر داغ
جلتی چھاتی پہ سنگ زنی کی سختی ایام سے میؔر
گرمی سے میری آتشِ دل کی سارے ہوئے وے پتھر داغ

۔۷۰۳۔

(دیوان دوم)

اب اس کے غم سے جو کوئی چاہے سو کھائے داغ
باقی نہیں ہے چھاتی میں اپنی تو جائے داغ
چشم و دل و دماغ و جگر سب کو رو رہے
اس عشق خانہ سوز نے کیا کیا دکھائے داغ
جی جل گیا تقرب اغیار دیکھ کر
ہم اس گلی میں جب گئے تب واں سے لائے داغ
کیا لالہ ایک داغ پہ پھولے ہے باغ میں
بہتیرے ایسے چھاتی پہ ہم نے جلائے داغ
کیا شیخ کے ورع میں تردّد ہے ہم نے آپ
سو بار اس کے کرتے سے مے کے دھلائے داغ

آخر کو رُوئے کار سے پردہ اٹھے گا کیا
مقدور تک تو چھاتی کے ہم نے چھپائے داغ
دل کی گرہ میں غنچۂ لالہ کے رنگ میرؔ
سوزِ دروں سے کچھ نہیں ہے اب سوائے داغ

۔۷۰۴۔

(دیوان سوم)

اب نہیں سینے میں میرے جائے داغ
سوزِ دل سے داغ ہے بالائے داغ
دل جلا آنکھیں جلیں جی جل گیا
عشق نے کیا کیا ہمیں دکھلائے داغ
دل جگر جل کر ہوئے ہیں دونوں ایک
درمیاں آیا ہے جب سے پائے داغ
منفعل ہیں لالہ و شمع و چراغ
ہم نے بھی کیا عاشقی میں کھائے داغ
وہ نہیں اب میرؔ جو چھاتی جلے
کھا گیا سارے جگر کو ہائے داغ

۔۷۰۵۔

(دیوان چہارم)

دل جگر دونوں پر جلائے داغ
عشق نے کیا ہمیں دکھائے داغ
دل جلے ہم نہیں رہے بے کار
زخم کاری اٹھائے کھائے داغ
جل گئے دیکھ گرمی اغیار
آئے اس کوچے سے تو آئے داغ

احتیاطاً صراحی مے سے
ہم نے سجادے کے دھلائے داغ
دیکھے دامن کے نیچے کے سے دیئے
میرؔ نے گر تلے چھپائے داغ

۔۷۰۶۔

(دیوان سوم)

صحبت کسو سے رکھنے کا اس کو نہ تھا دماغ
تھا میرؔ بے دماغ کو بھی کیا بلا دماغ
باتیں کرے برشتگی دل کی پر کہاں
کرتا ہے اس دماغ جلے کا وفا دماغ
دو حرف زیرلب کہے پھر ہو گیا خموش
یعنی کہ بات کرنے کا کس کو رہا دماغ
کر فکر اپنی طاقت فکری جو ہو ضعیف
اب شعر و شاعری کی طرف کب لگا دماغ
آتش زبانی شمع نمط میرؔ کی بہت
اب چاہیے معاف رکھیں جل گیا دماغ

۔۷۰۷۔

(دیوان اول)

ہم اور تیری گلی سے سفر دروغ دروغ
کہاں دماغ ہمیں اس قدر دروغ دروغ
تم اور ہم سے محبت تمھیں خلاف خلاف
ہم اور الفت خوب دگر دروغ دروغ
غلط غلط کہ رہیں تم سے ہم تنک غافل
تم اور پوچھو ہماری خبر دروغ دروغ

فروغ کچھ نہیں دعوے کو صبح صادق کے
شبِ فراق کو کب ہے سحر دروغ دروغ
کسو کے کہنے سے مت بدگماں ہو میرؔ سے تو
وہ اور اس کو کسو پر نظر دروغ دروغ

۔۷۰۸۔

(دیوان پنجم)

ہم کو شہر سے اس مہ کے ہے عزم راہ دروغ دروغ
یہ حرکت تو ہم نہ کریں گے خانہ سیاہ دروغ دروغ
الفت کلفت کون کہے ہے چاہ گناہ لکھا کن نے
بے دردی سے وے رکھتے ہیں یہی گناہ دروغ دروغ
شیخ کو وہ تو جھوٹ کہے ہے جھوٹ کو کیوں کر جھوٹ گنیں
اہلِ درد جو کوئی ہو تو کہیے آہ دروغ دروغ
عشق کے مارے غمزدگاں سے انس کرے بہتان و کذب
اس بے مہر کی ہم لوگوں سے الفت چاہ دروغ دروغ
کس دلبر کو شوق سے دیکھا میرؔ غلط ہے تہمت ہے
منہ پہ کسو کے پڑی نہیں ہے گاہ نگاہ دروغ دروغ

۔۷۰۹۔

(دیوان چہارم)

ہمارے آگے چمن سے گئی بہار دریغ
دریغ و درد و صد افسوس صد ہزار دریغ

۔۷۱۰۔

(دیوان پنجم)

غم کھنچا رائگاں دریغ دریغ
ہم ہوئے خستہ جاں دریغ دریغ

عشق میں جی بھی ہم گنوا بیٹھے
ہو گیا کیا زیاں دریغ دریغ
سب سے کی دشمنی جنھوں کے لیے
وے ہیں نامہرباں دریغ دریغ
قطع امید ہے قریب اس سے
تیغ ہے درمیاں دریغ دریغ
دل گئے پر نہ ورد نے تسبیح
کہتے ہیں ہر زماں دریغ دریغ
اٹھنے دیتا نہیں شکستہ دل
ڈھہ گیا کیا مکاں دریغ دریغ
تب کھلی آنکھ میرؔ اپنی جب
جا چکا کارواں دریغ دریغ

ردیف ـ ف

۔۷۱۱۔

(دیوان پنجم)

دیکھ نہ ہر دم اے عاشق قاتل کی تیغِ جفا کی طرف
کوئی نظر کر عبرت آگیں اس کے نازو ادا کی طرف
چار طرف سے نزول حوادث جاؤں کدھر تنگ آیا ہوں
غالب ہے کیا عہد میں میرے اے دل رنج و عنا کی طرف
آوے زمانہ جب ایسا تو ترک عشقِ بتاں کا کر
چاہیے بندہ قصد کرے جانے کا اپنے خدا کی طرف
قحط مروّت اب جو ہوا ہے کس کو دماغ بادہ کشی
ابر آیا سبزہ بھی ہوا کرتا نہیں کوئی ہوا کی طرف
ظلم و ستم سے جور و جفا سے کیا کیا عاشق مارے گئے
شہر حسن کے لوگوں میں کرتا نہیں کوئی وفا کی طرف
شام و سحر ہے عکس سے اپنے حرف و سخن اس گلرو کو
پشت پا سے نگاہ اٹھا لی چھوڑی ان نے حیا کی طرف
ہاتھ کسی کا دیکھتے رہیے گاہے ہم سے ہو نہ سکا
اپنی نظر اے میؔر رہی ہے اکثر دستِ دعا کی طرف

۔۷۱۲۔

(دیوان اول)

غالب ہے تیرے عہد میں بیداد کی طرف
ہر خوں گرفتہ جائے ہے جلاد کی طرف
کن نے لیا ہے تم سے مچلکا کہ داد دو
ٹک کان ہی رکھا کرو فریاد کی طرف
ہر تارِ زلف قیمت فردوس ہے ترا
کرتا ہے کون طرۂ شمشاد کی طرف

ہم نے تو پرفشانی نہ جانی کہ ایک بار
پرواز کی چمن سے سو صیاد کی طرف
حیران کارِ عشق ہے شیریں کا نقش میرؔ
کچھ یوں ہی دیکھتا نہیں فرہاد کی طرف

۔۷۱۳۔

(دیوان پنجم)

کیا نیچی آنکھوں دیکھو ہو تلوار کی طرف
دیکھو کنکھیوں ہی سے گنہگار کی طرف
آوارگی کے محو ہیں ہم خانماں خراب
مطلق نہیں نظر ہمیں گھر بار کی طرف
مانا ہے قبلہ کعبہ خدا فرط شوق سے
جاتے ہیں سر رگڑتے ہوئے یار کی طرف
شاید متاعِ حسن کھلی ہے کسو کی آج
ہنگامہ حشر کا سا ہے بازار کی طرف
عاشق کی اور نازکناں جاوے ہے کبھو
جیسے طبیب جاوے ہے بیمار کی طرف
ہرگز طرف نہ ہوسکے رُخسار یار کے
پھیکی ہے اس کے سامنے گلزار کی طرف
کچھ گل صبا کا لاگو نہیں اس چمن میں میرؔ
کرتے ہیں سب ہی اپنے طرفدار کی طرف

۔۷۱۴۔

(دیوان چہارم)

نظر کیا کروں اس کے گھر کی طرف
نگاہیں ہیں میری نظر کی طرف

چھپاتے ہیں منہ اپنا کامل سے سب
نہیں کوئی کرتا ہنر کی طرف

بڑی دھوم سے ابر آئے گئے
نہ کوئی ہوا چشمِ تر کی طرف

اندھادھند روتے ہیں آنکھوں سے خون
نہیں دیکھتے ہم جگر کی طرف

رہا بے خبر گرچہ ہجراں میں میؔر
رہے گوش اس کی خبر کی طرف

۔۷۱۵۔

(دیوان اول)

جو دیکھو مرے شعر تر کی طرف
تو مائل نہ ہو پھر گہر کی طرف

کوئی داد دل آہ کس سے کرے
ہر اک ہے سو اس فتنہ گر کی طرف

محبت نے شاید کہ دی دل کو آگ
دھواں سا ہے کچھ اس نگر کی طرف

لگیں ہیں ہزاروں ہی آنکھیں ادھر
اک آشوب ہے اس کے گھر کی طرف

بہت رنگ ملتا ہے دیکھو کبھو
ہماری طرف سے سحر کی طرف

بخود کس کو اس تاب رخ نے رکھا
کرے کون شمس و قمر کی طرف

نہ سمجھا گیا ابر کیا دیکھ کر
ہوا تھا مری چشمِ تر کی طرف

ٹپکتا ہے پلکوں سے خوں متصل
نہیں دیکھتے ہم جگر کی طرف

مناسب نہیں حال عاشق سے صبر
رکھے ہے یہ دارو ضرر کی طرف

کسے منزل دلکش دہر میں
نہیں میل خاطر سفر کی طرف

رگِ جاں کب آتی ہے آنکھوں میں میؔر
گئے ہیں مزاج اس کمر کی طرف

-۷۱۶-

(دیوان دوم)

میلان دل ہے زلفِ سیہ فام کی طرف
جاتا ہے صید آپ سے اس دام کی طرف

دل اپنا عدل داورِ محشر سے جمع ہے
کرتا ہے کون عاشق بدنام کی طرف

اس پہلوے فگار کو بستر سے کام کیا
مدت ہوئی کہ چھوٹی ہے آرام کی طرف

یک شب نظر پڑا تھا کہیں تو سو اب مدام
رہتی ہے چشم ماہ ترے بام کی طرف

آنکھیں جنھوں کی زلف و رخِ یار سے لگیں
وے دیکھتے نہیں سحر و شام کی طرف

جوں چشمِ یار بزم میں اگلا پڑے ہے آج
ٹک دیکھ شیخ مے کے بھرے جام کی طرف

خارا شگاف و سینہ خراش ایک سے نہیں
لیکن نظر نہیں ہے تجھے کام کی طرف

دل پک رہے ہیں جن کے انھیں سے ہمیں ہے شوق
میلان طبع کب ہے کسو خام کی طرف
دیکھی ہے جب سے اس بتِ کافر کی شکل میرؔ
جاتا نہیں ہے جی تنک اسلام کی طرف

۔۷۱۷۔

(دیوان پنجم)

عشق سے ہم کو نگاہ نہیں کچھ ہائے زیان جاں کی طرف
ورنہ سبھی دیکھا کرتے ہیں اپنے سود و زیاں کی طرف
ازبس مکروہات سے یاں کا مزبلہ زار لبالب ہے
یاں سے گئے پر پھیر کے منہ دیکھا نہ کنھوں نے جہاں کی طرف
صورت کی شیرینی ایسی تلخی زباں کی ایسی کچھ
منہ دیکھے اس کا جو کوئی پھر دیکھے ہے زباں کی طرف
وہ محبوب تو راہ گیا ہے اپنی لیکن دیر تلک
آنکھیں اہلِ نظر کی رہیں گی اس کے قدم کے نشاں کی طرف
کس سے کہوں جو میرؔ طرف کر اس سے داد دلا دیوے
چھوٹے بڑے ہر ایک نے لی ہے اس اوباش جواں کی طرف

۔۷۱۸۔

(دیوان پنجم)

نظر کیوں گئی رو و مُو کی طرف
کھنچا جائے ہے دل کسو کی طرف
نہ دیکھو کبھی موتیوں کی لڑی
جو دیکھو مری گفتگو کی طرف
اگر آرسی میں صفائی ہے لیک
نہیں کرتی منہ اس کے رو کی طرف

چڑھے نہ کہیں کود یہ مغز میں
نہ کر شانہ تو گل کی بو کی طرف
اسے ڈھونڈتے میؔر کھوئے گئے
کوئی دیکھے اس جستجو کی طرف

-۷۱۹-

(دیوان چہارم)

میں آگے نہ تھا دیدۂ پُر آب سے واقف
پلکیں نہ ہوئی تھیں مری خوناب سے واقف
پتھر تو بہت لڑکوں کے کھائے ہیں ولیکن
ہم اب بھی جنوں کے نہیں آداب سے واقف
ہم ننگ خلائق یہ عجب ہے کہ نہیں ہیں
اس عالمِ اسباب میں اسباب سے واقف
شب آنکھیں کھلی رہتی ہیں ہم منتظروں کی
جوں دیدۂ انجم نہیں ہیں خواب سے واقف
بل کھائے انہیں بالوں کو ہم جانیں ہیں یا میؔر
ہیں پیچ و غم و رنج و تب و تاب سے واقف

-۷۲۰-

(دیوان چہارم)

آج ہمارا سر پھرتا ہے باتیں جتنی سب موقوف
حرف و سخن جو بایک دیگر رہتے تھے سو اب موقوف
کس کو دماغ رہا ہے یاں آٹھ پہر کی منت کا
ربط اخلاص سے دن گزرے ہے خلطہ اس سے سب موقوف
اس کی گلی میں آمد و شد کی گھات ہی میں ہم رہتے تھے
اب جو شکستہ پا ہو بیٹھے ڈھب کرنے کے ڈھب موقوف

وہ جو مانع ہو تو کیا ہے شوق کمال کو پہنچا ہے
وقفہ ہو گا تب ملنے میں ہم بھی کریں گے جب موقوف
حلقے پڑے ہیں چشمِ تر میں سوکھے ایسے تم نہ رہے
رونا کڑھنا عشق میں اس کے میرؔ کرو گے کب موقوف

۔۷۲۱۔

(دیوان سوم)

کیا پیام و سلام ہے موقوف
رسم ظاہر تمام ہے موقوف
حیرت حسنِ یار سے چپ ہیں
سب سے حرف و کلام ہے موقوف
روز وعدہ ہے ملنے کا لیکن
صبح موقوف شام ہے موقوف
وہ نہیں ہے کہ داد لے چھوڑیں
اب ترحم پہ کام ہے موقوف
پیش مژگاں دھرے رہے خنجر
آگے زلفوں کے دام ہے موقوف
کہہ کے صاحب کبھو بلاتے تھے
سو وقار غلام ہے موقوف
اقتدا میرؔ ہم سے کس کی ہوئی
اپنے ہاں اب امام ہے موقوف

۔۷۲۲۔

(دیوان پنجم)

اے تجھ بغیر لالہ و باغ و بہار حیف
گل سے چمن بھرے ہوں نہ ہو تو ہزار حیف

۔ ۷۲۳ ۔

(دیوان پنجم)

بہار و باغ و گل و لالہ دلربا بن حیف

بھرے ہیں پھولوں سے جیب و کنار لیکن حیف

۔ ۷۲۴ ۔

(دیوان پنجم)

ہنستے ہی ہنستے مار رکھا تھے جو ہم ظریف

ہے یار بھی ہمارا قیامت ستم ظریف

ردیف ـ ق

-۷۲۵-

(دیوان دوم)

اے رشک برق تجھ سے مشکل ہے کار عاشق
اک جھمکے میں کہاں پھر صبر و قرار عاشق

خاک سیہ سے یکساں تیرے لیے ہوا ہوں
تو بھی تو ایک شب ہو شمع مزار عاشق

اے بحر حسن ہووے یہ آگ سرد ٹک تب
جوں موج ہو لبالب تجھ سے کنار عاشق

دلخواہ کوئی دلبر ملتا تو دل کو دیتے
گر چاہنے میں ہوتا کچھ اختیار عاشق

پلکوں کی اس کی کاوش ہر دم جب ایسی ہووے
مشکل کہ جی سے جاوے پھر خار خار عاشق

کیا جانے محو جو ہو اپنے ہی رو و مُو کا
گزرے ہے کس طرح سے لیل و نہار عاشق

خواری کا موجب اپنی ہے اضطراب ہر دم
دل سمجھے تو رہے بھی کچھ اعتبار عاشق

آنکھوں تلے سے سرکے وہ چشمِ مست ٹک تو
جاتا دکھائی دیوے رنج و خمار عاشق

کیا بوجھ بھاری سے مَیں ناکام کاٹتا ہوں
دنیا سے ہے نرالا کچھ کاروبار عاشق

اس پردے میں غمِ دل کہتا ہے میؔر اپنا
کیا شعر و شاعری ہے یارو شعار عاشق

۔۷۲۶۔

(دیوان پنجم)

بیتاب ہے دل غم سے نپٹ زار ہے عاشق
کیا جا کے دو چار اس سے ہو ناچار ہے عاشق
وہ دیکھنے کو جاوے تو بہتر ہے وگرنہ
بدحال و ستم دیدہ و بیمار ہے عاشق
رہتا ہے کھڑا دھوپ میں دو دو پہر آ کے
بے جرم سدا اس کا گنہگار ہے عاشق
اٹھتا نہیں تلوار کے سائے کے تلے سے
یعنی ہمہ دم مرنے کو تیار ہے عاشق
چسپاں ہوئے ہیں میرؔ خریدار سے تنہا
کیا جنس ہے معشوق کہ بازار ہے عاشق

۔۷۲۷۔

(دیوان چہارم)

نزدیک عاشقوں کے زمیں ہے قرار عشق
اور آسماں غبار سر رہ گزار عشق
مقبول شہر ہی نہیں مجنوں ضعیف و زار
ہے وحشیان دشت میں بھی اعتبارِ عشق
گھر کیسے کیسے دیں کے بزرگوں کے ہیں خراب
القصہ ہے خرابۂ کہنہ دیار عشق
گو ضبط کرتے ہوویں جراحت جگر کے زخم
روتا نہیں ہے کھول کے دل رازدار عشق
مارا پڑے ہے انس ہی کرنے میں ورنہ میرؔ
ہے دورگرد وادی وحشت شکار عشق

۔۷۲۸۔

(دیوان سوم)

کیا حقیقت کہوں کہ کیا ہے عشق
حق شناسوں کے ہاں خدا ہے عشق

دل لگا ہو تو جی جہاں سے اٹھا
موت کا نام پیار کا ہے عشق

اور تدبیر کو نہیں کچھ دخل
عشق کے درد کی دوا ہے عشق

کیا ڈبایا محیط میں غم کے
ہم نے جانا تھا آشنا ہے عشق

عشق سے جا نہیں کوئی خالی
دل سے لے عرش تک بھرا ہے عشق

کوہکن کیا پہاڑ کاٹے گا
پردے میں زور آزما ہے عشق

عشق ہے عشق کرنے والوں کو
کیسا کیسا بہم کیا ہے عشق

کون مقصد کو عشق بن پہنچا
آرزو عشق مدعا ہے عشق

میرؔ مرنا پڑے ہے خوباں پر
عشق مت کر کہ بدبلا ہے عشق

۔۷۲۹۔

(دیوان چہارم)

لوگ بہت پوچھا کرتے ہیں کیا کہیے میاں کیا ہے عشق
کچھ کہتے ہیں سر الٰہی کچھ کہتے ہیں خدا ہے عشق

عشق کی شان ارفع اکثر ہے لیکن شانیں عجائب ہیں
گہ ساری ہے دماغ و دل میں گاہے سب سے جدا ہے عشق

کام ہے مشکل الفت کرنا اس گلشن کے نہالوں سے
بوکش ہو کر سیب ذقن کا غش نہ کرے تو سزا ہے عشق

الفت سے پرہیز کیا کر کلفت اس میں قیامت ہے
یعنی درد و رنج و تعب ہے آفت جان بلا ہے عشق

میرؔ خلاف مزاج محبت موجب تلخی کشیدن ہے
یار موافق مل جاوے تو لطف ہے چاہ مزہ ہے عشق

۔۷۳۰۔

(دیوان پنجم)

ارض و سما میں عشق ہے ساری چاروں اور بھرا ہے عشق
ہم ہیں جناب عشق کے بندے نزدیک اپنے خدا ہے عشق

ظاہر و باطن اول و آخر پائیں بالا عشق ہے سب
نور و ظلمت معنی و صورت سب کچھ آپھی ہوا ہے عشق

ایک طرف جبریل آتا ہے ایک طرف لاتا ہے کتاب
ایک طرف پنہاں ہے دلوں میں ایک طرف پیدا ہے عشق

خاک و باد و آب و آتش سب ہے موافق اپنے تئیں
جو کچھ ہے سو عشقِ بتاں ہے کیا کہیے اب کیا ہے عشق

میرؔ کہیں ہنگامہ آرا میں تو نہیں ہوں چاہت کا
صبر نہ مجھ سے کیا جاوے تو معاف رکھو کہ نیا ہے عشق

۔۷۳۱۔

(دیوان دوم)

کیا کہوں تم سے مَیں کہ کیا ہے عشق
جان کا روگ ہے بلا ہے عشق

عشق ہی عشق ہے جہاں دیکھو
سارے عالم میں بھر رہا ہے عشق

عشق ہے طرز و طور عشق کے تیں
کہیں بندہ کہیں خدا ہے عشق

عشق معشوق عشق عاشق ہے
یعنی اپنا ہی مبتلا ہے عشق

گر پرستش خدا کی ثابت کی
کسو صورت میں ہو بھلا ہے عشق

دلکش ایسا کہاں ہے دشمنِ جاں
مدعی ہے پہ مدعا ہے عشق

ہے ہمارے بھی طور کا عاشق
جس کسی کو کہیں ہوا ہے عشق

کوئی خواہاں نہیں محبت کا
تو کہے جنس ناروا ہے عشق

میرؔ جی زرد ہوتے جاتے ہو
کیا کہیں تم نے بھی کیا ہے عشق

۔ ۷۳۲ ۔

(دیوان اول)

درد ہی خود ہے خود دوا ہے عشق
شیخ کیا جانے تو کہ کیا ہے عشق

تو نہ ہووے تو نظم کل اٹھ جائے
سچے ہیں شاعراں خدا ہے عشق

۔۷۳۳۔

(دیوان پنجم)

مہر قیامت چاہت آفت فتنہ فساد بلا ہے عشق
عشق اللہ صیاد انھیں کہیو جن لوگوں نے کیا ہے عشق
عشق سے نظم کل ہے یعنی عشق کوئی ناظم ہے خوب
ہر شے یاں پیدا جو ہوئی ہے موزوں کر لایا ہے عشق
عشق ہے باطن اس ظاہر کا ظاہر باطن عشق ہے سب
اودھر عشق ہے عالمِ بالا ایدھر کو دنیا ہے عشق
دائر سائر ہے یہ جہاں میں جہاں تہاں متصرف ہے
عشق کہیں ہے دل میں پنہاں اور کہیں پیدا ہے عشق
موج زنی ہے میؔر فلک تک ہر لجہ ہے طوفاں زا
سرتا سر ہے تلاطم جس کا وہ اعظم دریا ہے عشق

۔۷۳۴۔

(دیوان سوم)

گر بادیے میں تجھ کو صبا لے کے جائے شوق
مجنوں کو میری اور سے کہیو دعائے شوق
وصل و جدائی سے ہے مبرا وہ کام جاں
معلوم کچھ ہوا نہ ہمیں یاں سوائے شوق
ہر چار اور اڑتی پھرے ہے ہماری خاک
سر سے گئی نہ جی بھی گئے پر ہوائے شوق
دیر و حرم میں ہم کو پھراتا ہے دیر تک
پھر بھی ہمارے ساتھ وہی ہے ادائے شوق
افسوس ایسے کوچے سے تم آشنا نہیں
کیا درد ناک نے بھی کوئی ہے نوائے شوق

درد اور آہ و نالہ کرے ہے دمِ سحر
یک مشت پر ہے مرغ گلستاں پہ ہائے شوق
کیا پوچھتے ہو شوق کہاں تک ہے ہم کو میرؔ
مرنا ہی اہلِ درد کا ہے انتہائے شوق

ردیف ۔ ک

۔۷۳۵۔

(دیوان دوم)

چلے ہے باغ کی صبا کیا خاک
دل جلا کوئی ہو گیا کیا خاک

ہے غبار اس کے خط سے دل میں بہت
باہم اب ہوئے گی صفا کیا خاک

ہم گرے اس کے در ہی پر مر کر
اور کوئی کرے وفا کیا خاک

خاک ہی میں ملائے رکھتے ہو
ہو کوئی تم سے آشنا کیا خاک

سب موئے ابتدائے عشق ہی میں
ہووے معلوم انتہا کیا خاک

خاک پر ہے سدا جبینِ نیاز
اور کوئی ہو جبہہ سا کیا خاک

تربت میؔر پر چلے تم دیر
اتنی مدت میں واں رہا کیا خاک

۔۷۳۶۔

(دیوان اول)

بے چین مجھ کو چاہتا ہر دم ہے زیر خاک
چھاتی پہ بعدِ مرگ بھی دل جم ہے زیر خاک

آسودگی جو چاہے تو مرنے پہ دل کو رکھ
آشفتگی طبع بہت کم ہے زیرِ خاک

تنہا تو اپنی گور میں رہنے پہ بعدِ مرگ
مت اضطراب کریو کہ عالم ہے زیر خاک

مجنوں نہ تھا کہ جس کے تئیں سونپ کر مروں
آشفتگی کا مجھ کو نپٹ غم ہے زیر خاک

رویا تھا نزع میں مَیں اسے یاد کر بہت
اب تک مری ہر ایک مژہ نم ہے زیر خاک

کیا آسماں پہ کھینچے کوئی میؔر آپ کو
جانا جہاں سے سب کو مسلم ہے زیر خاک

۔۷۳۷۔

(دیوان پنجم)

دل کی تڑپ نے ہلاک کیا ہے دھڑکے نے اس کے اڑائی خاک
خشک ہوا خون اشک کے بدلے ریگِ رواں سی آئی خاک

صورت کے ہم آئینے کے سے ظاہر فقر نہیں کرتے
ہوتے ساتے روتے پاتے ان نے منہ کو لگائی خاک

پیچ و تاب سے خاک بھی میری جیسے بگولا پھرنے لگی
سر میں ہوا ہی اس کے بہت تھی تب تو ہوئی ہے ہوائی خاک

اور غبار کسو کے دل کا کس انداز سے نکلے آہ
رُوئے فلک پر بدلی سی تو ساری ہماری چھائی خاک

نعمت رنگارنگ حق سے بہرہ بخت سیہ کو نہیں
سانپ رہا گو گنج کے اوپر کھانے کو تو کھائی خاک

اپنے تئیں گم جیسا کیا تھا یاں سر کھینچ کے لوگوں نے
عالم خاک میں ویسی ہی اب ڈھونڈی ان کی نہ پائی خاک

انس نہیں انسان سے اچھا عشق و جنوں اک آفت ہے
فرق ہوئے کیا چھوڑے ہے آدم میں اس کی جدائی خاک

ہوکے فقیر گلی میں اس کی چین بہت سا پایا ہم
لے کے سرہانے پتھر رکھا جائے فرش بچھائی خاک

قلب گداز ہیں جن کے وے بھی مٹی سونا کرتے ہیں
میؔر اکسیر بنائی انھوں نے جن کی جہاں سے اٹھائی خاک

۔۷۳۸۔

(دیوان پنجم)

اے عشق کیا جو مجھ سا ہوا ناتواں ہلاک
کر ہاتھ ٹک ملا کے کوئی پہلواں ہلاک
میں چل بسا تو شہر ہی ویران سب ہوا
اس نیم جاں کے بدلے ہوا یک جہاں ہلاک
مقصود گم ہے پھرتا جو رہتا ہے رات دن
ہلکان ہو کے ہو گا کبھو آسماں ہلاک
اس ظلم کیش کی ہے طرب گاہ ہر کہیں
عاشق خدا ہی جانے ہوا ہے کہاں ہلاک
جی میؔر نے دیا نہ ہوا لیک وصل یار
افسوس ہے کہ مفت ہوا یہ جواں ہلاک

۔۷۳۹۔

(دیوان دوم)

آج کل سے کچھ نہ طوفاں زا ہے چشم گریہ ناک
موجزن برسوں سے ہے دریا ہے چشم گریہ ناک
یوں نہ روؤ تو نہ روؤ ورنہ رود و چاہ سے
ہر قدم اس دشت میں پیدا ہے چشم گریہ ناک
دل سے آگے ٹک قدم رکھو تو پھر بھی دلبرو
سیر قابل دیدنی اک جا ہے چشم گریہ ناک
بے گداز دل نہیں امکان رونا اس قدر
تہ کو پہنچو خوب تو پردہ ہے چشم گریہ ناک

سوجھتا اپنا کرے کچھ ابر تو ہے مصلحت
جوش غم سے جیسے نابینا ہے چشم گریہ ناک

سبز ہے رونے سے میرے گوشہ گوشہ دشت کا
باعث آبادی صحرا ہے چشم گریہ ناک

وے حنائی پامری آنکھوں ہی میں پھرتے ہیں میؔر
یعنی ہر دم اس کے زیرِ پا ہے چشم گریہ ناک

۔۷۴۰۔

(دیوان چہارم)

رہا پھول سا یار نزہت سے اب تک
نہ ایسا کھلا گل نزاکت سے اب تک

لبالب ہے وہ حسن معنی سے سارا
نہ دیکھا کوئی ایسی صورت سے اب تک

سلیمانؑ سکندر کہ شاہان دیگر
نہ رونق گئی کس کی دولت سے اب تک

کرم کیا صفت ہے نہ ہوں گو کریماں
سخن کرتے ہیں ان کی ہمت سے اب تک

سبب مرگ فرہاد کا ہو گیا تھا
نگوں ہے سر تیشہ خجلت سے اب تک

ہلا تو بھی لب کو کہ عیسیٰؑ کے دم کی
چلی جائے ہے بات مدت سے اب تک

عقیق لب اس کے کبھو دیکھے تھے میں
بھرا ہے دہن آب حسرت سے اب تک

گئی عمر ساری مجھے عجز کرتے
نہ مانی کوئی ان نے منت سے اب تک

نہ ہو گو جنوں میرؔ جی کو پر ان کی
طبیعت ہے آشفتہ وحشت سے اب تک

۔۷۴۱۔

(دیوان اول)

ہیں بعد مرے مرگ کے آثار سے اب تک
سوکھا نہیں لوہو در و دیوار سے اب تک
رنگینی عشق اس کے ملے پر ہوئی معلوم
صحبت نہ ہوئی تھی کسی خونخوار سے اب تک
کب سے متحمل ہے جفاؤں کا دلِ زار
زنہار وفا ہو نہ سکی یار سے اب تک
ابرو ہی کی جنبش نے یہ ستھراؤ کیے ہیں
مارا نہیں ان نے کوئی تلوار سے اب تک
وعدہ بھی قیامت کا بھلا کوئی ہے وعدہ
پر دل نہیں خالی غم دیدار سے اب تک
مدت ہوئی گھٹ گھٹ کے ہمیں شہر میں مرتے
واقف نہ ہوا کوئی اس اسرار سے اب تک
برسوں ہوئے دل سوختہ بلبل کو موئے لیک
اک دود سا اٹھتا ہے چمن زار سے اب تک
کیا جانیے ہوتے ہیں سخن لطف کے کیسے
پوچھا نہیں ان نے تو ہمیں پیار سے اب تک
اس باغ میں اغلب ہے کہ سرزد نہ ہوا ہو
یوں نالہ کسو مرغِ گرفتار سے اب تک
خط آئے پہ بھی دن ہے سیہ تم سے ہمارا
جاتا نہیں اندھیر یہ سرکار سے اب تک

نکلا تھا کہیں وہ گل نازک شبِ مہ میں
سو کوفت نہیں جاتی ہے رُخسار سے اب تک
دیکھا تھا کہیں سایہ ترے قد کا چمن میں
ہیں میرؔ جی آوارہ پری دار سے اب تک

۔۷۶۲۔

(دیوان چہارم)

وحشت ہے ہمیں بھی وہی گھر بار سے اب تک
سر مارے ہیں اپنے در و دیوار سے اب تک
مرتے ہی سنا ان کو جنہیں دل لگی کچھ تھی
اچھا بھی ہوا کوئی اس آزار سے اب تک
جب سے لگی ہیں آنکھیں کھلی راہ تکے ہیں
سوئے نہیں ساتھ اس کے کبھو پیار سے اب تک
آیا تھا کبھو یار سو مامول ہم اس کے
بستر پہ گرے رہتے ہیں بیمار سے اب تک
بدعہدیوں میں وقت وفات آن بھی پہنچا
وعدہ نہ ہوا ایک وفا یار سے اب تک
ہے قہر و غضب دیکھ طرف کشتے کے ظالم
کرتا ہے اشارت بھی تو تلوار سے اب تک
کچھ رنج دلی میرؔ جوانی میں کھنچا تھا
زردی نہیں جاتی مرے رُخسار سے اب تک

۔۷۶۳۔

(دیوان پنجم)

کیا ہم میں رہا گردشِ افلاک سے اب تک
پھرتے ہیں کمھاروں کے پڑے چاک سے اب تک

تھے نوخطوں کی خاک سے اجزا جو برابر
ہو سبزہ نکلتے ہیں تہِ خاک سے اب تک

تا مدِّ نظر چھا رہے ہیں لالۂ صد برگ
جنگل بھرے ہیں سب گل تریاک سے اب تک

دشمن ہوئی ہے جس کے لیے ساری خدائی
مربوط ہیں ہم اس بت بیباک سے اب تک

ہر چند کہ دامن تئیں ہے چاکِ گریباں
ہم ہیں متوقع کف چالاک سے اب تک

گو خاک سی اڑتی ہے مرے منہ پہ جنوں میں
ٹپکے ہے لہو دیدۂ نمناک سے اب تک

وے کپڑے تو بدلے ہوئے میرؔ اس کو کئی دن
تن پر ہے شکن تنگی پوشاک سے اب تک

۔۷۴۴۔

(دیوان اول)

کہیں پہنچو بھی مجھ بے پا و سر تک
کہ پہنچا شمع ساں داغ اب جگر تک

کچھ اپنی آنکھ میں یاں کا نہ آیا
خزف سے لے کے دیکھا درتر تک

جسے شب آگ سا دیکھا سلگتے
اسے پھر خاک ہی پایا سحر تک

ترا منہ چاند سا دیکھا ہے شاید
کہ انجم رہتے ہیں ہر شب ادھر تک

جب آیا آہ تب اپنے ہی سر پر
گیا یہ ہاتھ کب اس کی کمر تک

ہم آوازوں کو سیر اب کی مبارک
پر و بال اپنے بھی ایسے تھے پر تک

کھنچی کیا کیا خرابی زیر دیوار
ولے آیا نہ وہ ٹک گھر سے در تک

گلی تک تیری لایا تھا ہمیں شوق
کہاں طاقت کہ اب پھر جائیں گھر تک

یہی دردِ جدائی ہے جو اس شب
تو آتا ہے جگر مژگانِ تر تک

دکھائی دیں گے ہم میت کے رنگوں
اگر رہ جائیں گے جیتے سحر تک

کہاں پھر شور شیون جب گیا میرؔ
یہ ہنگامہ ہے اس ہی نوحہ گر تک

۔۷۴۵۔

(دیوان ششم)

رہے ہے غش و درد دو دو پہر تک
سر زخم پہنچا ہے شاید جگر تک

ہوئے ہیں حواس اور ہوش و خرد گم
خبر کچھ تو آئی ہے اس بے خبر تک

زمیں گرد اس مہ کے میرے ہیں عاشق
ستارے فلک کے رہے ہیں ادھر تک

قیامت ہے مشتاق لوگوں کی کثرت
پہنچنا ہے مشکل ہمیں اس کے گھر تک

کہاں تک اسے سر سے مارا کروں میں
نہ پہنچا مرا ہاتھ اس کی کمر تک

بہار آئی پر ایک پتی بھی گل کی
نہ آئی اسیران بے بال و پر تک
بہت میؔر برہم جہاں میں رہیں گے
اگر رہ گئے آج شب کی سحر تک

۔۷۴۶۔

(دیوان دوم)

لیا چہرہ دستی سے گر میؔر سر تک
نہ پہنچا کبھو ہاتھ اس کی کمر تک
مجھے نیند کیسی کہ مانند انجم
کھلی رہتی ہیں میری آنکھیں سحر تک
اٹھا پاس بے اختیاری سے سب کا
بکا بیٹھے کرتے ہیں دو دو پہر تک
دماغ اور دل ہیں سراسیمہ دونوں
سرزخم شاید کہ پہنچا جگر تک
بلا شور و ہنگامہ ہے دل زدوں کا
قیامت کیے جائے ہے اس کے گھر تک
نہ دے ماریں چوکھٹ سے سر کو تو کہیو
رسائی ہوا چاہیے اس کے در تک
محبت میں جی سے گئے میؔر آخر
خبر گفتنی ہے یہ ہر بے خبر تک

۔۷۴۷۔

(دیوان اول)

دست و پا مارے وقت بسمل تک
ہاتھ پہنچا نہ پائے قاتل تک

کعبہ پہنچا تو کیا ہوا اے شیخ
سعی کر ٹک پہنچ کسی دل تک
درپئے محمل اس کے جیسے جرس
میں بھی نالاں ہوں ساتھ منزل تک
بجھ گئے ہم چراغ سے باہر
کہیو اے باد شمعِ محفل تک
نہ گیا میر اپنی کشتی سے
ایک بھی تختہ پارہ ساحل تک

۔۷۴۸۔

(دیوان پنجم)

اب رنج و درد و غم کا پہنچا ہے کام جاں تک
پر حوصلے سے شکوہ آیا نہیں زباں تک
آواز کے ہماری تم حزن پر نہ جاؤ
یہ نالۂ حزیں تو جاتے ہیں آسماں تک
رونا جہاں جہاں تو عین آرزو ہے لیکن
روتا ہوں رویا جاوے میرے کنے جہاں تک
اکثر صداع مجھ کو رہتا ہے عاشقی میں
تصدیع درد و غم سے کھینچے کوئی کہاں تک
آوارہ ہی ہوئے ہم سر مار مار یعنی
نو پر نکل گئے ہیں اپنے سب آشیاں تک
اے وائے بے نصیبی سر سے بھی گزرے لیکن
پیشانی ٹک نہ پہنچی اس خاک آستاں تک
نفع کثیر اٹھایا کر عشق کی تجارت
راضی ہیں میر اب تو ہم جان کے زیاں تک

۔۷۴۹۔

(دیوان سوم)

ہر چند صرف غم ہیں لے دل جگر سے جاں تک
لیکن کبھو شکایت آئی نہیں زباں تک
کیا کوئی اس کے رنگوں گل باغ میں کھلا ہے
شور آج بلبلوں کا جاتا ہے آسماں تک
دو چار دن جو ہوں تو رک رک کے کوئی کاٹے
ناچار صبر کرنا عاشق سے ہو کہاں تک
ان جلتی ہڈیوں کو شاید ہما نہ کھاوے
تب عشق کی ہمارے پہنچی ہے استخواں تک
روئے جہاں جہاں ہم جوں ابر میؔر اس بن
اب آب ہے سراسر جاوے نظر جہاں تک

۔۷۵۰۔

(دیوان اول)

اب وہ نہیں کہ شورش رہتی تھی آسماں تک
آشوب نالہ اب تو پہنچا ہے لامکاں تک
بہ بھی گیا بدن کا سب ہوکے گوشت پانی
اب کارد اے عزیزاں پہنچی ہے استخواں تک
تصویر کی سی شمعیں خاموش جلتے ہیں ہم
سوزِ دروں ہمارا آتا نہیں زباں تک
روتے پھرے ہیں لوہو یک عمر اس گلی میں
باغ و بہار ہی ہے جاوے نظر جہاں تک
آنکھیں جو روتے روتے جاتی رہیں بجا ہے
انصاف کر کہ کوئی دیکھے ستم کہاں تک

بے لطف تیرے کیوں کر تجھ تک پہنچ سکیں ہم
ہیں سنگِ راہ اپنی کتنے یہاں سے واں تک

ہم بے نصیب سر کو پتھر سے کیوں نہ پھوڑیں
پہنچا کبھو نہ جبہہ اس سنگ آستاں تک

مانند طیر نوپر اٹھے جہاں گئے ہم
دشوار ہے ہمارا آنا پھر آشیاں تک

تن کام میں ہمارے دیتا نہیں وہی کچھ
حاضر ہیں میرؔ ہم تو اپنی طرف سے جاں تک

۔۷۵۱۔

(دیوان ششم)

وہ تو نہیں کہ اودھم رہتا تھا آشیاں تک
آشوب نالہ اب تو پہنچا ہے آسماں تک

لبریز جلوہ اس کا سارا جہاں ہے یعنی
ساری ہے وہ حقیقت جاوے نظر جہاں تک

ہجراں کی سختیوں سے پتھر دل و جگر ہیں
صبر اس کی عاشقی میں کوئی کرے کہاں تک

سودائے عاشقی میں نقصاں ہے جی کا لیکن
ہم راضی ہورہے ہیں اپنے زیان جاں تک

وا ماندہ نقشِ پا سے یک دشت ہم ہیں بیکس
دشوار ہے پہنچنا اب اپنا کارواں تک

جی مارتے ہیں دلبر عاشق کا اس خطر سے
حرفِ وفا نہ آیا اپنی کبھو زباں تک

دل دھڑکے ہے جو بجلی چمکے ہے سوئے گلشن
پہنچے مبادا میری خاشاک آشیاں تک

دیواروں سے بھی مارا پتھروں سے پھوڑ ڈالا
پہنچا نہ سر ہمارا حیف اس کے آستاں تک
یہ تنگی و نزاکت اس رنگ سے کہاں ہے
گل برگ و غنچے پہنچیں کب ان لب و دہاں تک
ان جلتی ہڈیوں پر ہرگز ہما نہ بیٹھے
پہنچی ہے عشق کی تب اے میرؔ استخواں تک

۔۷۵۲۔

(دیوان دوم)

سو خونچکاں گلے ہیں لب سے مری زباں تک
جی رندھ گیا ہے ظالم اب رحم کر کہاں تک
ملنے میں میرے گاہے ٹک تن دیا نہ ان نے
حاضر رہا ہوں میں تو اپنی طرف سے جاں تک
ہر چند مَیں نے سر پر اس رہ کی خاک ڈالی
لیکن نہ پہنچیں آنکھیں اس پاؤں کے نشاں تک
ان ہڈیوں کا جلنا کوئی ہما سے پوچھو
لاتا نہیں ہے منہ وہ اب میرے استخواں تک
اس کی گلی کے سگ سے کی ہے موافقت میں
اس راہ سے بھی پہنچیں شاید کہ پاسباں تک
ابرِبہار نے شب دل کو بہت جلایا
تھا برق کا چمکنا خاشاک آشیاں تک
اس مہ کے گوش تک تو ہرگز نہیں پہنچتی
گو آہ بے سرایت جاتی ہے آسماں تک
قیدِ قفس میں مرنا کب شوق کا ہے مانع
پہنچیں گے مشت پر بھی اڑ کر یہ گلستاں تک

ہونا جہاں کا اپنی آنکھوں میں ہے نہ ہونا
آتا نظر نہیں کچھ جاوے نظر جہاں تک
جاتی ہیں خط کے پیچھے جوں مہر آنکھیں میری
اب کارشوق میرا پہنچا ہے میرؔ یاں تک

-۷۵۳-

(دیوان دوم)

عزت اپنی اب نہیں ہے یار کو منظور ٹک
پاس جاتا ہوں تو کہتا ہے کہ بیٹھو دور ٹک
حال میرا شہر میں کہتے رہیں گے لوگ دیر
اس فسانے کے تئیں ہونے تو دو مشہور ٹک
پشت پا مارے ہیں شاہی پر گدائے کوے عشق
دیکھو تم یاں کا خدا کے واسطے دستور ٹک
چاہنے کا مجھ سے بے قدرت کا کیا ہے اعتبار
عشق کرنے کو کسو کے چاہیے مقدور ٹک
حق تو سب کچھ تھا ہی ناحق جان دی کس واسطے
حوصلے سے بات کرتا کاشکے منصور ٹک
منکرحسن بتاں کیوں کر نہ ہووے شیخ شہر
حق ہے اس کی اور وہ آنکھوں سے ہے معذور ٹک
پھر کہیں کیا دل لگایا میرؔ جو ہے زرد رو
منہ پر آیا تھا ترے دو چار دن سے نور ٹک

-۷۵۴-

(دیوان ششم)

جب کہتے تھے تب تم نے تو گوش ہوش نہ کھولے ٹک
چپکے چپکے کسو کو چاہا پوچھا بھی تو نہ بولے ٹک

اب جو چھاتی جلی فی الواقع لطف نہیں ہے شکایت کا
صبر کرو کیا ہوتا ہے یوں پھوڑے دل کے پھپھولے ٹک

نالہ کشی میں مرغِ چمن بکتا ہے پر ہم تب جانیں
نعرہ زناں جب صبح سے آ کے ساتھ ہمارے بولے ٹک

اس کی قامت موزوں سے کیا کوئی سرو برابر ہو
ناموزوں ہی نکلے گا سنجیدہ کوئی جو بولے ٹک

آنکھیں جو کھولیں سوتے سے تو حال ہی کہتے مجھ کو کہا
ساری رات کہانی کہی ہے تو بھی اٹھ کر سولے ٹک

مشکل ہے دلداری عاشق وہ برسوں بیتاب رہے
بے طاقت اس دل کو میرے ہاتھ میں اپنے تو لے ٹک

آنکھیں کھولیں حال کے کہتے دیر ہوئی ہے بس یعنی
ساری رات کہانی کہی ہے میرؔ اب چل کر سولے ٹک

ایسے دردِ دل کرنے کو میرؔ کہاں سے جگر آوے
گرمِ سخن لوگوں میں ہو کوئی بات کرے تو رولے ٹک

۔۷۵۵۔

(دیوان اول)

بالیں پہ میری آوے گا تو گھر سے جب تلک
کر جاؤں گا سفر ہی میں دنیا سے تب تلک

اتنا دن اور دل سے تپش کر لے کاوشیں
یہ مجہلہ تمام ہی ہے آج شب تلک

نقاش کیونکہ کھینچ چکا تو شبیہ یار
کھینچوں ہوں ایک ناز ہی اس کا مَیں اب تلک

شب کوتہ اور قصہ مری جان کا دراز
القصہ اب کہا کروں تجھ سے مَیں کب تلک

باقی یہ داستان ہے اور کل کی رات ہے
گر جان میری میؔر نہ آپہنچے لب تلک

۔۷۵۶۔

(دیوان ششم)

اس کی رہے گی گرمیِ بازار کب تلک
وہ بیچتا رہے گا خریدار کب تلک
عہد و وعید حشر قیامت ہے دیکھیے
جیتے رہیں گے طالبِ دیدار کب تلک
دل کا جگر کا لوہو تو غم نے سکھا دیا
آنکھیں رہیں گی دیکھیے خونبار کب تلک
نسبت بہت گناہوں کی کرتا ہے اس طرف
بے جرم ہم رہیں گے گنہگار کب تلک
اس کی نگاہِ مست ہے اکثر سوئے رباط
صوفی رہیں گے حال سے ہشیار کب تلک
دیوار و در بڑے تھے جہاں واں نشاں نہیں
یاں خانوادوں کے رہیں آثار کب تلک
مہمان کوئی دن کا ہے وارفتہ عشق کا
ظاہر ہے حال سے کہ یہ بیمار کب تلک
ترسا کے مارنے میں عذاب شدید ہے
اک کھینچ کر نہ مارو گے تلوار کب تلک
صیاد اسیر کر کے جسے اٹھ گیا ہو میؔر
وہ دام کی شکن میں گرفتار کب تلک

۔ ۷۵۷ ۔

(دیوان دوم)

حالانکہ کام پہنچ گیا کب کا جاں تلک

آتی نہیں ہے تو بھی شکایت زباں تلک

اس رشک مہ کے دل میں نہ مطلق کیا اثر

ہر چند پہنچی میری دعا آسماں تلک

جو آرزو کی اس سے سو دل میں ہی خوں ہوئی

نومید یوں بسر کرے کوئی کہاں تلک

کھینچا کیے وہ دور بہت آپ کو سدا

ہمسائے ہم موا کیے آئے نہ یاں تلک

بلبل قفس میں اس لب و لہجہ پہ یہ فغاں

آواز ایک ہو رہی ہے گلستاں تلک

پچھتائے اٹھ کے گھر سے کہ جوں نو دمیدہ پر

جانا بنا نہ آپ کو پھر آشیاں تلک

ہم صحبتی یار کو ہے اعتبار شرط

اپنی پہنچ تو میرؔ نہیں پاسباں تلک

۔ ۷۵۸ ۔

(دیوان اول)

جاتے ہیں لے خرابی کو سیل آسماں تلک

طوفاں ہے میرے اشکِ ندامت سے یاں تلک

شاید کہ دیوے رخصت گلشن ہوں بے قرار

میرے قفس کو لے تو چلو باغباں تلک

قیدِ قفس سے چھوٹ کے دیکھا جلا ہوا

پہنچے نہ ہوتے کاشکے ہم آشیاں تلک

اتنا ہوں ناتواں کہ در دل سے اب گلہ
آتا ہے ایک عمر میں میری زباں تلک
میں ترک عشق کر کے ہوا گوشہ گیر میؔر
ہوتا پھروں خراب جہاں میں کہاں تلک

۔۷۵۹۔

(دیوان اول)

کب دسترس ہے لعل کو تیرے سخن تلک
رسوائیاں گئی ہیں عقیق یمن تلک
آزادگی یہ چھوڑ قفس ہم نہ جا سکے
حسن سلوک ضعف سے صحنِ چمن تلک
تردستیاں ہوں دست و گریبان ہاتھ کی
زیرِ زمیں بھی پہنچیں گی چاک کفن تلک
روتا ہوں آہوؤں میں تری چشم یاد کر
طوفاں کیے ہیں سینکڑوں دشت ختن تلک
مارا گیا خرام بتاں پر سفر میں میؔر
اے کبک کہتا جائیو اس کے وطن تلک

۔۷۶۰۔

(دیوان اول)

میؔر گم کردہ چمن زمزمہ پرداز ہے ایک
جس کی لے دام سے تاگوش گل آواز ہے ایک
کچھ ہو اے مرغ قفس لطف نہ جاوے اس سے
نوحہ یا نالہ ہر اک بات کا انداز ہے ایک
ناتوانی سے نہیں بال فشانی کا دماغ
ورنہ تا باغ قفس سے مری پرواز ہے ایک

گوش کو ہوش کے ٹک کھول کے سن شور جہاں
سب کی آواز کے پردے میں سخن ساز ہے ایک
چاہے جس شکل سے تمثال صفت اس میں در آ
عالم آئینے کے مانند در باز ہے ایک

۔۷۶۱۔

(دیوان اول)

شوق ہے تو ہے اس کا گھر نزدیک
دوری رہ ہے راہ بر نزدیک
آہ کرنے میں دم کو سادھے رہ
کہتے ہیں دل سے ہے جگر نزدیک
دور والوں کو بھی نہ پہنچے ہم
یہی نہ تم سے ہیں مگر نزدیک
ڈوبیں دریا و کوہ و شہر و دشت
تجھ سے سب کچھ ہے چشمِ تر نزدیک
حرف دوری ہے گرچہ انشا لیک
دیجو خط جا کے نامہ بر نزدیک
دور اب بیٹھتے ہیں مجلس میں
ہم جو تم سے تھے بیشتر نزدیک
خبر آتی ہے سو بھی دور سے یاں
آؤ یک بار بے خبر نزدیک
توشۂ آخرت کا فکر رہے
جی سے جانے کا ہے سفر نزدیک
دور پھرنے کا ہم سے وقت گیا
پوچھ کچھ حال بیٹھ کر نزدیک

مر بھی رہ میؔر شب بہت رویا
ہے مری جان اب سحر نزدیک

۔۷۶۲۔

(دیوان دوم)

ہم بیکسوں کا کون ہے ہجراں میں غم شریک
تنہائی ایک ہے سو ہے اس کے ستم شریک
دم رک کے ووہیں کہیو اگر مر نہ جائے وہ
ہو میرے حال کا جو کوئی ایک دم شریک
خوں ہوتے ہوتے ہو چکے آخر کہاں تلک
اب دل جگر کہیں نہیں ہیں تیرے ہم شریک
دل تنگ ہوجیے تو نہ ملیے کسو کے ساتھ
ہوتے ہیں ایسے وقت میں یہ لوگ کم شریک
شاید کہ سرنوشت میں مرنا ہے گھٹ کے میؔر
کاغذ نہ محرم غمِ دل نے قلم شریک

ردیف ۔ گ

۔۷۶۳۔

(دیوان دوم)

کیا عشق خانہ سوز کے دل میں چھپی ہے آگ
اک سارے تن بدن میں مرے پھک رہی ہے آگ

گلشن بھرا ہے لالہ و گل سے اگرچہ سب
پر اس بغیر اپنے تو بھائیں لگی ہے آگ

پاؤں میں پڑ گئے ہیں پھپھولے مرے تمام
ہر گام راہِ عشق میں گویا دبی ہے آگ

جل جل کے سب عمارت دل خاک ہو گئی
کیسے نگر کو آہ محبت نے دی ہے آگ

اب گرم و سرد دہر سے یکساں نہیں ہے حال
پانی ہے دل ہمارا کبھی تو کبھی ہے آگ

کیوں کر نہ طبع آتشیں اس کی ہمیں جلائے
ہم مشت خس کا حکم رکھیں وہ پری ہے آگ

کب لگ سکے ہے عشق جہاں سوز کو ہوس
ماہی کی زیست آب سمندر کا جی ہے آگ

روزِ ازل سے آتے ہیں ہوتے جگر کباب
کیا آج کل سے عشق کی یارو جلی ہے آگ

انگارے سے نہ گرتے تھے آگے جگر کے لخت
جب تب ہماری گود میں اب تو بھری ہے آگ

یارب ہمیشہ جلتی ہی رہتی ہیں چھاتیاں
یہ کیسی عاشقوں کے دلوں میں رکھی ہے آگ

افسردگی سوختہ جاناں ہے قہر میؔر
دامن کو ٹک ہلا کہ دلوں کی بجھی ہے آگ

-۷۶۴-

(دیوان پنجم)

رہتے ہیں اس سے لاگ پہ ہم بے قرار الگ
کرتے ہیں دوڑ نت ہی تماشائے یار الگ
تھا گرد بُوئے گل سے بھی دامن ہوا کا پاک
کیا اب کے اس چمن سے گئی ہے بہار الگ
پاس اس کا بعدِ مرگ ہے آدابِ عشق سے
بیٹھا ہے میری خاک سے اٹھ کر غبار الگ
ناگاہ اس نگاہ سے مَیں بھی ہوا نہاں
جاتا ہے جوں نکل کے کسو کا شکار الگ
خونباری سے نہیں پڑی لوہو کی چھینٹ بھی
اب تک تو بارے اپنے ہیں جیب و کنار الگ
تا جانیں لوگ کشتۂ ہجراں ہیں یہ غریب
کریو تمام گوروں سے میری مزار الگ
بچتے نہیں ہیں بوزدگی سے گلوں کی میؔر
گو طائران خستہ جگر ہوں ہزار الگ

-۷۶۵-

(دیوان دوم)

ہے آگ کا سا نالۂ کاہش فزا کا رنگ
کچھ اور صبح دم سے ہوا ہے ہوا کا رنگ
دیکھے ادھر تو مجھ سے نہ یوں آنکھ وہ چھپائے
ظاہر ہے میرے منہ سے مرے مدعا کا رنگ
کس بے گنہ کے خوں میں ترا پڑ گیا ہے پاؤں
ہوتا نہیں ہے سرخ تو ایسا حنا کا رنگ

بے گہ شکستہ رنگی خورشید کیا عجب
ہوتا ہے زرد بیشتر اہل فنا کا رنگ

گل پیرہن نہ چاک کریں کیونکہ رشک سے
کس مرتبے میں شوخ ہے اس کی قبا کا رنگ

رہتا تھا ابتدائے محبت میں منہ سفید
اب زرد سب ہوا ہوں یہ ہے انتہا کا رنگ

داروے لعل گوں نہ پیو میرزا ہو تم
گرمی پہ ہے دلیل بہت اس دوا کا رنگ

خوبی ہے اس کی حیّز تحریر سے بروں
کیا اس کا طور حسن لکھوں کیا ادا کا رنگ

پوچھیں ہیں وجہ گریۂ خونیں جو مجھ سے لوگ
کیا دیکھتے نہیں ہیں سب اس بے وفا کا رنگ

مقدور تک نہ گزرے مرے خوں سے یار میؔر
غیروں سے کیا گلہ ہے یہ ہے آشنا کا رنگ

۔۷٦٦۔

(دیوان سوم)

چاک دل ہے انار کے سے رنگ
چشم پرخوں فگار کے سے رنگ

کام میں ہے ہوائے گل کی موج
تیغ خوں ریز یار کے سے رنگ

تاب ہی میں رہے ہے اس کی زلف
افعی پیچ دار کے سے رنگ

کیا جو افسردگی کے ساتھ کھلا
دل گل بے بہار کے سے رنگ

برق ابرِ بہار نے بھی لیے
اب دل بے قرار کے سے رنگ
کُنج نخچیرگہ میں ہیں مامون
ہم بھی لاغر شکار کے سے رنگ
عمر کا بھی سرنگ جاتا ہے
ابلق روزگار کے سے رنگ
برگِ گل میں نہ دل کشی ہو گی
کفِ پائے نگار کے سے رنگ
اس بیاباں میں میرؔ محو ہوئے
ناتواں اک غبار کے سے رنگ

۔۷۶۷۔

(دیوان پنجم)

وہ نہیں ملتا ایک کسو سے مرتے ہیں اودھر جاجا لوگ
یعنی ضائع اپنے تئیں کرتے ہیں اس بن کیا کیا لوگ
جیسے غم ہجراں میں اس کے عاشق جی کھو بیٹھے ہیں
برسوں مارے چرخ فلک تو ایسے ہوویں پیدا لوگ
زلف و خال و خط سے اس کے جہاں تہاں اب مبحث ہے
عقل ہوئی ہے گم خلقت کی یا کہتے ہیں سودا لوگ
چار قدم چلنے میں اس کے دیکھتے جاتے ہیں جو کفک
فتنے سر کھینچا ہی کریں ہیں ایک قیامت برپا لوگ
دنیا جائے نہیں رہنے کی میرؔ غرور نہیں اچھا
جو جاگہ سے جاتے ہیں اپنی وے کرتے ہیں بے جا لوگ

۔۷۶۸۔

(دیوان سوم)

قتل گہ میں دست بوس اس کا کریں فی الفور لوگ
ہم کھڑے تلواریں کھاویں نقش ماریں اور لوگ

کج روی ہم عاشقوں سے اس کی بس اب جا چکی
ایک تو ناساز پھر اس سے ملے بے طور لوگ

زخمِ تیغ یار غائر ہو کے پہنچا دل تلک
حیف میرے حال پر کرتے نہیں ٹک غور لوگ

جا کے دنیا سے تجھے یاد آؤں گا میں بھی بہت
بعد میرے کب اٹھاویں گے ترے یہ جور لوگ

رسم و عادت ہے کہ ہر یک وقت کا ہوتا ہے ذکر
میرؔ بارے یاد کر روویں گے کیا یہ دور لوگ

۔۷۶۹۔

(دیوان چہارم)

اس رنگ سے جو زرد زبوں زار ہیں ہم لوگ
دل کے مرض عشق سے بیمار ہیں ہم لوگ

کیا اپنے تئیں پستی بلندی سے جہاں کی
اب خاک برابر ہوئے ہموار ہیں ہم لوگ

مقصود تو حاصل ہے طلب شرط پڑی ہے
وہ مطلب عمدہ ہے طلب گار ہیں ہم لوگ

خوں ریز ہی لڑکوں سے لڑا رہتے ہیں آنکھیں
گر قتل کریں ہم کو سزاوار ہیں ہم لوگ

دل پھنس رہے ہیں دام میں زلفوں کے کسو کی
تنگ اپنے جیوں سے ہیں گرفتار ہیں ہم لوگ

بازار کی بھی جنس پہ جی دیتے ہیں عاشق
سر بیچتے پھرتے ہیں خریدار ہیں ہم لوگ

ان پریوں سے لڑکوں ہی کے جھپٹے میں دل آئے
بے ہوش و خرد جیسے پریدار ہیں ہم لوگ

در پر کسو کے جا کے کھڑے ہوں تو کھڑے ہیں
حیرت زدۂ عشق ہیں دیوار ہیں ہم لوگ

جاتے ہیں چلے قافلہ در قافلہ اس راہ
چلنے میں تردّد نہیں تیار ہیں ہم لوگ

مارے ہی پڑیں کچھ کہیں عشاق تو شاید
حیرت سے ہیں چپ تس پہ گنہگار ہیں ہم لوگ

گو نیچی نظر میؔر کی ہو آنکھیں تو ٹک دیکھ
کیا دل زدگاں سادہ میں پرکار ہیں ہم لوگ

۔۷۷۰۔

(دیوان پنجم)

راہ کی بات کہیں ہم کس سے بے تہ یاں اکثر ہیں لوگ
سرگرم بے راہ روی ہیں خود گم بے رہبر ہیں لوگ

بدتر آپ سے پاؤں کسو کو تو میں اس کا عیب کہوں
خوب تامل کرتا ہوں تو سب مجھ سے بہتر ہیں لوگ

دیوانے ہیں شہر وفا کی راہ و رسم کے ہم تو میؔر
دل کے کہے جی دینے والے قاطبۃً گھر گھر ہیں لوگ

۔۷۷۱۔

(دیوان دوم)

رہ مرگ سے کیوں ڈراتے ہیں لوگ
بہت اس طرف کو تو جاتے ہیں لوگ

مظاہر سب اس کے ہیں ظاہر ہے وہ
تکلف ہے یاں جو چھپاتے ہیں لوگ

عجب کی جگہ ہے کہ اس کی جگہ
ہمارے تئیں ہی بتاتے ہیں لوگ

رہے ہم تو کھوئے گئے سے سدا
کبھو آپ میں ہم کو پاتے ہیں لوگ

اس ابرو کماں پر جو قرباں ہیں ہم
ہمیں کو نشانہ بناتے ہیں لوگ

نہ سویا کوئی شور شب سے مرے
قیامت اذیت اٹھاتے ہیں لوگ

ان آنکھوں کے بیمار ہیں میرؔ ہم
بجا دیکھنے ہم کو آتے ہیں لوگ

۔۷۷۲۔

(دیوان چہارم)

کیا چلے جاتے ہیں جہان سے لوگ
مگر آئے تھے میہمان سے لوگ

قہر ہے بات بات پر گالی
جاں بہ لب ہیں تری زبان سے لوگ

شہر میں گھر خراب ہے اپنا
آتے ہیں یاں اب اس نشان سے لوگ

ایک گردش میں ہیں برابر خاک
کیا جھگڑتے ہیں آسمان سے لوگ

دردِ دل ان نے کب سنا میرا
لگے رہتے ہیں اس کے کان سے لوگ

باؤ سے بھی لچک لہک ہے انھیں
ہیں یہی سبزے دھان پان سے لوگ
شوق میں تیر سے چلے اودھر
ہم خمیدہ قداں کمان سے لوگ
آدمی اب نہیں جہاں میں میرؔ
اٹھ گئے اس بھی کاروان سے لوگ

۔۷۷۳۔

(دیوان دوم)

غافل ہیں ایسے سوتے ہیں گویا جہاں کے لوگ
حالانکہ رفتنی ہیں سب اس کارواں کے لوگ
مجنوں و کوہکن نہ تلف عشق میں ہوئے
مرنے پہ جی ہی دیتے ہیں اس خانداں کے لوگ
کیوں کر کہیں کہ شہر وفا میں جنوں نہیں
اس خصم جاں کے سارے دوانے ہیں یاں کے لوگ
رونق تھی دل میں جب تئیں بستے تھے دلبراں
اب کیا رہا ہے اٹھ گئے سب اس مکاں کے لوگ
تو ہم میں اور آپ میں مت دے کسو کو دخل
ہوتے ہیں فتنہ ساز یہی درمیاں کے لوگ
مرتے ہیں اس کے واسطے یوں تو بہت ولے
کم آشنا ہیں طور سے اس کام جاں کے لوگ
پتی کو اس چمن کی نہیں دیکھتے ہیں گرم
جو محرم روش ہیں کچھ اس بدگماں کے لوگ
بت چیز کیا کہ جس کو خدا مانتے ہیں سب
خوش اعتقاد کتنے ہیں ہندوستاں کے لوگ

فردوس کو بھی آنکھ اٹھا دیکھتے نہیں
کس درجہ سیر چشم ہیں کوے بتاں کے لوگ

کیا سہل جی سے ہاتھ اٹھا بیٹھتے ہیں ہائے
یہ عشق پیشگاں ہیں الٰہی کہاں کے لوگ

منہ تکتے ہی رہے ہیں سدا مجلسوں کے بیچ
گویا کہ میرؔ محو ہیں میری زباں کے لوگ

ردیف ـ ل

۔۷۷۴۔

(دیوان چہارم)

حال تو حالِ زار ہے تا حال
دل وہی بے قرار ہے تا حال

بڑھتی ہے حال کی خرابی روز
گرچہ کچھ روزگار ہے تا حال

خستہ جانی نے تنگ خلق کیا
پر اسے مجھ سے عار ہے تا حال

حال فکرِ سخن میں کچھ نہ رہا
شعر میرا شعار ہے تا حال

حال مستی جوانی تھی سو گئی
میؔر اس کا خمار ہے تا حال

آنکھیں بدحالی سے ٹھہرتیں نہیں
شوقِ دیدار یار ہے تا حال

غم سے حالانکہ خونِ دل سوکھا
چشمِ تر اشکبار ہے تا حال

۔۷۷۵۔

(دیوان اول)

کیسا چمن اسیری میں کس کو ادھر خیال
پرواز خواب ہو گئی ہے بال و پر خیال

مشکل ہے مٹ گئے ہوئے نقشوں کی پھر نمود
جو صورتیں بگڑ گئیں ان کا نہ کر خیال

مُو کو عبث ہے تاب کلی یوں ہی تنگ ہے
اس کا دہن ہے وہم و گمان و کمر خیال

رُخسار پر ہمارے ڈھلکنے کو اشک کے
دیکھے ہے جو کوئی سو کرے ہے گہر خیال
کس کو دماغ شعر و سخن ضعف میں کہ میرؔ
اپنا رہے ہے اب تو ہمیں بیشتر خیال

۔۷۷۶۔

(دیوان اول)

گل کی جفا بھی جانی دیکھی وفائے بلبل
یک مشت پر پڑے ہیں گلشن میں جائے بلبل
کر سیر جذب الفت گل چیں نے کل چمن میں
توڑا تھا شاخِ گل کو نکلی صدائے بلبل
کھٹکے ہیں خار ہو کر ہر شب دل چمن میں
اتنے لب و دہن پر یہ نالہائے بلبل
یک رنگیوں کی راہیں طے کر کے مر گیا ہے
گل میں رگیں نہیں یہ ہیں نقش پائے بلبل
آئی بہار و گلشن گل سے بھرا ہے لیکن
ہر گوشۂ چمن میں خالی ہے جائے بلبل
پیغام بے غرض بھی سنتے نہیں ہیں خوباں
پہنچی نہ گوش گل تک آخر دعائے بلبل
یہ دل خراش نالے ہر شب کے میرؔ تیرے
کر دیں گے بے نمک ہی شور نوائے بلبل

۔۷۷۷۔

(دیوان اول)

جانیں ہیں فرشِ رہ تری مت حال حال چل
اے رشکِ حور آدمیوں کی سی چال چل

اک آن میں بدلتی ہے صورت جہان کی
جلد اس نگارخانے سے کر انتقال چل
سالک بہر طریق بدن ہے وبال جاں
یہ بوجھ تیرے ساتھ جو ہے اس کو ڈال چل
آوارہ میرے ہونے کا باعث وہ زلف ہے
کافر ہوں اس میں ہووے اگر ایک بال چل
دنیا ہے میؔر حادثہ گاہ مقرری
یاں سے تو اپنا پاؤں شتابی نکال چل

۔۷۷۸۔

(دیوان ششم)

طریق عشق میں ہے رہنما دل
پیمبر دل ہے قبلہ دل خدا دل
قیامت تھا مروّت آشنا دل
موئے پر بھی مرا اس میں رہا دل
رکا اتنا خفا اتنا ہوا تھا
کہ آخر خون ہو ہو کر بہا دل
جسے مارا اسے پھر کر نہ دیکھا
ہمارا طرفہ ظالم سے لگا دل
نہ تھی سہل استقامت اس کی لیکن
خرامِ ناز دلبر لے گیا دل
بدن میں اس کے تھی ہر جائے دلکش
بجا بے جا ہوا ہے جا بجا دل
گئے وحشت سے باغ و راغ میں تھے
کہیں ٹھہرا نہ دنیا سے اٹھا دل

اسیری میں تو کچھ واشد کبھو تھی
رہا غمگیں ہوا جب سے رہا دل

ہمہ تن میں الم تھا سو نہ جانا
گرہ یہ درد ہے پہلو میں یا دل

خموشی مجھ کو حیرت سے ہے ورنہ
بھرے ہیں لب سے لے کر شکوے تا دل

نہ پوچھا ان سے جس بن خوں ہوا سب
نہ سمجھا اس کے کینے کی ادا دل

ہوا پژمردہ و بے صبر و بے تاب
کرے گا اس طرح کب تک وفا دل

ہوئی پروا نہ واں دلبر کو یاں میرؔ
اٹھا کر ہو چکا جور و جفا دل

۔۷۷۹۔

(دیوان سوم)

نہ ٹک واشد ہوئی جب سے لگا دل
الٰہی غنچہ ہے پژمردہ یا دل

نہ اس سے یاں تئیں آیا گیا حیف
رہے ہم جب تلک اس میں رہا دل

اٹھایا داغ لالہ نے چمن سے
کروں کیا دیکھتے ہی جل گیا دل

نہیں کم رایت اقبال شہ سے
علم اپنا یہ دنیا سے اٹھا دل

ہمارا خاص مشرب عشق اس میں
پیمبر دل ہے قبلہ دل خدا دل

ہمارے منہ پہ طفلِ اشک دوڑا
کیا ہے اس بھی لڑکے نے بڑا دل
سبھوں سے میرؔ بیگانے سے رہتے
جو ہوتا اس سے کچھ بھی آشنا دل

۔۷۸۰۔

(دیوان پنجم)

رکھتا نہیں ہے مطلق تاب عتاب اب دل
جاتا ہے کچھ ڈھہا ہی خانہ خراب اب دل
دردِ فراق دلبر دے ہے فشار بے ڈھب
ہوجائے جملگی خوں شاید شتاب اب دل
بے پردہ اس کی آنکھیں شوخی جو کرتیاں ہیں
کرتا ہے یہ بھی ترک شرم و حجاب اب دل
آتش جو عشق کی سب چھائی ہے تن بدن پر
پہلو میں رہ گیا ہے ہو کر کباب اب دل
غم سے گداز پاکر اس بن جو بہ نہ نکلا
شرمندگی سے ہو گا اے میرؔ آب اب دل

۔۷۸۱۔

(دیوان پنجم)

ہر لحظہ ہے کدورتِ خاطر سے بارِ دل
آندھی سی آوے نکلے کبھو جو غبارِ دل
تربندی خشک بندی نمک بندی ہو چکی
بے ڈول پھیلتا سا چلا ہے فگارِ دل
جوں رنگ لائے سیب ذقن باغ حسن میں
ووں ہیں ریاضِ عشق میں صد چاک انارِ دل

باہر ہیں حد و حصر سے کھینچے جو غم الم
کیا ہوسکے حسابِ غمِ بے شمارِ دل
لاکھوں جتن کیے نہ نبھی دل سے یار کے
اس کا جفا شعار وفا ہے شعارِ دل
اس کی گلی میں صبح دلوں کا شکار تھا
نکلا ہزار ناز سے بہرِ شکارِ دل
کیا میرؔ پھر ثبات سے رو سوئے دل کریں
ایسے نہیں گئے ہیں سکون و قرارِ دل

۔۷۸۲۔

(دیوان چہارم)

کھنچتا ہے اس طرف ہی کو بے اختیار دل
دیوانہ دل بلا زدہ دل بے قرار دل
سمجھا بھی تو کہ دل کسے کہتے ہیں دل ہے کیا
آتا ہے جو زباں پہ تری بار بار دل
آزردہ خاطری کا ہماری نہ کر عجب
اک عمر ہم رہا کیے ہیں مار مار دل
واشد فسردگی سے تری اس چمن میں ہے
دل جو کھلا تو جیسے گل بے بہار دل
میرؔ اس کے اشتیاق ہم آغوشی میں نہ پوچھ
جاتا ہے اب تو جی ہی رہا درکنار دل

۔۷۸۳۔

(دیوان اول)

رہتا نہیں ہے کوئی گھڑی اب تو یار دل
آزردہ دل ستم زدہ دل بے قرار دل

۔۷۸۴۔

(دیوان پنجم)

مدت سے اب وہی ہے مرا ہم کنار دل
آزردہ دل ستم زدہ و بے قرار دل
جو کہیے ہے فسردہ و مردہ ضعیف و زار
ناچار دیر ہم رہے ہیں مار مار دل
دو چار دل سے راضی نہیں ہوتے دلبراں
شاید تسلی ان کی ہو جو لیں ہزار دل
خود گم ہے ناشکیب و مکدر ہے مضطرب
کب تک رکھوں گا ہاتھ تلے پر غبار دل
ہے میرؔ عشق حسن کے بھی جاذبے کے تیں
کھنچتا ہے سوئے یار ہی بے اختیار دل

۔۷۸۵۔

(دیوان چہارم)

مت کرو شور و فغاں سے طائرو آزار دل
اب دماغ اڑتا ہے باتوں میں کہ ہوں بیمار دل
رنج و غم بھی کھینچنے کے دن تو یارو ہو چکے
اب نہیں جاتی اٹھائی کلفت بسیار دل

۔۷۸۶۔

(دیوان ششم)

چپ رہ اب نالوں سے اے بلبل نہ کر آزارِ دل
کم دماغی ہے بہت مجھ کو کہ ہوں بیمارِ دل
ابتدائے خبط میں ہوتا تدارک کچھ تو تھا
اب کوئی سنبھلے ہے مجھ سے وحشت بسیارِ دل

یک توجہ میں رہے ہے سیر اس کی عرش پر
عقل میں آتے نہیں ہیں طرفہ کارِ دل
باغ سے لے دشت تک رکھتے ہیں اک شور عجب
ہم اسیرانِ قفس کے نالہ ہائے زارِ دل
اس سبک روحی پہ جوں بادِ سحر در در پھرے
زندگی اب یار بن اپنی ہوئی ہے بارِ دل
تنگی و وسعت سے اس کی اے عبارت ساز فہم
میرؔ کچھ سمجھے گئے نہ معنی اسرارِ دل

۔۷۸۷۔

(دیوان دوم)

مدت تو وا ہوا ہی نہ یہ غنچہ وار دل
اب جو کھلا سو جیسے گل بے بہار دل
ہے غم میں یاد کس کو فراموش کار دل
اب آ بنی ہے جی پہ رہا درکنار دل
دشوار ہے ثبات بہت ہجرِ یار میں
یاں چاہیے ہے دل سو کہاں میرے یار دل
وہ کون سی امید بر آئی ہے عشق میں
رہتا ہے کس امید پہ امیدوار دل
ظالم بہت ضرور ہے ان بیکسوں کا پاس
ناچار اپنے رہتے ہیں جو مار مار دل
تم پر تو صاف میری کدورت کھلی ہے آج
مدت سے ہے ملال کے زیر غبار دل
مائل ادھر کے ہونے میں مجبور ہیں سبھی
کھنچتا ہے اس کی اور کو بے اختیار دل

حد ہے گی دلبری کی بھی اے غیرت چمن
ہو آدمی صنوبر اگر لاوے بار دل

داخل یہ اضطراب تنک آبیوں میں ہے
رکھتی نہیں ہے برق ہی کچھ بے قرار دل

کیا ہیں گرسنہ چشم دل اب کے یہ دلبراں
تسکین ان کی ہو نہ جو لیویں ہزار دل

جوں سیب ہیں ذقن کے چمن زار حسن میں
یوں باغ حسن میں بھی ہیں رنگیں انار دل

ہم سے جو عشق کشتہ جئیں تو عجب ہے میؔر
چھاتی ہے داغ ٹکڑے جگر کے فگار دل

۔۷۸۸۔

(دیوان اول)

کرو تم یاد گر ہم کو رہے تم میں بھی اکثر دل
مثل مشہور ہے یہ تو کہ ہے دنیا میں دلبر دل

بھلا تم نقدِ دل لے کر ہمیں دشمن گنو اب تو
کبھو کچھ ہم بھی کر لیں گے حساب دوستاں در دل

۔۷۸۹۔

(دیوان دوم)

پوشیدہ کیا رہے ہے قدرت نمائیِ دل
دیکھی نہ بے ستوں میں زور آزمائیِ دل

ہے تیرہ یہ بیاباں گرد و غبار سے سب
دے راہ کب دکھائی بے رہنمائیِ دل

اندوہ و غم سے اکثر رہتا ہوں میں مکدر
کیا خاک میں ملی ہے میری صفائیِ دل

پیش آوے کوئی صورت منہ موڑتے نہیں وے
آئینہ ساں جنھیں ہے کچھ آشنائیِ دل
مر تو نہیں گیا میں پر جی ہی جانتا ہے
گزرے ہے شاق مجھ پر جیسی جدائیِ دل
اس دامگہ میں اس کے سارے فریب ہی ہیں
آتی نہیں نظر کچھ مجھ کو رہائیِ دل
گر رنگ ہے چلا ہے ور بو ہے تو ہوا ہے
کہہ میرؔ اس چمن میں کس سے لگائیے دل

۔۷۹۰۔

(دیوان چہارم)

دل تو گداز سب ہے کس کو کوئی کہے دل
نزدیک ہے کہ کہیے اب ہائے ہائے اے دل
اس عشق میں نکالے مَیں نے بھی نام کیا کیا
خانہ خراب و رسوا بے دین اور بے دل
جوں ابر رویئے کیا دل برق سا ہے بے کل
رکھے ہی رہیے اکثر ہاتھ اس پہ جو رہے دل
دل گو کہ داغ و خوں ہے رہتی ہے لاگ تجھ سے
انصاف کر کہ جا کر دکھلاویں پھر کسے دل
دل کے ثبات سے ہم نومید ہو رہے ہیں
اب وہ سماں ہے خوں ہو رُخسار پر بہے دل
عاشق کہاں ہوئے ہم پانچوں حواس کھوئے
اس مخمصے میں ازبس حیراں ہے کیا کرے دل
جاتا ہے کیا کھنچا کچھ دیکھ اس کو ناز کرتا
آتا نہیں ہمیں خوش انداز بے تہِ دل

ہم دردمند اپنا سوزِ دروں ہے بے حد
یارب ہمارے اوپر کس مرتبے جلے دل
اے میرؔ اسے ہے نسبت کن حلقہ حلقہ مُو سے
بیتاب کچھ ہے گاہے پرپیچ ہے گہے دل

-۷۹۱-

(دیوان پنجم)

دل دل لوگ کہا کرتے ہیں تم نے جانا کیا ہے دل
چشم بصیرت وا ہووے تو عجائب دید کی جا ہے دل
اوج و موج کا آشوب اس کے لے کے زمیں سے فلک تک ہے
صورت میں تو قطرۂ خوں ہے معنی میں دریا ہے دل
جیسے صحرا کو کشادہ دامن ہم تم سنتے آتے ہیں
بند کر آنکھیں ٹک دیکھو تو ویسا ہی صحرا ہے دل
کوہکن و مجنوں وامق تم جس سے پوچھو بتا دیوے
عشق و جنوں کے شہروں میں ہر چار طرف رسوا ہے دل
ہائے غیوری دل کی اپنے داغ کیا ہے خود سر نے
جی ہی جس کے لیے جاتا ہے اس سے بے پروا ہے دل
مت پوچھو کیوں زیست کرو ہو مردے سے افسردہ تم
ہجر میں اس کے ہم لوگوں نے برسوں تک مارا ہے دل
میرؔ پریشاں دل کے غم میں کیا کیا خاطرداری کی
خاک میں ملتے کیوں نہ پھریں اب خون ہو بہ بھی گیا ہے دل

-۷۹۲-

(دیوان چہارم)

عشق کی چوٹیں پے درپے جو اٹھائی گئیں گھائل ہے دل
یوں بے دم ہے اب پہلو میں جوں صید بسمل ہے دل

خون ہوا ہے چاک ہوا ہے جلتے جلتے داغ ہوا
خواہش اس کو کیا ہے بارے کس کے لیے بیدل ہے دل
عشق کی بجلی آ کے گری سو داغ ہوا ہے سر تا سر
کیا رووے جوں ابر کوئی اس مزرع کا حاصل ہے دل
یوں تو گرہ سینے میں ہمارے درد و غم کی ہوکے رہا
کس سے ظاہر کرتے جا کر کام بہت مشکل ہے دل
آنکھوں کی دیکھا دیکھی ہرگز دل کو اس سے نہ لگنا تھا
جیسی سزا پہنچاوے کوئی اب اس کے قابل ہے دل
عمر انساں راہ تو ہے تشویش سے طے ہوتی ہے ولے
دل کے تئیں پہنچے جو کوئی چین کی پھر منزل ہے دل
شہد لب سے اس کے چپکا جی کا صرفہ کچھ نہ کیا
میؔر جو دیکھا اپنے حق میں کیا زہر قاتل ہے دل

۔۷۹۳۔

(دیوان سوم)

نہ خوشہ یاں نہ دانہ یاں جلانا گھاس کیا حاصل
ترا اے برق خاطف اس طرف گرنا ہے لا حاصل
سکندر ہو کے مالک سات اقلیموں کا آخر کو
گیا دست تہی لے یاں سے یہ کچھ کر گیا حاصل
بلا قحط مروّت ہے کہ ہے محصول غلے پر
کہیں سے چار دانے لاؤ لیویں جا بجا حاصل
نہ کھینچیں کیونکہ نقصاں ہم تو قیدی ہیں تعین کے
خودی سے کوئی نکلے تو اسے ہووے خدا حاصل
عبارت خوب لکھی شاعری انشاطرازی کی
ولے مطلب ہے گم دیکھیں تو کب ہو مدعا حاصل

بہت مصروف کشت و کار تھے مزرع میں دنیا کے
اٹھا حسرت سے ہاتھ آخر ہمیں یہ کچھ ہوا حاصل
پھرا مت میؔر سر اپنا گراں گوشوں کی مجلس میں
سنے کوئی تو کچھ کہیے بھی اس کہنے کا کیا حاصل

۔۷۹۴۔

(دیوان چہارم)

غم مضموں نہ خاطر میں نہ دل میں درد کیا حاصل
ہوا کاغذ نمط گو رنگ تیرا زرد کیا حاصل
ہوئے صیدِ زبوں ہم منتظر ہی خاک جی دے کر
سواری سے کسو کی گو اٹھی اب گرد کیا حاصل
بلا ہے سوزسینہ میؔر لوں ہوجائے گی جل کر
اگر دل سے اٹھی تیرے یہ آہ سرد کیا حاصل

۔۷۹۵۔

(دیوان اول)

مندا ہے اختلاط کا بازار آج کل
لگتا نہیں ہے دل کا خریدار آج کل
اس مہلت دو روزہ میں خطرے ہزار ہیں
اچھا ہے رہ سکو جو خبردار آج کل
اوباشوں ہی کے گھر تجھے پانے لگے ہیں روز
مارا پڑے گا کوئی طلب گار آج کل
ملنے کی رات داخل ایام کیا نہیں
برسوں ہوئے کہاں تئیں اے یار آج کل
گلزار ہورہے ہے مرے دم سے کوئے یار
اک رنگ پر ہے دیدۂ خوں بار آج کل

تاشام اپنا کام کھنچے کیونکہ دیکھیے
پڑتی نہیں ہے جی کو جفا کار آج کل

کعبے تلک تو سنتے ہیں ویرانہ و خراب
آباد ہے سو خانۂ خمار آج کل

ٹھوکر دلوں کو لگنے لگی ہے خرام میں
لاوے گی اک بلا تری رفتار آج کل

ایسا ہی مغبچوں میں جو آنا ہے شیخ جی
تو جارہے ہیں جبہ و دستار آج کل

حیران میں ہی حال کی تدبیر میں نہیں
ہر اک کو شہر میں ہے یہ آزار آج کل

اچھا نہیں ہے میرؔ کا احوال ان دنوں
غالب کہ ہو چکے گا یہ بیمار آج کل

۔۷۹۶۔

(دیوان اول)

شرط یہ ابر میں ہم میں ہے کہ روویں گے کل
صبح گہ اٹھتے ہی عالم کو ڈبوویں گے کل

آج آوارہ ہو اے بال اسیرانِ قفس
یہ گل و باغ و خیابان نہ ہوویں گے کل

وعدۂ وصل رہا ہے شب آئندہ پہ میرؔ
بخت خوابیدہ جو ٹک جاگتے سوویں گے کل

۔۷۹۷۔

(دیوان پنجم)

آئی بہار نکلے چمن میں ہزار گل
دل جو کھلا فسردہ تو جوں بے بہار گل

بستر سے اس کے پھول تر و تازہ رکھ کے دور
سوکھے ہے دیر رہ کے تو ہوتا ہے خار گل
دیکھا کبھو نہ ہم نے سنا ہے فگندہ میرؔ
داغ جنوں ہے سر پہ ہمیشہ بہار گل

۔۷۹۸۔

(دیوان اول)

فصلِ خزاں میں سیر جو کی ہم نے جائے گل
چھانی چمن کی خاک نہ تھا نقش پائے گل
اللہ رے عندلیب کی آواز دل خراش
جی ہی نکل گیا جو کہا ان نے ہائے گل
مقدور تک شراب سے رکھ انکھڑیوں میں رنگ
یہ چشمک پیالہ ہے ساقی ہوائے گل
یہ دیکھ سینہ داغ سے رشک چمن ہے یاں
بلبل ستم ہوا نہ جو تُو نے بھی کھائے گل
بلبل ہزار جی سے خریدار اس کی ہے
اے گل فروش کریو سمجھ کر بہائے گل
نکلا ہے ایسی خاک سے کس سادہ رو کی یہ
قابل درود بھیجنے کے ہے صفائے گل
بارے سرشک سرخ کے داغوں سے رات کو
بستر پر اپنے سوتے تھے ہم بھی بچھائے گل
آ عندلیب صلح کریں جنگ ہو چکی
لے اے زباں دراز تو سب کچھ سوائے گل
گل چیں سمجھ کے چنیو کہ گلشن میں میرؔ کے
لختِ جگر پڑے ہیں نہیں برگ ہائے گل

-۷۹۹-

(دیوان پنجم)

صد ہزار افسوس آ کر خالی پائی جائے گل
ہے خزاں میں دل سے لب تک ہائے گل اے وائے گل
بے نصیبی سے ہوئے ہم موسمِ گل میں اسیر
تھے نہ پیشانی میں اپنے سجدہ ہائے پائے گل
دعویٰ حسن سراپا تھا پہ نازاں تجھ کو دیکھ
شاخیں پر گل جھک گئیں یعنی بہت شرمائے گل
کیا گل مہتاب و شبو کیا سمن کیا نسترن
اس حدیقے میں نہ نقشِ پا سے اس کے پائے گل
جیتے جی تو داغ ہی رکھا موئے پر کیا حصول
گور پر دلسوزی سے جوں شمع سر رکھ لائے گل
بے دلی بلبل نہ کر تاثیر میں گو تو ہے داغ
خوش زبان عشق کی جب ہم نے بھر کے کھائے گل
اس چمن میں جلوہ گر جس حسن سے خوباں ہیں میؔر
موسمِ گل میں کہیں اس خوبی سے کب آئے گل

-۸۰۰-

(دیوان چہارم)

بلبل نے کل کہا کہ بہت ہم نے کھائے گل
لیکن ہزار حیف نہ ٹھہری ہوائے گل
رعنا جوان شہر کے رہتے ہیں گل بسر
سر پر ہمارے داغ جنوں کے ہیں جائے گل
دل لوٹنے پہ مرغِ چمن کے نہ کی نظر
بے درد گل فروش سبد بھر کے لائے گل

حیف آفتاب میں پسِ دیوار باغ ہیں
جوں سایہ وا کشیدہ ہوئے ہم نہ پائے گل
بُوئے گل و نوائے خوش عندلیب میؔر
آئی چلی گئی یہی کچھ تھی وفائے گل

۔۸۰۱۔

(دیوان سوم)

اب کے ہزار رنگ گلستاں میں آئے گل
پر اس بغیر اپنے تو جی کو نہ بھائے گل
بلبل کو ناز کیوں نہ خیابان گل پہ ہو
کیا جانے جن نے چھاتی پہ بھر کر نہ کھائے گل
کب تک حنائی پاؤں بن اس کے یہ بے کلی
لگ جائے ٹک چمن میں کہیں آنکھ پائے گل
ناچار ہو چمن میں نہ رہیے کہوں ہوں جب
بلبل کہے ہے اور کوئی دن برائے گل
چلیے بغل میں لے کے گلابی کسو طرف
دامان دل کو کھینچے ہے ساقی ہوائے گل
پگڑی میں پھول رکھتے ہیں رعنا جوان شہر
داغ جنوں ہی سر پہ رہا یاں بجائے گل
بلبل کو کیا سنے کوئی اڑ جاتے ہیں حواس
جب دردمند کہتی ہے دم بھر کے ہائے گل
سویا نہ وہ بدن کی نزاکت سے ساری رات
بستر پہ اس کے خواب کے کن نے بچھائے گل
مصروف یار چاہیے مرغِ چمن سا ہو
دل نذر و دیدہ پیش کش و جاں فدائے گل

ہم طرح آشیاں کی نہ گلشن میں ڈالتے
معلوم ہوتی آگے جو ہم کو وفائے گل

چسپاں لباس ہوتے ہیں لیکن نہ اس قدر
ہے چاک رشک جامہ سے اس کے قبائے گل

کیا سمجھے لطف چہروں کے رنگ و بہار کا
بلبل نے اور کچھ نہیں دیکھا سوائے گل

تھا وصف ان لبوں کا زبان قلم پہ میرؔ
یا منہ میں عندلیب کے تھے برگ ہائے گل

-۸۰۲-

(دیوان پنجم)

رنگارنگ چمن میں اب کے موسمِ گل میں آئے گل
ہم تو اس بن داغ ہی تھے سو اور بھی جل کر کھائے گل

ہار گلے کے ہو کر جیسے یاد رکھا تب عرصے میں
طرفہ تو یہ ہے اب منت سے گور پہ میری لائے گل

آئے شبِ گل میرؔ ہمیں کیا صبحِ بہار سے کیا حاصل
داغ جنوں ہے سر پہ ہمارے شمع کے رنگوں چھائے گل

-۸۰۳-

(دیوان ششم)

زنہار گلستاں میں نہ کر منہ کو سوئے گل
چڑھ جائے مغز میں نہ کہیں گرد بُوئے گل

موسم گئے نشاں بھی کہیں پتے کا نہ تھا
کی شوق کشتگاں نے عبث جستجوئے گل

تڑپے خزاں میں اتنے کہ مرمر گئے طیور
جاوے گی ساتھ جی کے مگر آرزوئے گل

آئے نظر بہار میں پائیز میں گئے
ہے بے وفائی کرنے کی ہر سال خوے گل
مدت ہوئی کہ دیکھا تھا سیرِ چمن میں میؔر
پھرتا ہے اب تلک مری آنکھوں میں رُوئے گل

۔۸۰۴۔

(دیوان اول)

تو گلِ باغ پر نہ بلبل پھول
وہ بھی ہے گا گلاب کا سا پھول

۔۸۰۵۔

(دیوان دوم)

مار بھی آسان ہے دشنام سہل
یار اگر ہے اہل تو ہے کام سہل
جوں نگیں میں کی جگرکاوی بہت
کیا نکلتا ہے کسو کا نام سہل
جان دی یاروں نے تب آنکھیں لگیں
کن نے پایا آہ یاں آرام سہل
مدعی ہو چشم شوخ یار کا
کیا نگاہوں میں ہوا بادام سہل
تم نے دیکھا ہو گا پکپن میؔر کا
ہم کو تو آیا نظر وہ خام سہل

ردیف م

۔۸۰۶۔

(دیوان دوم)

مشتاق ان لبوں کے ہیں سب مرد و زن تمام
دفتر لکھے گئے نہ ہوا پر سخن تمام

اب چھیڑیے جہاں وہیں گویا ہے درد سب
پھوڑا سا ہو گیا ہے ترے غم میں تن تمام

آیا تھا گرم صید وہ جیدھر سے دشت میں
دیکھا ادھر ہی گرتے ہیں اب تک ہرن تمام

آوارہ گردباد سے تھے ہم پہ شہر میں
کیا خاک میں ملا ہے یہ دیوانہ پن تمام

کیا لطف تن چھپا ہے مرے تنگ پوش کا
اگلا پڑے ہے جامے سے اس کا بدن تمام

اس کار دست بستہ پہ ریجھا نہ مدعی
کیوں کر نہ کام اپنا کرے کوہکن تمام

اک گل زمیں نہ وقفے کے قابل نظر پڑی
دیکھا برنگ آبِ رواں یہ چمن تمام

نکلے ہیں گل کے رنگ گلستاں میں خاک سے
یہ وے ہیں اس کے عشق کے خونیں کفن تمام

تہ صاحبوں کی آئی نکل مے کدے گئے
گروی تھے اہل صومعہ کے پیرہن تمام

میں خاک میں ملا نہ کروں کس طرح سفر
مجھ سے غبار رکھتے ہیں اہل وطن تمام

کچھ ہند ہی میں میرؔ نہیں لوگ جیب چاک
ہے میرے ریختوں کا دوانہ دکن تمام

۔۸۰۷۔

(دیوان چہارم)

شاید ہم سے ضد رکھتے ہو آتے نہیں ٹک ایدھر تم
سب سے گلی کوچوں میں ملو ہو پھرتے رہو ہو گھر گھر تم
کیا رکھیں یہ تم سے توقع خاک سے آ کے اٹھاؤ گے
راہ میں دیکھو افتادہ تو اور لگاؤ ٹھوکر تم
اس سے زیادہ ہوتا نہ ہو گا دنیا میں بھی نچلاپن
سون کسے بیٹھے رہتے ہو حال ہمارا سن کر تم
لطف و مہر و خشم و غضب ہم ہر صورت میں راضی ہیں
حق میں ہمارے کر گزرو بھی جو کچھ جانو بہتر تم
رنگ ہمارا جیسا اب ہے کاہے کو آگے ایسا تھا
پاؤں میں مہندی اپنے لگا کر آفت لائے سر پر تم
لوگ صنم کہتے تھے تم کو ان سمجھے تھے ہم محظوظ
سختی سی سختی کھینچی گئی یعنی نکلے پتھر تم
چپکے سے کچھ آ جاتے ہو آنکھیں بھر بھر لاتے ہو
میرؔ گزرتی کیا ہے دل پر کڑھا کرو ہو اکثر تم

۔۸۰۸۔

(دیوان اول)

آئے تو ہو طبیباں تدبیر گر کرو تم
ایسا نہ ہو کہ میرے جی کا ضرر کرو تم
رنگِ شکستہ میرا بے لطف بھی نہیں ہے
ایک آدھ رات کو تو یاں بھی سحر کرو تم
تھی چشم داشت مجھ کو اے دلبراں یہ تم سے
دل کو مرے اڑا کر آنکھوں میں گھر کرو تم

اس بزم خوش کے محرم نا آشنا ہیں سارے
کس کو کہوں کہ واں تک میری خبر کرو تم

ہے پیچ دار از بس راہ وصال و ہجراں
ان دو ہی منزلوں میں برسوں سفر کرو تم

یہ ظلم ہے تو ہم بھی اس زندگی سے گزرے
سوگند ہے تمھیں اب جو درگزر کرو تم

رُوئے سخن کہاں تک غیروں کی اور آخر
ہم بھی تو آدمی ہیں ٹک منہ ادھر کرو تم

ہو عاشقوں میں اس کے تو آؤ میؔر صاحب
گردن کو اپنی مُو سے باریک تر کرو تم

کیا لطف ہے وگرنہ جس دم وہ تیغ کھینچے
سینہ سپر کریں ہم قطعِ نظر کرو تم

۔۸۰۹۔

(دیوان دوم)

کون کہتا ہے منہ کو کھولو تم
کاشکے پردے ہی میں بولو تم

حکم آبِ رواں رکھے ہے حسن
بہتے دریا میں ہاتھ دھو لو تم

کیا سراہیں ہم اپنی جنس کو لیک
دل عجب ہے متاع جو لو تم

جانا آیا ہے اب جہاں سے ہمیں
تھوڑی تو دور ساتھ ہو لو تم

جب میسر ہو بوسہ اس لب کا
چپکے ہی ہو رہو نہ بولو تم

پنجہ مرجاں کا پھر دھرا ہی رہے
ہاتھ خوں میں مرے ڈبو لو تم
دست دے ہے کسے پلک سی میل
دل جہاں پاؤ اب پرو لو تم
آتے ہیں متصل چلے آنسو
آہ کب تک یہ موتی رولو تم
رات گزری ہے سب تڑپتے میرؔ
آنکھ لگ جائے ٹک تو سو لو تم

۔۸۱۰۔

(دیوان سوم)

میرؔ آج وہ بدمست ہے ہشیار رہو تم
ہے بے خبری اس کو خبردار رہو تم
جی جائے کسی کا کہ رہے تم کو قسم ہے
مقدور تلک درپئے آزار رہو تم
وہ محو جمال اپنی ہی پروا نہیں اس کو
خواہاں رہو تم اب کہ طلب گار رہو تم
اس معنی کے ادراک سے حیرت ہی ہے حاصل
آئینہ نمط صورتِ دیوار رہو تم
یک بار ہوا دل کی تسلی کا وہ باعث
یہ کیا کہ اسی طور پہ ہر بار رہو تم
ہو لطف اسی کا تو کوئی کام کو پہنچے
تسبیح گلے ڈال کے زنّار رہو تم
کیا میرؔ بری چال سے جینے کی چلے ہے
بہتر ہے کہ اپنے تئیں اب مار رہو تم

۔۸۱۱۔

(دیوان سوم)

ہر ہر سخن پہ اب تو کرتے ہو گفتگو تم
ان بدمزاجیوں کو چھوڑو گے بھی کبھو تم

یاں آپھی آپ آ کر گم آپ میں ہوئے ہو
پیدا نہیں کہ کس کی کرتے ہو جستجو تم

چاہیں تو تم کو چاہیں دیکھیں تو تم کو دیکھیں
خواہش دلوں کی تم ہو آنکھوں کی آرزو تم

حیرت زدہ کسو کی یہ آنکھ سی لگے ہے
مت بیٹھو آرسی کے ہر لحظہ روبرو تم

تھے تم بھبھوکے سے تو پر اب جلا ہی دوہو
سوزندہ آگ کی کیا سیکھے ہو ساری خو تم

نسبت تو ہم دگر ہے گو دور کی ہو نسبت
ہم ہیں نوائے بلبل ہو گل کے رنگ و بو تم

دیکھ اشکِ سرخ بولا یہ رنگ اور لائے
ہیں میرؔ منہ پہ آنسو یا روتے ہو لہو تم

۔۸۱۲۔

(دیوان چہارم)

صبر کیا جاتا نہیں ہم سے رہ کے جدا نہ ستاؤ تم
پاؤں کا رکھنا گرچہ ادھر کو عار سے ہے پر آؤ تم

جس کے تئیں پروا ہو کسو کی آنا جانا اس کا ہے
نیک ہو یا بد حال ہمارا تم کو کیا ہے جاؤ تم

چپ ہیں کچھ جو نہیں کہتے ہم کارِ عشق کے حیراں ہیں
سوچو حال ہمارا ٹک تو بات کی تہ کو پاؤ تم

میؔر کو وحشت ہے گی قیامت واہی تباہی بکتے ہیں
حرف و حکایت کیا مجنوں کی دل میں کچھ مت لاؤ تم

۔۸۱۳۔

(دیوان پنجم)

ہم نہ کہا کرتے تھے تم سے دل نہ کسو سے لگاؤ تم
جی دینا پڑتا ہے اس میں ایسا نہ ہو پچھتاؤ تم

سو نہ سنی تم نے تو ہماری آنکھیں لگو ہیں لگ پڑیاں
رو رو کر سر دھنتے ہو اب بیٹھے رنج اٹھاؤ تم

صبر کہاں جو تسکیں ہووے بیتابی سے چین کہاں
ایک گھڑی میں سو سو باری اودھر ایدھر جاؤ تم

خواہش دل ہے چاہ کسو کی یہی سبب ہے کاہش کا
ناحق ناحق کیوں کہتے ہو حق کی طرف دل لاؤ تم

ہر کوچے میں کھڑے رہ رہ کر ایدھر اودھر دیکھو ہو
ہائے خیال یہ کیا ہے تم کو جانے بھی دو اب آؤ تم

فاش نہ کریے رازِ محبت جانیں اس میں جاتی ہیں
دردِ دل آنکھوں سے ہر یک کے تا مقدور چھپاؤ تم

قدر و قیمت اس سے زیادہ میؔر تمھاری کیا ہو گی
جس کے خواہاں دونوں جہاں ہیں اس کے ہاتھ بکاؤ تم

۔۸۱۴۔

(دیوان پنجم)

ہم تو یہی کہتے تھے ہمیشہ دل کو کہیں نہ لگاؤ تم
کیا کہیے نہ ہماری سنی اب بیٹھے رنج اٹھاؤ تم

جھوٹ کہا کیا ہم نے اس میں طور جو اس سے ظاہر ہے
ہاتھ چلے تو عاشق زار کو خاک و خوں میں لٹاؤ تم

صبر کرو بیتاب رہو خاموش پھرو یا شور کرو
کس کو یاں پروا ہے کسو کی ٹھہرو آوَ جاوَ تم

ناز غرور تبختر سارا پھولوں پر ہے چمن کا سو
کیا مرزائی لالہ و گل کی کچھ خاطر میں نہ لاوَ تم

وائے کہ اس ہجراں کشتے نے باغ سے جاتے ٹک نہ سنا
گل نے کہا جو خوبی سے اپنی کچھ تو ہمیں فرماوَ تم

دست و پا بہتیرے مارے سر بھی پھوڑے حیرت ہے
کیا کریے جو بے دست و پا ہم سوں کے ہاتھ آوَ تم

غم میں تمھاری صورت خوش کے سینکڑوں شکلیں گو بگڑیں
بیٹھے ناز و غرور سے بکھرے بال اپنے نہ بناوَ تم

در پہ حرم کے کشود نہیں تو دیر میں جا کر کافر ہو
قشقہ کھینچو پوتھی پڑھو زنّار گلے سے بندھاوَ تم

بود نبود ثبات رکھے تو یہ بھی اک بابت ہے میرؔ
اس صفحے میں حرفِ غلط ہیں کاشکے ہم کو مٹاوَ تم

۔۸۱۵۔

(دیوان پنجم)

کہا سنتے تو کاہے کو کسو سے دل لگاتے تم
نہ جاتے اس طرف تو ہاتھ سے اپنے نہ جاتے تم

شکیبائی کہاں جو اب رہے جاتی ہوئی عزت
کدھر وہ ناز جس سے سرفرو ہرگز نہ لاتے تم

یہ حسن خلق تم میں عشق سے پیدا ہوا ورنہ
گھڑی کے روٹھے کو دو دو پہر تک کب مناتے تم

نظر دزدیدہ کرتے ہو جھکی رکھتے ہو پلکوں کو
لگی ہوتیں نہ آنکھیں تو نہ آنکھوں کو چھپاتے تم

یہ ساری خوبیاں دل لگنے کی ہیں مت برا مانو
کسو کا بار منت بے علاقہ کب اٹھاتے تم

پھرا کرتے تھے جب مغرور اپنے حسن پر آگے
کسو سے دل لگا جو پوچھتے ہو آتے جاتے تم

جو ہوتے میرؔ سو سر کے نہ کرتے اک سخن ان سے
بہت تو پان کھاتے ہونٹ غصے سے چباتے تم

۔۸۱۶۔

(دیوان پنجم)

ڈول لگائے بہتیرے پر ڈھب پہ کبھو نہیں آتے تم
آنا یک سو کب دیکھو ہو ایدھر آتے جاتے تم

ہر صورت کو دیکھ رہو ہو ہر کوچے کو جھانکو ہو
آگے عشق کیا ہوتا تو پھرتے جی نہ کھپاتے تم

چاہت آفت الفت کلفت مہر و وفا و رنج وبلا
عشق ہی کے سب نام ہیں یہ دل کاش کہیں نہ لگاتے تم

شائق ہو مرغان قفس کے آئے گھر صیادوں کے
پھول اک دو تسکین کو ان کی کاش چمن سے لاتے تم

دونوں طرف سے کشش رہتی تھی نیا نیا تھا عشق اپنا
دھوپ میں آتے داغ ہوئے تو گرمی سے گل کھاتے تم

کیدھر اب وہ یک رنگی جو دیکھ نہ سکتے دل تنگی
رکتے پاتے ٹک جو ہمیں تو دیر تلک گھبراتے تم

کیا کیا شکلیں محبوبوں کی پردۂ غیب سے نکلی ہیں
منصف ہو ٹک اے نقاشاں ایسے چہرے بناتے تم

شاید شب مستی میں تمھاری گرم ہوئی تھیں آنکھیں کہیں
پیش از صبح جو آئے ہو تو آئے راتے ماتے تم

کب تک یہ دزدیدہ نگاہیں عمداً آنکھیں جھکا لینا
دلبر ہوتے فی الواقع تو آنکھیں یوں نہ چھپاتے تم
بعد نماز دعائیں کیں سو میرؔ فقیر ہوئے تم تو
ایسی مناجاتوں سے آگے کاشکے ہاتھ اٹھاتے تم

۔۸۱۷۔

(دیوان چہارم)

چاہیے یوں تھا بگڑی صحبت آپھی آ کے بناتے تم
رحلت کرنے سے آگے مجھ کو دیکھتے آتے جاتے تم
چلتے کہا تھا جاؤ سفر کر آؤ گے تو ملیے گا
وعدۂ وصل نہ ہوتا تو پھر کس کو جیتا پاتے تم
کیا دن تھے وے دیکھتے تم کو نیچی نظر میں کر لیتا
شرما شرما لوگوں سے جب آنکھیں مجھ کو دکھاتے تم
بستر پر میں مردہ سا تھا جان سی مجھ میں آ جاتی
کیا ہوتا جو رنجہ قدم کر میرے سرہانے آتے تم
دل کے اوپر ہاتھ رکھے ہی شام و سحر یاں گزرے ہے
حال یہ تھا تو دل عاشق کا ہاتھ میں ٹک تو لاتے تم
خاک ہے اصل طینت آدم چاہیے اس کو عجز کرے
بات کی تہ کو کچھ پاتے تو اتنا سر نہ اٹھاتے تم
چہرہ زرد بجا ہے سارا عشق میں غم کا مارا ہوں
رنگ یہ دیکھا ہوتا تو دل میرؔ کہیں نہ لگاتے تم

۔۸۱۸۔

(دیوان اول)

جانا کہ شغل رکھتے ہو تیر و کماں سے تم
پر مل چلا کرو بھی کسو خستہ جاں سے تم

ہم اپنی چاک جیب کو سی رہتے یا نہیں
پھاٹے میں پاؤں دینے کو آئے کہاں سے تم

اب دیکھتے ہیں خوب تو وہ بات ہی نہیں
کیا کیا وگرنہ کہتے تھے اپنی زباں سے تم

تنکے بھی تم ٹھہرتے کہیں دیکھے ہیں تنک
چشم وفا رکھو نہ خسان جہاں سے تم

جاؤ نہ دل سے منظر تن میں ہے جا یہی
پچھتاؤ گے اٹھوگے اگر اس مکاں سے تم

قصہ مرا سنوگے تو جاتی رہے گی نیند
آرام چشم مت رکھو اس داستاں سے تم

کھل جائیں گی پھر آنکھیں جو مر جائے گا کوئی
آتے نہیں ہو باز مرے امتحاں سے تم

جتنے تھے کل تم آج نہیں پاتے اتنا ہم
ہر دم چلے ہی جاتے ہو آبِ رواں سے تم

رہتے نہیں ہو بن گئے میرؔ اس گلی میں رات
کچھ راہ بھی نکالو سگ و پاسباں سے تم

۔۸۱۹۔

(دیوان چہارم)

پوشاک تنگ پہنے بارے کہاں چلے تم
ہے آج عید صاحب میرے لگے گلے تم

اس نازکی سے گزرے کس کے خیال میں شب
مرجھائے پھول سے ہو جو کچھ ملے دلے تم

کیا ظلم ہے کہ کھینچے شمشیر وہ کھے ہے
آزردہ ہوں گا پھر میں جاگہ سے جو ہلے تم

کم پائی اس قدر ہے منزل ہے دور اتنی
طے کس طرح کرو گے یارو یہ مرحلے تم

اکثر نڈھال ہیں ہم پر یوں نہیں وہ کہتا
کیا ہے کہ جاتے ہو گے کچھ اتنے ہی ڈھلے تم

یہ جانتے نہ تھے ہم ایسے برے ہوئے ہو
ہونٹوں پہ جان آئی تم بن گئے بھلے تم

قربانی اس کی ٹھہری پر یہ طرح نہ چھوڑی
تکتے ہو میرؔ اودھر تلوار کے تلے تم

۔۸۲۰۔

(دیوان ششم)

وے ہم ہیں جن کو کہیے آزار دیدہ مردم
الفت گزیدہ مردم کلفت کشیدہ مردم

ہے حال اپنا درہم تس پر ہے عشق کا غم
رہتے ہیں دم بخود ہم آفت رسیدہ مردم

وہ دیکھے ہم کو آ کر جن نے نہ دیکھے ہوویں
آزردہ دل شکستہ خاطر کبیدہ مردم

جو ہے سو لوہو مائل بے طور اور جاہل
اہلِ جہاں ہیں سارے صحبت نہ دیدہ مردم

جاتے ہیں اس کی جانب مانند تیر سیدھے
مثل کمان حلقہ قامت خمیدہ مردم

اوباش بھی ہمارا کتنا ہے ٹیڑھا بانکا
دیکھ اس کو ہو گئے ہیں کیا کیا کشیدہ مردم

مت خاک عاشقاں پر پھر آب زندگی سا
جاگیں کہیں نہ سوتے یہ آرمیدہ مردم

لے لے کے منہ میں تنکا ملتے ہیں عاجزانہ
مغرور سے ہمارے برخویش چیدہ مردم
تھے دست بستہ حاضر خدمت میں میرؔ گویا
سیمیں تنوں کے عاشق ہیں زرخریدہ مردم

۔۸۲۱۔

(دیوان سوم)

گئے عشق کی راہ سر کر قدم
بلا پر چلے آئے ہر ہر قدم
عجب راہ پرخوف و مشکل گزر
اٹھایا گیا ہم سے مر مر قدم
بہت مستی عشق پالغز تھی
خدا جانے پڑتا تھا کیدھر قدم
ہوا ہو گا خالی بدن جاں سے جب
چلے ہوں گے یہ راہ جو بھر قدم
وہ عیار یوں چشمِ تر سے گیا
کہ ہرگز نہ اس کا ہوا تر قدم
جگر کو ہے ان سر سے گزروں کے عشق
گئے جو ہمارے قدم بر قدم
جو کچھ آوے سالک کے آگے ہے خیر
رکھا ہم نے اب گھر سے باہر قدم
ہمیں سرکشی سربلندی سے کیا
رہے ضعف میں ہم تو سر در قدم
کہیں کیا کف پا میں میرؔ آبلے
چلیں ہم سروں پر مگر دھر قدم

-۸۲۲-

(دیوان اول)

حذر کہ آہ جگر تفتگاں بلا ہے گرم
ہمیشہ آگ ہی برسے ہے یاں ہوا ہے گرم
ہزار حیف کہ درگیر صحبت اس سے نہیں
جگر کی آگ نے ہنگامہ کر رکھا ہے گرم
کہاں ہے تیغ و سپر آفتاب کی بارے
وہ سرد مہر ہمارا بھی اب ہوا ہے گرم
نہ اتنی دارو پی ظالم کہ اس خمار میں ہوں
مزاج گرم ہے پھر اور یہ دوا ہے گرم
گیا جہان سے خورشید ساں اگرچہ میؔر
ولیک مجلس دنیا میں اس کی جا ہے گرم

-۸۲۳-

(دیوان دوم)

مجھے تو درد سے اک انس ہے وفا کی قسم
یہی سبب ہے جو کھائی ہے میں دوا کی قسم
کل ان نے تیغ رکھی درمیاں کہ قطع ہے اب
قسم جو بیچ میں آئی سو اس ادا کی قسم
حنا لگی ترے ہاتھوں سے مَیں گیا پیسا
جگر تمام ہے خوں مجھ کو تیرے پا کی قسم
فقیر ہونے نے سب اعتبار کھویا ہے
قسم جو کھاؤں تو کہتے ہیں کیا گدا کی قسم
قدم تلے ہی رہا اس کے یہ سر پرشور
جو کھایئے تو مرے طالع رسا کی قسم

سروں پہ ہاتھ کبھو تیغ پر کبھو اس کا
کچھ ایک قسم نہیں میرے آشنا کی قسم
جدال دیر کے رہبان سے کہاں تک میرؔ
اٹھو حرم کو چلو اب تمھیں خدا کی قسم

۔۸۲۴۔

(دیوان اول)

کیا کہوں کیا رکھتے تھے تجھ سے ترے بیمار چشم
تجھ کو بالیں پر نہ دیکھا کھولی سو سو بار چشم
ہجر میں پاتا نہیں گریے کے سر رشتے کو مَیں
ہر سحر اٹھ باندھ دے ہے آنسوؤں کا تار چشم
گوئیا ناسور زخمِ دل تھی یہ اے ہم نشیں
پیش ازیں کیا کیا سمیں دکھلاتی تھی خوں بار چشم
سینکڑوں ہوں کشتنی تو لاویں کچھ تاب نگاہ
ایک دو کا کام کب ہے اس سے ہونا چار چشم
جرم کیا غیروں کا طالع چشم پوشی کرتے ہیں
دیکھ کر احوال میرا موند لے ہے یار چشم
روز و شب وا رہنے سے پیدا ہے میرؔ آثار شوق
ہے کسو نظارگی کا رخنۂ دیوار چشم

۔۸۲۵۔

(دیوان دوم)

اب سوکھی ہی جاتی ہے سب کشت ہوس ظالم
اے ابرِ تر آ کر ٹک ایدھر بھی برس ظالم
صیاد بہار اب کے سب لوٹوں گا کیا میں ہی
ٹک باغ تلک لے چل میرا بھی قفس ظالم

کس طور کوئی تجھ سے مقصود کرے حاصل
نے رحم ترے جی میں نے دل میں ترس ظالم

کیوں سر چڑھے ہے ناحق ہم بخت سیاہوں کے
مت پیچ میں پگڑی کے بالوں کو گھڑس ظالم

جوں ابر میں روتا تھا جوں برق تو ہنستا تھا
صحبت نہ رہی یوں ہی ایک آدھ برس ظالم

کیا کھولے ہوئے محمل یاں گرم حکایت ہے
چل راہ میں کچھ کہتا مانند جرس ظالم

مطلق نہیں گنجائش اب حوصلے میں اپنے
آزار کوئی کھینچے یوں کب تئیں بس ظالم

سر رشتۂ ہستی کو ہم دے چکے ہاتھوں سے
کچھ ٹوٹے ہی جاتے ہیں اب تارِ نفس ظالم

تاچند رہے گا تو یوں داغ غم اس مہ کا
چھاتی تو گئی تیری اے میؔر بھلس ظالم

۔۸۲۶۔

(دیوان دوم)

ہے تہِ دل بتوں کا کیا معلوم
نکلے پردے سے کیا خدا معلوم

یہی جانا کہ کچھ نہ جانا ہائے
سو بھی اک عمر میں ہوا معلوم

علم سب کو ہے یہ کہ سب تو ہے
پھر ہے اللہ کیسا نامعلوم

گرچہ تو ہی ہے سب جگہ لیکن
ہم کو تیری نہیں ہے جا معلوم

عشق جانا تھا مار رکھے گا
ابتدا میں تھی انتہا معلوم

ان سیہ چشم دلبروں سے ہمیں
تھی وفا چشم سو وفا معلوم

طرز کینے کی کوئی چھپتی ہے
مدعی کا ہے مدعا معلوم

عشق ہے اے طبیب جی کا روگ
لطف کر ہے جو کچھ دوا معلوم

دل بجا ہو تو میؔر کچھ کھاوے
کڑھنے پچنے میں اشتہا معلوم

۔۸۲۷۔

(دیوان چہارم)

ظلم ہوئے ہیں کیا کیا ہم پر صبر کیا ہے کیا کیا ہم
آن لگے ہیں گور کنارے اس کی گلی میں جا جا ہم

ہاہا ہی ہی کر ٹالے گا اس کا غرور دو چنداں ہے
گھگھیانے کا اب کیا حاصل یوں ہی کرے ہیں ہاہا ہم

اب حیرت ہے کس کس جاگہ پنبہ و مرہم رکھنے کی
قد تو کیا ہے سرو چراغاں داغ بدن پر کھا کھا ہم

سیر خیال جنوں کا کریے صرف کریں تا ہم پر سب
پتھر آپ گلی کوچوں میں ڈھیر کیے ہیں لالا ہم

میؔر فقیر ہوئے تو اک دن کیا کہتے ہیں بیٹے سے
عمر رہی ہے تھوڑی اسے اب کیوں کر کاٹیں بابا ہم

۔ ۸۲۸ ۔

(دیوان اول)

نہ پھر رکھیں گے تیری رہ میں پا ہم

گئے گزرے ہیں آخر ایسے کیا ہم

کھنچے گی کب وہ تیغ ناز یارب

رہے ہیں دیر سے سر کو جھکا ہم

نہ جانا یہ کہ کہتے ہیں کسے پیار

رہیں بے لطفیاں ہی یاں تو باہم

بنے کیا خال و زلف و خط سے دیکھیں

ہوئے ہیں کتنے یہ کافر فراہم

مرض ہی عشق کا بے ڈول ہے کچھ

بہت کرتے ہیں اپنی سی دوا ہم

کہیں پیوند ہوں یارب زمیں کے

پھریں گے اس سے یوں کب تک جدا ہم

ہوس تھی عشق کرنے میں ولیکن

بہت نادم ہوئے دل کو لگا ہم

کب آگے کوئی مرتا تھا کسی پر

جہاں میں کر گئے رسمِ وفا ہم

تعارف کیا رہا اہلِ چمن سے

ہوئے اک عمر کے پیچھے رہا ہم

موا جس کے لیے اس کو نہ دیکھا

نہ سمجھے میرؔ کا کچھ مدعا ہم

۔۸۲۹۔

(دیوان دوم)

محرم سے کسو روبرو ہوں کاشکے اب ہم
بے وجہ غضب رہنے کا پوچھیں جو سبب ہم
تدبیریں کریں اپنے تن زار و زبوں کی
افراط سے اندوہ کی ہوں آپ میں جب ہم
تو لاگو نہ ہو جی کا تو ناچار ہیں ورنہ
اس جنس گراں مایہ سے گزرے نہیں کب ہم
یک سلسلہ ہے قیس کا فرہاد کا اپنا
جوں حلقۂ زنجیر گرفتار ہیں سب ہم
کس دن نہ ملا غیر سے تو گرم علی الرغم
رہتے ہیں یوں ہی لوٹتے انگاروں پہ شب ہم
مجمع میں قیامت کے اک آشوب سا ہو گا
آ نکلے اگر عرصے میں یوں نالہ بلب ہم
کیا معرفت اس سے ہوئی یاروں کو نہ سمجھے
اب تک تو نہیں پاتے ہیں کچھ یار کے ڈھب ہم
گہ نوچ لیا منہ کو گہے کوٹ لی چھاتی
دل تنگی ہجراں سے ہیں مغلوب غضب ہم
آغازِ محبت میں تمامی ہوئی اپنی
اے وائے ہوئے خاک بسر راہِ طلب ہم
تربت سے ہماری نہ اٹھی گرد بھی اے میؔر
جی سے گئے لیکن نہ کیا ترک ادب ہم

-۸۳۰-

(دیوان پنجم)

عشق ہمارے درپئے جاں ہے آئے گھر سے نکل کر ہم
سر پر دیکھا یہی فلک ہے جاویں کیدھر چل کر ہم
بل کھائے ان بالوں سے کب عہدہ برآ ہوتے ہیں ہزار
تکلے کا سا بل نکلا ہے ٹک جو جلے تھے بل کر ہم
مت پوچھو کچھ پچھتاتے ہیں کیا کہیے گھبراتے ہیں
جی تو لیا ہے پاس بغل میں دل بیٹھے ہیں ڈل کر ہم
بے تگ و دو کیا سیری ہو دیدار کے ہم سے تشنوں کو
پانی بھی پی سکتے نہیں ٹک اپنی جگہ سے ہل کر ہم
عشق جو ہوتا واقع میں تو سیدھے جاتے تیغ تلے
راہ ہوس کی پھرلی ہم نے یعنی چلے ہیں ٹل کر ہم
ہائے جوانی شورکناں پا بوس کو اس کے پھرتے تھے
اب چپ بیٹھ رہے ہیں یکسو ہاتھ بہت سے مل کر ہم
آگے تو کچھ اس سے آہیں گرم شعلہ فشانی تھیں
اب تو ہوئے ہیں میرؔ اک ڈھیری خاکستر کی جل کر ہم

-۸۳۱-

(دیوان چہارم)

حال زخمِ جگر سے ہے درہم
کاش رہتے کسو طرف مر ہم
دلبروں کو جو بر میں کھینچا ٹک
اس ادا سے بہت ہوئے برہم
آپ کو اب کہیں نہیں پاتے
بے خودی سے گئے ہیں کیدھر ہم

دیر و کعبہ گئے ہیں ہم اکثر
یعنی ڈھونڈا ہے اس کو گھر گھر ہم

کہہ سکے کون ہم کو ناہموار
اب تو ہیں خاک سے برابر ہم

کوفت سی کوفت اپنے دل پر ہے
چھاتی کوٹا کیے ہیں اکثر ہم

ابر کرتا ہے اب کمی سی میرؔ
دیکھیں ہیں سوئے دیدۂ تر ہم

-۸۳۲-

(دیوان ششم)

عشق کیا ہے اس گل کا یا آفت لائے سر پر ہم
جھانکتے اس کو ساتھ صبا کے صبح پھریں ہیں گھر گھر ہم

روز و شب کو اپنے یارب کیونکہ کریں گے روزوشب
ہاتھ رکھے رہتے ہیں دل پر بیتابی میں اکثر ہم

پوچھتے راہ شکستہ دل کی جا نکلے تھے کعبے میں
سوچ وہاں تو گزرا جی میں آئے کدھر سے کیدھر ہم

شام سے کرتا منزل آ کر گھر کو ہمارے صدر نشیں
رکھتے ستارہ اس مہ وش کی چاہ میں گربد اختر ہم

برسوں خس و خاشاک پہ سوئے مدت گلخن تابی کی
بخت نہ جاگے جو اس سے ہوں ایک بھی شب ہم بستر ہم

روز بتر ہے حالت عشقی جیسے ہوں بیمار اجل
ہے نہ دوا نے کوئی معالج کیوں کر ہوں گے بہتر ہم

اس کی جناب سے رحمت ہو تو جی بچتا ہے دنیا میں
اس جانب سے تو بیٹھے ہیں مرنا کر کے مقرر ہم

اب تو ہماری طرف سے اتنا دل کو پتھر مت کریو
سختی سے ایام کی اب تک جیتے رہے ہیں مرمر ہم

آہ معیشت روز و شب کی ساتھ اندوہ کے ٹھہری ہے
روتے کڑھتے رہا کرتے ہیں غم سے ہوئے ہیں خوگر ہم

شعلہ ایک اٹھا تھا دل سے آہ عالم سوز کا میرؔ
ڈھیری ہوئی ہے خاکستر کی جیسی شب میں جل کر ہم

۔۸۳۳۔

(دیوان سوم)

سرزیر پر ہیں دیر سے اے ہم صفیر ہم
واقف نہیں ہوائے چمن سے اسیر ہم

کیا ظلم تھے لباس میں اس تنگ پوش کے
دل تنگی سے نکل گئے ہو کر فقیر ہم

دیکھ اس کو راہ جاتے تو بے حال ہو گئے
اب دیکھیے بحال کب آتے ہیں میرؔ ہم

۔۸۳۴۔

(دیوان اول)

کرتے نہیں ہیں دوری سے اب اس کی باک ہم
نزدیک اپنے کب کے ہوئے ہیں ہلاک ہم

بیٹھے ہم اپنے طور پہ مستوں میں جب اٹھے
جوں ابرتر لیے اٹھے دامن کو پاک ہم

آہستہ اے نسیم کہ اطراف باغ کے
مشتاق پر فشانی ہیں اک مشتِ خاک ہم

شمع و چراغ و شعلہ و آتش شرار و برق
رکھتے ہیں دل جلے یہ بہم سب تپاک ہم

مستی میں ہم کو ہوش نہیں نشأتین کا
گلشن میں اینڈتے ہیں پڑے زیر تاک ہم

جوں برق تیرے کوچے سے ہنستے نہیں گئے
مانند ابر جب اٹھے تب گریہ ناک ہم

مدت ہوئی کہ چاکِ قفس ہی سے اب تو میؔر
دکھلا رہے ہیں گل کو دل چاک چاک ہم

۔۸۳۵۔

(دیوان دوم)

بخت سیہ کی نقل کریں کس سے چال ہم
مہندی لگی قدم سے ہوئے پائمال ہم

کیوں کر نہ اس چمن میں ہوں اتنے نڈھال ہم
یاں پھول سونگھ سونگھ رہے ماہ و سال ہم

یا ہر گلی میں سینکڑوں جس جا ملیح تھے
یا زلف و خط کو دیکھتے ہیں خال خال ہم

گزرے ہے جی میں گہ وہ دہن گاہ وہ کمر
کیا جانیں لوگ رکھتے ہیں کیا کیا خیال ہم

جاتیں نہیں اٹھائی یہ اب سرگرانیاں
مقدور تک تو اپنے گئے ٹال ٹال ہم

لوہو کہاں ہے گریۂ خونیں سے تن کے بیچ
کرتے ہیں منہ کو اپنے طمانچوں سے لال ہم

وہ تو ہی ہے کہ مرتے ہیں سب تیرے طور پر
حور و پری کو جان کے کب ہیں دوال ہم

گزرے ہے بسکہ اس کی جدائی دلوں پہ شاق
منہ نوچ لے ہیں علی الاتصال ہم

منظور سجدہ ہے ہمیں اس آفتاب کا
ظاہر میں یوں کریں ہیں نماز زوال ہم

ظاہر ہوئے تمھیں بھی ہمارے دم اور ہوش
آئے نہ پھر تمھارے گئے ٹک بحال ہم

مطلق جہاں میں رہنے کو جی چاہتا نہیں
اب تم بغیر اپنے ہوئے ہیں وبال ہم

نقصان ہو گا اس میں نہ ظاہر کہاں تلک
ہوویں گے جس زمانے کے صاحب کمال ہم

تھا کب گماں ملے گا وہ دامن سوار میؔر
کل راہ جاتے مفت ہوئے پائمال ہم

-۸۳۶-

(دیوان ششم)

کیا زمانہ تھا کہ تھے دلدار کے یاروں میں ہم
شہرۂ عالم تھے اس کے ناز برداروں میں ہم

اجڑی اجڑی بستی میں دنیا کی جی لگتا نہیں
تنگ آئے ہیں بہت ان چار دیواروں میں ہم

جو یہی ہے غم الم رنج و قلق ہجراں کا تو
زندگی سے بے توقع ہیں ان آزاروں میں ہم

شاید آوے حال پرسی کرنے اس امید پر
کب سے ہیں دارالشفا میں اس کے بیماروں میں ہم

دھوپ میں جلتے ہیں پہروں آگے اس کے میؔر جی
رفتگی سے دل کی ٹھہرے ہیں گنہگاروں میں ہم

۔۸۳۷۔

(دیوان چہارم)

بن میں چمن میں جی نہیں لگتا یارو کیدھر جاویں ہم
راہ خرابے سے نکلی نہ گھر کی بستی میں کیوں کر جاویں ہم
کیسی کیسی خرابی کھینچی دشت و در میں سر مارا
خانہ خراب کہاں تک پھریے ایسا ہو گھر جاویں ہم
عشق میں گام اول اپنے جی سے گزرنا پیش آیا
اس میدان میں رکھ کے قدم کیا مرنے سے ڈر جاویں ہم
خواہ نماز خضوع سے ہووے خواہ نیاز اک سوئے دل
وقت رہا ہے بہت کم اب تو بارے کچھ کر جاویں ہم
کب تک میؔر فراق میں اس کے لوہو پی پی جیتے رہیں
بس چلتا نہیں آہ اپنا کچھ ورنہ ابھی مر جاویں ہم

۔۸۳۸۔

(دیوان پنجم)

چاہ چھپی بے پردہ ہوئی اب یارب کیدھر جاویں ہم
کاش اجل بے وقت ہی پہنچے ایک طرف مر جاویں ہم
اس کی نگہ کی اچپلیوں سے غش کرتے ہیں جگرداراں
کیا ٹھہرے گا دل اپنا جو بجلی سے ڈر جاویں ہم
صبر و قرار جو ٹک ہووے تو بہتر ہیں بے طاقت بھی
ہاتھ رکھے دل ہی پر کب تک اودھر اکثر جاویں ہم
خاک برابر عاشق ہیں اس کوچے میں ناچاری سے
گھر ہوں خانہ خرابوں کے تو اپنے بھی گھر جاویں ہم
میؔر اپنی سب عمر گئی ہے سب کی برائی ہی کرتے
سر پر آیا جانے کا موسم اب تو بھلا کر جاویں ہم

۔۸۳۹۔

(دیوان اول)

گرچہ آوارہ جوں صبا ہیں ہم
لیک لگ چلنے میں بلا ہیں ہم

کام کیا آتے ہیں گے معلومات
یہ تو سمجھے ہی نہ کہ کیا ہیں ہم

تم ہی بیگانگی کرو نہ کرو
دلبرو وے ہی آشنا ہیں ہم

اے بتاں اس قدر جفا ہم پر
عاقبت بندۂ خدا ہیں ہم

سرمہ آلودہ مت رکھا کر چشم
دیکھ اس وضع سے خفا ہیں ہم

ہے نمک سود سب تن مجروح
تیرے کشتوں میں میرزا ہیں ہم

تیرے کوچے میں تا بہ مرگ رکھا
کشتۂ منت وفا ہیں ہم

خوف ہم کو نہیں جنوں سے کچھ
یوں تو مجنوں کے بھی چچا ہیں ہم

آستاں پر ترے ہی گزری عمر
اسی دروازے کے گدا ہیں ہم

ڈرتے ہیں تیری بے دماغی سے
کیونکہ پھر یار جی بلا ہیں ہم

کوئی خواہاں نہیں ہمارا میرؔ
گوئیا جنس ناروا ہیں ہم

-۸۴۰-

(دیوان سوم)

بیماری دلی سے زار و نزار ہیں ہم
اک مشتِ استخواں ہیں پر اپنے بار ہیں ہم
مارا تڑپتے چھوڑا فتراک سے نہ باندھا
بے چشم و رو کسو کے شاید شکار ہیں ہم
ہر دم جبیں خراشی ہر آن سینہ کاوی
حیران عشق تو ہیں پر گرم کار ہیں ہم
حور و قصور و غلماں نہر و نعیم وجنت
یہ کلھم جہنم مشتاق یار ہیں ہم
بے حد و حصر گردش اپنی ہے عاشقی میں
رسوائے شہر و دیہ، و دشت و دیار ہیں ہم
اب سیل سیل آنسو آتے ہیں چشمِ تر سے
دیوار و در سے کہہ دو بے اختیار ہیں ہم
روتے ہیں یوں کہ جیسے شدت سے ابر برسے
کیا جانیے کہ کیسے دل کے بخار ہیں ہم
اب تو گلے بندھا ہے زنجیر و طوق ہونا
عشق و جنوں کے اپنے ناموس دار ہیں ہم
لیتا ہے میؔر عبرت جو کوئی دیکھتا ہے
کیا یار کی گلی میں بے اعتبار ہیں ہم

-۸۴۱-

(دیوان چہارم)

شور سے طائر گلزار کے بیزار ہیں ہم
دل اٹھاتا نہیں اپنا کہ گرفتار ہیں ہم

۔۸۴۲۔

(دیوان پنجم)

کیا کریں بیکس ہیں ہم بے بس ہیں ہم بے گھر ہیں ہم
کیوں کر اڑ کر پہنچیں اس تک طائر بے پر ہیں ہم
سر نہ بالیں سے اٹھاویں کاشکے بیمارِ عشق
ہو گا یک ہنگامہ برپا فتنہ زیر سر ہیں ہم
سو طرف لے جاتی ہے ہم کو پریشاں خاطری
یاں کسے ڈھونڈو ہو تم کیا جانیے کیدھر ہیں ہم
گر نہ روئیں کیا کریں ہر چار سو ہے بیکسی
بیدل و بے طاقت و بے دین و بے دلبر ہیں ہم
وہ جو رشک مہ کبھی اس راہ سے نکلا نہ میؔر
ہم نہ رکھتے تھے ستارہ یعنی بداختر ہیں ہم

۔۸۴۳۔

(دیوان دوم)

کچھ نہ پوچھو بہک رہے ہیں ہم
عشق کی مے سے چھک رہے ہیں ہم
سوکھ غم سے ہوئے ہیں کانٹا سے
پر دلوں میں کھٹک رہے ہیں ہم
وقفۂ مرگ اب ضروری ہے
عمر طے کرتے تھک رہے ہیں ہم
کیونکہ گرد علاقہ بیٹھ سکے
دامنِ دل جھٹک رہے ہیں ہم
کون پہنچے ہے بات کی تہ کو
ایک مدت سے بک رہے ہیں ہم

ان نے دینے کہا تھا بوسۂ لب
اس سخن پر اٹک رہے ہیں ہم
نقشِ پا سی رہی ہیں کھل آنکھیں
کس کی یوں راہ تک رہے ہیں ہم
دست دے گی کب اس کی پابوسی
دیر سے سر پٹک رہے ہیں ہم
بے ڈھب اس پاس ایک شب تھے گئے
سو کئی دن سرک رہے ہیں ہم
خام دستی نے ہائے داغ کیا
پوچھتے کیا ہو پک رہے ہیں ہم
میؔر شاید لیں اس کی زلف سے کام
برسوں سے تو لٹک رہے ہیں ہم

۔۸۴۴۔

(دیوان چہارم)

تجا ہے حیرت عشق سے گفتگو کو ہم
خموش دیکھتے رہتے ہیں اس کے رو کو ہم
اگرچہ وصل ہے پر ہیں طلب میں سرگرداں
پہ وہم کار ہی جاتے ہیں جستجو کو ہم
اب اپنی جان سے ہیں تنگ دم رکا ہے بہت
ملا ہی دیں گے تری تیغ سے گلو کو ہم
جلا کے خاک کرے وہ کہ رہ کے داغ کرے
لگا دیں آگ سے کیا اپنی گرم خو کو ہم
مرید پیرِ خرابات یوں نہ ہوتے میؔر
سمجھتے عارف اگر اور بھی کسو کو ہم

-۸۴۵-

(دیوان اول)

کیا بلبل اسیر ہے بے بال و پر کہ ہم
گل کب رکھے ہے ٹکڑے جگر اس قدر کہ ہم

خورشید صبح نکلے ہے اس نور سے کہ تو
شبنم گرہ میں رکھتی ہے یہ چشمِ تر کہ ہم

جیتے ہیں تو دکھا دیں گے دعوائے عندلیب
گل بن خزاں میں اب کے وہ رہتی ہے مر کہ ہم

یہ تیغ ہے یہ طشت ہے یہ ہم ہیں کشتنی
کھیلے ہے کون ایسی طرح جان پر کہ ہم

تلواریں تم لگاتے ہو ہم ہیں گے دم بخود
دنیا میں یہ کرے ہے کوئی درگزر کہ ہم

اس جستجو میں اور خرابی تو کیا کہیں
اتنی نہیں ہوئی ہے صبا در بہ در کہ ہم

جب جا پھنسا کہیں تو ہمیں یاں ہوئی خبر
رکھتا ہے کون دل تری اتنی خبر کہ ہم

جیتے ہیں اور روتے ہیں لختِ جگر ہے میؔر
کرتے سنا ہے یوں کوئی قیمہ جگر کہ ہم

-۸۴۶-

(دیوان پنجم)

اس کی گلی میں غش جو کیا آ سکے نہ ہم
پھر ہو چکے وہیں کہیں گھر جا سکے نہ ہم

سوئے تو غنچہ ہو کسو گلخن کے آس پاس
اس تنگنا میں پاؤں بھی پھیلا سکے نہ ہم

حالانکہ ظاہر اس کے نشاں شش جہت تھے میرؔ
خود گم رہے جو پھرتے بہت پا سکے نہ ہم

۔۸۴۷۔

(دیوان چہارم)

صبر بہت تھا ایک سمیں میں جا سے اپنی نہ جاتے ہم
کس کس ناز سے وے آتے پر آنکھ نہ ان سے ملاتے ہم
کعبے سے کر نذر اٹھے سو خرج راہ اے وائے ہوئے
ورنہ صنم خانے میں جا زنّار گلے سے بندھاتے ہم
ہاتھی مست بھی آوے چلا تو اس سے منہ کو پھیر نہ لیں
پھرتے ہیں سرمست محبت مے ناخوردہ ماتے ہم
ہائے جوانی وہ نہ گلے لگتا تو خشم عشق سے
نعل جڑی جاتی چھاتی پر گل ہاتھوں پر کھاتے ہم
عشق تو کارخوب ہے لیکن میرؔ کھنچے ہے رنج بہت
کاش کے عالمِ ہستی میں بے عشق و محبت آتے ہم

۔۸۴۸۔

(دیوان سوم)

جو رہے یوں ہی غم کے مارے ہم
تو یہی آج کل سدھارے ہم
مرتے رہتے تھے اس پہ یوں پر اب
جا لگے گور کے کنارے ہم
دن گزرتا ہے دم شماری میں
شب کو رہتے ہیں گنتے تارے ہم
ہے مروّت سے اپنی وحشت دور
انس رکھتے ہیں تم سے پیارے ہم

زندگی بار دوش آج ہے یاں
دیکھیں گے کل جو ہوں گے بارے ہم
جا چکی بازی یعنی مرتے ہیں
جیتے تم یہ قمار ہارے ہم
میرؔ آؤ گے آپ میں بھی کبھو
سخت مشتاق ہیں تمھارے ہم

۔۸۴۹۔

(دیوان چہارم)

عشق بتوں سے اب نہ کریں گے عہد کیا ہے خدا سے ہم
آ جاویں جو یہ ہرجائی تو بھی نہ جاویں جا سے ہم
گریۂ خونیں ٹک بھی رہے تو خاک سی منہ پر اڑتی ہے
شام و سحر رہتے ہیں یعنی اپنے لہو کے پیاسے ہم
اس کی نہ پوچھو دوری میں ان نے پرسشِ حال ہماری نہ کی
ہم کو دیکھو مارے گئے ہیں آ کر پاسِ وفا سے ہم
چپکے کیا انواع اذیت عشق میں کھینچی جاتی ہے
دل تو بھرا ہے اپنا تو بھی کچھ نہیں کہتے حیا سے ہم
کیا کیا عجز کریں ہیں لیکن پیش نہیں کچھ جاتا میرؔ
سر رگڑے ہیں آنکھیں ملیں ہیں اس کے حنائی پا سے ہم

۔۸۵۰۔

(دیوان اول)

کرتے ہیں گفتگو سحر اٹھ کر صبا سے ہم
لڑنے لگے ہیں ہجر میں اس کے ہوا سے ہم
ہوتا نہ دل کا تا یہ سرانجام عشق میں
لگتے ہی جی کے مر گئے ہوتے بلا سے ہم

چھوٹا نہ اس کا دیکھنا ہم سے کسو طرح
پایان کار مارے گئے اس ادا سے ہم
داغوں ہی سے بھری رہی چھاتی تمام عمر
یہ پھول گل چنا کیے باغ وفا سے ہم
غافل نہ اپنی دیدہ درائی سے ہم کو جان
سب دیکھتے ہیں پر نہیں کہتے حیا سے ہم
دو چار دن تو اور بھی آ تو کراہتہً
اب ہو چکے ہیں روز کی تیری جفا سے ہم
آئینے کی مثال پس از صد شکست میرؔ
کھینچا بغل میں یار کو دستِ دعا سے ہم

۔۸۵۱۔

(دیوان دوم)

موئے جاتے تھے فرط الفت سے ہم
جیے ہیں خدا ہی کی قدرت سے ہم
ترش رو بہت ہے وہ زرگر پسر
پڑے ہیں کھٹائی میں مدت سے ہم
نہیں دیکھتے صبح اب آرسی
خفا رہتے ہیں اپنی صورت سے ہم
جو دیکھو وہ قامت تو معلوم ہو
کہ روکش ہوئے ہیں قیامت سے ہم
نہ ٹک لا سکا تاب جلوے کی دل
گلہ رکھتے ہیں صبر و طاقت سے ہم
نہ مانی کوئی ان نے پھر روٹھ کر
مناتے رہے رات منت سے ہم

خدا سے بھی شب کو دعا مانگتے
نہ اس کا لیا نام غیرت سے ہم
رکھا جس کو آنکھوں میں اک عمر اب
اسے دیکھ رہتے ہیں حسرت سے ہم
بھری آنکھیں لوہو سے رہنے لگیں
یہ رنگ اپنا دیکھا مروّت سے ہم
نہ مل میؔر اب کے امیروں سے تو
ہوئے ہیں فقیر ان کی دولت سے ہم

-۸۵۲-

(دیوان سوم)

جی کے تئیں چھپاتے نہیں یوں تو غم سے ہم
پر تنگ آ گئے ہیں تمھارے ستم سے ہم
اپنے خیال ہی میں گزرتی ہے اپنی عمر
پر کچھ نہ پوچھو سمجھے نہیں جاتے ہم سے ہم
زانو پہ سر ہے قامت خم گشتہ کے سبب
پیری میں اپنی آن لگے ہیں قدم سے ہم
جوں چکمہ میرحاج کا ہے خوار جانماز
بت خانے میں جو آئے ہیں چل کر حرم سے ہم
روتے بھی ان نے دیکھ کے ہم کو کیا نہ رحم
اک چشم داشت رکھتے تھے مژگان نم سے ہم
بدعہدیاں ہی کرتے گئے اس کو سال و ماہ
اب کب تسلی ہوتے ہیں قول و قسم سے ہم
زنّار سا بندھا ہے گلے اپنے اب تو کفر
بدنام ہیں جہان میں عشق صنم سے ہم

لوگوں کے وصف کرنے سے بالیدگی ہوئی
جوں شیشہ پھیل پھوٹ پڑے ان کے دم سے ہم
طرفیں رکھے ہے ایک سخن چار چار میؔر
کیا کیا کہا کریں ہیں زبان قلم سے ہم

۔۸۵۳۔

(دیوان سوم)

آ ٹک شتاب جاتے ہیں ورنہ جہاں سے ہم
کچھ ہو رہے ہیں غم میں ترے نیم جاں سے ہم
ہر بات کے جواب میں گالی کہاں تلک
اب جاں بہ لب ہوئے ہیں تمھاری زباں سے ہم
وعدہ کرو تو سوچ لو مدت کو دل میں بھی
یہ حال ہے تو دیر رہیں گے کہاں سے ہم
الجھاؤ دل کا جس سے ہے جھنجھلاکے اس بغیر
جھگڑا کیا کریں ہیں زمین آسماں سے ہم
لاویں ہماری خاک پر اس کینہ ور کو بھی
یہ کہہ مریں گے اپنے ہر اک مہرباں سے ہم
دربان سنگدل نے خبر واں تلک نہ کی
سر مار مار صبح کی اس آستاں سے ہم
جب اس کی تیغ رکھنے لگا اپنے پاس میؔر
امید قطع کی تھی تبھی اس جواں سے ہم

۔۸۵۴۔

(دیوان دوم)

کب تک رہیں گے پہلو لگائے زمیں سے ہم
یہ درد اب کہیں گے کسو شانہ بیں سے ہم

تلواریں کتنی کھائی ہیں سجدے میں اس طرح
فریادی ہوں گے مل کے لہو کو جبیں سے ہم

فتراک تک یہ سر جو نہ پہنچا تو یا نصیب
مدت لگے رہے ترے دامان زیں سے ہم

ہوتا ہے شوقِ وصل کا انکار سے زیاد
کب تجھ سے دل اٹھاتے ہیں تیری نہیں سے ہم

چھاجے جو پیش دستی کرے نور ماہ پر
دیکھی عجب سفیدی تری آستیں سے ہم

یہ شوق صید ہونے کا دیکھو کہ آپ کو
دکھلایا صیدگہ میں یسار و یمیں سے ہم

تکلیف دردِ دل کی نہ کر تنگ ہوں گے لوگ
یہ بات روز کہتے رہے ہم نشیں سے ہم

اڑتی ہے خاک شہر کی گلیوں میں اب جہاں
سونا لیا ہے گودوں میں بھر کر وہیں سے ہم

آوارہ گردی اپنی کھنچی میرؔ طول کو
اب چاہیں گے دعا کسو عزلت نشیں سے ہم

۔۸۵۵۔

(دیوان چہارم)

یارب اس محبوب کو پھر اک نظر دیکھیں گے ہم
اپنی آنکھوں سے اسے یاں جلوہ گر دیکھیں گے ہم

میں کہا دیکھو ادھر ٹک تم تو میں بھی جان دوں
ہنس کے بولے یہ تری باتیں ہیں پر دیکھیں گے ہم

پاس ظاہر سے اسے تو دیکھنا دشوار ہے
جائیں گے مجلس میں تو ایدھر ادھر دیکھیں گے ہم

یوں نہ دیں گے دل کسو سیمیں بدن زر دوست کو
ابتدائے عشق میں اپنا بھی گھر دیکھیں گے ہم
کام کہتے ہیں سماجت سے کبھو لیتے ہیں لوگ
ایک دن اس کے کنے جا کر بپھر دیکھیں گے ہم
راہ تکتے تکتے اپنی آنکھیں بھی پتھرا چلیں
یہ نہ جانا تھا کہ سختی اس قدر دیکھیں گے ہم
شورش دیوانگی اس کی نہیں جائے گی لیک
ایک دو دن میرؔ کو زنجیر کر دیکھیں گے ہم

۔۸۵۶۔

(دیوان چہارم)

ایک آدھ دن سنوگے سنّا کے رہ گئے ہم
کانپا کرے ہے جی سو ٹھہرا کے رہ گئے ہم
واشد ہوئی سو اپنی پژمردگی سے بدتر
موسم گئے کے گل سے مرجھا کے رہ گئے ہم
پرداغ دل کو لے کر آخر کیا کنارہ
اس باغ سے گلی میں جا جا کے رہ گئے ہم
سوزِ دروں نے ہم کو پردے میں مار رکھا
جوں شمع آپ ہی کو کھا کھا کے رہ گئے ہم
حیرت سے عاشقی کی پوچھا تھا دوستوں نے
کہہ سکتے کچھ تو کہتے شرما کے رہ گئے ہم
اے وائے دل گئے پر جی بھی گیا ہمارا
یعنی کہ میرؔ برسوں پچھتا کے رہ گئے ہم

۔۸۵۷۔

(دیوان ششم)

کڑھتے جو رہے ہجر میں بیمار ہوئے ہم
بستر پہ گرے رہتے ہیں ناچار ہوئے ہم
بہلانے کو دل باغ میں آئے تھے سو بلبل
چلانے لگی ایسے کہ بیزار ہوئے ہم
جلتے ہیں کھڑے دھوپ میں جب جاتے ہیں اودھر
عاشق نہ ہوئے اس کے گنہگار ہوئے ہم
اک عمر دعا کرتے رہے یار کو دن رات
دشنام کے اب اس کے سزاوار ہوئے ہم
ہم دام بہت وحشی طبیعت تھے اٹھے سب
تھی چوٹ جو دل پر سو گرفتار ہوئے ہم
جیتے ہوئے لوگوں کی بھلی یا بری گزری
افسوس بہت دیر خبردار ہوئے ہم
کیا کیا متمول گئے بک دیکھتے جس پر
بیعانگی میں اس کے خریدار ہوئے ہم
کچھ پاس نہیں یاری کا ان خوش پسروں کو
اس دشمن جاںہا سے عبث یار ہوئے ہم
گھٹ گھٹ کے جہاں میں رہے جب میرؔ سے مرتے
تب یاں کے کچھ اک واقفِ اسرار ہوئے ہم

ردیف ـ ل

۔۸۵۸۔

(دیوان اول)

کیا مَیں نے رو کر فشارِ گریباں
رگ ابر تھا تار تارِ گریباں
کہیں دست چالاک ناخن نہ لاگے
کہ سینہ ہے قرب و جوارِ گریباں
نشاں اشک خونیں کے اڑتے چلے ہیں
خزاں ہوچلی ہے بہارِ گریباں
جنوں تیری منت ہے مجھ پر کہ تُو نے
نہ رکھا مرے سر پہ بارِ گریباں
زیارت کروں دل سے خستہ جگر کی
کہاں ہو گی یارب مزارِ گریباں
کہیں جائے یہ دور دامن بھی جلدی
کہ آخر ہوا روزگارِ گریباں
پھروں میرؔ عریاں نہ دامن کا غم ہو
نہ باقی رہے خارِ خارِ گریباں

۔۸۵۹۔

(دیوان دوم)

عشق میں جی کو صبر و تاب کہاں
اس سے آنکھیں لگیں تو خواب کہاں
بے کلی دل ہی کی تماشا ہے
برق میں ایسے اضطراب کہاں

خط کے آئے پہ کچھ کہے تو کہے
ابھی مکتوب کا جواب کہاں

ہستی اپنی ہے بیچ میں پردہ
ہم نہ ہوویں تو پھر حجاب کہاں

گریۂ شب سے سرخ ہیں آنکھیں
مجھ بلانوش کو شراب کہاں

عشق ہے عاشقوں کے جلنے کو
یہ جہنم میں ہے عذاب کہاں

داغ رہنا دل و جگر کا دیکھ
جلتے ہیں اس طرح کباب کہاں

محو ہیں اس کتابی چہرے کے
عاشقوں کو سرکتاب کہاں

عشق کا گھر ہے میؔر سے آباد
ایسے پھر خانماں خراب کہاں

۔۸۶۰۔

(دیوان دوم)

باغ گو سبز ہوا اب سر گلزار کہاں
دل کہاں وقت کہاں عمر کہاں یار کہاں

تم تو اب آنے کو پھر کہہ چلے ہو کل لیکن
بے کل ایسا ہی رہا شب تو یہ بیمار کہاں

دل کی خواہش ہو کسو کو تو کمی دل کی نہیں
اب یہی جنس بہت ہے پہ خریدار کہاں

خاک یاں چھانتے ہی کیوں نہ پھرو دل کے لیے
ایسا پہنچے ہے بہم پھر کوئی غم خوار کہاں

دم زدن مصلحت وقت نہیں اے ہمدم
جی میں کیا کیا ہے مرے پر لب اظہار کہاں
شیخ کے آنے ہی کی دیر ہے مے خانے میں پھر
سبحہ سجادہ کہاں جبہ و دستار کہاں
ہم سے ناکس تو بہت پھرتے ہیں جی دیتے ولے
زخمِ تیغ اس کے اٹھانے کا سزاوار کہاں
تُو نے بھی گرد رخ سرخ نکالا خط سبز
باغ شاداب جہاں میں گلِ بے خار کہاں
خبط نے عقل کے سر رشتے کیے گم سارے
اب جو ڈھونڈو تو گریباں میں کوئی تار کہاں
گوکہ گردن تئیں یاں کوئی لہو میں بیٹھے
ہاتھ اٹھاتا ہے جفا سے وہ ستم گار کہاں
ڈوبا لوہو میں پڑا تھا ہمگی پیکر میؔر
یہ نہ جانا کہ لگی ظلم کی تلوار کہاں

۔۸۶۱۔

(دیوان ششم)

دم ہے مہلت شیب میں جانے کا اپنے غم کہاں
تم ہوئے رعنا جواں بالفرض لیکن ہم کہاں
عالم عالم جمع تھے خوباں جہاں صافا ہوا
گرچہ عالم اور ہے اب واں پہ وہ عالم کہاں
تھی بلا شوخی شرارت یار کی ہنگامہ ساز
شور یوں تو اوروں کا بھی ہے پہ وہ اودھم کہاں
کیا جنوں ہے تم کو جو تم طالب ویرانہ ہو
جس کو فردوس بریں کہتے ہیں واں آدم کہاں

حبس دم میں شیخ جو کرتا نہیں حرف و سخن
حق طرف ہے اس کے اس بے ہودہ گو میں دم کہاں
ہو سو ہو میں میرؔ اب تو دم بخود ہوں ہجر میں
کیا لکھوں تہِ دل کی باتیں کاغذ و محرم کہاں

۔۸۶۲۔

(دیوان اول)

کر صرف دید عمر پھرے ہے تو یاں کہاں
ہے سیر مفت میرؔ تجھے پھر جہاں کہاں

۔۸۶۳۔

(دیوان سوم)

رو چکا خونِ جگر سب اب جگر میں خوں کہاں
غم سے پانی ہوکے کب کا بہ گیا میں ہوں کہاں
دست و دامن جیب و آغوش اپنے اس لائق نہ تھے
پھول میں اس باغ خوبی سے جو لوں تو لوں کہاں
عاشق و معشوق یاں آخر فسانے ہو گئے
جائے گریہ ہے جہاں لیلیٰ کہاں مجنوں کہاں
آگ برسی تیرہ عالم ہو گیا جادو سے پر
اس کی چشم پرفسوں کے سامنے افسوں کہاں
سیر کی رنگیں بیاض باغ کی ہم نے بہت
سرو کا مصرع کہاں وہ قامت موزوں کہاں
کوچہ ہر یک جائے دلکش عالم خاکی میں ہے
پر کہیں لگتا نہیں جی ہائے میں دل دوں کہاں
ایک دم سے قیس کے جنگل بھرا رہتا تھا کیا
اب گئے پر اس کے ویسی رونق ہاموں کہاں

ناصح مشفق تو کہتا تھا کہ اس سے مت ملے
پر سمجھتا ہے ہمارا یہ دلِ محزوں کہاں
باؤ کے گھوڑے پہ تھے اس باغ کے ساکن سوار
اب کہاں فرہاد و شیریں خسرو گلگوں کہاں
کھا گیا اندوہ مجھ کو دوستان رفتہ کا
ڈھونڈتا ہے جی بہت پر اب انھیں پاؤں کہاں
تھا وہ فتنہ ملنے کی گوں کب کسی درویش کے
کیا کہیں ہم میرؔ صاحب سے ہوئے مفتوں کہاں

۔۸۶۴۔

(دیوان دوم)

گر کوئی اعمیٰ کہے کچھ پر کہاں وہ تو کہاں
لے گئے پیش فلک اس مہ کا ایسا رو کہاں
گل کو کیا نسبت ہے تجھ سے مَیں نہ مانوں زینہار
رنگ اگر بالفرض تیرا سا ہوا یہ بو کہاں
عشق لاتا ہے بروے کار مجنوں سا کبھو
بید بہتیرے کھڑے ہیں وے پریشاں مُو کہاں
دیکھیاں کجیاں کمانوں کی بھی خم محراب کے
پر دلوں کو کھینچتے ہیں جیسے وے ابرو کہاں
سنبل آپھی آپ پیچ و تاب یوں کھایا کرے
یار کی سی زلف کے وے حلقہ حلقہ مُو کہاں
آگے یہ آنکھیں گلے کی ہار ہی رہتی تھیں روز
اب جگر میں خوں نہیں وے سہرے سے آنسو کہاں
میرؔ سچ کہتا تھا جنت ہو نصیب اس کے تئیں
حور کا چہرہ کہاں اس کا رخ نیکو کہاں

-۸۶۵-

(دیوان چہارم)

پھرا میں صورت احوال ہر یک کو دکھاتا یاں
مروّت قحط ہے آنکھیں نہیں کوئی ملاتا یاں
خرابہ دلی کا وہ چند بہتر لکھنؤ سے تھا
وہیں میں کاش مرجاتا سراسیمہ نہ آتا یاں
محبت دشمنِ جاں ہے جو میں معلوم یہ کرتا
تو کاہے کو کسو سے میؔر اپنا دل لگاتا یاں

-۸۶۶-

(دیوان اول)

بے رُوئے و زلفِ یار ہے رونے سے کام یاں
دامن ہے منہ پہ ابر نمط صبح و شام یاں
آوازہ ہی جہاں میں ہمارا سنا کرو
عنقا کے طور زیست ہے اپنی بنام یاں
وصف دہن سے اس کے نہ آگے قلم چلے
یعنی کیا ہے خامے نے ختم کلام یاں
غالب یہ ہے کہ موسم خط واں قریب ہے
آنے لگا ہے متصل اس کا پیام یاں
مت کھا فریب عجز عزیزان حال کا
پنہاں کیے ہیں خاک میں یاروں نے دام یاں
کوئی ہوا نہ دست بسر شہر حسن میں
شاید نہیں ہے رسم جواب سلام یاں
ناکام رہنے ہی کا تمھیں غم ہے آج میؔر
بہتوں کے کام ہو گئے ہیں کل تمام یاں

-۸۶۷-

(دیوان دوم)

محمل نشیں ہیں کتنے خدام یار میں یاں
لیلیٰ کا ایک ناقہ سو کس قطار میں یاں

سن شور گل قفس میں دل داغ سب ہوا ہے
کیا پھول گل کھلے ہیں اب کے بہار میں یاں

کب روشنی ہو میرے رونے میں ابر تجھ سے
دریا بھرے ہیں ایک اک دامن کے تار میں یاں

تم تو گئے دکھا کر ٹک برق کے سے جھمکے
آیا بہت تفاوت صبر و قرار میں یاں

ہم مر گئے ولیکن سوزِ دروں وہی ہے
ایک آگ لگ اٹھی ہے کنج مزار میں یاں

ہجراں کی ہر گھڑی ہے سو سو برس تعب سے
روز شمار یارو ہے کس شمار میں یاں

جن راتوں میرؔ ہم کو رونے کا مشغلہ تھا
رہتا تھا بحر اعظم سو تو کنار میں یاں

-۸۶۸-

(دیوان چہارم)

ہجر میں روتا ہوں ہر شب میں تو اس صورت سے یاں
وے اندھیری مینھ برسے جوں کبھو شدت سے یاں

کس قدر بیگانہ خو ہیں مردمان شہرحسن
بات کرنا رسم و عادت ہی نہیں الفت سے یاں

اٹھ گئے ہیں جب سے ہم سونا پڑا ہے باغ سب
شور ہنگام سحر کا مہر ہے مدت سے یاں

سر کوئی پھوڑے محبت میں تو بارے اس طرح
مر گیا ہے عشق میں فرہاد جس قدرت سے یاں

دلکشی اس بزم کی ظاہر ہے تم دیکھو تو ہو
لوگ جی دیتے چلے جاتے ہیں کس حسرت سے یاں

صورتوں سے خاکداں یہ عالم تصویر ہے
بولیں کیا اہلِ نظر خاموش ہیں حیرت سے یاں

فہم حرفوں کے تنافر کا بھی یاروں کو نہیں
اس پہ رکھتے ہیں تنفر سب مری صحبت سے یاں

پنج روزہ عمر کریے عاشقی یا زاہدی
کام کچھ چلتا نہیں اس تھوڑی سی مہلت سے یاں

کیا سرجنگ و جدل ہو بے دماغ عشق کو
صلح کی ہے میؔر نے ہفتاد و دو ملت سے یاں

۔۸۶۹۔

(دیوان سوم)

مدت ہوئی کہ کوئی نہ آیا ادھر سے یاں
جاتی رہے گی جان اسی رہگزر سے یاں

وہ آپ چل کے آوے تو شاید کہ جی رہے
ہوتی نہیں تسلی دل اب خبر سے یاں

پوچھے کوئی تو سینہ خراشی دکھایئے
سو تو نہیں ہے حرف و حکایت ہنر سے یاں

آگے تو اشک پانی سے آ جاتے تھے کبھو
اب آگ ہی نکلنے لگی ہے جگر سے یاں

ٹپکا کریں ہیں پلکوں سے بے فاصلہ سرشک
برسات کی ہوا ہے سدا چشمِ تر سے یاں

اے بت گرسنہ چشم ہیں مردم نہ ان سے مل
دیکھیں ہیں ہم نے پھوٹتے پتھر نظر سے یاں
راہ و روش کا ہووے ٹھکانہ تو کچھ کہیں
کیا جانے میرؔ آ گئے تھے کل کدھر سے یاں

۔۸۷۰۔

(دیوان اول)

آہ اور اشک ہی سدا ہے یاں
روز برسات کی ہوا ہے یاں
جس جگہ ہو زمین تفتہ سمجھ
کہ کوئی دل جلا گڑا ہے یاں
گو کدورت سے وہ نہ دیوے رو
آرسی کی طرح صفا ہے یاں
ہر گھڑی دیکھتے جو ہو ایدھر
ایسا کہ تم نے آ نکلا ہے یاں
رند مُفلِس جگر میں آہ نہیں
جان محزوں ہے اور کیا ہے یاں
کیسے کیسے مکان ہیں ستھرے
اک ازاں جملہ کربلا ہے یاں
اک سسکتا ہے ایک مرتا ہے
ہر طرف ظلم ہو رہا ہے یاں
صد تمنا شہید ہیں یک جا
سینہ کوبی ہے تعزیہ ہے یاں
دیدنی ہے غرض یہ صحبت شوخ
روز و شب طرفہ ماجرا ہے یاں

خانۂ عاشقاں ہے جائے خوب
جائے رونے کی جا بہ جا ہے یاں
کوہ و صحرا بھی کر نہ جائے باش
آج تک کوئی بھی رہا ہے یاں
ہے خبر شرط میرؔ سنتا ہے
تجھ سے آگے یہ کچھ ہوا ہے یاں
موت مجنوں کو بھی یہیں آئی
کوہکن کل ہی مر گیا ہے یاں

۔۸۷۱۔

(دیوان اول)

آ جائیں ہم نظر جو کوئی دم بہت ہے یاں
مہلت ہمیں بسان شرر کم بہت ہے یاں
یک لحظہ سینہ کوبی سے فرصت ہمیں نہیں
یعنی کہ دل کے جانے کا ماتم بہت ہے یاں
حاصل ہے کیا سوائے ترائی کے دہر میں
اٹھ آسماں تلے سے کہ شبنم بہت ہے یاں
مائل بہ غیر ہونا تجھ ابرو کا عیب ہے
تھی زور یہ کماں ولے خم چم بہت ہے یاں
ہم رہروان راہ فنا دیر رہ چکے
وقفہ بسان صبح کوئی دم بہت ہے یاں
اس بت کدے میں معنی کا کس سے کریں سوال
آدم نہیں ہے صورت آدم بہت ہے یاں
عالم میں لوگ ملنے کی گوں اب نہیں رہے
ہر چند ایسا ویسا تو عالم بہت ہے یاں

ویسا چمن سے سادہ نکلتا نہیں کوئی
رنگینی ایک اور خم و چم بہت ہے یاں

اعجاز عیسوی سے نہیں بحث عشق میں
تیری ہی بات جان مجسم بہت ہے یاں

میرے ہلاک کرنے کا غم ہے عبث تمھیں
تم شاد زندگانی کرو غم بہت ہے یاں

دل مت لگا رخ عرق آلود یار سے
آئینے کو اٹھا کہ زمیں نم بہت ہے یاں

شاید کہ کام صبح تک اپنا کھنچے نہ میرؔ
احوال آج شام سے درہم بہت ہے یاں

۔۸۷۲۔

(دیوان دوم)

کیا کہیں پایا نہیں جاتا ہے کچھ تم کیا ہو میاں
کھو گئے دنیا سے تم ہو اور اب دنیا ہو میاں

مت حنائی پاؤں سے چل کر کہیں جایا کرو
دلی ہے آخر نہ ہنگامہ کہیں برپا ہو میاں

دل جہاں کھویا گیا کھویا گیا پھر دیکھیے
کون مرتا ہے جیے ہے کون ناپیدا ہو میاں

دل کو لے کر صاف یوں آنکھیں ملاتا ہے کوئی
تب تلک ہی لطف ہے جب تک کہ کچھ پردہ ہو میاں

ایک جنبش میں ترے ابرو کی ٹل جاتی ہے بھیڑ
درمیاں آوے اگر تلوار تو پرچھا ہو میاں

برسوں تک چھایا رہا ہے چشمِ تر پر ابر سا
پاٹ دامن کا نچوڑوں کوئی تو دریا ہو میاں

شہر میں تو موسمِ گل میں نہیں لگتا ہے جی
یا گریباں کوہ کا یا دامنِ صحرا ہو میاں

مدعی عشق تو ہیں عزلتی شہر لیک
جب گلی کوچوں میں کوئی اس طرح رسوا ہو میاں

گفتگو اتنی پریشاں حال کی یہ درہمی
میرؔ کچھ دل تنگ ہے ایسا نہ ہو سودا ہو میاں

۔۸۷۳۔

(دیوان سوم)

شہروں ملکوں میں جو یہ میرؔ کہاتا ہے میاں
دیدنی ہے پہ بہت کم نظر آتا ہے میاں

عالم آئینہ ہے جس کا وہ مصور بے مثل
ہائے کیا صورتیں پردے میں بناتا ہے میاں

قسمت اس بزم میں لائی کہ جہاں کا ساقی
دے ہے مے سب کو ہمیں زہر پلاتا ہے میاں

ہوکے عاشق ترے جان و دل و دیں کھو بیٹھے
جیسا کرتا ہے کوئی ویسا ہی پاتا ہے میاں

حسن یک چیز ہے ہم ہوویں کہ تو ہو ناصح
ایسی شے سے کوئی بھی ہاتھ اٹھاتا ہے میاں

جھکّڑ اس حادثے کا کوہِ گراں سنگ کو بھی
جوں پر کاہ اڑائے لیے جاتا ہے میاں

کیا پری خواں ہے جو راتوں کو جگاوے ہے میرؔ
شام سے دل جگر و جان جلاتا ہے میاں

-۸۷۴-

(دیوان سوم)

عشق وہ خانماں خراب ہے میاں
جس سے دل آگ و چشم آب ہے میاں

تن میں جب تک ہے جاں تکلف ہے
ہم میں اس میں ابھی حجاب ہے میاں

گو نہیں میں کسو شمار میں یاں
عاقبت ایک دن حساب ہے میاں

کو دماغ و جگر کہاں وہ قلب
یاں عجب ایک انقلاب ہے میاں

زلف بل کھا رہی ہے گو اس کی
دل کو اپنے تو پیچ و تاب ہے میاں

لطف و مہر و وفا وہ کیا جانے
ناز ہے خشم ہے عتاب ہے میاں

لوہو اپنا پیوں ہوں چپکا ہوں
کس کو اس بن سر شراب ہے میاں

چشم وا یاں کی چشم بسمل ہے
جاگنا یہ نہیں ہے خواب ہے میاں

منہ سے کچھ بولتا نہیں قاصد
شاید اودھر سے اب جواب ہے میاں

دل ہی اپنا نہیں فقط بے چین
جی کو بھی زور اضطراب ہے میاں

چاہیے وہ کہے سو لکھ رکھیں
ہر سخن میؔر کا کتاب ہے میاں

۔۸۷۵۔

(دیوان دوم)

کیا عبث مجنوں پئے محمل ہے میاں
یہ دوانہ باؤلا عاقل ہے میاں

قند کا کون اس قدر مائل ہے میاں
جو ہے ان ہونٹوں ہی کا قائل ہے میاں

ہم نے یہ مانا کہ واعظ ہے ملک
آدمی ہونا بہت مشکل ہے میاں

چشم تر کی خیر جاری ہے سدا
سیل اس دروازے کا سائل ہے میاں

مرنے کے پیچھے تو راحت سچ ہے لیک
بیچ میں یہ واقعہ حائل ہے میاں

دل کی پامالی ستم ہے قہر ہے
کوئی یوں دلتا ہے آخر دل ہے میاں

آج کیا فردائے محشر کا ہراس
صبح دیکھیں کیا ہو شب حامل ہے میاں

دل تڑپتا ہی نہیں کیا جانیے
کس شکار انداز کا بسمل ہے میاں

چاہیے پیش از نماز آنکھیں کھلیں
حیف اس کا وقت جو غافل ہے میاں

رنگ بے رنگی جدا تو ہے ولے
آب سا ہر رنگ میں شامل ہے میاں

سامنے سے ٹک ٹلے تو دق نہ ہو
آسماں چھاتی پر اپنی سل ہے میاں

دل لگی اتنی جہاں میں کس لیے
رہگزر ہے یہ تو کیا منزل ہے میاں

بے تہی دریائے ہستی کی نہ پوچھ
یاں سے واں تک سو جگہ ساحل ہے میاں

چشم حق بیں سے کرو ٹک تم نظر
دیکھتے جو کچھ ہو سب باطل ہے میاں

دردمندی ہی تو ہے جو کچھ کہ ہے
حق میں عاشق کے دوا قاتل ہے میاں

برسوں ہم روتے پھرے ہیں ابر سے
زانو زانو اس گلی میں گل ہے میاں

کہنہ سالی میں ہے جیسے خورد سال
کیا فلک پیری میں بھی جاہل ہے میاں

کیا دل مجروح و محزوں کا گلہ
ایک غمگیں دوسرے گھائل ہے میاں

دیکھ کر سبزہ ہی خرم دل کو رکھ
مزرع دنیا کا یہ حاصل ہے میاں

مستعدوں پر سخن ہے آج کل
شعر اپنا فن سو کس قابل ہے میاں

کی زیارت میرؔ کی ہم نے بھی کل
لاابالی سا ہے پر کامل ہے میاں

۔۸۷۶۔

(دیوان سوم)

جوش غم اٹھنے سے اک آندھی چلی آتی ہے میاں
خاک سی منہ پر مرے اس وقت اڑ جاتی ہے میاں

پڑ گئے سوراخ دل کے غم میں سینے کوٹتے
سل تو پتھر کی نہیں آخر مری چھاتی ہے میاں

میں حیا والا ہوا رسوائے عالم عشق میں
آنکھ میری اس سبب لوگوں سے شرماتی ہے میاں

رشک اس کے چہرۂ پرنور کا ہے جاں گداز
شمعِ مجلس میں کھڑی اپنے تئیں کھاتی ہے میاں

آگ غیرت سے قفس کو دوں ہوں چاروں اور سے
ایک دو گلبرگ جب بادسحر لاتی ہے میاں

ہے حزیں نالیدن اس کا نغمۂ طنبور سا
خوش نوا مرغ گلستاں رند باغاتی ہے میاں

کیا کہوں منہ تک جگر آتا ہے جب رکتا ہے دل
جان میری تن میں کیسی کیسی گھبراتی ہے میاں

اس کے ابروے کشیدہ خم ہی رہتے ہیں سدا
یہ کجی اس تیغ کی تو جوہر ذاتی ہے میاں

گات اس اوباش کی لیں کیونکہ بر میں میؔر ہم
ایک جھرمٹ شال کا اک شال کی گاتی ہے میاں

۔۸۷۷۔

(دیوان دوم)

جب سے ہے اس کی ابروے خمدار درمیاں
رہتی ہے میرے خلق کے تلوار درمیاں

برپا ہوا ہجوم سے اک حشر تازہ واں
آیا جہاں کہیں قدم یار درمیاں

اس کام جاں میں ہم میں ہوا ہے حجاب چشم
یوں رہیے آہ کب تئیں دیوار درمیاں

سو بار اس سے فتنے جہاں میں اٹھے ولے
دیکھی نہ ہم نے وہ کمر اک بار درمیاں

کیا کہیے آہ جی کو قیامت ہے انتظار
آتا نہ کاش وعدۂ دیدار درمیاں

رکھ دی ہے کتنے روزوں سے تلوار یار نے
کوئی نہیں ہے خوں کا سزاوار درمیاں

ثابت ہے ساری خلق کے اوپر کہ تو ہے ایک
حاجت نہیں جو آوے یہ تکرار درمیاں

آیا کیے دماغ کے اعضا میں یہ فتور
ٹھہرے قشون کیا نہیں سردار درمیاں

بازار میں دکھائی ہے کب ان نے جنس حسن
جو بک نہیں گئے ہیں خریدار درمیاں

دیکھیں چمن جو سینۂ پر داغ سے بڑھیں
بیداد ہے یہ قطعۂ گلزار درمیاں

کھنچنے نہ پائی اس کی تو تلوار بھیڑ میں
مارا گیا عبث یہ گنہگار درمیاں

اب کے جنوں کے پیچ گریباں کا ذکر کیا
کہیے بھی جو رہا ہو کوئی تار درمیاں

کتنے دنوں سے میؔر کا نالہ نہیں سنا
شاید نہیں ہے اب وہ گرفتار درمیاں

۔۸۷۸۔

(دیوان دوم)

کس کنے جاؤں الٰہی کیا دوا پیدا کروں
دل تو کچھ دھنسکا ہی جاتا ہے کروں سو کیا کروں

لوہو روتا ہوں میں ہر اک حرف خط پر ہمدماں
اور اب رنگین جیسا تم کہو انشا کروں

چال اپنی چھوڑتا ہرگز نہیں وہ خوش خرام
شور سے کب تک قیامت ایک میں برپا کروں

مصلحت ہے میری خاموشی ہی میں اے ہم نفس
لوہو ٹپکے بات سے جو ہونٹ اپنے وا کروں

دل پریشانی مجھے دے ہے بکھیرے گل کے رنگ
آپ کو جوں غنچہ کیوں کر آہ میں یکجا کروں

ایک چشمک ہی چلی جاتی ہے گل کی میری اور
یعنی بازار جنوں میں جاؤں کچھ سودا کروں

خوار تو آخر کیا ہے گلیوں میں تُو نے مجھے
تو سہی اے عشق جو تجھ کو بھی میں رسوا کروں

خاک اڑاتا اشک افشاں آن نکلوں میں تو پھر
دشت کو دریا کروں بستی کے تیں صحرا کروں

کعبے جانے سے نہیں کچھ شیخ مجھ کو اتنا شوق
چال وہ بتلا کہ مَیں دل میں کسو کے جا کروں

اب کے ہمت صرف کر جو اس سے جی اچٹے مرا
پھر دعا اے میرؔ مت کریو اگر ایسا کروں

-۸۷۹-

(دیوان اول)

صبر و طاقت کو کڑھوں یا خوش دلی کا غم کروں
اس میں حیراں ہوں بہت کس کس کا مَیں ماتم کروں

موسم حیرت ہے دل بھر کر تو رونا مل چکا
اتنے بھی آنسو بہم پہنچیں کہ مژگاں نم کروں

ہوں سیہ مست سر زلف صنم معذور رکھ
شیخ اگر کعبے سے آوے گفتگو درہم کروں

ریزۂ الماس یا مشت نمک ہے کیا برا
جو میں اپنے ایسے زخم سینہ کو مرہم کروں

گرچہ کس گنتی میں ہوں پر ایک دم مجھ تک تو آ
یا ادھر ہوں یا ادھر کب تک شمار دم کروں

بس بہت رسوا ہوا میں اب نہیں مقدور کچھ
وہ طرح ڈھونڈوں ہوں جس میں ربط تجھ سے کم کروں

گو دھواں اٹھنے لگا دل سے مرے پر پیچ و تاب
میرؔ اس پر قطع ربط زلف خم در خم کروں

۔۸۸۰۔

(دیوان چہارم)

کیا کیا جھمک گئے ہیں رُخسار یار دونوں
رہ رہ گئے مہ و خور آئینہ وار دونوں

تصویر قیس و لیلیٰ ٹک ہاتھ لے کے دیکھو
کیسے ہیں عاشقی کے حیران کار دونوں

دستِ جنوں نے اب کے کپڑوں کی دھجیاں کیں
دامان و جیب میرے ہیں تار تار دونوں

پر سال کی سی بارش برسوں میں پھر ہوئی تھی
ابر اور دیدۂ تر روتے ہیں زار دونوں

دن ہیں بڑے کبھو کے راتیں بڑی کبھو کی
رہتے نہیں ہیں یکساں لیل و نہار دونوں

دل اور برق ابر و فصلِ گل ایک سے ہیں
یعنی کہ بے کلی سے ہیں بے قرار دونوں

خوش رنگ اشک خونیں گرتے رہے برابر
باغ و بہار ہیں اب جیب و کنار دونوں
اس شاخِ گل سے قد کی کیا چوٹ لگ گئی ہے
جو دل جگر ہوئے ہیں خون ایک بار دونوں
چلتے جو اس کو دیکھا جی اپنے کھنچ گئے ہیں
ہم اور میرؔ یاں ہیں بے اختیار دونوں

۔۸۸۱۔

(دیوان اول)

لب ترے لعل ناب ہیں دونوں
پر تمامی عتاب ہیں دونوں
رونا آنکھوں کا رویئے کب تک
پھوٹنے ہی کے باب ہیں دونوں
ہے تکلف نقاب وے رُخسار
کیا چھپیں آفتاب ہیں دونوں
تن کے معمُورے میں یہی دل و چشم
گھر تھے دو سو خراب ہیں دونوں
کچھ نہ پوچھو کہ آتشِ غم سے
جگر و دل کباب ہیں دونوں
سو جگہ اس کی آنکھیں پڑتی ہیں
جیسے مستِ شراب ہیں دونوں
پاؤں میں وہ نشہ طلب کا نہیں
اب تو سرمست خواب ہیں دونوں
ایک سب آگ ایک سب پانی
دیدہ و دل عذاب ہیں دونوں

بحث کاہے کو لعل و مرجاں سے
اس کے لب ہی جواب ہیں دونوں
آگے دریا تھے دیدۂ تر میر
اب جو دیکھو سراب ہیں دونوں

۔۸۸۲۔

(دیوان اول)

تری ابرو و تیغ تیز تو ہم دم ہیں یہ دونوں
ہوئے ہیں دل جگر بھی سامنے رستم ہیں یہ دونوں
نہ کچھ کاغذ میں ہے تہ نے قلم کو درد نالوں کا
لکھوں کیا عشق کے حالات نامحرم ہیں یہ دونوں
لہو آنکھوں سے بہتے وقت رکھ لیتا ہوں ہاتھوں کو
جراحت ہیں اگر وے دونوں تو مرہم ہیں یہ دونوں
کسو چشمے پہ دریا کے دیا اوپر نظر رکھیے
ہمارے دیدۂ نم دیدہ کیا کچھ کم ہیں یہ دونوں
لب جاں بخش اس کے مار ہی رکھتے ہیں عاشق کو
اگرچہ آب حیواں ہیں ولیکن سم ہیں یہ دونوں
نہیں ابرو ہی مائل جھک رہی ہے تیغ بھی ایدھر
ہمارے کشت و خوں میں متفق باہم ہیں یہ دونوں
کھلے سینے کے داغوں پر ٹھہر رہتے ہیں کچھ آنسو
چمن میں مہر ورزی کے گل و شبنم ہیں یہ دونوں
کبھو دل رکنے لگتا ہے جگر گاہے تڑپتا ہے
غم ہجراں میں چھاتی کے ہماری جم ہیں یہ دونوں
خدا جانے کہ دنیا میں ملیں اس سے کہ عقبیٰ میں
مکاں تو میر صاحب شہرۂ عالم ہیں یہ دونوں

-۸۸۳-

(دیوان سوم)

ظلم و ستم کیا جور و جفا کیا جو کچھ کہیے اٹھاتا ہوں
خفت کھینچ کے جاتا ہوں رہتا نہیں دل پھر آتا ہوں

گھر سے اٹھ کر لڑکوں میں بیٹھا بیت پڑھی دو باتیں کیں
کس کس طور سے اپنے دل کو اس بن میں بہلاتا ہوں

ہائے سبک ہونا یہ میرا فرط شوق سے مجلس میں
وہ تو نہیں سنتا دل دے کر میں ہی باتیں بناتا ہوں

قتل میں میرے یہ صحبت ہے غم غصے سے محبت کے
لوہو اپنا پیتا ہوں تلواریں اس کی کھاتا ہوں

آنے کی میری فرصت کتنی دو دم دو پل ایک گھڑی
رنجش کیوں کا ہے کو خشونت غصہ کیا ہے جاتا ہوں

سرماروں ہوں ایدھر اودھر دور تلک جاتا ہوں نکل
پاس نہیں پاتا جو اس کو کیا کیا میں گھبراتا ہوں

پھاڑ کے خط کو گلے میں ڈالا شہر میں سب تشہیر کیا
سامنے ہوں قاصد کے کیوں کر اس سے مَیں شرماتا ہوں

پہلے فریب لطف سے اس کے کچھ نہ ہوا معلوم مجھے
اب جو چاہ نے بدلیں طرحیں کڑھتا ہوں پچھتاتا ہوں

مجرم اس خاطر ہوتا ہوں میں بعضی بعضی شوخی کر
عذرِ گناہ میں جا کر اس کے پاؤں کو ہاتھ لگاتا ہوں

دیکھے ان پلکوں کے اکثر میؔر ہوں بے خود تنگ آیا
آپ کو پاتا ہوں تو چھری اس وقت نہیں میں پاتا ہوں

۔۸۸۴۔

(دیوان ششم)

اس سے گھبرا کے جو کچھ کہنے کو آ جاتا ہوں
دل کی پھر دل میں لیے چپکا چلا جاتا ہوں
سعی دشمن کو نہیں دخل مری ایذا میں
رنج سے عشق کے مَیں آپھی کھپا جاتا ہوں
گرچہ کھویا سا گیا ہوں پہ تہ حرف و سخن
اس فریبندۂ عشاق کی پا جاتا ہوں
خشم کیوں بے مزگی کا ہے کو بے لطفی کیا
بدبر اتنا بھی نہ ہو مجھ سے بھلا جاتا ہوں
استقامت سے ہوں جوں کوہ قوی دل لیکن
ضعف سے عشق کے ڈھہتا ہوں گرا جاتا ہوں
مجلس یار میں تو بار نہیں پاتا میں
در و دیوار کو احوال سنا جاتا ہوں
گاہ باشد کہ سمجھ جائے مجھے رفتۂ عشق
دور سے رنگ شکستہ کو دکھا جاتا ہوں
یک بیاباں ہے مری بیکسی و بیتابی
مثل آوازِ جرس سب سے جدا جاتا ہوں
تنگ آوے گا کہاں تک نہ مرا قلب سلیم
بگڑی صحبت کے تئیں روز بنا جاتا ہوں
گرمی عشق ہے ہلکی ابھی ہمدم دل میں
روز و شب شام و سحر میں تو جلا جاتا ہوں

۔۸۸۵۔

(دیوان اول)

عام حکم شراب کرتا ہوں
محتسب کو کباب کرتا ہوں
ٹک تو رہ اے بنائے ہستی تو
تجھ کو کیسا خراب کرتا ہوں
بحث کرتا ہوں ہو کے ابجدخواں
کس قدر بے حساب کرتا ہوں
کوئی بجھتی ہے یہ بھڑک میں عبث
تشنگی پر عتاب کرتا ہوں
سر تلک آب تیغ میں ہوں غرق
اب تئیں آب آب کرتا ہوں
جی میں پھرتا ہے میؔر وہ میرے
جاگتا ہوں کہ خواب کرتا ہوں

۔۸۸۶۔

(دیوان پنجم)

مے کشی صبح و شام کرتا ہوں
فاقہ مستی مدام کرتا ہوں
کوئی ناکام یوں رہے کب تک
میں بھی اب ایک کام کرتا ہوں
یا تو لیتا ہوں داد دل یا اب
کام اپنا تمام کرتا ہوں

۔۸۸۷۔

(دیوان اول)

جب دردِ دل کا کہنا میں دل میں ٹھانتا ہوں
کہتا ہے بن سنے ہی میں خوب جانتا ہوں
شاید نکل بھی آوے دل گم جو ہو گیا ہے
اس کی گلی میں بیٹھا میں خاک چھانتا ہوں
اس دردِ سر کا لڑکا سر سے لگا ہے میرے
سو سر کا ہووے صندل میں میرؔ مانتا ہوں

۔۸۸۸۔

(دیوان اول)

مستوجب ظلم و ستم و جور و جفا ہوں
ہر چند کہ جلتا ہوں پہ سرگرم وفا ہوں
آتے ہیں مجھے خوب سے دونوں ہنر عشق
رونے کے تئیں آندھی ہوں کڑھنے کو بلا ہوں
اس گلشن دنیا میں شگفتہ نہ ہوا میں
ہوں غنچۂ افسردہ کہ مردود صبا ہوں
ہم چشم ہے ہر آبلۂ پا کا مرا اشک
از بس کہ تری راہ میں آنکھوں سے چلا ہوں
آیا کوئی بھی طرح مرے چین کی ہو گی
آزردہ ہوں جینے سے مَیں مرنے سے خفا ہوں
دامن نہ جھٹک ہاتھ سے میرے کہ ستم گر
ہوں خاکِ سرِ راہ کوئی دم میں ہوا ہوں
دل خواہ جلا اب تو مجھے اے شبِ ہجراں
میں سوختہ بھی منتظر روزِ جزا ہوں

گو طاقت و آرام و خور و خواب گئے سب
بارے یہ غنیمت ہے کہ جیتا تو رہا ہوں
اتنا ہی مجھے علم ہے کچھ میں ہوں بہر چیز
معلوم نہیں خوب مجھے بھی کہ مَیں کیا ہوں
بہتر ہے غرض خامشی ہی کہنے سے یاراں
مت پوچھو کچھ احوال کہ مر مر کے جیا ہوں
تب گرمِ سخن کہنے لگا ہوں میں کہ اک عمر
جوں شمع سرِ شام سے تا صبح جلا ہوں
سینہ تو کیا فضل الٰہی سے سبھی چاک
ہے وقت دعا میرؔ کہ اب دل کو لگا ہوں

۔۸۸۹۔

(دیوان اول)

مثال سایہ محبت میں جال اپنا ہوں
تمھارے ساتھ گرفتار حال اپنا ہوں
سرشک سرخ کو جاتا ہوں جو پیے ہر دم
لہو کا پیاسا علی الاتصال اپنا ہوں
اگرچہ نشہ ہوں سب میں خم جہاں میں لیک
برنگ مے عرقِ انفعال اپنا ہوں
مری نمود نے مجھ کو کیا برابر خاک
میں نقشِ پا کی طرح پائمال اپنا ہوں
ہوئی ہے زندگی دشوار مشکل آساں کر
پھروں چلوں تو ہوں پر میں وبال اپنا ہوں
ترا ہے وہم کہ یہ ناتواں ہے جامے میں
وگرنہ میں نہیں اب اک خیال اپنا ہوں

بلا ہوئی ہے مری گو کہ طبع روشن میرؔ
ہوں آفتاب ولیکن زوال اپنا ہوں

۔۸۹۰۔

(دیوان دوم)

بیگانہ وضع برسوں اس شہر میں رہا ہوں
بھاگوں ہوں دور سب سے مَیں کس کا آشنا ہوں
پوچھا کیے ہیں مجھ سے گل برگ لب کو تیرے
بلبل کے ہاتھ جب میں گلزار میں لگا ہوں
اب کارشوق دیکھوں پہنچے مرا کہاں تک
قاصد کے پیچھے میں بھی بے طاقت اٹھ چلا ہوں
تجھ سے متاع خوش کا کیوں کر نہ ہوں معرف
یوسفؑ کے ہاتھ پیارے کچھ میں نہیں بکا ہوں
گل پھول کوئی کب تک جھڑ جھڑ کے گرتے دیکھے
اس باغ میں بہت اب جوں غنچہ میں رکا ہوں
کیا کیا کیا تامّل اس فکر میں گیا گھل
سمجھا نہ آپ کو مَیں کیا جانیے کہ کیا ہوں
ہوتا ہے گرم کیا تو اے آفتاب خوبی
ایک آدھ دم میں مَیں تو شبنم نمط ہوا ہوں
پیری سے جھکتے جھکتے پہنچا ہوں خاک تک میں
وہ سرکشی کہاں ہے اب تو بہت دبا ہوں
مجھ کو بلا ہے وحشت اے میرؔ دور اس سے
جاگہ سے جب اٹھا ہوں آشوب سا اٹھا ہوں

۔۸۹۱۔

(دیوان چہارم)

دل کے گئے بے دل کہلائے آگے دیکھیے کیا کیا ہوں
محزوں ہوویں مفتوں ہوویں مجنوں ہوویں رسوا ہوں
عشق کی رہ میں پاؤں رکھا سو رہنے لگے کچھ رفتہ سے
آگے چل کر دیکھیں ہم اب گم ہوویں یا پیدا ہوں
خار و خس الجھے ہیں آپھی بحث انھوں سے کیا رکھیں
موج زن اپنی طبعِ رواں سے جب ہم جیسے دریا ہوں
ہم بھی گئے جاگہ سے اپنی شوق میں اس ہرجائی کے
عشق کا جذبہ کام کرے تو پھر ہم دونوں یک جا ہوں
کوئی طرف یاں ایسی نہیں جو خالی ہووے اس سے میرؔ
یہ طرفہ ہے شورجرس سے چار طرف ہم تنہا ہوں

۔۸۹۲۔

(دیوان اول)

کیا جو عرض کہ دل سا شکار لایا ہوں
کہا کہ ایسے تو میں مفت مار لایا ہوں
کہے تو نخل صنوبر ہوں اس چمن میں مَیں
کہ سر سے پاؤں تلک دل ہی بار لایا ہوں
جہاں میں گریہ نہ پہنچا بہم مجھے دلخواہ
پہ نوحؑ کے سے تو طوفاں ہزار لایا ہوں
نہ تنگ کر اسے اے فکر روزگار کہ مَیں
دل اس سے دم کے لیے مستعار لایا ہوں
کسی سے مانگا ہے میں آج تک کہ جی لیوے
یہ احتیاج تجھی تک اے یار لایا ہوں

پھر اختیار ہے آگے ترا یہ ہے مجبور
کہ دل کو تجھ تئیں بے اختیار لایا ہوں

یہ جی جو میرے گلے کا ہے ہار تو ہی لے
ترے گلے کے لیے میں یہ ہار لایا ہوں

چلا نہ اٹھ کے وہیں چپکے چپکے پھر تو میرؔ
ابھی تو اس کی گلی سے پکار لایا ہوں

۔۸۹۳۔

(دیوان اول)

یوں ہی حیران و خفا جوں غنچۂ تصویر ہوں
عمر گزری پر نہ جانا میں کہ کیوں دل گیر ہوں

اتنی باتیں مت بنا مجھ شیفتے سے ناصحا
پند کے لائق نہیں میں قابل زنجیر ہوں

سرخ رہتی ہیں مری آنکھیں لہو رونے سے شیخ
مے اگر ثابت ہو مجھ پر واجب التعزیر ہوں

نے فلک پر راہ مجھ کو نے زمیں پر رو مجھے
ایسے کس محروم کا مَیں شور بے تاثیر ہوں

جوں کماں گرچہ خمیدہ ہوں پہ چھوٹا اور وہیں
اس کے کوچے کی طرف چلنے کو یارو تیر ہوں

جو مرے حصے میں آوے تیغ جمدھر سیل و کارد
یہ فضولی ہے کہ مَیں ہی کشتۂ شمشیر ہوں

کھول کر دیوان میرا دیکھ قدرت مدعی
گرچہ ہوں میں نوجواں پر شاعروں کا پیر ہوں

یوں سعادت ایک جمدھر مجھ کو بھی گزرانیے
منصفی کیجے تو میں تو محض بے تقصیر ہوں

اس قدر بے ننگ خبطوں کو نصیحت شیخ جی
باز آؤ ورنہ اپنے نام کو مَیں میؔر ہوں

۔۸۹۴۔

(دیوان اول)

میں کون ہوں اے ہم نفساں سوختہ جاں ہوں
اک آگ مرے دل میں ہے جو شعلہ فشاں ہوں

لایا ہے مرا شوق مجھے پردے سے باہر
میں ورنہ وہی خلوتی رازِ نہاں ہوں

جلوہ ہے مجھی سے لب دریائے سخن پر
صد رنگ مری موج ہے میں طبعِ رواں ہوں

پنجہ ہے مرا پنجۂ خورشید میں ہر صبح
میں شانہ صفت سایہ رو زلفِ بتاں ہوں

دیکھا ہے مجھے جن نے سو دیوانہ ہے میرا
میں باعث آشفتگی طبع جہاں ہوں

تکلیف نہ کر آہ مجھے جنبشِ لب کی
میں صد سخن آغشتہ بہ خوں زیر زباں ہوں

ہوں زرد غم تازہ نہالان چمن سے
اس باغ خزاں دیدہ میں مَیں برگِ خزاں ہوں

رکھتی ہے مجھے خواہش دل بسکہ پریشاں
درپے نہ ہو اس وقت خدا جانے کہاں ہوں

اک وہم نہیں بیش مری ہستی موہوم
اس پر بھی تری خاطر نازک پہ گراں ہوں

خوش باشی و تنزیہ و تقدس تھے مجھے میؔر
اسباب پڑے یوں کہ کئی روز سے یاں ہوں

-۸۹۵-

(دیوان سوم)

جلا از بس تمھارے طور سے اے جامہ زیباں ہوں
بھروسا کیا ہے میرا میں چراغ زیر داماں ہوں
سر حرف و سخن کس کو خیال زلف میں اس کے
تنک میں جو بکھر جاتا ہوں میں خاطر پریشاں ہوں
کہن سالی میں شاہد بازیاں کاہے کو زیبا تھیں
دیا لڑکوں کو دل مَیں نے قیامت میں بھی ناداں ہوں
کبھو خورشید و مہ کو دیکھ رہتا ہوں کبھو گل کو
مرے انداز سے ظاہر ہے میں اس رو کا حیراں ہوں
کسو کی یاد رو میں اشک آنکھوں سے نہیں تھمتے
برنگ ابر قبلہ آج میں شدت سے گریاں ہوں
بکا جب تک نہیں کرتا ہوں تب تک خیر ہے ورنہ
بلا ہوں فتنہ ہوں آشوب ہوں آفت ہوں طوفاں ہوں
بحال سگ پھرا کب تک کروں یوں اس کے کوچے میں
خجالت کھینچتا ہوں میؔر آخر میں بھی انساں ہوں

-۸۹۶-

(دیوان دوم)

یارو مجھے معاف رکھو میں نشے میں ہوں
اب دو تو جام خالی ہی دو میں نشے میں ہوں
ایک ایک قرط دور میں یوں ہی مجھے بھی دو
جامِ شراب پر نہ کرو میں نشے میں ہوں
مستی سے درہمی ہے مری گفتگو کے بیچ
جو چاہو تم بھی مجھ کو کہو میں نشے میں ہوں

یا ہاتھوں ہاتھ لو مجھے مانند جامِ مے
یا تھوڑی دور ساتھ چلو میں نشے میں ہوں

معذور ہوں جو پاؤں مرا بے طرح پڑے
تم سرگراں تو مجھ سے نہ ہو میں نشے میں ہوں

بھاگی نماز جمعہ تو جاتی نہیں ہے کچھ
چلتا ہوں میں بھی ٹک تو رہو میں نشے میں ہوں

نازک مزاج آپ قیامت ہیں مِیرؔ جی
جوں شیشہ میرے منہ نہ لگو میں نشے میں ہوں

۔۸۹۷۔

(دیوان ششم)

تری راہ میں گرچہ اے ماہ ہوں
پہ یہ غم ہے میں بھی سر راہ ہوں

مرے درپئے خونِ ناحق ہے تو
نہ خوندار ہوں میں نہ خونخوار ہوں

تری دوستی سے جو دشمن ہیں سب
انھوں کے بھی خوں تک میں ہمراہ ہوں

نہ سمجھو مجھے بے خبر اس قدر
تہِ دل سے لوگوں کے آگاہ ہوں

مری کجروی سادگی سے ہے مِیرؔ
بہت اس رویّے پہ گمراہ ہوں

۔۸۹۸۔

(دیوان ششم)

بے کار مجھ کو مت کہہ میں کارآمدہ ہوں
بیگانہ وضع تو ہوں پر آشنا زدہ ہوں

میں منہ نہیں لگایا بنت العنب کو گاہے
تب تھا جوان صالح اب پیرِ مے کدہ ہوں

۔۸۹۹۔

(دیوان اول)

درد و اندوہ میں ٹھہرا جو رہا میں ہی ہوں
رنگ رو جس کے کبھو منہ نہ چڑھا میں ہی ہوں
جس پہ کرتے ہو سدا جور و جفا میں ہی ہوں
پھر بھی جس کو ہے گماں تم سے وفا میں ہی ہوں
بد کہا مَیں نے رقیبوں کو تو تقصیر ہوئی
کیوں ہے بخشو بھی بھلا سب میں برا میں ہی ہوں
اپنے کوچے میں فغاں جس کی سنو ہو ہر رات
وہ جگر سوختہ و سینہ جلا میں ہی ہوں
خار کو جن نے لڑی موتی کی کر دکھلایا
اس بیابان میں وہ آبلہ پا میں ہی ہوں
لطف آنے کا ہے کیا بس نہیں اب تاب جفا
اتنا عالم ہے بھرا جاؤ نہ کیا میں ہی ہوں
رک کے جی ایک جہاں دوسرے عالم کو گیا
تنِ تنہا نہ ترے غم میں ہوا میں ہی ہوں
اس ادا کو تو ٹک اک سیر کر انصاف کرو
وہ برا ہے گا بھلا دوستو یا میں ہی ہوں
میں یہ کہتا تھا کہ دل جن نے لیا کون ہے وہ
یک بیک بول اٹھا اس طرف آ میں ہی ہوں
جب کہا مَیں نے کہ تو ہی ہے تو پھر کہنے لگا
کیا کرے گا تو مرا دیکھوں تو جا میں ہی ہوں

سنتے ہی ہنس کے ٹک اک سوچیو کیا تو ہی تھا
جن نے شب رو کے سب احوال کہا میں ہی ہوں
میرؔ آوارۂ عالم جو سنا ہے تو نے
خاک آلودہ وہ اے بادِ صبا میں ہی ہوں
کاسۂ سر کو لیے مانگتا دیدار پھرے
میرؔ وہ جان سے بیزار گدا میں ہی ہوں

۔۹۰۰۔

(دیوان اول)

آتا ہے دل میں حال بد اپنا بھلا کہوں
پھر آپھی آپ سوچ کے کہتا ہوں کیا کہوں
پروانہ پھر نہ شمع کی خاطر جلا کرے
گر بزم میں یہ اپنا ترا ماجرا کہوں
مت کر خرام سر پہ اٹھا لے گا خلق کو
بیٹھا اگر گلی میں ترا نقشِ پا کہوں
دل اور دیدہ باعث ایذا و نور عین
کس کے تئیں برا کہوں کس کو بھلا کہوں
آوے سموم جائے صبا باغ سے سدا
گرشمہ اپنے سوزِ جگر کا مَیں جا کہوں
جاتا ہوں میرؔ دشتِ جنوں کو مَیں اب یہ کہہ
مجنوں کہیں ملے تو تری بھی دعا کہوں

۔۹۰۱۔

(دیوان دوم)

دل کو لکھوں ہوں آہ وہ کیا مدعا لکھوں
دیوانے کو جو خط لکھوں بتلاؤ کیا لکھوں

کیا کیا لقب ہیں شوق کے عالم میں یار کے
کعبہ لکھوں کہ قبلہ اسے یا خدا لکھوں

حیراں ہو میرے حال میں کہنے لگا طبیب
اس دردمند عشق کی میں کیا دوا لکھوں

وحشت زدوں کو نامہ لکھوں ہوں نہ کس طرح
مجنوں کو اس کے حاشیے پر میں دعا لکھوں

کچھ روبرو ہوئے پہ جو سلجھے تو سلجھے میرؔ
جی کے الجھنے کا اسے کیا ماجرا لکھوں

۔۹۰۲۔

(دیوان اول)

راضی ہوں گو کہ بعد از صد سال و ماہ دیکھوں
اکثر نہیں تو تجھ کو مَیں گاہ گاہ دیکھوں

جی انتظار کش ہے آنکھوں میں رہگزر پر
آ جا نظر کہ کب تک میں تیری راہ دیکھوں

آنکھیں جو کھل رہی ہیں مرنے کے بعد میری
حسرت یہ تھی کہ اس کو مَیں اک نگاہ دیکھوں

یہ دل وہ جا ہے جس میں دیکھا تھا تجھ کو بستے
کن آنکھوں سے اب اجڑا اس گھر کو آہ دیکھوں

دیکھوں تو چاند اب کا گزرے ہے مجھ کو کیسا
دل ہے کہ تیرے منہ پر بے مہر ماہ دیکھوں

بخت سیہ تو اپنے رہتے ہیں خواب ہی میں
اے رشک یوسف مصر پھر کس کو چاہ دیکھوں

چشم و دل و جگر یہ سارے ہوئے پریشاں
کس کس کی تیرے غم میں حالت تباہ دیکھوں

آنکھیں تو تُو نے دی ہیں اے جرم بخش عالم
کیا تیری رحمت آگے اپنے گناہ دیکھوں
تاریک ہوچلا ہے آنکھوں میں میری عالم
ہوتا ہے کیونکہ دل بن میرا تباہ دیکھوں
مرنا ہے یا تماشا ہر اک کی ہے زباں پر
اس مچھلے کو چل کر میں خوانخواہ دیکھوں
دیکھوں ہوں آنکھ اٹھا کر جس کو تو یہ کہے ہے
ہوتا ہے قتل کیوں کر یہ بے گناہ دیکھوں
ہوں میں نگاہ بسمل گو اک مژہ تھی فرصت
تا میؔر رُوئے قاتل تا قتل گاہ دیکھوں

۔۹۰۳۔

(دیوان اول)

ہمیشہ دل میں کہتا ہوں یہاں جاؤں وہاں جاؤں
ترے غم کو اکیلا چھوڑ کر پیارے کہاں جاؤں
لگی آتی ہے واں تک تیرے دامن کی ہوا اڑ کے
میں یہ مشتِ غبار اپنا چھپانے کو جہاں جاؤں
ادھر صحرائے بیتابی ادھر مشہد ہے اے قاتل
جو فرماوے تو واں جاؤں جو فرماوے تو یاں جاؤں
اگر جیتا رہا اے زلف تو میں میؔر ہوں سنیو
بلائے ناگہانی کے سر اوپر ناگہاں جاؤں

۔۹۰۴۔

(دیوان دوم)

جانا ادھر سے میؔر ہے ویسا ادھر کے تیں
بیماریوں میں جیسے بدلتے ہیں گھر کے تیں

کب ناخنوں سے چہرہ نچے اس صفا سے ہوں
رجھواڑ تم نہیں ہو جو دیکھو ہنر کے تیں

خستے کو اس نگہ کے طبیبوں سے کام کیا
ہمدم مجھے دکھا کسو صاحب نظر کے تیں

فردوس ہو نصیب پدر آدمی تھا خوب
دل کو دیا نہ ان نے کسو خوش پسر کے تیں

ٹک دل کی بے قراری میں جاتے ہیں جی چلے
ہر دم تپش سراہیے میرے جگر کے تیں

تم دل سے جو گئے سو خرابی بہت رہی
پھر بھی بساؤ آ کے اس اجڑے نگر کے تیں

اللہ رے نازکی نہیں آتی خیال میں
کس کس طرح سے باندھتے ہیں اس کمر کے تیں

حالت یہ ہے کہ بے خبری دم بہ دم ہے یاں
وے اب تلک بھی آتے نہیں ٹک خبر کے تیں

مدت ہوئی کہ اپنی خبر کچھ ہمیں نہیں
کیا جانیے کہ میرؔ گئے ہم کدھر کے تیں

-۹۰۵-

(دیوان اول)

تکلیف باغ کن نے کی تجھ خوش دہاں کے تیں
دیتا ہے آگ رنگ ترا گلستاں کے تیں

تنکا بھی اب رہا نہیں شرمندگی ہے جو
گر پڑ کے برق پاوے مرے آشیاں کے تیں

آئے عدم سے ہستی میں تس پر نہیں قرار
ہے ان مسافروں کا ارادہ کہاں کے تیں

سناہٹے سے باغ سے کچھ اٹھتے ہیں نسیم
مرغِ چمن نے خوب متھا ہے فغاں کے تیں

بے رحم ٹک تو پاؤں تو چھاتی پہ رکھے رہ
مارا بھی ہے کبھی تیں کسی خستہ جاں کے تیں

اک گردش اے فلک کہ ہو اثنائے راہ سے
کنعاں کی اور راہ غلط کارواں کے تیں

تو اک زباں پہ چپکی نہیں رہتی عندلیب
رکھتا ہے منہ میں غنچۂ گل سو زباں کے تیں

دیکھے کہاں ہیں زلف تری مردمان شہر
سودا ہوا ہے کہنے لگے اس جواں کے تیں

ہم تو ہوئے تھے میرؔ سے اس دن ہی ناامید
جس دن سنا کہ ان نے دیا دل بتاں کے تیں

-۹۰۶-

(دیوان دوم)

کن نے لپٹے بال دکھلائے ترے مانی کے تیں
ان نے جو اس طول سے کھینچا پریشانی کے تیں

کشتۂ انداز کس کا تھا نہ جانا وہ جواں
لے رہے تھے کچھ ملک اک نعش قربانی کے تیں

چشمِ کم سے اشک خونیں کو نہ دیکھو زینہار
ڈھونڈتے ہیں مردم اس یاقوت سیلانی کے تیں

طائران خوش معاش اس باغ کے ہم تھے کبھو
اب ترستے ہیں قفس میں اک پر افشانی کے تیں

ہے جہان تنگ سے جانا بعینہ اس طرح
قتل کرنے لے چلیں ہیں جیسے زندانی کے تیں

یہ کہاں بنت العنب سے اٹھتی ہیں کیفیتیں
ہونٹوں سے کیا اس کے نسبت ایسی مستانی کے تیں

دل جو پانی ہو تو آئینہ ہے رُوئے یار کا
خانہ آبادی سمجھ اس خانہ ویرانی کے تیں

فہم میں میرے نہ آیا پردہ در ہے طفلِ اشک
روؤں کیا اے ہم نشیں میں اپنی نادانی کے تیں

کچھ نظر مَیں نے نہ کی جی کے زیاں پر اپنے ہائے
دوست میں رکھے گیا اس دشمنِ جانی کے تیں

جب جلے چھاتی بہت تب اشک افشاں ہو نہ میؔر
کیا جو چھڑکا اس دہکتی آگ پر پانی کے تیں

۔۹۰۷۔

(دیوان سوم)

نہ کر شوق کشتوں سے جانے کی باتیں
نہیں آتیں کیا تجھ کو آنے کی باتیں

سماجت جو کی بوس لب پر تو بولا
نہیں خوب یہ مار کھانے کی باتیں

زبانیں بدلتے ہیں ہر آن خوباں
یہ سب کچھ ہیں بگڑے زمانے کی باتیں

نظر جب کرو زیرِ لب کچھ کہے ہے
کہو یار کے آستانے کی باتیں

سہی جائے گالی اگر دوستی ہو
بری بھی بھلی ہیں لگانے کی باتیں

ہمیں دیر و کعبے سے کیا گفتگو ہے
چلی جاتی ہیں یہ سیانے کی باتیں

بگڑ بھی چکے یار سے ہم تو یارو
کرو کچھ اب اس سے بنانے کی باتیں

کیا سیر کل مَیں نے دیوان مجنوں
خوش آئیں بہت اس دوانے کی باتیں

بہت ہرزہ گوئی کی یاں میؔر صاحب
کرو واں کے کچھ منہ دکھانے کی باتیں

-۹۰۸-

(دیوان چہارم)

تھکے چارہ جوئی سے اب کیا کریں
کہو تم سو دل کا مُداوا کریں

گلستاں میں ہم غنچہ ہیں دیر سے
کہاں ہم کو پروا کہ پروا کریں

نہیں چاہتا جی کچھ اب سیر ہیں
ہوس دل کو ہو تو تمنا کریں

بخود جستجو میں نہ اس کی رہے
ہم آپھی ہیں گم کس کو پیدا کریں

غضب ہے یہ انداز رفتار عشق
چلے جائیں جی ہم تماشا کریں

بلا شور ہے سر میں ہم کب تلک
قیامت کا ہنگامہ برپا کریں

کہیں دل کی مرغان گلشن سے کیا
یہ بے حوصلہ ہم کو رسوا کریں

کھپا عشق کا جوش دل میں بھلا
کہ بدنام ہوویں جو سودا کریں

برے حال اس کی گلی میں ہیں میؔر
جو اٹھ جائیں واں سے تو اچھا کریں

۔۹۰۹۔

(دیوان اول)

چاہتے ہیں یہ بتاں ہم پہ کہ بیداد کریں
کس کے ہوں کس سے کہیں کس کنے فریاد کریں
ایک دم پر ہے بنا تیری سو آیا کہ نہیں
وہ کچھ اس زندگی میں کر کہ تجھے یاد کریں
کعبہ ہوتا ہے دوانوں کا مری گور سے دشت
مجھ سے دو اور گڑیں یاں تو سب آباد کریں
ہم تو راہب نہیں ہیں واقف رسم سجدہ
ہیں کدھر شیخِ حرم کچھ ہمیں ارشاد کریں
ریختہ خوب ہی کہتا ہے جو انصاف کرو
چاہیے اہلِ سخن میؔر کو استاد کریں

۔۹۱۰۔

(دیوان اول)

نہ کیونکہ شیخ توکل کو اختیار کریں
زمانہ ہووے مساعد تو روزگار کریں
گیا وہ زمزمۂ صبح فصلِ گل بلبل
دعا نہ پہنچے چمن تک ہم اب ہزار کریں
تمام صید سر تیر جمع ہیں لیکن
نصیب اس کے کہ جس کو ترا شکار کریں
تسلی تو ہو دل بے قرار خوباں سے
یہ کاش ملنے نہ ملنے کا کچھ قرار کریں

ہمیں تو نزع میں شرمندہ آ کے ان نے کیا
رہا ہے ایک رمق جی سو کیا نثار کریں
رہی سہی بھی گئی عمر تیرے پیچھے یار
یہ کہہ کہ آہ ترا کب تک انتظار کریں
کریں ہیں حادثے ہر روز وار آخر تو
سنان آہ دل شب کے ہم بھی پار کریں
یہ قتلِ غیر ہے کیا کام ہم نشیناں آج
جو دشمنی نہ کرے وہ تو اس کو یار کریں
ہوا ہوں خاکِ رہ اس واسطے کہ خوباں میرؔ
گزار گور پہ میری بھی ایک بار کریں

-۹۱۱-

(دیوان دوم)

آج ہمارے گھر آیا تو کیا ہے یاں جو نثار کریں
الا کھینچ بغل میں تجھ کو دیر تلک ہم پیار کریں
خاک ہوئے برباد ہوئے پامال ہوئے سب محو ہوئے
اور شدائد عشق کی رہ کے کیسے ہم ہموار کریں
زردی رخ رونا ہر دم کا شاہد دو جب ایسے ہوں
چاہت کا انصاف کرو تم کیوں کر ہم انکار کریں
باغ میں اب آ جاتے ہیں تو صرفہ اپنا چپ میں ہے
خوبی بیاں کر تیری ہم کیا گل کو گلے کا ہار کریں
شیوہ اپنا بے پروائی نومیدی سے ٹھہرا ہے
کچھ بھی وہ مغرور دبے تو منت ہم سو بار کریں
ہم تو فقیر ہیں خاک برابر آ بیٹھے تو لطف کیا
ننگ جہاں لگتا ہو ان کو واں وے ایسی عار کریں

پتا پتا گلشن کا تو حال ہمارا جانے ہے
اور کہے تو جس سے اے گل بے برگی اظہار کریں

کیا ان خوش ظاہر لوگوں سے ہم یہ توقع رکھتے تھے
غیر کو لے کر پاس یہ بیٹھیں ہم کو گلیوں میں خوار کریں

میؔر جی ہیں گے ایک جو آئے کیا ہم ان سے درد کہیں
کچھ بھی جو سن پاویں تو یہ مجلس میں بستار کریں

۔۹۱۲۔

(دیوان سوم)

تاچند وہ ستم کرے ہم درگزر کریں
اب جی میں ہے کہ شہر سے اس کے سفر کریں

بے رو سے ایسی بات کے کرنے کا لطف کیا
وہ منہ کو پھیر پھیر لے ہم حرف سر کریں

کب تک ہم انتظار میں ہر لحظہ بے قرار
گھر سے نکل نکل کے گلی میں نظر کریں

فرہاد و قیس کوہکن و دشت گرد تھے
منہ نوچیں چھاتی کوٹیں یہی ہم ہنر کریں

سختی مسلم اس سے جدا رہنے میں ولے
سر سنگ سے نہ ماریں تو کیوں کر بسر کریں

وہ تو نہیں کہ دیکھیں اس آئینہ رُو کو صبح
ہم کس امید پر شبِ غم کو سحر کریں

لاویں کہاں سے خونِ دل اتنا کہ میؔر ہم
جس وقت بات کرنے لگیں چشم تر کریں

-۹۱۳-

(دیوان چہارم)

یوں ناکام رہیں گے کب تک جی میں ہے اک کام کریں
رسوا ہو کر مارے جاویں اس کو بھی بدنام کریں

جن کو خدا دیتا ہے سب کچھ وے ہی سب کچھ دیتے ہیں
ٹوپی لنگوٹی پاس اپنے ہم اس پر کیا انعام کریں

منہ کھولے تو روز ہے روشن زلف بکھیرے رات ہے پھر
ان طوروں سے عاشق کیوں کر صبح کو اپنی شام کریں

خط و کتابت حرف و حکایت صفحہ ورق میں آ جاوے
دستے کے دستے کاغذ ہو جو دل کا حال ارقام کریں

شیخ پڑے محراب حرم میں پہروں دوگانہ پڑھتے رہو
سجدہ ایک اس تیغ تلے کا ان سے ہو تو سلام کریں

دل آسودہ ہو تو رہے ٹک در پر ہم سو بار گئے
وہ سو یہی کہہ بھیجے ہے باہر جاویں اب آرام کریں

میل گدائی طبع کو اپنی کچھ بھی نہیں ہے ورنہ میؔر
دو عالم کو مانگ کے لاویں ہم جو تنک ابرام کریں

-۹۱۴-

(دیوان اول)

یہ ترک ہو کے خشن کج اگر کلاہ کریں
تو بوالہوس نہ کبھو چشم کو سیاہ کریں

تمھیں بھی چاہیے ہے کچھ تو پاس چاہت کا
ہم اپنی اور سے یوں کب تلک نباہ کریں

رکھا ہے اپنے تئیں روک روک کر ورنہ
سیاہ کر دیں زمانے کو ہم جو آہ کریں

جو اس کی اور کو جانا ملے تو ہم بھی ضعیف
ہزار سجدے ہر اک گام سر براہ کریں

ہوائے مے کدہ یہ ہے تو فوت وقت ہے ظلم
نماز چھوڑ دیں اب کوئی دن گناہ کریں

ہمیشہ کون تکلف ہے خوب رویوں کا
گزار ناز سے ایدھر بھی گاہ گاہ کریں

اگر اٹھیں گے اسی حال سے تو کہیو تو
جو روزِ حشر تجھی کو نہ عذر خواہ کریں

بری بلا ہیں ستم کشتۂ محبت ہم
جو تیغ برسے تو سر کو نہ کچھ پناہ کریں

اگرچہ سہل ہیں پر دیدنی ہیں ہم بھی میرؔ
ادھر کو یار تامّل سے گر نگاہ کریں

-۹۱۵-

(دیوان سوم)

کبھو ملے ہے سو وہ یوں کہ پھر ملا نہ کریں
کرے ہے آپھی شکایت کہ ہم گلہ نہ کریں

ہوئی یہ چاہ میں مشکل کہ جی گیا ہوتا
نہ رہتے جیتے اگر ہم مساہلہ نہ کریں

ہمارے حرف پریشاں ہی لطف رکھتے ہیں
جنوں ہے بحث جو وحشت میں عاقلانہ کریں

صفائے دل جو ہوئی ٹک تو دیکھیں ہیں کیا کیا
ہم ایسے آئینے کو اپنے کیوں جلا نہ کریں

وبال میں نہ گرفتار ہوں کہیں مہ و مہر
خدا کرے ترے رخ سے مقابلہ نہ کریں

دل اب تو ہم سے ہے بدباز اگر رہے جیتے
کسو سے ہم بھی ولے پھر معاملہ نہ کریں
سخن کے ملک کا مَیں مستقل امیر ہوں میرؔ
ہزار مدعی بھی مجھ کو دہ دلا نہ کریں

۔۹۱۶۔

(دیوان پنجم)

تدبیر کوئی بتاوے جو آپ کو سنبھالیں
جینے کی اپنے ہم بھی کوئی طرح نکالیں
قالب میں جی نہیں ہے اس بن ہمارے گویا
حیران کار یارب ہم کیسا ڈول ڈالیں
محشر میں داد خوباں چاہیں تو کس سے چاہیں
واں لگ چلے ملک تو اس کو بھی یہ لگالیں
طالع نہ ذائقے کے اپنے کھلے کہ ہم بھی
ان شکریں لبوں کے ہونٹوں کا کچھ مزہ لیں
خوش چشم خوبرویاں دیدہ وراں ہیں کتنے
دزدیدہ دیکھنے میں دل دیکھتے چرا لیں
عشق و جنوں سے جی تو تنگ آ گیا ہے کاش اب
دست تلطف اپنے سر سے مرے اٹھا لیں
خونریزی سے ہماری اچھا ہے ہاتھ اٹھانا
یوں چاہیے کہ دلبر درویش سے دعا لیں
چلتے ہیں ناز سے جب ٹھوکر لگے ہے دل کو
آتیں نہیں سمجھ میں ان دلبروں کی چالیں
منت ہزار کریے مانے منے نہ ہرگز
میرؔ ایسے غصہ ور کو ہم کس طرح منا لیں

۔۹۱۷۔

(دیوان سوم)

بہار آئی کھلے گل پھول شاید باغ و صحرا میں
جھلک سی مارتی ہے کچھ سیاہی داغ سودا میں
نفاق مردماں عاجز سے ہے زعم تکبر پر
کہوں کیا اتفاق ایسا بھی ہو جاتا ہے دنیا میں
نموداری ہماری بے کلی سے ایک چشمک ہے
ٹھہرنا برق سا اپنا ہے ہو چکنا اسی جا میں
سخن دس پانچ یاں ہیں جمع کس حسن لطافت سے
تفاوت ہے مرے مجموعہ و عقد ثریا میں
کنواں دیکھا نہ کوئی غار مَیں نے شوق کے مارے
بعینہ راہ اندھا سا چلا اس کی تمنا میں
بہت تھا شور وحشت سر میں میرے سوچ نے تیری
لکھی تصویر تو زنجیر پہلے کھینچ لی پا میں
جدائی کے تعب کھینچے نہیں ہیں میؔر راضی ہوں
جلاویں آگ میں یا مجھ کو پھینکیں قعر دریا میں

۔۹۱۸۔

(دیوان دوم)

نہیں تبخال لعل دلربا میں
گہر پہنچا بہم آب بقا میں
غریبانہ کوئی شب روز کر یاں
ہمیشہ کون رہتا ہے سرا میں
اٹھاتے ہاتھ کیوں نومید ہو کر
اگر پاتے اثر کچھ ہم دعا میں

کہے ہے ہر کوئی اللہ میرا
عجب نسبت ہے بندے میں خدا میں

کفن میں ہی نہ پہنا وہ بدن دیکھ
کھنچے لوہو میں بہتیروں کے جامیں

ادھر جانے کو آندھی تو ہے لیکن
سبک پائی سی ہے بادِ صبا میں

بلا تہ دار بحر عشق نکلا
نہ ہم نے انتہا لی ابتدا میں

ملے برسوں وہی بیگانہ ہے وہ
ہنر ہے یہ ہمارے آشنا میں

اگرچہ خشک ہیں جیسے پر کاہ
اڑے ہیں میؔر جی لیکن ہوا میں

۔۹۱۹۔

(دیوان پنجم)

غم ہجراں میں گھبرا کر اٹھا میں
طرف گلزار کی آیا چلا میں

شگفتہ خاطری اس بن کہاں تھی
چمن میں غنچہ پیشانی رہا میں

کسو سے دل نہیں ملتا ہے یارب
ہوا تھا کس گھڑی ان سے جدا میں

تعارف ہم صفیروں سے نہیں کچھ
ہوا ہوں ایک مدت میں رہا میں

کیا صبر آخر آزار دلی پر
بہت کرتا رہا دارو دوا میں

نہ عنقا کا کہیں نام و نشاں تھا
ہوا تھا شہرہ جب نامِ خدا میں
ہوا تھا میرؔ مشکل عشق میں کام
کیا پتھر جگر تب کی دوا میں

۔۹۲۰۔

(دیوان سوم)

اثر ہوتا ہماری گر دعا میں
لگ اٹھتی آگ سب جوِّ سما میں
نہ اٹکا ہائے ٹک یوسفؑ کا مالک
وگرنہ مصر سب ملتا بہا میں
قصور اپنے ہی طول عمر کا تھا
نہ کی تقصیر ان نے تو جفا میں
سخن مشتاق ہیں بندے کے سب لوگ
سر و دل کس کو ہے عشق خدا میں
کفن کیا عشق میں مَیں نے ہی پہنا
کھنچے لوہو میں بہتیروں کے جامیں
پیام اس گل کو اس کے ہاتھ دیتے
سبک پائی نہ ہوتی گر صبا میں
جیو خوش یا کوئی نا خوش ہمیں کیا
ہم اپنے محو ہیں ذوقِ فنا میں
ہمیں فرہاد و مجنوں جس سے چاہو
تم آ کر پوچھ لو شہر وفا میں
سراپا ہی ادا و ناز ہے یار
قیامت آتی ہے اس کی ادا میں

بلا زلفِ سیاہ اس کی ہے پرپیچ
وطن دل نے کیا ہے کس بلا میں
ضعیف و زار تنگی سے ہیں ہرچند
ولیکن میرؔ اڑتے ہیں ہوا میں

۔۹۲۱۔

(دیوان سوم)

تھا شوق مجھے طالبِ دیدار ہوا میں
سو آئینہ سا صورتِ دیوار ہوا میں
جب دور گیا قافلہ تب چشم ہوئی باز
کیا پوچھتے ہو دیر خبردار ہوا میں
اب پست و بلند ایک ہے جوں نقشِ قدم یاں
پامال ہوا خوب تو ہموار ہوا میں
کب ناز سے شمشیر ستم ان نے نہ کھینچی
کب ذوق سے مرنے کو نہ تیار ہوا میں
بازار وفا میں سرسودا تھا سبھوں کو
پر نبیچ کے جی ایک خریدار ہوا میں
ہشیار تھے سب دام میں آئے نہ ہم آواز
تھی رفتگی سی مجھ کو گرفتار ہوا میں
کیا جیتنے کا فائدہ جو شیب میں چیتا
سونے کا سماں آیا تو بیدار ہوا میں
تم اپنی کہو عشق میں کیا پوچھو ہو میری
عزت گئی رسوائی ہوئی خوار ہوا میں
اس نرگس مستانہ کو دیکھے ہوئے برسوں
افراط سے اندوہ کی بیمار ہوا میں

رہتا ہوں سدا مرنے کے نزدیک ہی اب میرؔ
اس جان کے دشمن سے بھلا یار ہوا میں

۔۹۲۲۔

(دیوان اول)

آیا کمال نقص مرے دل کی تاب میں
جاتا ہے جی چلا ہی مرا اضطراب میں
دوزخ کیا ہے سینہ مرا سوزِ عشق سے
اس دل جلے ہوئے کے سبب ہوں عذاب میں
مت کر نگاہ خشم یہی موت ہے مری
ساقی نہ زہر دے تو مجھے تو شراب میں
بیدار شورِ حشر نے سب کو کیا ولے
ہیں خون خفتہ اس کے شہیدوں کے خواب میں
دل لے کے رو بھی ٹک نہیں دیتے کہیں گے کیا
خوبان بد معاملہ یوم الحساب میں
جا کر درِ طبیب پہ بھی میں گرا ولے
جز آہ ان نے کچھ نہ کیا میرے باب میں
عیش و خوشی ہے شیب میں ہو گو پہ وہ کہاں
لذت جو ہے جوانی کے رنج و عتاب میں
دیں عمرِ خضر موسم پیری میں تو نہ لے
مرنا ہی اس سے خوب ہے عہدِ شباب میں
آ نکلے تھے جو حضرت میرؔ اس طرف کہیں
مَیں نے کیا سوال یہ ان کی جناب میں
حضرت سنو تو میں بھی تعلق کروں کہیں
فرمانے لاگے روکے یہ اس کے جواب میں

تو جان لیک تجھ سے بھی آئے جو کل تھے یاں
ہیں آج صرف خاک جہانِ خراب میں

۔۹۲۳۔

(دیوان پنجم)

فریاد سے کیا لوگ ہیں دن ہی کو عجب میں
رہتی ہے خلش نالوں سے میرے دل شب میں
حسرت کی جگہ ہے نہ کہ سبزان گل اندام
جاتے ہیں چلے آگے سے آتے نہیں ڈھب میں
افتادگی پر بھی نہ چھوا دامن انھوں کا
کوتاہی نہ کی دلبروں کے ہم نے ادب میں
کر خوف کلک خَسپ کی جو سرخ ہیں آنکھیں
جلتے ہیں تر و خشک بھی مسکیں کے غضب میں
پایا نہ کنھوں نے اسے کوشش کی بہت میؔر
سب سالک و مجذوب گئے اس کی طلب میں

۔۹۲۴۔

(دیوان سوم)

میں نالہ کش تھا صبح کو یادحبیب میں
سوراخ پڑ گئے جگر عندلیب میں
سر مارتے ہیں سنگ سے فرہاد کے سے رنگ
دیکھیں تو ہم بھی کیا ہے ہمارے نصیب میں
جانے کو سوئے دوست مسافر ہوئے ہیں ہم
ڈر ہر قدم ہے عشق کی راہ غریب میں
کیا رفتگاں کے ہاتھ سے ہو کتنے ان کے پاؤں
اکثر جنھوں کا ہاتھ ہے دست طبیب میں

دل خستہ چشم بستہ و رو زرد تس پہ گرد
حیرت ہے ہم کو میرؔ کے حال عجیب میں

۔۹۲۵۔

(دیوان سوم)

تیغ کی نوبت کب پہنچے ہے اپنے جی کی غارت میں
عاشق زار کو مار رکھے ہے ایک ابرو کی اشارت میں
گزرے گر دل میں ہو کر تو ایک نگاہ ضروری ہے
کچھ کچھ تیرے غم نے لکھا ہے آ کر واں کی عمارت میں
سوکھ کے مَیں تو عشق کے غم میں خس کی مثال حقیر ہوا
وہ تقصیر نہیں کرتا ہے اب تک میری حقارت میں
ایک بگولا ساتھ مجھے بھی تربت قیس پہ لے آیا
کتنے غزال نظر واں آئے تھے مشغول زیارت میں
دل کو آگ اک دم میں دے دی اشک ہوئے چنگاری سے
کیا ہی شریر ہے شوخی برق ملائی ان نے شرارت میں
شیخ جو تھا دیدار بتاں کا منکر ایسا تھا معذور
دل کو بصیرت تھی نہ اس کے بے نوری تھی بصارت میں
خط و کتابت ایک طرف ہے دفتر لکھ لکھ بھیجے میرؔ
کہیے کچھ جو صریر قلم کی کوتاہی ہو سفارت میں

۔۹۲۶۔

(دیوان اول)

گر کچھ ہو درد آئینہ یوں چرخ زشت میں
ان صورتوں کو صرف کرے خاک و خشت میں
رکھتا ہے سوزِ عشق سے دوزخ میں روز و شب
لے جائے گا یہ سوختہ دل کیا بہشت میں

آسودہ کیونکہ ہوں میں کہ مانند گردباد
آوارگی تمام ہے میری سرشت میں

کب تک خراب سعی طواف حرم رہوں
دل کو اٹھا کے بیٹھ رہوں گا کنشت میں

ماتم کے ہوں زمین پہ خرمن تو کیا عجب
ہوتا ہے نیل چرخ کی اس سبز کشت میں

سرمست ہم ہیں آنکھوں کے دیکھے سے یار کی
کب یہ نشہ ہے دخترِ رز تجھ پلشت میں

رندوں کے تیں ہمیشہ ملامت کرے ہے تو
آ جائیو نہ شیخ کہیں ہشت بھشت میں

نامے کو چاک کر کے کرے نامہ بر کو قتل
کیا یہ لکھا تھا میؔر مری سرنوشت میں

۔۹۲۷۔

(دیوان دوم)

رکھا کر اشک افشاں چشم فرصت غیر فرصت میں
کہ مل جاتا ہے ان جوؤں کا پانی بحر رحمت میں

سنبھالے سدھ کہاں سر ہی فرو لاتا نہیں ہرگز
وگرنہ مان جاتا تھا کہاں تھوڑی سی منت میں

گئے دن متصل جانے کے اس کی اور اٹھ اٹھ کر
تفاوت ہو گیا اب تو بہت پاؤں کی طاقت میں

تحمل ہوسکا جب تک بدن میں تاب و طاقت تھی
قیامت اب گزر جاتی ہے جی پر ایک ساعت میں

عجب کیا ہے جو یاران چمن کو ہم نہ پہچانیں
رہائی اتفاق اپنی پڑی ہے ایک مدت میں

سلاتا تیغ خوں میں گر نہ میرے تو قیامت تھی
اٹھا تھا روزِ محشر کا سا فتنہ رات صحبت میں
کوئی عمامہ لے بھاگا کنھوں نے پیرہن پھاڑا
بہت گستاخیاں یاروں نے کیں واعظ کی خدمت میں
ملا تیوری چڑھائے تو لگا ابرو بھی خم کرنے
موثر کچھ ہوا سر مارنا محراب طاعت میں
قدم پر رکھ قدم اس کے بہت مشکل ہے مر جانا
سرآمد ہو گیا ہے میرؔ فن مہر و الفت میں

۔۹۲۸۔

(دیوان سوم)

شعر کچھ مَیں نے کہے بالوں کی اس کے یاد میں
سو غزل پڑھتے پھرے ہیں لوگ فیض آباد میں
سرخ آنکھیں خشم سے کیں ان نے مجھ پر صبح کو
دیکھی یہ تاثیر شب کی خوں چکاں فریاد میں
یہ تصرف عشق کا ہے سب وگرنہ ظرف کیا
ایک عالم غم سمایا خاطر ناشاد میں
عشق کی دیوانگی لائی ہمیں جنگل کی اور
ورنہ ہم پھرتے بگولے سے نہ خاک و باد میں
دیر لگتا ہے گلے تلوار پر وہ رکھ کے ہاتھ
خوبیاں بھی تو بہت ہیں اس ستم ایجاد میں
یہ بنا رہتی سی آتی ہے نظر کچھ یاں مجھے
اچھی ہے تعمیر دل کی اس خراب آباد میں
میرؔ ہم جبہہ خراشوں سے کسو کا ذکر کیا
وے ہنر ہم میں ہیں جو تھے تیشۂ فرہاد میں

-۹۲۹-

(دیوان سوم)

دور اس سے جی چکے ہیں ہم اس روزگار میں
دن آج کا بھی سانجھ ہوا انتظار میں

داغوں سے بھر گیا ہے مرا سینۂ فگار
گل پھول زور زور کھلے اس بہار میں

کیا اعتبار طائرِ دل کی تڑپ کا اب
مذبوحی سی ہے کچھ حرکت اس شکار میں

بوسہ لبوں کا مانگتے ہی تم بگڑ گئے
بہتیری باتیں ہوتی ہیں اخلاص پیار میں

دل پھر کے ہم سے خانۂ زنجیر کے قریب
ٹک پہنچتا ہی ہے شکن زلفِ یار میں

اس بحرِحسن پاس نہ خنجر تھا کل نہ تیغ
میں جان دی ہے حسرت بوس و کنار میں

چلتا ہے ٹک تو دیکھ کے چل پاؤں ہر نفس
آنکھیں ہی بچھ گئی ہیں ترے رہگزار میں

کس کس ادا سے ریختے مَیں نے کہے ولے
سمجھا نہ کوئی میری زبان اس دیار میں

تڑپے ہے متصل وہ کہاں ایسے روز و شب
ہے فرق میرؔ برق و دل بے قرار میں

-۹۳۰-

(دیوان ششم)

گر روزگار ہے یہی ہجران یار میں
تو کیا رہیں گے جیتے ہم اس روزگار میں

کچھ ڈر نہیں جو داغ جنوں ہو گئے سیاہ
ڈر دل کے اضطراب کا ہے اس بہار میں
کیا بیقرار دل کی تسلی کرے کوئی
کچھ بھی ثبات ہے ترے عہد و قرار میں
بیتاب دل نہ دفن ہو اے کاش میرے ساتھ
رہنے نہ دے گا لاش کوئی دن مزار میں
وہ سنگ دل نہ آیا بہت دیکھی اس کی راہ
پتھرا چلی ہیں آنکھیں مری انتظار میں
تھمتا نہیں ہے رونا علی الاتصال کا
کیا اختیار گریۂ بے اختیار میں
مربوط کیسے کیسے کہے ریختے ولے
سمجھا نہ کوئی میری زباں اس دیار میں
تھی بزم شعر رات کو شاعر بہت تھے جمع
دو باتیں ہم نے ایسے نہ کیں چار چار میں
دنبالہ گردی قیس نے بہتیری کی ولے
آیا نظر نہ محمل لیلیٰ غبار میں
اب ذوق صید اس کو نہیں ورنہ پیش ازیں
اودھم تھا وحش و طیر سے اس کے شکار میں
منہ چاہیے جو کوئی کسو سے حساب لے
ناکس سے گفتگو نہیں روز شمار میں
گنتی کے لوگوں کی وہاں صف ہووے گی کھڑی
تو میرؔ کس شمار میں ہے کس قطار میں

-۹۳۱-

(دیوان پنجم)

آنکھیں سفید دل بھی جلا انتظار میں
کیا کچھ نہ ہم بھی دیکھ چکے ہجرِ یار میں
دنیا میں ایک دو نہیں کرتا کوئی مقام
جو ہے رواروی ہی میں ہے اس دیار میں
دیکھی تھیں ایک روز تری مست انکھڑیاں
انگڑائیاں ہی لیتے ہیں اب تک خمار میں
اخگر تھا دل نہ تھا مرا جس سے تہ زمیں
لگ لگ اٹھی ہے آگ کفن کو مزار میں
بے دم ہیں دام گاہ میں اک دم تو چل کے دیکھ
سنتے ہیں دم نہیں کسی تیرے شکار میں
محمل کے تیرے گرد ہیں محمل کئی ہزار
ناقہ ہے ایک لیلیٰ کا سو کس قطار میں
شور اب چمن میں میری غزل خوانی کا ہے میرؔ
اک عندلیب کیا ہے کہوں میں ہزار میں

-۹۳۲-

(دیوان چہارم)

کچھ قدر عافیت کی معلوم کی نہ گھر میں
اب ہجرِ یار میں ہیں کیا دل زدہ سفر میں
ہر لحظہ بے قراری ہر لمحہ آہ و زاری
ہر دم ہے اشکباری نومیدی ہے نظر میں
روتے ہی رہنا اکثر تہ چاہتا ہے سو تو
تاب اب نہیں ہے دل میں نے خون ہے جگر میں

یہ بخت دیکھ گاہے آتا ہے آنکھوں میں بھی
پر نقش اس کے پا کا بیٹھا نہ چشمِ تر میں
کیا راہ چلنے سے ہے اے میؔر دل مکدر
تو ہی نہیں مسافر ہے عمر بھی گزر میں

۔۹۳۳۔

(دیوان سوم)

شرر سے اشک ہیں اب چشمِ تر میں
لگی ہے آگ اک میرے جگر میں
نگین عاشق و معشوق کے رنگ
جدا رہتے ہیں ہم وے ایک گھر میں
بلا ہنگامہ تھا کل اس کے در پر
قیامت گم ہوئی اس شور و شر میں
بگولے کی روش وحشت زدہ ہم
رہے برچیدہ دامن اس سفر میں
سماں یاں سانجھ کا سا ہو نہ جاتا
اثر ہوتا اگر آہ سحر میں
لچکنے ہی نے ہم کو مار رکھا
کٹاری تو نہ تھی اس کی کمر میں
رہا تھا دیکھ اودھر میؔر چلتے
عجب اک ناامیدی تھی نظر میں

۔۹۳۴۔

(دیوان ششم)

آئے ہیں میؔر کافر ہو کر خدا کے گھر میں
پیشانی پر ہے قشقہ زنّار ہے کمر میں

نازک بدن ہے کتنا وہ شوخ چشم دلبر
جان اس کے تن کے آگے آتی نہیں نظر میں

سینے میں تیر اس کے ٹوٹے ہیں بے نہایت
سوراخ پڑ گئے ہیں سارے مرے جگر میں

آئندہ شام کو ہم رویا کڑھا کریں گے
مطلق اثر نہ دیکھا نالیدن سحر میں

بے سدھ پڑا رہوں ہوں اس مست ناز بن میں
آتا ہے ہوش مجھ کو اب تو پہر پہر میں

سیرت سے گفتگو ہے کیا معتبر ہے صورت
ہے ایک سوکھی لکڑی جو بو نہ ہو اگر میں

ہمسایۂ مغاں میں مدت سے ہوں چنانچہ
اک شیرہ خانے کی ہے دیوار میرے گھر میں

اب صبح و شام شاید گریے پہ رنگ آوے
رہتا ہے کچھ جھمکتا خوناب چشمِ تر میں

عالم میں آب و گل کے کیوں کر نباہ ہو گا
اسباب گر پڑا ہے سارا مرا سفر میں

۔۹۳۵۔

(دیوان سوم)

کیا کروں سودائی اس کی زلف کی تدبیر میں
ظل ممدود چمن میں ہوں مگر زنجیر میں

گل تو مجھ حیران کی خاطر بہت کرتا ہے لیک
وا نہیں ہوتا برنگ غنچۂ تصویر میں

روبرو اس کے گئے خاموش ہو جاتا ہوں کچھ
کس سے اپنے چپکے رہنے کی کروں تقریر میں

تن بدن میں دل کی گرمی نے لگا رکھی ہے آگ
عشق کی تو ہے جوانی ہو گیا گو پیر میں

ہو اگر خونریز کا اپنے سبب تو کچھ کہو
وہ ستمگر ہے مقرر اور بے تقصیر میں

بے دماغی شور شب سے یار کو دونی ہوئی
دیکھی بس اس بے سرایت نالے کی تاثیر میں

کچھ نہیں پوچھا ہے مجھ سے جز حدیث رُوئے یار
ہاتھ بلبل کے لگا ہوں باغ میں جب میؔر میں

-۹۳۶-

(دیوان پنجم)

رساتے ہو آتے ہو اہلِ ہوس میں
مزہ رس میں ہے لوگے کیا تم کرس میں

درا میں کہاں شور ایسا دھرا تھا
کسو کا مگر دل رکھا تھا جرس میں

ہمیں عشق میں بیکسی بے بسی ہے
نہ دشمن بھی ہو دوستی کے تو بس میں

نہ رہ مطمئن تسمہ باز فلک سے
دغا سے یہ بہتوں کے کھینچے ہے تسمیں

بہت روئے پردے میں جب دیدۂ تر
ہوئی اچھی برسات تب اس برس میں

تن زرد و لاغر میں ظاہر رگیں ہیں
بھرا ہے مگر عشق اک ایک نس میں

محبت وفا مہر کرتے تھے باہم
اٹھا دی ہیں وے تم نے اب ساری رسمیں

تمھیں ربط لوگوں سے ہر قسم کے ہے
نہ کھایا کرو جھوٹی جھوٹی تو قسمیں
ہوا ہی کو دیکھیں ہیں اے میؔر اسیراں
لگا دیں مگر آنکھیں چاکِ قفس میں

۔۹۳۷۔

(دیوان اول)

کر نظر اک دور سے مجھ داغ میں
آنکھیں نیچی کر گیا گل باغ میں

۔۹۳۸۔

(دیوان چہارم)

ہم سے اسے نفاق ہوا ہے وفاق میں
کم اتفاق پڑتے ہیں یہ اتفاق میں
شاید کہ جان و تن کی جدائی بھی ہے قریب
جی کو ہے اضطراب بہت اب فراق میں
عازم پہنچنے کے تھے دل و عرش تک ولے
آیا قصور اپنے ہی کچھ اشتیاق میں
احراق اپنے قلب کا رونے سے کب گیا
پانی کی چار بوندیں ہیں کیا احتراق میں
تحصیل علم کرنے سے دیکھا نہ کچھ حصول
مَیں نے کتابیں رکھیں اٹھا گھر کے طاق میں
دم ناک میں بقول زناں عاشقوں کے ہیں
ہلنا بلا ہے موتی کا اس کے بلاق میں
اک نور گرم جلوہ فلک پر ہے ہر سحر
کوئی تو ماہ پارہ ہے میؔر اس رواق میں

۔۹۳۹۔

(دیوان دوم)

کاشکے دل دو تو ہوتے عشق میں
ایک رہتا ایک کھوتے عشق میں
پاس ظاہر ٹک نہ کرتے شب تو ہم
بھر رہے تھے خوب روتے عشق میں
خواب میں دیکھا اسی کو ایک رات
برسوں کاٹے ہم نے سوتے عشق میں
کاش پی جایا ہی کرتے اشک کو
داغ دل پر کے تو دھوتے عشق میں
دیکھے ہیں کیا کیا ڈھلکتے اشک میرؔ
بیٹھے موتی سے پروتے عشق میں

۔۹۴۰۔

(دیوان دوم)

کرتا نہیں قصور ہمارے ہلاک میں
یارب یہ آسمان بھی مل جائے خاک میں
گرمی نہیں ہے ہم سے وہ اے رشک آفتاب
اب آ گیا ہے فرق بہت اس تپاک میں
اس ڈھنگ سے ہلا کہ بجا دل نہیں رہے
اس گوش کے گہر سے دم آئے ہیں ناک میں
اب کے جنوں میں فاصلہ شاید نہ کچھ رہے
دامن کے چاک اور گریباں کے چاک میں
کہیے لطافت اس تنِ نازک کی میرؔ کیا
شاید یہ لطف ہو گا کسو جان پاک میں

۔۹۴۱۔

(دیوان دوم)

اے مجھ سے تجھ کو سو ملے تجھ سا نہ پایا ایک میں
سو سو کہیں تُو نے مجھے منہ پر نہ لایا ایک میں

عالم کی مَیں نے سیر کی مجھ کو جو خوش آیا سو تو
سب سے رہا محظوظ تو تجھ کو نہ بھایا ایک میں

یہ جوش غم ہوتے بھی ہیں یوں ابرتر روتے بھی ہیں
چشم جہاں آشوب سے دریا بہایا ایک میں

تھا سب کو دعویٰ عشق کا لیکن نہ ٹھہرا کوئی بھی
دانستہ اپنی جان سے دل کو اٹھایا ایک میں

ہیں طالب صورت سبھی مجھ پر ستم کیوں اس قدر
کیا مجرم عشقِ بتاں یاں ہوں خدایا ایک میں

بجلی سے یوں چمکے بہت پر بات کہتے ہو چکے
جوں ابر ساری خلق پر ہوں اب تو چھایا ایک میں

سو رنگ وہ ظاہر ہوا کوئی نہ جاگہ سے گیا
دل کو جو میرے چوٹ تھی طاقت نہ لایا ایک میں

اس گلستاں سے منفعت یوں تو ہزاروں کو ہوئی
دیکھا نہ سرو و گل کا یاں ٹک سر پہ سایہ ایک میں

رسم کہن ہے دوستی ہوتی بھی ہے الفت بہم
میں کشتنی ٹھہرا جو ہوں کیا دل لگایا ایک میں

جن جن نے دیکھا تھا اسے بے خود ہوا جیتا بھی پھر
پر میرؔ جیتے جی بخود ہرگز نہ آیا ایک میں

۹۴۲ ـ

(دیوان دوم)

کیا کوفتیں اٹھائیں ہجراں کے درد و غم میں
تڑپا ہزار نوبت دل ایک ایک دم میں

گو قیس منہ کو نوچے فرہاد سر کو چیرے
یہ کیا عجب ہے ایسے ہوتے ہیں لوگ ہم میں

اہلِ نظر کسو کو ہوتی ہے محرمیت
آنکھوں کے اندھے ہم تو مدت رہے حرم میں

کلفت میں گزری ساری مدت تو زندگی کی
آسودگی کا منہ اب دیکھیں گے ہم عدم میں

کرتے ہیں میرؔ مل کر واعظ سے حبس دم کا
کیا یہ بھی آ گئے ہیں اس پوچ گو کے دم میں

۹۴۳ ـ

(دیوان اول)

نہ اک یعقوبؑ رویا اس الم میں
کنواں اندھا ہوا یوسفؑ کے غم میں

کہوں کب تک دم آنکھوں میں ہے میری
نظر آوے ہی گا اب کوئی دم میں

دیا عاشق نے جی تو عیب کیا ہے
یہی میرؔ اک ہنر ہوتا ہے ہم میں

۹۴۴ ـ

(دیوان سوم)

جائے ہے جی نجات کے غم میں
ایسی جنت گئی جہنم میں

نزع میں میرے ایک دم ٹھہرو
دم ابھی ہیں ہزار اک دم میں

نعل ہم چھاتیوں پہ جڑ کے پھرے
اپنے خوں گشتہ دل کے ماتم میں

ہے بہت جیب چاکی ہی جوں صبح
کیا کیا جائے فرصت کم میں

پر کے تھی بے کلی قفس میں بہت
دیکھیے اب کے گل کے موسم میں

آپ میں ہم نہیں تو کیا ہے عجب
دور اس سے رہا ہے کیا ہم میں

بے خودی پر نہ میؔر کی جاؤ
تم نے دیکھا ہے اور عالم میں

۔۹۴۵۔

(دیوان سوم)

چمکنا برق کا کرتا ہے کار تیغ ہجراں میں
برسنا مینھ کا داخل ہے اس بن تیر باراں میں

بھرے رہتے ہیں سارے پھول ہی جس کے گریباں میں
وہ کیا جانے کہ ٹکڑے ہیں جگر کے میرے داماں میں

کہیں شام و سحر رویا تھا مجنوں عشق لیلیٰ میں
ہنوز آشوب دونوں وقت رہتا ہے بیاباں میں

خیالِ یار میں آگے ہے یک مہ پارہ یاں ہر دم
اگر ہجراں میں زندانی ہوں پر ہوں یوسفستاں میں

رکھا عرصہ جنوں پر تنگ مشتاقوں کی دوری سے
کسے مارا ہے اس گھتیے نے سنمکھ ہو کے میداں میں

جہاں سے دیکھیے اک شعر شور انگیز نکلے ہے
قیامت کا سا ہنگامہ ہے ہر جا میرے دیواں میں

جو دیکھو تو نہیں یہ حال اپنا حسن سے خالی
دمک الماس کی سی ہے ہماری چشمِ حیراں میں

خرابی آ گئی دینوں میں ملت گئی اسے دیکھے
ملے سے اس کے رخنے پڑ گئے لوگوں کے ایماں میں

نکل آتا ہے گھر سے ہر گھڑی ننگے بدن باہر
برا یہ آ پڑا ہے عیب اس آسائش جاں میں

ستم کے تیر اس کے میرے سینے میں بہت ٹوٹے
کیا جاتا ہے مشکل فرق اب دل اور پیکاں میں

ہوائے ابر میں کیا میرؔ ہنستا باغ میں وہ تھا
گری پڑتی ہے بجلی آج کچھ صحنِ گلستاں میں

۔۹۴۶۔

(دیوان سوم)

نئی گردش ہے اس کی ہر زماں میں
خلل سا ہے دماغ آسماں میں

ہوا تن ضعف سے ایسا کہے تو
کہ اب جی ہی نہیں اس ناتواں میں

کہا میں دردِ دل یا آگ اگلی
پھپھولے پڑ گئے میری زباں میں

متاعِ حسن یوسفؑ سی کہاں اب
تجسس کرتے ہیں ہر کارواں میں

بلائے جاں ہے وہ لڑکا پری زاد
اسی کا شور ہے پیر و جواں میں

بہت نا آشنا تھے لوگ یاں کے
چلے ہم چار دن رہ کر جہاں میں
تری شورش بھی بے کل ہے مگر میرؔ
ملا دے پیس کر بجلی فغاں میں

۔۹۴۷۔

(دیوان چہارم)

ہے وضع کشیدہ کا جو شور اس کے جہاں میں
نکلی ہے مگر تازہ کوئی شاخ کماں میں
ہر طور میں ہم حرف و سخن لاگ سے دل کی
کیا کیا کہیں ہیں مرغِ چمن اپنی زباں میں
کیا باؤ نے بھی دست تطاول کو دیا طول
پھیلے پڑے ہیں پھول ہی سب اب کے خزاں میں
خوش رنگ ہے کس مرتبہ انہار کا پانی
خوناب مری چشم کا ہے آبِ رواں میں
روؤ مرے احوال پہ جوں ابر بہت میرؔ
بے طاقتی بجلی کی سی ہے آہ و فغاں میں

۔۹۴۸۔

(دیوان دوم)

نہ نکلا دوسرا ویسا جہاں میں
وہی اک جنس ہے اس کارواں میں
کیا منہ بند سب کا بات کہتے
بلا کچھ سحر ہے اس کی زباں میں
اگر وہ بت نہ جانے تو نہ جانے
ہمیں سب جانے ہیں ہندوستاں میں

نیا آناً فآناً اس کو دیکھا
جدا تھی شان اس کی ہر زماں میں
کھنچی رہتی ہے اس ابروے خم سے
کوئی کیا شاخ نکلی ہے کماں میں
جبیں پر چین رہتی ہے ہمیشہ
بلا کینہ ہے اپنے مہرباں میں
نیا ہے کیا شگوفہ یہ کہ اکثر
رہا ہے پھول پڑتا گلستاں میں
کوئی بجلی کا ٹکڑا اب تلک بھی
پڑا ہو گا ہمارے آشیاں میں
پھرے ہے چھانتا ہی خاک اے میؔر
ہوس کیا ہے مزاج آسماں میں

۔۹۴۹۔

(دیوان دوم)

معلوم نہیں کیا ہے لب سرخ بتاں میں
اس آتش خاموش کا ہے شور جہاں میں
یوسفؑ کے تیئں دیکھ نہ کیوں بند ہوں بازار
یہ جنس نکلتی نہیں ہر اک کی دکاں میں
یک پرچۂ اشعار سے منہ باندھے سبھوں کے
جادو تھا مرے خامے کی گویا کہ زباں میں
یہ دل جو شکستہ ہے سو بے لطف نہیں ہے
ٹھہرو کوئی دم آن کے اس ٹوٹے مکاں میں
میں لگ کے گلے خوب ہی رویا لبِ جو پر
ملتی تھی طرح اس کی بہت سروِ رواں میں

کیا قہر ہوا دل جو دیا لڑکوں کو مَیں نے
چرچا ہے یہی شہر کے اب پیر و جواں میں
وے یاسمن تازہ شگفتہ میں کہاں میرؔ
پائے گئے لطف اس کے جو پاؤں کے نشاں میں

۔۹۵۰۔

(دیوان دوم)

آپ اس جنس کے ہیں ہم بھی خریداروں میں
پگڑی جامے بکے جس کے لیے بازاروں میں
باغ فردوس کا ہے رشک وہ کوچہ لیکن
آدمی ایک نہیں اس کے ہواداروں میں
ایک کے بھی وہ برے حال میں آیا نہ کبھو
لوگ اچھے تھے بہت یار کے بیماروں میں
دوستی کس سے ہوئی آنکھ کہاں جا کے لڑی
دشمنی آئی جسے دیکھتے ہی یاروں میں
ہائے رے ہاتھ جہاں چوٹ پڑی دو ہی کیا
الغرض ایک ہے وہ شوخ ستمگاروں میں
کشمکش جس کے لیے یہ ہے شمار دم یہ
ان نے ہم کو نہ گنا اپنے گرفتاروں میں
کیسی کیسی ہے عناصر میں بھی صورت بازی
شعبدے لاکھوں طرح کے ہیں انہیں چاروں میں
مشفقو ہاتھ مرے باندھو کہ اب کے ہر دم
جا الجھتے ہیں گریبان کے دو تاروں میں
حسب قسمت سبھوں نے کھائے تری تیغ کے زخم
ناکس اک نکلے ہمیں خوں کے سزاواروں میں

اضطراب و قلق و ضعف ہیں گر میرؔ یہی
زندگی ہو چکی تو اپنی ان آزاروں میں

۔۹۵۱۔

(دیوان چہارم)

اب ہوسناک ہی مردم ہیں ترے یاروں میں
ہم جو عاشق ہیں سو ٹھہرے ہیں گنہگاروں میں
کوچۂ یار تو ہے غیرت فردوس ولے
آدمی ایک نہیں اس کے ہواداروں میں
ہوکے بدحال محبت میں کھنچے آخرِ کار
لوگ اچھے تھے بہت یار کے بیماروں میں
جی گیا ایک دمِ سرد ہی کے ساتھ اپنا
ہم جو خوش زمزمہ تھے اس کے گرفتاروں میں
اب در باز بیاباں میں قدم رکھیے میرؔ
کب تلک تنگ رہیں شہر کی دیواروں میں

۔۹۵۲۔

(دیوان دوم)

کیا کہوں اول بخود تو دیر میں آتا ہوں میں
پھر جو یاد آتا ہے وہ چپکا سا رہ جاتا ہوں میں
داغ ہوں کیوں کر نہ میں درویش یارو جب نہ تب
بوریا پوشوں ہی میں وہ شعلہ خو پاتا ہوں میں
ہجر میں اس طفل بازی کوش کے رہتا ہوں جب
جا کے لڑکوں میں ٹک اپنے دل کو بہلاتا ہوں میں
ہوں گرسنہ چشم میں دیدار خوباں کا بہت
دیکھنے پر ان کے تلواریں کھڑا کھاتا ہوں میں

آب سب ہوتا ہوں پاکر آپ کو جیسے حباب
یعنی اس ننگ عدم ہستی سے شرماتا ہوں میں
ایک جاگہ کب ٹھہرنے دے ہے مجھ کو روزگار
کیوں تم اکتاتے ہو اتنا آج کل جاتا ہوں میں
ہے کمال عشق پر بے طاقتی دل کی دلیل
جلوۂ دیدار کی اب تاب کب لاتا ہوں میں
آسماں معلوم ہوتا ہے ورے کچھ آ گیا
دور اس سے آہ کیسا کیسا گھبراتا ہوں میں
بس چلے تو راہ اودھر کی نہ جاؤں لیک میرؔ
دل مرا رہتا نہیں ہر چند سمجھاتا ہوں میں

غزل سرا ڈاٹ آرگ (امریکہ) کی کتب

غزل سرا ڈاٹ آرگ اردو کتب کا واحد پبلشنگ ہاؤس ہے جس کی کتب تمام بین الاقوامی سٹورز پر موجود ہیں، اپنی کتاب چھپوانے کے لیے ہم سے نیچے دیئے گئے ای میل پر رابطہ فرمائیں

ghazalsara.org@outlook.com

ٹائٹل		مصنف	فارمیٹ	آئی ایس بی این
کلیاتِ علامہ اقبال	علامہ اقبال کا اردو کلام	علامہ محمد اقبال	ہارڈ کور	9781957756066
			پیپر بیک	9781957756080
کلّیاتِ غزل۔ مرزا غالب	مرزا غالب کی تمام غزلیں	مرزا اسد اللہ خان غالب	ای بک	9781957756196
کلیاتِ میر تقی میر۔ 1/2	کلیات میر بار دیف۔ الف تا نون	میر تقی میر	ہارڈ کور	9781957756813
			پیپر بیک	9781957756820
کلیاتِ میر تقی میر۔ 2/2	کلیات میر بار دیف۔ ن تا یے	میر تقی میر	ہارڈ کور	9781957756837
			پیپر بیک	9781957756844
کلیاتِ میر تقی میر	میر کے تمام چھ دیوان	میر تقی میر	ای بک	9781957756172
آفت کی ضیافت	بچوں کی نظم۔ ہندی ایڈیشن	یاور ماجد	ہارڈ کور	9781957756479
			پیپر بیک	9781957756998
آفت کی ضیافت	بچوں کی نظم۔ اردو ایڈیشن	یاور ماجد	ہارڈ کور	9781957756097
			پیپر بیک	9781957756103
آنکھ بھر آسمان	شعری مجموعہ	یاور ماجد	ہارڈ کور	9781957756110
			پیپر بیک	9781957756059
			ای بک	9781957756035
ایک زاہدہ ایک فاحشہ	کلیاتِ منٹو 1/9	سعادت حسن منٹو	پیپر بیک	9781957756486
			ای بک	9781957756578
			ہارڈ کور	9781957756714

ٹائٹل		مصنف	فارمیٹ	آئی ایس بی این
بلاؤز	کلیاتِ منٹو 2/9	سعادت حسن منٹو	پیپر بیک	9781957756493
			ای بک	9781957756585
			ہارڈ کور	9781957756721
ٹھنڈا گوشت	کلیاتِ منٹو 3/9	سعادت حسن منٹو	پیپر بیک	9781957756509
			ای بک	9781957756592
			ہارڈ کور	9781957756738
دھُواں	کلیاتِ منٹو 4/9	سعادت حسن منٹو	پیپر بیک	9781957756516
			ای بک	9781957756608
			ہارڈ کور	9781957756790
سودا بیچنے والی	کلیاتِ منٹو 5/9	سعادت حسن منٹو	پیپر بیک	9781957756523
			ای بک	9781957756615
			ہارڈ کور	9781957756745
شہید ساز	کلیاتِ منٹو 6/9	سعادت حسن منٹو	پیپر بیک	9781957756530
			ای بک	9781957756622
			ہارڈ کور	9781957756660
کھول دو	کلیاتِ منٹو 7/9	سعادت حسن منٹو	ہارڈ کور	9781957756462
			پیپر بیک	9781957756547
			ای بک	9781957756639
موذیل	کلیاتِ منٹو 8/9	سعادت حسن منٹو	پیپر بیک	9781957756554
			ای بک	9781957756646
			ہارڈ کور	9781957756776
ہتک	کلیاتِ منٹو 9/9	سعادت حسن منٹو	پیپر بیک	9781957756561
			ای بک	9781957756653
			ہارڈ کور	9781957756783

آئی ایس بی این	فارمیٹ	مصنف		ٹائٹل
9781957756004	ہارڈ کور			
9781957756011	ای بک	سعادت حسن منٹو	منٹو کے منتخب افسانے	منٹو کے حاشیے
9781957756042	پیپر بیک			
9781957756295	پیپر بیک	بلونت سنگھ	اردو افسانے	پہلا پتھر
9781957756318	پیپر بیک	بلونت سنگھ	اردو افسانے	تاروپود
9781957756400	ای بک	ن م راشد	اردو نظمیں	ایران میں اجنبی
9781957756417	ای بک	ن م راشد	اردو نظمیں	لا=انسان
9781957756387	ای بک	ن م راشد	اردو نظمیں	ماورا
9781957756325	ای بک	ڈاکٹر علامہ محمد اقبال	علامہ اقبال کی شاعری	بانگِ درا
9781957756332	ای بک	ڈاکٹر علامہ محمد اقبال	علامہ اقبال کی شاعری	بالِ جبریل
9781957756356	ای بک	ڈاکٹر علامہ محمد اقبال	علامہ اقبال کی شاعری	ارمغانِ حجاز
9781957756349	ای بک	ڈاکٹر علامہ محمد اقبال	علامہ اقبال کی شاعری	ضربِ کلیم
9781957756851	پیپر بیک	مجید امجد	مجید امجد کا پہلا شعری مجموعہ	شبِ رفتہ
9781957756875	ہارڈ کور			

https://ghazalsara.org/PrintBooks

غزل سرا ڈاٹ آرگ کی تمام کتب ایمازون، بارنز اینڈ نوبل اور دوسری تمام مشہور آن لائن شاپس کے علاوہ، ایپل بکس، گوگل پلے بکس، ایمازون کنڈل اور ڈرافٹ ٹو ڈیجیٹل کے پلیٹ فارمز پر ہر اُس ملک میں موجود ہیں جہاں ان کمپنیوں کے سٹورز ہیں۔ ہماری کتب خریدنے کے لیے نیچے دیئے گئے کیو آر کوڈ کو فون کیمرے سے سکین کریں یا نیچے دیئے گئے لنک کو اپنے کمپیوٹر یا فون کے براوَزر (کروم یا ایج) میں ٹائپ کریں۔ ایمازون یا کسی بھی سٹور کی سائٹ پر کتاب خریدنے کے لیے اس کتاب کا آئی ایس بی این ٹائپ کریں اور سرچ کا بٹن دبائیں۔

https://ghazalsara.org/shop